Curso de programación Python

2019

N

Manual Imprescindible

Curso de programación Python

2019

Arturo Montejo Ráez
Salud María Jiménez Zafra

ANAYA MULTIMEDIA

Manual Imprescindible

Realización y adaptación de cubierta: Celia Antón Santos
Revisión: Lidia Señarís Cejas
Maquetación: Rocío Vallejo de la Rocha - ClickMouse Services
Responsable editorial: Eugenio Tuya Feijoó

Edición española:

Juan Ignacio Luca de Tena, 15. 28027 Madrid
Depósito legal: M-6560-2019
ISBN: 978-84-415-4116-0
Printed in Spain

A mis tres soles y a la estrella por nacer.
Sin vuestra luz, el mundo queda en tinieblas.
—Arturo Montejo Ráez.

A mi familia, el gran pilar de mi vida.
—Salud María Jiménez Zafra.

gracias

Para un profesor que lleva más de 15 años escribiendo artículos científicos, revisiones, informes, presentaciones de docencia, guiones de ejercicios y apuntes de clase, no parecía complicada la tarea de afrontar la redacción de un libro… o eso pensaba yo. Afortunadamente, una joven compañera me propuso embarcarnos en este viaje juntos. Su capacidad de trabajo y dedicación han resuelto el reto de manera inmejorable. Vayan mis primeros agradecimientos a Salud por formar equipo conmigo. También quiero agradecer a otro compañero, Francisco Charte, un veterano escritor de libros de informática, el trasladarnos el interés de Anaya en publicar la obra que tienes entre tus manos. Desde el inicio, Eugenio, nuestro editor, coordinador y látigo de seda durante todo el proceso, nos guió con su experiencia, rigor y profesionalidad, lo que ha facilitado el correcto desarrollo de un proceso de creación siempre bajo control. Su insistencia amable ha servido para llegar a buen puerto en tiempo y forma. No puedo olvidarme de Lidia, pluma certera y correctora implacable, a la vez que cercana. El rigor de sus modificaciones y el buen humor de sus comentarios nos han hecho aprender y disfrutar de las profusas revisiones efectuadas. En general, muchas gracias a todo el equipo de profesionales de Anaya que trabajan por hacer accesible la tecnología a todo el mundo, sin perder un ápice de precisión técnica.

En un libro dedicado a un lenguaje de programación no se puede dejar de reconocer el camino andado por muchos, las contribuciones realizadas por tantos y el esfuerzo invertido por incontables programadores que han sumado en la creación y evolución del lenguaje Python y sus módulos. Gracias Guido por este gran regalo. Gracias a la comunidad por su trabajo inmenso.

Quiero dejar recogida una cariñosa mención a mi hermano Miguel Ángel y mis amigos Daniel y José. Gracias a vosotros descubrí que la verdadera magia de un ordenador no residía en las luces y los sonidos de los videojuegos, sino en los secretos de su código, y que profundizar en él era condenadamente divertido. Gracias, papá, estés donde estés, por traer a casa ese Spectrum que cambió la vida de unos niños. Gracias, familia, porque crecer rodeado de vuestro amor ha sido siempre el mayor de mis tesoros.

Cierro mis agradecimientos destacando el apoyo que, en forma de comprensión y resignación, me han brindado mi mujer y mis hijas en estos meses de redacción. Nada puede compensar el tiempo robado a su compañía. Estaré eternamente en deuda con vosotras; sois mi fuerza por encima del conocimiento.

—Arturo Montejo Ráez.

Recuerdo aquel día en el que nuestro compañero Francisco Charte, gran escritor de libros de informática, nos trasladó el interés de Anaya por editar este libro. Lo recuerdo con mucha ilusión, vayan mis agradecimientos hacia él. Un libro sobre Python, ese lenguaje que tan fundamental resulta para mi investigación. Parecía un sueño. Aunque la ilusión me invadía, es cierto que también tenía mis dudas, pues el tiempo no era precisamente mi mejor aliado. Sin embargo, estas dudas desaparecieron por la calidad de la persona que me iba a acompañar en este viaje, mi compañero Arturo. Su enorme capacidad, su gran nivel de conocimientos y su forma de plantear este reto han hecho posible el llegar hasta aquí. Gracias, Arturo, por todo lo que me has enseñado y por permitirme compartir este libro contigo.

Quiero sumarme a los agradecimientos de mi compañero Arturo a Eugenio Tuya Feijoó, por guiarnos con cariño durante todo el proceso; a Lidia Señarís, por sus impecables revisiones, y a todo el equipo de Anaya por hacer posible la publicación de este libro.

También quiero dar las gracias a mis padres, a mi hermano y a mi abueli, por su apoyo, por su cariño y por creer siempre en mí. Ellos me han enseñado que con constancia e ilusión se pueden hacer realidad los sueños.

Concluyo con mis agradecimientos a mi marido y a mi pequeña luz, quienes me han acompañado a lo largo de este viaje brindándome su compresión y sacándome una sonrisa en los momentos en que más lo necesitaba.

—Salud María Jiménez Zafra.

Arturo Montejo Ráez

Arturo Montejo Ráez es Doctor en Informática por la Universidad de Granada y Profesor Titular en la Universidad de Jaén, donde desarrolla su labor docente e investigadora desde hace más de quince años. Es también Jefe Técnico (CTO) de la empresa Yottacode S.L., una *spin-off* centrada en la creación de soluciones tecnológicas para ayudar a mejorar la vida de colectivos con trastornos y desórdenes cognitivos, donde conciben y construyen aplicaciones con clara vocación social. Es un experimentado programador en numerosos lenguajes de programación: Javascript, C/C++, PHP, Perl, Java... y, por supuesto, Python, lenguaje con el cual tuvo contacto por primera vez en sus inicios como investigador en el Laboratorio Europeo de Física de Partículas (CERN), donde trabajó durante cuatro años. Es, además, miembro del Comité Científico del Centro de Estudios Avanzados en TIC de la Universidad de Jaén, y del Grupo de Investigación en Sistemas Inteligentes de Acceso a la Información.

Salud María Jiménez Zafra

Salud María Jiménez Zafra es Ingeniera en Informática y Diplomada en Estadística y está realizando su doctorado en el programa Tecnologías de la Información y la Comunicación de la Universidad de Jaén, especializándose en el tratamiento de la negación en español y su aplicación al análisis de sentimientos. Actualmente es adjudicataria, en concurrencia competitiva a nivel nacional, de un contrato predoctoral para la Formación de Profesorado de Universidad (Programa FPU del Ministerio de Educación, Cultura y Deporte), y está realizando su formación docente e investigadora en el seno del Grupo de Investigación en Sistemas Inteligentes de Acceso a la Información (SINAI) de la Universidad de Jaén, en el Departamento de Informática. Sus intereses científicos se centran en la investigación y desarrollo de diferentes mecanismos con los que mejorar la comunicación entre personas y máquinas por medio del lenguaje natural, para lo cual Python está siendo una herramienta clave.

Índice de contenidos

Cómo usar este libro

A quién va dirigido y qué es necesario para empezar

Este libro va dirigido a los programadores noveles, quienes empiezan a dar sus primeros pasos en la creación de programas de ordenador. Incluso quienes no han programado antes pueden adentrarse en este curso, porque todos los conceptos necesarios se introducen de manera progresiva. Si ya eres programador habitual en otro lenguaje, este también es tu libro.

Conocerás el lenguaje Python con todo lujo de detalles, de manera muy didáctica y consistente. Quienes tengan un nivel medio de programación con Python encontrarán en esta obra una buena referencia del lenguaje y pueden incluso descubrir una forma mejor de diseñar sus programas, o aspectos de Python que desconocían.

Como requisitos indispensables resaltamos dos. Primero, las ganas de aprender con tiempo, paciencia e ilusión. Debemos tener el convencimiento de llegar a ser programadores de Python, y disfrutar de un hueco en nuestra agenda diaria o semanal para ir avanzando con continuidad. Segundo, disponer de un ordenador personal sobre el cual instalar el software necesario para ejecutar el código práctico y realizar nuestros incipientes desarrollos. No es necesaria la conexión a Internet una vez descargado el software, tal y como se explica en el capítulo 4. Iniciarse en un nuevo lenguaje nos ha parecido siempre una actividad atractiva. Aprovecha esta ocasión para hacer de cada sesión un momento de entretenido descubrimiento.

Sacia tu apetito

Si quieres probar el lenguaje antes de conocerlo, salta directamente al capítulo 4 y no te preocupes si hay cosas que no entiendes, instala el lenguaje en tu ordenador y, cuando lo tengas listo, escribe tu primer programa tal y como detalla el inicio del capítulo 5. Hazlo hasta que veas que tu código se ejecuta y funciona. Igualmente, no te preocupes si hay algo que no entiendes. Ejecuta ese primer programa y reconfórtate. Ya serás un programador de Python, aunque solo al inicio del camino en el aprendizaje de la programación de ordenadores con este potente lenguaje.

Después de ejecutar tu programa en este extraño ritual de «bautismo» que te proponemos, no olvides regresar aquí y seguir leyendo. De otro modo es posible que encuentres dificultades para comprender el resto de contenidos y prepararte convenientemente para el curso.

Estructura del libro

Hemos volcado en este libro toda nuestra experiencia en un cóctel de juventud y madurez que hará fresca la lectura, pero completa y rigurosa tu formación. Nos cuesta deshacernos de nuestra naturaleza académica, pero sin duda eso se traducirá en sólidos hábitos y, sobre todo, en una visión de la programación en sentido amplio, no como mera generación de código.

En la medida de lo posible, proponemos un «aprendizaje con sentido» (*meaningful learning*), una tendencia metodológica para aprender con ejemplos prácticos cercanos.

Todo esto ha determinado la organización de los contenidos. Así, en los primeros capítulos, se hace una introducción pausada pero exhaustiva de la programación en general y de Python en particular. Tómatelo como una lectura de cabecera, como quien lee la guía de un país que visitará. A partir del capítulo 5 entramos en materia (si no lo has hecho ya, tal y como hemos sugerido), escribiendo un primer programa a modo de toma de contacto. Del capítulo 6 al 16 se abordan los contenidos nucleares en el aprendizaje del lenguaje. Es aquí donde aprenderemos los elementos esenciales para la programación en Python: operaciones, variables, bucles, tipos de contenedores básicos y funciones.

Del capítulo 16 al 19 se desarrollan los contenidos de programación avanzada: la programación modular, la programación orientada a objetos, gestión avanzada de errores y una introducción a la programación de interfaces gráficas. El capítulo final nos dejará en el puerto de partida al océano de posibilidades del lenguaje, pero ya dominando Python. En ese capítulo te daremos indicaciones para continuar con tu formación más allá de las fronteras de este libro.

Hemos incluido una cuidadosa selección de apéndices para que te sirvan de referencia. Es información que seguramente visitarás en distintos momentos de tu crecimiento como programador en Python y constituyen, desde nuestro bagaje con el lenguaje, contenidos muy prácticos en cuestiones que suelen generar mucha confusión (como el trabajo con Unicode, por ejemplo), aspectos por los que el iniciado en Python muestra especial interés en saber más (como otros entornos de desarrollo), o de consulta habitual (biblioteca estándar y bibliotecas adicionales).

Por supuesto, las soluciones a los ejercicios propuestos a lo largo del libro están aquí como un apéndice más.

Convenios utilizados en este libro

Para facilitar la comprensión de este manual se utilizan varios formatos especiales resumidos como sigue:

- Los nombres de comandos, menús, opciones, cuadros de diálogo y otros elementos aparecen en un tipo de letra diferente (denominada «de palo seco») para distinguirlos del resto del texto; por ejemplo, la opción de menú Guardar archivo.
- Las combinaciones de teclas aparecen separadas por un guion y también en un tipo letra diferente; por ejemplo, Ctrl-C.
- Para indicar la secuencia para ejecutar una opción determinada, se ha decidido abreviar su escritura presentando la secuencia de menús u opciones en el orden en el cual deben seleccionarse, separados por el signo «mayor que» (>). Por ejemplo, en lugar de indicar que seleccionemos la opción Herramientas del menú principal y luego la opción Preferencias, indicaremos que seleccione directamente Herramientas>Preferencias.
- A lo largo del libro aparecen notas informativas separadas del texto principal que proporcionan información, tales como aclaraciones, advertencias, curiosidades o consejos:

NOTA:

Para facilitar o concretar información relacionada con el tema abordado. Incluyen recomendaciones que conviene tener en cuenta.

TRUCO:

Consejos y artimañas para facilitar el trabajo o conseguir mejores resultados.

ADVERTENCIA:

Para evitar posibles errores como consecuencia de una operación mal realizada.

Recomendaciones y buenas prácticas

Ya tenemos todo lo necesario para comenzar: ordenador, Python instalado y tiempo para dedicarlo al aprendizaje. ¿Cómo me organizo? ¿De qué manera puedo hacer más efectivas mis lecturas y mis prácticas? Os dejamos aquí algunas de nuestras recomendaciones:

- **Planificación.** Insistimos en esto. Tu adquisición de conocimientos será más fructífera si no dejas pasar mucho tiempo entre una sesión y otra, por eso has de planificar y agendar en tu calendario, como una tarea más, esas sesiones.
- **Espacio de trabajo.** Busca un lugar tranquilo, donde no sufras interrupciones y puedas evitar distracciones. Sentarte en el salón con la televisión encendida y la familia al lado es una experiencia maravillosa para disfrutar de la vida, pero el peor de los entornos para facilitar el estudio. Aíslate en la medida de lo posible y deja el móvil lejos. Se trata de buscar las condiciones más favorables para tu concentración. En ese lugar y en ese tiempo solo existen Python y tú... y algo de música relajante, si te apetece, acompañada de tu bebida favorita (algo sano, por favor).
- **Materiales.** Hardware (un ordenador personal) y software (Python instalado) es todo lo que necesitas, pero te recomendamos disponer de una libreta donde apuntar algunas cosas que consideres interesantes: aquello no reflejado en el libro y descubierto por ti mismo. Tomar apuntes es una buena práctica.
- **Organiza tus archivos.** Todo el código de este libro está disponible en la web de Anaya, en la sección de «complementos» que encontrarás en la página dedicada al mismo. Exceptuando los ejemplos de operaciones o pequeños segmentos de código, puedes descargar tanto los programas de ejemplo como las soluciones a los ejercicios. Organiza bien tus archivos, pues así podrás encontrar rápidamente el código correspondiente a cada sección del curso. Puedes tener una carpeta para cada capítulo, y numerar tus archivos para mantener un orden relacionado con su aparición en el libro, o bien indicar en el nombre del archivo el número de página. Por ejemplo, *p14.py* haría referencia al código desarrollado en la página 14. Además, a medida que ganes destreza con Python, sentirás la necesidad de crear tus propios módulos. Intenta organizar también esos archivos, aunque no te obsesiones demasiado, es más fácil reorganizar cuando el número de archivos que manejamos empieza a crecer que pensarlo a priori.
- **Escribe tu código.** De la misma forma que para aprender un idioma debemos esforzarnos en hablarlo (no basta con escucharlo), a la hora de aprender un lenguaje de programación debemos obligarnos a escribir el código, es decir, evita copiar y pegar en la medida de lo posible. Puede parecerte más lento, pero de lo que se trata aquí es de aprender, no de ejecutar código sin más.

- **Toma apuntes.** No es una mala práctica disponer de una libreta exclusiva para el curso sobre la que tomar notas, como ya hemos sugerido. Seguramente habrá cosas que quieras apuntar, resumir, esquematizar o resaltar. Es probable que en tu progreso descubras por ti mismo aspectos del lenguaje no recogidos en el libro. Recuerda aquella frase atribuida a Aristóteles: «El verdadero discípulo es el que supera al maestro».

Contacta con nosotros

- Tus comentarios, correcciones y sugerencias nos sirven para mejorar los contenidos de este libro, no dudes en contactar con nosotros en la dirección de correo electrónico libropython@gmail.com. Intentaremos responder a vuestros mensajes tan pronto como nuestras obligaciones docentes y de investigación nos lo permitan. También puedes encontrarnos en Twitter. Estos son nuestros identificadores: @SaludJZ y @amontejoraez. Por supuesto, ¡no esperes que hablemos solo de Python en las redes sociales!

Introducción

Programar ordenadores es una de las actividades más divertidas, sorprendentes y «mágicas» que podemos llevar a cabo en el tiempo que nos ha tocado vivir. Gracias a la programación, los ordenadores son capaces de realizar tareas muy complejas: desde ayudarnos a escribir este texto para su impresión posterior con una calidad destacada, hasta ofrecernos la posibilidad de utilizar un sistema de conducción autónoma, pasando por permitirnos jugar a videojuegos, leer noticias en la Web, interactuar con nuestros amigos en las redes sociales, predecir si va a llover mañana, sumergirnos en mundos virtuales o simular un nuevo compuesto químico para conocer sus propiedades.

Hemos creado un universo digital sobre el que tiene lugar nuestro quehacer diario. La sociedad sigue avanzando apoyándose en mágicas recetas (a las que llamamos «programas») que insuflan de vida a ordenadores, móviles y otros dispositivos para realizar un sinfín de tareas. Estas recetas dirigen el comportamiento de estas máquinas electrónicas y las convierten en hojas de cálculo, buscadores de páginas en la Web, lectores de correo electrónico o motores de Inteligencia Artificial. Hoy, prácticamente no existe actividad humana en la que, de forma directa o indirecta, no intervengan programas informáticos, por lo que saber programar es una competencia fundamental, muy demandada. La programación es la llave de acceso a un vasto horizonte de posibilidades en casi cualquier disciplina, pero saber programar no es lo mismo que conocer un lenguaje de programación.

Este libro te va a enseñar cómo ser un buen programador, cómo disfrutar en el camino y cómo hacerlo con uno de los lenguajes más revolucionarios de la historia: Python.

Python es un lenguaje de programación diseñado para ser sencillo y fácil de interpretar. Aprender Python es rápido, pues su sintaxis y su vocabulario siguen ese principio de sencillez. Podríamos resumir todo el lenguaje en una sola página. Pero otra cosa, como ya hemos dicho, es que lo usemos bien. De la misma manera que con algo tan básico como un ladrillo podemos construir una choza inestable o una catedral gótica, la programación debe estar fundamentada en unos hábitos, técnicas y métodos que nos ayuden a escribir código de calidad. Por esta razón, iremos descubriendo de manera ordenada pero amena cada uno de los aspectos de este lenguaje: cómo operar, la forma en que almacenamos información y accedemos a ella, cómo hacer que determinadas «instrucciones» se repitan, cómo indicar a la máquina qué debe hacer según qué condiciones, cómo mantener nuestro código bien organizado a medida que crecen nuestros programas, cómo evitar errores o definir estrategias para su tratamiento cuando estos se producen (sí, siempre habrá errores inevitables, así es la vida) y así hasta que sintamos que somos capaces de abordar cualquier proyecto. Prometedor, ¿verdad?

Existen muchos y muy diversos lenguajes de programación: C/C++ (el lenguaje «absoluto» sobre el cual esta editorial tiene un curso ya clásico para su aprendizaje), Java (el lenguaje de la industria), Javascript (el lenguaje de la Web y que nada tiene que ver con el anterior), PHP, Ruby, Lisp, Perl... Cada uno de estos lenguajes tiene sus particularidades y capacidades, fruto de la necesidad de sus creadores. ¿Por qué aprender Python frente a otras opciones? La respuesta en este caso es sencilla: Python es un lenguaje sencillo y potente a la vez. Recoge muchas de las técnicas, paradigmas y funcionalidades ofrecidos por los distintos lenguajes. Además, Python cuenta con una «biblioteca estándar» de módulos realmente completa, lo que facilita el desarrollo de soluciones para gran cantidad de tareas. Los módulos permiten así «importar» nuevas funcionalidades (de esto también hablaremos más adelante, no te preocupes ahora) que nos hacen la vida más fácil, porque de eso se trata, pero, en nuestra opinión, el potencial de Python radica en su comunidad de programadores. En todo el mundo, cientos de miles de desarrolladores contribuyen al proyecto Python con módulos para casi cualquier cosa. Ese «casi cualquier cosa» hace que optar por Python sea una garantía para programar soluciones mejores y en menos tiempo. Hemos escuchado decir que Python «es el lenguaje del futuro». Es divertido escuchar eso de un lenguaje que fue creado hace casi treinta años, pero lo cierto es que Python ha ido colonizando el mundo de la informática lentamente, aunque con solidez. Numerosos profesionales que se iniciaron en el lenguaje por diversión ya no lo abandonarían jamás.

Python surgió como un proyecto de «software libre»: todo el mundo puede contribuir a la evolución del lenguaje, usarlo para lo que quiera de manera gratuita y sin limitaciones, e incluirlo en sus productos sin necesidad de pagar royalties o licencias. La comunidad de Python no solo contribuye a mejorar el lenguaje, sino que aporta herramientas adicionales para su uso, posibilitando su ejecución en cualquier sistema operativo (incluso en dispositivos muy pequeños) y creando aplicaciones avanzadas que, si cabe, facilitan aún más el desarrollar programas. Así, este lenguaje creado por el neerlandés Guido Van Rossum como un proyecto de «software libre», fue el elegido por los creadores de YouTube, por los programadores de la sonda Mars Explorer de la NASA, por los desarrolladores de la biblioteca digital del CERN, por los creadores de Google y, además, está presente en las producciones de Disney, Pixar o Dreamworks. Python es, hoy en día, el lenguaje más utilizado y su proyección de futuro es abrumadora. Actualmente constituye el lenguaje hegemónico de las empresas más innovadoras, entre las que destacan aquellas orientadas a la Inteligencia Artificial.

Tal vez hayas decidido aprender a programar Python por recomendación de ese amigo experto, en el que tienes fe ciega y quien te ha dicho que es el «mejor lenguaje del mundo». Tal vez optes por Python porque la portada de este libro te ha resultado atractiva o porque aprender un lenguaje con nombre de reptil salvaje resulta inspirador. Tal vez ya conozcas el lenguaje, y hayas tenido ocasión de programar algo con él o de enfrentarte al código programado por otra persona y has decidido que es el momento de aprender Python a fondo. Quizás estabas buscando una novela de aventuras en la selva y este título te ha confundido, pero ahora que lees esto piensas que dedicar tu tiempo libre a conocer cómo se hace para que un ordenador realice determinadas tareas puede ser toda una experiencia... A todos vosotros, bienvenidos y no dejéis de leer. Y preparaos, pues a medida que avancéis en los capítulos de este libro con el ordenador delante y desgastando el teclado, descubriréis todo lo que podéis llegar a crear con este lenguaje de origen humilde, de carácter abierto, pero con un potencial increíble. No te has equivocado, Python te permitirá mucho más de lo que crees que puedes llegar a hacer. Nos hemos propuesto que ese camino de aprendizaje sea agradable. No faltarán las explicaciones cercanas, los ejemplos, ejercicios guiados y los retos para ir un poco más allá, activando la materia gris que convierta nuestras sesiones de estudio en entretenimiento. Esperamos que quedes «enganchado» al lenguaje y a este libro, y que cierres cada capítulo con satisfacción para abrir el siguiente con avidez.

Adelante, vamos a recorrer juntos un camino lleno de gratas sorpresas.

1 Los niños y la programación de ordenadores

En este capítulo aprenderás:

- A qué edad es recomendable empezar a programar.
- Cómo plantear el proceso de aprendizaje de un lenguaje de programación.
- Los beneficios de aprender a programar.

Introducción

Programar es una de las actividades más divertidas que podemos realizar a cualquier edad. Supone acercarse a la tecnología desde uno de sus pilares fundamentales, lo que nos ayuda a mejorar nuestra comprensión sobre el funcionamiento de los dispositivos electrónicos más avanzados. Para programar es importante conocer en profundidad el problema o reto que se afronta y estructurar claramente la solución. Debemos aprender a ordenar nuestras ideas. Un ordenador no es ambiguo y tiene la sana costumbre de quejarse (bajo la forma de avisos de error) cuando no le especificamos bien lo que le pedimos que haga o no tenemos en cuenta sus limitaciones. Quienes hemos empezado a programar a edades tempranas, como afición o juego, mantenemos esa emoción al ver que nuestro código se ejecuta satisfactoriamente mientras en nuestra cabeza siguen desfilando alternativas y mejoras. Si bien el proceso de desarrollo de una aplicación comercial resulta altamente complejo, es todavía posible sentir el placer de diseñar un código que la máquina ejecutará sin más requisitos que un ordenador personal, herramientas de acceso libre y, por supuesto, nuestro intelecto.

Iniciación a la programación a edades tempranas

Si quieres que un niño o niña aprenda a escribir programas, los 12 años son la edad adecuada para iniciarle en la programación. A esa edad se lee y se escribe con fluidez y hay una conceptualización básica de la matemática. Pero deben iniciarse con calma y paciencia, comenzando con sencillos planteamientos que les permitan descubrir la magia de la automatización en la ejecución de instrucciones. Hoy en día ya no emociona a casi nadie escribir en un teclado y ver aparecer las letras en pantalla, pues desde muy pequeños están habituados a tratar con dispositivos electrónicos, jugar con ellos, configurarlos y hacer que hagan lo que quieren que hagan. Pero esta asimilación de lo tecnológico no disminuye la capacidad de sorprender que ofrece detallar una serie de pasos y ver cómo el ordenador los resuelve de inmediato. El saber que pueden crear sus propios programas les hará sentirse poderosos.

Se requieren unas habilidades básicas antes de empezar a escribir código. Son necesarios unos conocimientos mínimos acerca del sistema operativo con el cual trabajará: cómo manejar archivos, instalar aplicaciones, editar textos o ejecutar una orden desde el símbolo del sistema. Un niño no necesita saberlo todo sobre el uso de un ordenador para tomar contacto con el lenguaje. Siempre podemos ayudarle en estas operaciones para que, cuanto antes, comience a ejecutar sus primeros programas. Si es el lector adulto el interesado en el contenido de este libro, suponemos que posee ese manejo básico de un ordenador personal.

El proceso del aprendizaje

Aprender un lenguaje requiere paciencia, en combinación con voluntad y tiempo. Cada niño tiene un ritmo de aprendizaje diferente. Hay conceptos que algunos asimilan muy rápido y a otros les cuesta más tiempo dominar, pero puede que las tornas cambien al siguiente concepto. Así, el aventajado pasa a rezagado y viceversa. Por esta razón, no debemos desesperar si alguna cuestión nos requiere mayor dedicación.

Cualquiera puede aprender a escribir código fuente. Si quieres llegar lejos, es mejor plantearlo como una actividad agradable. Busca un buen momento donde no haya interrupciones y dispongas del tiempo suficiente. Cuando uno se sumerge en las aguas de un nuevo lenguaje de programación, las agujas del reloj se deslizan rápido mientras profundizamos, y Python es un gran océano, con un ecosistema profuso y en constante crecimiento. No desesperes ni abandones, no te frustres. Cuando creas que estás atascado, déjalo y desconecta. Haz otra cosa y luego vuelve a intentarlo con calma. Créenos, esas situaciones son normales y todos las hemos sufrido (y las seguimos sufriendo). También es recomendable mantener cierta disciplina. Si dejamos pasar el tiempo desde la última vez que nos sentamos frente al editor de textos con nuestro libro al lado, haremos un flaco favor a nuestro cerebro, pues tendremos que volver atrás con frecuencia para refrescar lo olvidado. La continuidad en el aprendizaje es una de nuestras mejores estrategias. Nosotros intentaremos que no pierdas el interés.

El valor de aprender a programar

En el siglo XXI, disponer de unos conocimientos básicos acerca de las denominadas «Ciencias de la Computación» resulta casi imprescindible para el desarrollo de otras competencias. La programación prepara nuestra mente para la resolución de problemas, fomenta el razonamiento lógico, entrena la memoria, mejora la capacidad de concentración y nos da acceso a una amplia variedad de recursos para explotar nuestra creatividad. Python es un lenguaje especialmente fácil de aprender, con el que en pocos minutos estaremos ejecutando nuestro código y, a la vez, podemos desarrollar complejas y avanzadas aplicaciones en cualquier ámbito, para cualquier necesidad y en cualquier plataforma.

Existe un proyecto denominado «La Hora del Código»[1] que promueve el contacto con el mundo de la programación en el ámbito escolar, y proporciona entornos para enseñar de forma amena los elementos básicos en la construcción de aplicaciones. Esta iniciativa educativa plantea prácticas de una hora de duración, bastante amenas y visuales. En su web podemos encontrar las palabras de Mark Zuckerber, CEO de Facebook: *«En quince años estaremos enseñando a programar como a leer y a escribir... y nos preguntaremos por qué no empezamos antes»*. Es un buen lugar si queremos acercar los conceptos de programación a niños más pequeños, pues todo se plantea como juegos sencillos, no necesariamente usando el ordenador. Además, ofrecen un método de programación muy visual, llamado *Scratch*[2], que podemos utilizar gratuitamente desde un simple navegador web. Scratch ha sido desarrollado por el MIT y es una recomendable puerta de entrada a la lógica de los ordenadores para los más jóvenes.

A diferencia de los recursos que proporciona «La Hora del Código», con Python no solo descubriremos de forma amena a crear con el ordenador, sino que podremos llegar a construir soluciones profesionales. Manejar un robot a través de una placa Arduino o escribir nuestros propios scripts para otras aplicaciones, como Libre Office, por ejemplo, son solo algunos ejemplos del enorme potencial de este lenguaje. Y este libro ayuda a llegar así de lejos.

Resumen

Aprender a programar es una actividad muy recomendable para potenciar nuestro desarrollo mental, sobre todo si nos iniciamos a edades tempranas. Los 12 años son una edad adecuada para aprender un lenguaje de programación, pero existe material para enseñar sus fundamentos incluso a niños y niñas más pequeños.

1. hourofcode.com/es
2. scratch.mit.edu/

2

Introducción a la programación

En este capítulo aprenderás:

- Conceptos fundamentales de programación.
- Qué es un programa informático y cómo crear un buen programa.
- Qué es un algoritmo y cómo diseñarlo.
- Qué son los lenguajes de programación.

¿Por qué aprender a programar?

Vivimos en un mundo en el que la tecnología desempeña un papel muy importante. Forma parte de todo lo que hacemos y está presente en ámbitos tan diversos como la educación, la medicina, la investigación, las comunicaciones e incluso el transporte. La tecnología nos ayuda hoy, entre otras cosas, a eliminar las barreras de la comunicación, a tener una mayor eficiencia en el puesto de trabajo o a facilitarnos el acceso a la información. Cualquier aparato tecnológico, desde una televisión hasta todas esas aplicaciones que utilizamos a diario en nuestro teléfono móvil, han sido programados para facilitar nuestra vida.

La programación nos permite construir nuevas herramientas y puede llegar a ser básica en la educación de las generaciones futuras. Como decía Steve Jobs: *«Todo el mundo en este país debería aprender a programar un ordenador porque te enseña a pensar»*. Programar es explicarle al ordenador qué quieres que haga por ti y eso desarrolla habilidades para la resolución de problemas, como la capacidad para razonar o la creatividad. Todo esto, tal y como ha sido probado, nos ayudará a tomar mejores decisiones y a desarrollar la inteligencia. *«Se suele decir que una persona no entiende algo de verdad hasta que puede explicárselo a otro. En realidad, no lo entiende de verdad hasta que puede explicárselo a un computador»*, afirmó Donald Knuth, creador del lenguaje C.

¿Qué es un programa informático?

Cuando escuchamos la palabra «programa» seguramente lo primero que viene a nuestra mente es un espacio televisivo con tertulianos dando su opinión sobre casi cualquier cosa, o algún joven que, micrófono en mano, recorre las calles en busca de casi cualquier tema. Pero programas son también todas esas aplicaciones que usamos en nuestro ordenador o en nuestro teléfono móvil. Es un concepto que va mucho más allá, pues abarca cualquier tipo de funcionalidad, desde traducir la señal enviada por el mando a distancia de nuestra televisión hasta apagar el aparato para dejar de ver el debate de los tertulianos.

Al contrario de lo que podamos creer, verdaderamente son muchas las situaciones de nuestra vida cotidiana en las que programamos cosas sin hacer uso estricto de un ordenador. Por ejemplo, cuando preparamos un postre utilizando una receta de cocina. En esta receta se nos indica de forma ordenada los pasos que debemos realizar para preparar y disfrutar posteriormente de ese postre. Un programa es precisamente eso, un conjunto de instrucciones o pasos que debemos seguir para, a partir de una situación inicial, llegar a una situación final. Un programa informático describe igualmente una serie de pasos para llegar a un resultado con estas consideraciones:

1. La secuencia de instrucciones para resolver el problema recibe el nombre de *algoritmo*.
2. Las instrucciones se escriben mediante un lenguaje de programación determinado para comunicarnos con nuestro ordenador, en vez de con el denominado «lenguaje natural», habitualmente utilizado para comunicarnos con otras personas.
3. Las instrucciones son ejecutadas por un ordenador. En este proceso interviene otro tipo de programas destinados, a groso modo, a traducir el lenguaje que hemos escrito en largas series de números 0 y 1, el único vocabulario que realmente entienden nuestros ordenadores.

En esencia, un programa informático es una secuencia de instrucciones, escritas en lenguaje de programación, que son interpretadas y ejecutadas por un ordenador para resolver un problema.

Con todos estos conceptos en mente y llegados a este punto seguro que te habrán surgido muchas preguntas. Por ejemplo: ¿Cómo puedo hacer un buen programa informático? ¿Cómo debo diseñarlo? ¿Qué lenguaje de programación debo utilizar? y muchas otras. Vayamos por partes y comencemos por intentar responder a la primera de las preguntas. El hecho de que un programa informático sea bueno o malo, mejor o peor, depende en gran medida de su propia definición, es decir, este ha sido diseñado como respuesta a un problema y por lo tanto debe ofrecer una solución real al mismo. Una vez se ha comprobado que verdaderamente el programa hace lo que queríamos, podemos hablar de las denominadas «buenas prácticas» a la hora de programar, una serie de puntos que todo profesional aconseja seguir para desarrollar un código limpio, intuitivo y factible de ser entendido por otros. Para ello, nuestro programa debería tener las siguientes características:

- **Legibilidad:** facilidad para leer el código. Un programa debe escribirse de forma que otra persona pueda entender cada uno de sus pasos sin mucho esfuerzo.
- **Eficiencia:** hace referencia a la cantidad de «recursos» utilizados. Nuestro programa, al ejecutarse, requiere del uso de espacio en la memoria del ordenador y tiempo de procesamiento para llevar a cabo las instrucciones. Estos son dos de los elementos más valiosos de un ordenador, por lo tanto, el programa debe diseñarse para que consuma el menor número posible de ellos, es decir, que ocupe poca memoria y se ejecute rápido.
- **Portabilidad:** es la capacidad para ejecutarse en diferentes plataformas. Nos encontramos en una época de constante cambio a nivel tecnológico por lo cual, si un programa se desarrolla para una plataforma en particular, por ejemplo, Windows 10, y esta evoluciona y cambia puede que nuestro programa deje de ser válido en la siguiente versión. También se refiere a no

tener que escribir un programa diferente para cada sistema operativo. Un programa «portable» podría ejecutarse en Windows, Mac OS X o Linux sin necesidad de cambios importantes.

- **Estructural:** un programa debe desarrollarse estructuralmente sobre la base de tareas atómicas, es decir, de forma que cada una de ellas tenga un fin concreto y la mayor independencia posible. Esto facilita su comprensión (la «legibilidad» que hemos mencionado antes) y su modificación.
- **Flexibilidad:** es la capacidad de adaptación. Un programa debe diseñarse de manera que se pueda añadir nueva funcionalidad sin tener que modificar todo o gran parte del código ya existente.
- **Mantenibilidad:** facilitar el proceso de corregir errores del programa y de mejorarlo. Un programa debe ser desarrollado de manera que simplifique su mantenimiento, mejora y posibles evoluciones.
- **Documentación adecuada:** todo programa debe tener una buena documentación que ayude a la comprensión del mismo. La documentación es un elemento muy importante, pues de ella depende que el usuario final sea capaz de utilizar y comprender cómo actuar ante las distintas opciones ofrecidas por el programa que acabamos de desarrollar. Además, esta documentación también es muy útil e interesante para otros programadores, sobre todo si, llegado el momento, deben hacer algún tipo de modificación sobre nuestro código. Un código bien documentado mejora su legibilidad y mantenibilidad.

¿Cómo diseñar un programa informático?

Diseñar un programa informático no difiere demasiado del proceso que, por ejemplo, debemos seguir para edificar la casa de nuestros sueños, o una figura realizada con las piezas de un juego de construcción. En ambos casos es fundamental construir unos buenos cimientos para, llegado el momento, terminar con el tejado, todo de forma ordenada y planificada.

Siempre podemos construir primero el tejado y luego los cimientos, aunque estaremos de acuerdo en que esto puede suponer un coste demasiado elevado de recursos, los cuales pueden ser incluso bastante limitados, según el proyecto. Los programadores profesionales suelen trabajar con un proceso denominado «ciclo de vida» del producto, una herramienta muy sencilla e interesante que te ayudará a finalizar tu proyecto de una forma didáctica y, sobre todo, sencilla. Además, te permitirá, en caso de detectar algún tipo de anomalía o problema en el código, solventarlo en una fase temprana.

Las fases del «ciclo de vida» de todo programa informático son:

1. **Análisis.** Como hemos visto en el apartado anterior, un programa informático se desarrolla con el fin de resolver un problema. En esta fase se debe definir claramente cuál es el problema que queremos resolver, especificando, además, los requisitos del mismo (funcionalidades, limitaciones y exigencias de partida).
2. **Diseño.** El siguiente paso es diseñar el programa con toda la información recogida durante el análisis. En esta fase se deben definir los pasos para resolver el problema, es decir, se debe diseñar el algoritmo con el que consigamos dar solución a nuestro problema. La pregunta que debemos formular en esta etapa es: ¿Qué pasos debo seguir para resolver el problema?
3. **Codificación.** Tras analizar el problema y diseñar el algoritmo, la siguiente fase consiste en transformar el algoritmo en un programa. Para ello debemos codificar los pasos del algoritmo usando un lenguaje de programación.
4. **Validación.** Una vez finalizado el proceso de codificación se debe comprobar que el programa cumple con los requisitos especificados y que no falla, es decir, que tiene el funcionamiento esperado y resuelve el problema para el cual ha sido desarrollado.
5. **Mantenimiento.** Esta fase está relacionada con el mantenimiento del programa. En esta etapa el programa ya está siendo utilizado por los usuarios y debemos seguir dando soporte, solucionar errores no detectados en pasos anteriores e incluso realizar mejoras con vistas a su evolución.

Todos estos pasos resumidos aquí, pueden ir acompañados de otras actividades, como seguir una metodología concreta, que puede realizarse de manera cíclica, volviendo al principio varias veces, para así construir nuestra aplicación de forma iterativa. También pueden realizarse en equipo, con ayuda de determinadas herramientas adicionales como las utilizadas para compartir el código, controlar las distintas versiones que se generen, o verificarlo automáticamente... y un amplio abanico de posibilidades. Es lo que se denomina «Ingeniería del Software» y constituye toda una disciplina profesional para la construcción consistente de soluciones informáticas, desde las más pequeñas a las más grandes, desde las más sencillas a las más complejas. Pero no vamos a profundizar tanto. Con los pasos arriba indicados nos basta y nos sobra para tener cierta disciplina básica en la creación de programas en Python. Aunque ahora ya sabes que existe mucho más por aprender, más allá de lo contenido en este libro.

Los algoritmos

Un algoritmo es una secuencia de pasos que representan un modelo de solución a un problema. Dicho de otra manera: es un elemento fundamental en el desarrollo de un programa, pues permite determinar los pasos que se deberán seguir de forma ordenada para resolver el problema.

Por tanto, siempre debemos diseñarlo antes de empezar a escribir código, sobre todo cuando carecemos de experiencia. Un detalle que deberíamos tener en cuenta es que esa serie de pasos ordenados no tienen por qué estar escritos en un lenguaje de programación específico. Podemos usar «pseudocódigo» o una representación gráfica (ordinograma/diagrama de flujo) para describir nuestro algoritmo. Más adelante hablaremos de ello. Una vez diseñado el algoritmo, el siguiente paso sí será su codificación en un lenguaje de programación.

Los algoritmos son incluso más importantes que los lenguajes de programación como tales, porque, básicamente, un lenguaje de programación es solo un medio para expresar un algoritmo.

Las características deseables de un algoritmo son las siguientes:

- Debe ser preciso. Debe indicar el orden en el que se tiene que realizar cada paso.
- Debe estar definido, es decir, ante los mismos datos de entrada, el algoritmo debe devolver siempre el mismo resultado.
- Debe ser finito. Todo algoritmo debe tener un fin, es decir, un número finito de pasos.
- Puede tener cero o más elementos de entrada.
- Debe ser concreto, es decir, ofrecer un resultado.
- Debe tener un único paso que marque el inicio del programa.
- Debe tener un único paso que marque el fin del programa.

A continuación, en la figura 2.1, podemos ver un ejemplo de un algoritmo en lenguaje natural, aunque las formas de representación más utilizadas son el pseudocódigo y los diagramas de flujo, puesto que el lenguaje natural suele ser ambiguo.

1. Inicio.
2. Mostrar en pantalla el texto: "Introduzca la medida de la base:".
3. Leer mediante teclado un número y almacenarlo en la variable B.
4. Mostrar en pantalla el texto: "Introduzca la medida de la altura:".
5. Leer mediante teclado un número y almacenarlo en la variable A.
6. Multiplicar la base por la altura, dividir el resultado entre 2 y almacenarlo en la variable AREA.
7. Mostrar en pantalla el texto: "El área del triángulo es:".
8. Mostrar en pantalla el valor de la variable AREA.
9. Fin.

Figura 2.1. Algoritmo en lenguaje natural para obtener el área de un triángulo.

Diseño de algoritmos: pseudocódigo y ordinogramas

Como ya hemos adelantado, los métodos más utilizados para el diseño de algoritmos son el pseudocódigo y los ordinogramas, también conocidos como diagramas de flujo.

Pseudocódigo

El pseudocódigo es una forma de representación de los algoritmos basada en el uso del lenguaje natural, es decir, es como si escribiésemos nuestro programa, pero en nuestro propio lenguaje y no en un lenguaje de programación. Un programa escrito en pseudocódigo tiene una estructura muy similar a uno escrito en cualquier lenguaje de programación (ver figura 2.2). Esto es así debido a que está pensado para que las personas podamos representar la información de una forma parecida a la utilizada por los lenguajes de programación, aunque sin llegar a ser tan estrictos. La idea de utilizar pseudocódigo se basa en que este ha sido diseñado para ser leído e interpretado por un ser humano y no por una máquina, lo cual facilita su diseño.

```
ALGORITMO Área

    VAR base, altura, area: REAL;

    INICIO
        ESCRIBIR ("Introduzca la medida de la base: ");
        LEER(base)
        ESCRIBIR ("Introduzca la medida de la altura: ")
        LEER(altura)
        area ← (base*altura)/2
        ESCRIBIR ("El área del triángulo es: ", area)
        ESCRIBIR(area)
    FIN
```

Figura 2.2. Algoritmo en pseudocódigo para obtener el área de un triángulo.

Aunque no existe una sintaxis estándar para el pseudocódigo, se utilizan con frecuencia una serie de palabras e instrucciones, tales como:

- **INICIO:** Marca el inicio del algoritmo.
- **FIN:** Marca el fin del algoritmo.

- **VAR:** Se utiliza para declarar variables, es decir, los elementos donde guardamos los datos para su manipulación.
- **CONST:** Se utiliza para declarar constantes, es decir, valores que se mantienen fijos en todo el programa.
- **LEER:** Pide un dato al usuario.
- **ESCRIBIR:** Muestra un mensaje por pantalla.
- **←**: Operador de asignación. Se emplea para asignar un valor a una variable. La variable de la izquierda tomará como valor el resultado de la derecha.

Una vez tenemos claro las palabras clave que utilizaremos en pseudocódigo, pasamos a crear un programa básico. Para ello definiremos los elementos fundamentales dentro de nuestro código, como las estructuras secuenciales, las estructuras condicionales y las estructuras de control. Estas estructuras son la base de lo que se denomina «programación estructurada» (obvio, ¿verdad?). La programación estructurada es solo una de las posibles en la construcción de aplicaciones, pero es la más extendida y utilizada primordialmente por Python.

Examinemos cada una de estas estructuras con más detalle.

Estructuras secuenciales

Las estructuras secuenciales son aquellas que se ejecutan una tras otra a modo de secuencia, es decir, una instrucción no se ejecuta hasta que finaliza la anterior:

```
Instrucción 1;
Instrucción 2;
...
Instrucción n;
```

Distinguimos fundamentalmente cuatro tipos de estructuras secuenciales:

- **Declaración de variables y constantes.** Consiste en indicar al principio del algoritmo las variables y constantes que se van a utilizar a lo largo del programa. Para cada variable se debe indicar el nombre[1] que la representa y el tipo de dato que almacenará: si es un número entero, un valor con decimales, (es decir, un número real), una palabra (que llamamos aquí «cadena» de caracteres), etc. En el caso de las constantes, se debe indicar su valor. Aquí tenemos algunos ejemplos:

```
VAR edad: ENTERO;
VAR nombre: CADENA;
VAR sexo: CARACTER;
```

1. Podemos dar el nombre que queramos a estas variables y constantes, siempre que no empiecen por un número o contengan signos de puntuación, tildes o espacios, es decir, podemos usar todas las letras del abecedario, ya sea en minúsculas o mayúsculas, y el símbolo de guion bajo «_».

```
VAR salario: REAL;
VAR es_trabajador: BOOLEANO;
CONST PI = 3,1416;
```

- **Asignación.** Se emplea para dar a una variable un valor. Como símbolo se utiliza una flecha que apunta a la variable donde se almacena el resultado. Distinguimos cuatro tipos de estructuras de asignación:
  - **Simple.** Permite almacenar un valor constante en una variable.

    ```
    a ← 1
    ```

  - **Contador.** Permite modificar una variable en un valor constante.

    ```
    a ← a + 1
    a ← a - 2
    ```

  - **Acumulador.** Permite modificar una variable en un valor que no es constante, es decir, un valor que no siempre es el mismo. Por ejemplo, el saldo de una cuenta mes a mes dependerá del dinero ahorrado y del dinero gastado, que no tiene por qué ser el mismo todos los meses.

    ```
    saldo ← saldo + ahorro - gastos
    ```

  - **Aritmética.** Permite asignar a una variable el resultado obtenido de una operación matemática.

    ```
    a ← (b + c) / (d + e)
    ```

- **Lectura.** Se utiliza para asignar a una variable un valor recibido por un dispositivo de entrada, como puede ser un teclado, o leer datos contenidos en un archivo.

  ```
  LEER a
  ```

- **Escritura.** Se usa para enviar un resultado o un mensaje a un dispositivo de salida, como puede ser una pantalla o un archivo.

  ```
  ESCRIBIR "El resultado es: "
  ```

Estructuras condicionales

Con las estructuras anteriores estamos pidiendo desde nuestro programa que el ordenador ejecute una «instrucción» concreta y precisa. El resto de estructuras indican al ordenador posibilidades diferentes en la ejecución de esas instrucciones. En este caso, las estructuras condicionales son aquellas que permiten bifurcar la ejecución de un programa de acuerdo a una condición. Es decir, definen un bloque de código (un conjunto de instrucciones) que se ejecutará dependiendo de si se cumple una condición o no. Existen cuatro tipos de estructuras condicionales:

- **Simple.** Engloba un conjunto de instrucciones que se ejecutarán solo si se cumple una condición, es decir, si la condición es verdadera, estas se ejecutarán, en caso contrario, no, y se continuará con el resto de instrucciones del programa.

```
SI condición ENTONCES
    Bloque de código que se ejecuta si la
    condición se cumple
FIN_SI
```

- **Doble.** Engloba dos conjuntos de instrucciones que se ejecutarán dependiendo del cumplimiento de una condición. Si se cumple la condición, se ejecutará el primer conjunto de instrucciones; si no se cumple, se ejecutará el segundo conjunto.

```
SI condición ENTONCES
    Bloque de código que se ejecuta si la
    condición se cumple
SI_NO ENTONCES
    Bloque de código que se ejecuta si la
    condición no se cumple
FIN_SI
```

- **Múltiple.** Resulta de la anidación de varias estructuras y hace uso de más de una condición. Engloba múltiples conjuntos de instrucciones que se ejecutarán dependiendo de si la condición asociada es verdadera o no. Las condiciones tienen que ser mutuamente excluyentes, de manera que si una se cumple, las demás tienen que ser falsas.

```
SI condición1 ENTONCES
    Bloque de código que se ejecuta si la
    condición 1 se cumple
SI_NO
    SI condición2 ENTONCES
        Bloque de código que se ejecuta si la
        condición 1 no se cumple y la condición
        2 se cumple
    SI_NO
        Bloque de código que se ejecuta si la
        condición 1 y 2 no se cumplen
    FIN_SI
FIN_SI
```

- **Múltiples-casos.** Permite comparar una variable o expresión con distintos valores posibles y ejecutar unas instrucciones específicas dependiendo de cada valor[2].

```
SEGÚN expresión HACER:
    CASO valor_1:
```

2. Si bien es posible reproducir este comportamiento usando estructuras anidadas (como las anteriores), esta forma de codificar las alternativas es más clara, legible y no obliga a una anidación profunda que resultaría en un código más enrevesado.

```
        Bloque de código que se ejecuta si
        expresión es igual a valor_1
    CASO valor_2:
        Bloque de código que se ejecuta si
        expresión es igual a valor_2

...
    CASO valor_n:
        Bloque de código que se ejecuta si
        expresión es igual a valor_n
    DE_OTRO_MODO:
        Bloque de código que se ejecuta si
        expresión no es igual a ninguno de los
        valores anteriores
FIN_SEGÚN
```

Estructuras de control

Las estructuras de control permiten ejecutar más de una vez una instrucción o un bloque de instrucciones. El número de veces que se ejecutarán las instrucciones se puede especificar de forma explícita o mediante una condición. Dicha condición se evalúa cada vez que se va a iniciar la ejecución del bloque de código a repetir o bien cada vez que va a finalizar. Distinguimos tres tipos de estructuras de control:

- **MIENTRAS.** Repite el conjunto de instrucciones mientras se cumpla una determinada condición. La condición se comprueba antes de cada iteración.

```
MIENTRAS condición HACER:
    Bloque de código que se ejecuta mientras se cumpla
    la condición
FIN_MIENTRAS
```

- **REPETIR_HASTA.** Al igual que la estructura anterior, repite las instrucciones hasta que se cumpla la condición. La diferencia se encuentra en que la estructura «MIENTRAS» comprueba la condición al principio y la estructura «REPETIR_HASTA» lo hace al final, por lo que las instrucciones de la estructura «REPETIR_HASTA» se ejecutan al menos una vez.

```
REPETIR:
    Bloque de código que se ejecuta una vez y hasta que
    se cumpla la condición
HASTA condición
```

- **PARA:** Repite el conjunto de instrucciones el número de veces especificado. El número de repeticiones se indica haciendo uso de una variable, llamada contador, que se incrementa o decrementa al finalizar cada paso. El bloque se repite mientras se cumpla la condición.

```
PARA i = 0 MIENTRAS i < 10 CON i = i + 2 HACER:
    Bloque de código que se ejecutará hasta que i sea
    igual a 10. El bloque se ejecutará, por tanto, para
    los valores de i siguientes: 0, 2, 4, 6, 8
FIN_PARA
```

Ordinogramas

Los ordinogramas o diagramas de flujo son una forma de representación gráfica de los algoritmos. Se caracterizan porque cada paso del algoritmo se representa utilizando una figura geométrica con un significado específico. Además, estas figuras se conectan entre sí por medio de flechas que marcan el sentido del flujo del algoritmo.

Al ser más visuales que el pseudocódigo, facilitan el diseño y la comprensión del flujo de instrucciones en un programa, como podemos ver en el ejemplo que ilustra la figura 2.3.

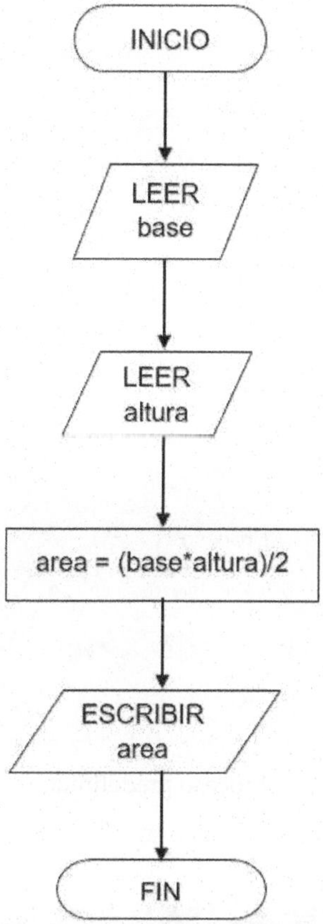

Figura 2.3. Ordinograma de un algoritmo para obtener el área de un triángulo.

Los símbolos utilizados habitualmente en el diseño de los diagramas de flujo son los que se detallan en la tabla 2.1. Para representar las estructuras condicionales y de control definidas en el apartado de pseudocódigo y que son fundamentales en el diseño de algoritmos, se utiliza una combinación de estos símbolos.

Tabla 2.1. Nombre y significado de los símbolos más utilizados en el diseño de ordinogramas.

Símbolo	Nombre	Significado
	Inicio / Fin	Representa el inicio o el fin de un algoritmo, dependiendo de si la forma incluye la palabra "Inicio" o la palabra "Fin"
	Línea de flujo	Conecta las instrucciones e indica el orden de ejecución con el sentido de la flecha
	Conector	Permite enlazar una parte del diagrama de flujo con otra parte lejana del mismo
	Entrada / Salida	Representa la lectura de datos a través de un dispositivo de entrada o la impresión de datos en un dispositivo de salida
	Proceso	Representa cualquier tipo de operación
	Proceso predefinido	Representa una llamada a un subprograma que realiza una tarea específica y devuelve el control al programa principal
	Decisión	Permite bifurcar la ejecución del programa en base a la evaluación de una condición o expresión

A continuación, se muestra cómo se representarían en un diagrama de flujo cada una de ellas:

- Estructura condicional simple.

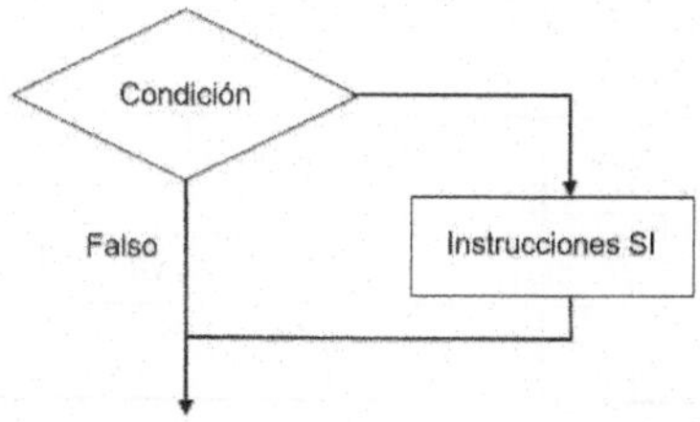

Figura 2.4. Diagrama de flujo estructura condicional simple.

- Estructura condicional doble.

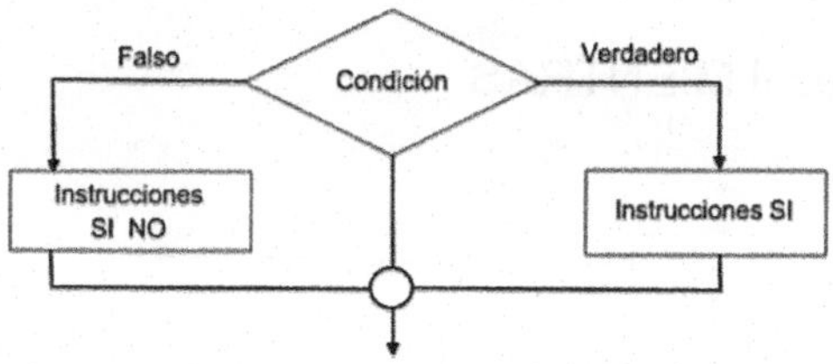

Figura 2.5. Diagrama de flujo estructura condicional doble.

- Estructura condicional múltiple.

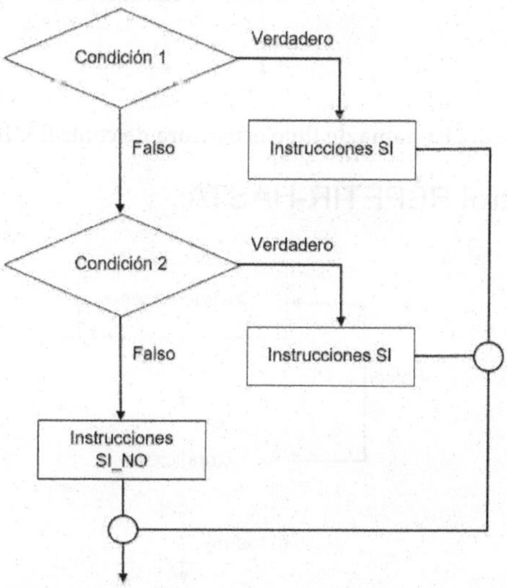

Figura 2.6. Diagrama de flujo estructura condicional múltiple.

- Estructura condicional múltiples-casos.

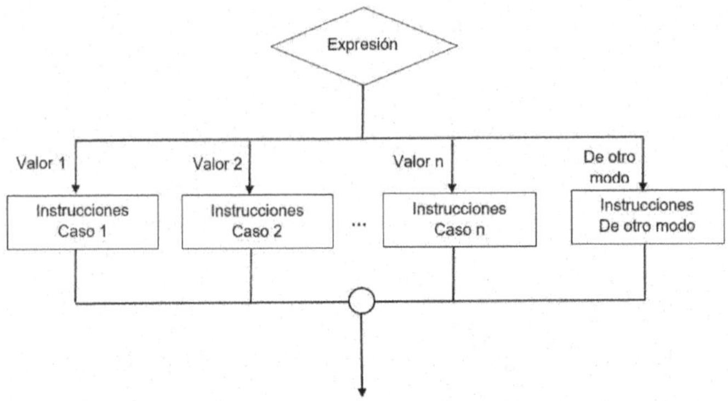

Figura 2.7. Diagrama de flujo estructura condicional múltiples-casos.

- Estructura de control MIENTRAS.

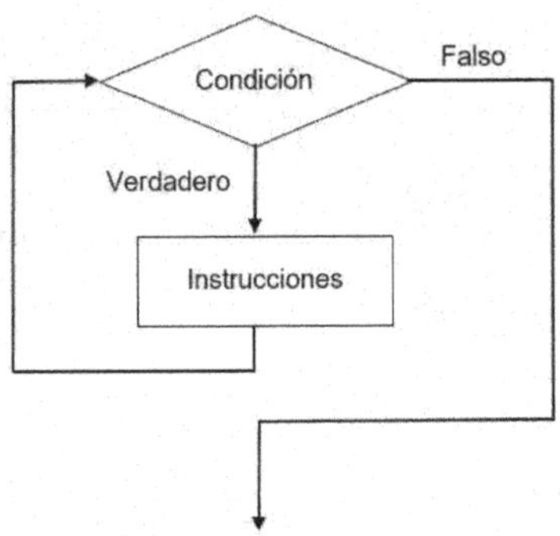

Figura 2.8. Diagrama de flujo estructura de control MIENTRAS.

- Estructura de control REPETIR-HASTA.

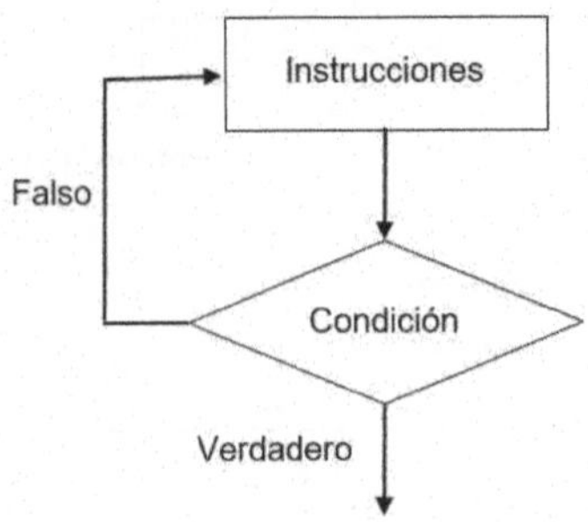

Figura 2.9. Diagrama de flujo estructura de control REPETIR-HASTA.

- Estructura de control PARA.

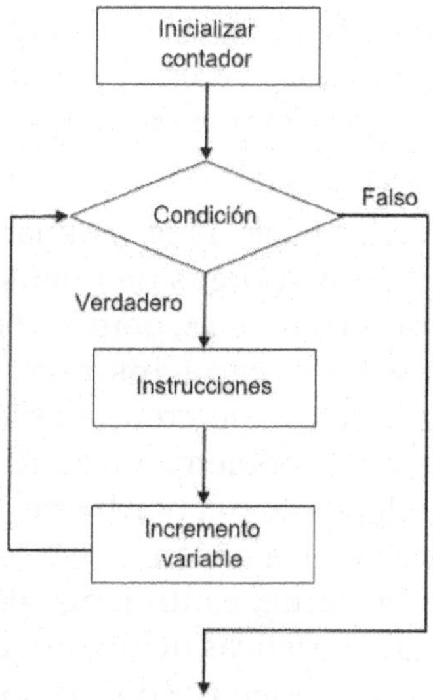

Figura 2.10. Diagrama de flujo estructura de control PARA.

Los lenguajes de programación

Hasta aquí argumentamos la utilidad de la programación, hemos definido el concepto de programa y explicado cómo diseñarlo mediante el uso de algoritmos que facilitarán la escritura del código de nuestro programa. Como hemos visto, para el diseño de algoritmos con pseudocódigo y ordinogramas se utiliza el lenguaje natural, no entendible por un ordenador. Los lenguajes de programación, como Python, Java o C/ C++, nos permitirán escribir los algoritmos en un lenguaje muy similar al pseudocódigo y que puede ser traducido al «lenguaje máquina», es decir, el idioma que entiende un ordenador.

Un lenguaje de programación es un lenguaje formal donde se especifican una serie de instrucciones entendibles por un ordenador. Cualquier lenguaje de programación, sea cual sea el elegido, está formado por un conjunto definido de símbolos y reglas que debemos conocer para crear un programa que ofrezca una solución eficiente y eficaz al problema que pretendemos resolver. Dentro de los lenguajes de programación debemos diferenciar entre lenguaje máquina, lenguaje de bajo nivel y lenguaje de alto nivel.

El lenguaje máquina es el lenguaje que entienden los ordenadores, consistente en series de ceros (0) y unos (1), por lo que también se conoce como lenguaje binario. Este tipo de lenguaje es dependiente del hardware en el cual se ejecuta.

Para los ordenadores resulta fácil entender instrucciones del tipo «00110001», pero para las personas no resulta tan sencillo escribir código de esta manera porque se requiere un conocimiento de la arquitectura física (hardware) del ordenador. Para facilitar el trabajo, se creó el lenguaje ensamblador, que fue el primer intento de abstracción del lenguaje máquina para crear uno más cercano a las personas.

El lenguaje ensamblador es un lenguaje de programación de bajo nivel que trabaja con palabras que sustituyen a los códigos de operación binarios. Este lenguaje resulta algo más sencillo para las personas, pero los ordenadores no lo entienden, por lo que para poder traducir cada instrucción de ensamblador a su correspondiente instrucción binaria se creó también un programa traductor. Aunque este lenguaje resuelve el problema de escribir el código con 0 y 1, sigue siendo difícil de entender y depende del hardware presente en el ordenador, es decir, un código que funciona en un ordenador puede requerir ser modificado para funcionar en otro. No obstante, es un lenguaje importante, pues permite aprovechar al máximo las características de un ordenador para crear programas que se ejecuten rápidamente y ocupen poco espacio en memoria.

Para desarrollar programas independientes del ordenador en el que se ejecuten, surgieron los lenguajes de programación de alto nivel. Estos ofrecen una mayor abstracción que el lenguaje máquina, porque están más cerca del lenguaje natural. Permiten crear programas utilizando palabras o expresiones sintácticas que resultan más sencillas para cualquier persona, y son totalmente independientes del hardware del equipo donde han sido desarrollados. No debemos olvidar que el ordenador solo entiende el lenguaje máquina, por lo cual es necesario usar un traductor capaz de traducir al lenguaje máquina nuestro lenguaje de alto nivel, como puede ser Python. Para ello se crearon varios tipos de traductores que, según el lenguaje utilizado, pueden ser intérpretes o compiladores. El lenguaje con el que vamos a trabajar, Python, utiliza un traductor de tipo intérprete.

Resumen

La programación nos hace nuestro día a día más fácil, pues nos permite automatizar tareas rutinarias mediante el desarrollo de programas informáticos. Para ello, es muy importante analizar el problema que queremos solucionar y determinar los pasos para resolverlo. En esta parte desempeñan un papel fundamental los algoritmos. Los algoritmos nos ayudan a diseñar un modelo de solución al problema que deseamos resolver mediante el uso de pseudocódigo u ordinogramas. Una vez diseñado nuestro algoritmo, podemos pasar a crear nuestro programa en código fuente mediante el uso de un lenguaje de programación.

3 El lenguaje Python y por qué debemos aprenderlo

En este capítulo aprenderás:

- Cómo surgió y evolucionó el lenguaje Python.
- Sus características principales.
- Qué tipo de soluciones puedes construir con este lenguaje.
- Cuándo es mejor optar por otros lenguajes de programación.

Introducción

En este capítulo abordaremos algunos detalles importantes sobre el lenguaje de programación Python, como sus orígenes, evolución, características principales y ámbitos de aplicación. Al ser un lenguaje generalista y sencillo, su aprendizaje no requiere especialización alguna, a diferencia de otros lenguajes como los orientados al cálculo científico o la automatización industrial, por ejemplo. También es importante reconocer el potencial de este lenguaje, lo cual justifica su popularidad y extendido uso. El objetivo principal en este capítulo es proporcionar un contexto adecuado al lenguaje, para ser conscientes de sus capacidades, pero también de sus limitaciones (pocas, ya te lo adelantamos). Si Python va a convertirse en nuestra herramienta preferida es deseable tener una buena visión general de este potente y versátil lenguaje de programación.

El nacimiento de un nuevo lenguaje

El surgimiento de un lenguaje de programación es siempre una historia interesante. Nos da pistas sobre las necesidades que se pretendían cubrir con él. Estas necesidades primigenias definen su carácter. He aquí la historia. A principios de los años 80, el *Centrum voor Wiskunde & Informatica*, un centro holandés de investigación en Matemáticas y Ciencias de la Computación, ubicado en Ámsterdam, crearía el lenguaje ABC como alternativa al conocido lenguaje BASIC. Su objetivo era disponer de un lenguaje de programación sencillo, orientado a principiantes. Se trataba de un lenguaje interactivo, con solo cinco tipos de datos básicos (números, textos, listas, compuestos y tablas), muy fácil de usar y que, frente a otros lenguajes habituales de la época como Pascal o C, generaba un código más compacto y legible. ABC tenía sus limitaciones, como el no poder acceder a archivos o a funciones del sistema operativo subyacente. Uno de los programadores que colaboraba en el desarrollo de este lenguaje era Guido Van Rossum. Guido era consciente de estas limitaciones, pero estaba enamorado de la alta productividad en programación que ofrecía ABC, aun a costa de su baja velocidad de ejecución. En la Navidad de 1989, decidió «hackear» ABC y crear una alternativa que, manteniendo la fluidez de programación de dicho lenguaje, fuera una alternativa real para crear aplicaciones completas. En aquellos meses inspiradores un nuevo lenguaje vería la luz. Su creador, en un acto de irreverencia y en consonancia con su afición a los cómicos británicos *Monty Python*, daría nombre al lenguaje tal y como aparece en el título de este libro. En poco más de un año, Guido continuaría dando forma a su proyecto y trabajando en él como si de un hobby se tratase. Su asociación a una serpiente es más debida a la resistencia de la editorial que publicaría su primer libro, en 1991, al tener que lidiar con los derechos de imagen de los *Monty Python*. A partir de su publicación, el proyecto ya era de dominio público, continuó como proyecto de código abierto[1] y siguió creciendo. Y esta es una inercia que se mantiene y podemos seguir desde su página oficial: www.python.org.

Evolución de Python

Desde el año 1991, Python ha ido ganando adeptos. Ha crecido su comunidad, tanto de programadores usuarios del lenguaje como de desarrolladores de nuevas funcionalidades. La comunidad promueve y gestiona los cambios del lenguaje mediante los PEP, del inglés *Python Enhancement Proposals*, es decir, «Propuestas de mejora de Python». En la dirección www.python.org/dev/peps/ tienes acceso al índice con todos los PEP propuestos. En este progreso imparable, Python experimentó en el año 2008 una transformación crítica: Guido Van Rossum decidió que era necesario un lavado de cara y mejorar algunos aspectos como el tratamiento de las codificaciones de caracteres o la consideración de determinadas instrucciones como funciones (print() y exec(), por ejemplo). Así comenzaron las versiones 3.x de Python. Pero era tan basto el ecosistema de bibliotecas de Python 2.x, que se siguió manteniendo la especificación anterior hasta la versión 2.7, en el año 2010. Actualmente, prácticamente todas las bibliotecas ya han migrado a 3.x, por lo que no tiene sentido seguir anclados a 2.x. Este libro se ha escrito con la versión 3.7 de Python.

Características principales

El diseño de Python

Python se diseñó como un lenguaje con un núcleo pequeño, es decir, con un léxico muy limitado, también llamado «palabras reservadas», que componen un vocabulario básico de tan solo 35 términos a partir de los cuales se edifica todo lo demás, combinándolos mediante una sintaxis clara y también sencilla. Si un niño de dos años habitualmente domina un vocabulario de cincuenta palabras, nosotros no tendremos problema en dominar Python. Esta escueta terminología es suficiente para construir un programa completo de cualquier complejidad, pues nos permite definir estructuras de flujo, funciones y objetos, o importar bibliotecas, entre otras posibilidades que examinaremos a lo largo de este libro. En la figura 3.1 se recoge todo el léxico fundamental del lenguaje.

1. Un proyecto de «código abierto» es un proyecto de desarrollo de software donde los programadores forman una comunidad de personas que se suman al proyecto de manera libre. El código del software está disponible para que quien quiera pueda leerlo y modificarlo.

Este núcleo reducido se viste con una amplia «biblioteca estándar», o lo que es lo mismo, un gran conjunto de funciones incluido en el lenguaje base y disponible siempre allí donde haya un intérprete de Python. La biblioteca estándar ha sufrido varias modificaciones a lo largo de la historia del lenguaje y, actualmente, constituye una nutrida caja de herramientas con un amplio rango de funcionalidades. La biblioteca incluye módulos programados en C para mejorar su rendimiento y que proporcionan el acceso a funcionalidades del sistema como, por ejemplo, la lectura y escritura de archivos y otras soluciones muy prácticas de uso común en la construcción de programas de ordenador. Así, encontramos herramientas para manipular cadenas de caracteres, distintos tipos de datos, funciones matemáticas, de encriptado... y un largo etcétera. Como indica la propia documentación oficial de Python[2], estos módulos que componen la biblioteca estándar se han diseñado para asegurar la portabilidad de los programas, y facilitar su ejecución sobre múltiples plataformas (como pueden ser los distintos sistemas operativos) sin necesidad de cambiar nuestro código.

```
False     await     else      import    pass
None      break     except    in        raise
True      class     finally   is        return
and       continue  for       lambda    try
as        def       from      nonlocal  while
assert    del       global    not       with
async     elif      if        or        yield
```

Figura 3.1. El vocabulario básico de Python.

Sus rasgos fundamentales

¿Qué ha hecho a Python tan popular? Como hemos mencionado en varias ocasiones, es un lenguaje de programación sencillo de aprender, de sintaxis amigable, con una completa biblioteca estándar. Pero estas son solo las características esenciales que fundamentaron el diseño del lenguaje en su creación. Python es un lenguaje de programación maduro y para dibujar el rico paisaje de su ecosistema, enumeraremos otros elementos que convierten a esta herramienta de programación en el potente recurso que es hoy, y explicaremos por qué dichos elementos resultan ventajosos frente a otros lenguajes. Si te estás iniciando en la programación es posible que no comprendas algunos de estos puntos, pero eso no debería preocuparte. En todo caso, sigue leyendo para que determinados conceptos vayan haciéndose un hueco en tu mente.

- **No hace falta declarar tipos de datos**, es decir, no tenemos que indicar de antemano si una variable «peso» almacenará un valor entero o uno real.

2. docs.python.org/3/library/index.html

El intérprete que ejecuta nuestro código determina esos tipos de forma dinámica, sobre la base de los valores que asignamos a las variables. Esto da lugar a programas más sencillos y flexibles, con menos líneas de código.

- **Tipos de datos avanzados.** El lenguaje proporciona, como tipos básicos, potentes estructuras, como las listas, los diccionarios o los conjuntos. Esto evita la necesidad de implementar esas estructuras o de bibliotecas para su uso.
- **Operaciones avanzadas.** Tanto los tipos de datos básicos más complejos como los más simples cuentan con una versátil y nutrida gama de operaciones que posibilitan en una sola línea de código manipulaciones sobre datos que, de otra forma, habrían necesitado de más contenido en nuestro programa.
- **No es necesario compilar** ni enlazar nuestro código para tener un programa ejecutable. A diferencia de lenguajes como C/C++ o Java, no tenemos que realizar un proceso de compilado. Esto acelera los ciclos de desarrollo y las pruebas de software, pues podemos pasar de codificar a testear de manera inmediata.
- **Gestión automática de la memoria.** No es necesario eliminar de manera explícita aquellas variables que ya no vamos a usar, liberando la memoria utilizada para almacenar datos. Python cuenta con un «recolector de basura» encargado de limpiar aquellas variables que se vuelven innecesarias en la ejecución, como las variables locales de una función cuando el flujo del programa ha salido de la función. Esto reduce el código necesario, además de evitar errores relacionados con una mala gestión de memoria, algo tedioso cuando manejamos grandes estructuras de datos. Para los conocedores de C, basta decir que se acabaron los *core dumped*.
- **Lenguaje multiparadigma.** Python es, ante todo, un lenguaje de programación «orientado a objetos», es decir, todo en Python es un objeto de manera innata, lo cual posibilita construir programas siguiendo este paradigma de forma terriblemente sencilla. Un paradigma de programación nos permite diseñar nuestro código y estructurarlo siguiendo unas pautas determinadas. La programación orientada a objetos es el más extendido de los paradigmas, pues proporciona un código muy legible y reutilizable. Esto, además, facilita la integración con otros programas escritos en C++ o Java. Esa naturaleza innata de Python como lenguaje de programación orientado a objetos ofrece la posibilidad de trabajar con cualquier elemento (funciones, módulos, variables…) de manera «introspectiva», es decir, podemos ver las tripas de lo que queramos cuando queramos. Pero no solo la orientación a objetos es posible con Python, otros paradigmas como la programación «basada en aspectos» o la programación «funcional» pueden ser usados con este lenguaje de manera natural.
- **Programación modular.** Gracias al uso de clases, módulos y el mecanismo integrado de manejo de excepciones, podemos construir grandes proyectos de programación, como programas y aplicaciones de enorme complejidad

que requieren una organización del código en varios componentes dentro de un diseño arquitectónico complejo. Python te facilitará desde escribir programas sencillos hasta grandes proyectos de software. Es un lenguaje útil a nivel doméstico y potente a nivel industrial. Además, el intérprete vela por la carga dinámica de los módulos cuando estos se modifican, por lo que puedes modificar cualquier módulo sin detenerte en procesos de reintegración.

- **Naturaleza interactiva.** Al ser un lenguaje interpretado, podemos trabajar con nuestros programas de manera interactiva: ejecutar una parte, comprobar sus variables, ejecutar nuevas instrucciones y continuar la ejecución. Esta capacidad que tiene el intérprete de Python resulta muy útil para el desarrollo incremental y las pruebas. En áreas como la programación científica, donde de manera continua estamos modificando el código y probando métodos diferentes, esto proporciona una ventaja asombrosa y acelera los procesos de experimentación.
- **Compilación a *bytecode*.** El intérprete de Python genera archivos intermedios conocidos como bytecode, de manera similar a como lo hace Java, pero de forma implícita. Esto posibilita tener código muy portable y con capacidad de ejecutarse a mayor velocidad que la de otros lenguajes interpretados.
- **Integración de otros lenguajes.** Python posibilita la integración de módulos escritos en lenguaje C, por ejemplo, lo cual permite acelerar la ejecución de las funcionalidades contenidas en esos módulos. Gracias a esto, bibliotecas de cálculo avanzado como NumPy, nos permiten ejecutar operaciones que requieren una manipulación intensa de datos con niveles de rendimiento similares a soluciones compiladas.
- **Un proyecto de código abierto.** El lenguaje es un proyecto libre, con una comunidad de desarrolladores inmensa. Cualquiera puede sumarse a este proyecto abierto, proponer características o introducir parches para solucionar problemas. Al ser un proyecto de software libre, no se nos limita su uso: podemos usarlo cuando queramos, para lo que queramos, donde queramos, y todo eso sin tener que pagar licencias ni royalties. Esta naturaleza abierta y su comunidad posibilitan que el lenguaje siga creciendo, integrando nuevas funcionalidades y mejorando cada día. Python te hace poderoso… y libre.

Qué podemos y qué no podemos hacer con Python

Si has tenido la paciencia y la virtud de leer hasta aquí sin los saltos de capítulo sugeridos, estamos seguros de que no es necesario convencerte de decidirte por aprender a programar en Python. Y mucho mejor si lo haces siguiendo estas páginas, por supuesto. Lo que Python puede ayudarte a hacer y dónde Python tiene más dificultades para llegar no son sino resultado de su propia naturaleza, así que vamos a repasar un aspecto fundamental del lenguaje.

El precio de la interpretación

Para ejecutar un programa en Python es necesario un «intérprete», un programa más en nuestro sistema, que, precisamente, se llama python. Cuando ejecutamos esta orden en una terminal, vemos que aparece el símbolo «>>». Ese es el intérprete de Python esperando recibir instrucciones que, conforme las vayamos introduciendo, serán ejecutas.

Pero cuando escribimos todo nuestro código en un archivo (al que solemos añadir la extensión «.py» para identificar el tipo de contenido como un programa de Python), el intérprete funciona al modo de lenguajes como Java: primero traduce el contenido a un código intermedio o «bytecode», como ya se dijo, y luego el intérprete ejecuta ese código intermedio. Dicho código, si bien está más optimizado, no está compilado en el lenguaje que entiende directamente la máquina, por lo cual debe ser también interpretado.

NOTA:

¿Qué es una terminal? El usuario habitual de Linux seguramente sabe a lo que nos referimos al hablar de «terminal». En Windows, basta con pulsar la tecla especial de dicho sistema. Dicha tecla tiene dibujado el logo de Windows y se halla habitualmente abajo a la izquierda en nuestro teclado. Una vez desplegado el menú, escribimos «símbolo del sistema», que es como denomina Windows a la terminal que nos proporcionará acceso a una «línea de órdenes». En dicha terminal ya podremos introducir instrucciones al sistema.

Comprenderemos mejor este proceso con un ejemplo. Esto es lo que ocurre cuando pedimos a Python que ejecute un programa simple contenido en un archivo al que hemos llamado programa.py (figura 3.2):

1. El intérprete de Python lee el contenido del archivo programa.py.
2. El intérprete genera el bytecode equivalente, o lo que es lo mismo, traduce el lenguaje Python a un lenguaje «intermedio».
3. Python toma dicho lenguaje intermedio y se prepara para su ejecución. Aquí, el bytecode se pasa al ejecutor de Python.
4. El ejecutor de Python ejecuta las instrucciones contenidas en el bytecode, es decir, el ejecutor le va diciendo a nuestro ordenador, en un lenguaje que sí entiende, qué tiene que hacer.

Todo esto ocurre sin que apenas nos demos cuenta, por lo que para nosotros la sensación es la de ejecutar directamente nuestro programa de Python tal y como podemos ver en la figura 3.3, donde lanzamos el programa del ejemplo anterior desde el símbolo del sistema de Windows.

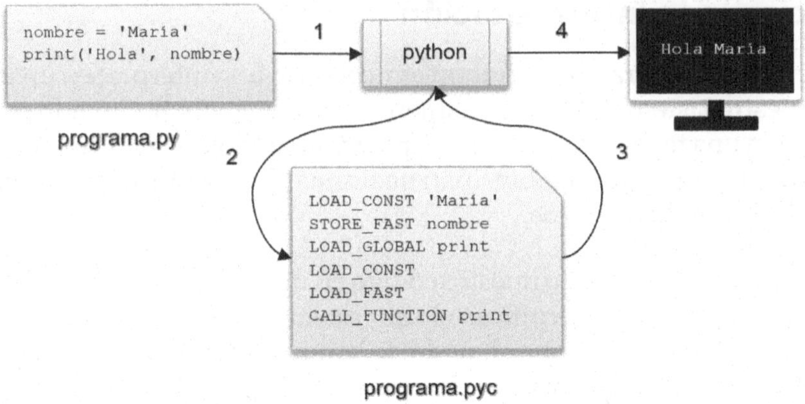

Figura 3.2. El proceso de interpretación.

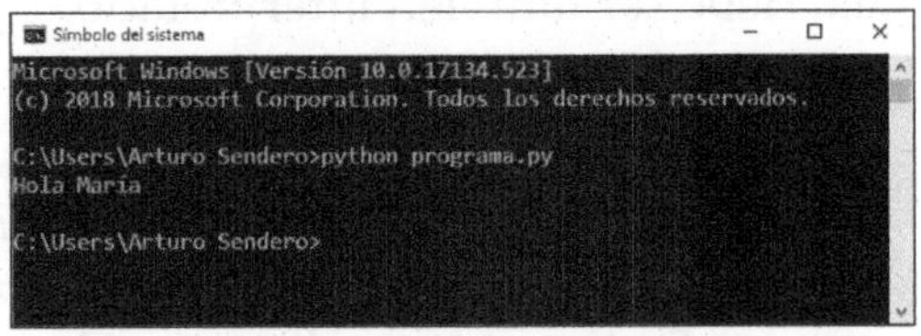

Figura 3.3. Ejecutando un programa con el intérprete de Python.

En los programas compilados, el compilador toma el código fuente y genera un código directamente ejecutable por el sistema, es decir, una vez realizado el proceso de compilación, la máquina puede ejecutar el programa sin necesidad de intermediarios, ya que dicho código fuente se ha traducido (i.e. compilado) a código máquina. En el caso de Python, aunque ya esté traducido el código fuente a bytecode, es necesario interpretar dicho bytecode siempre, por lo que cada ejecución implica un proceso de traducción. Esto, de forma inevitable, ralentiza la realización de las tareas por parte de la máquina. En cambio, tiene la ventaja de que el programador no precisa pasar por un proceso de compilación que, además, es diferente según el tipo de ordenador y sistema operativo disponible. Así, conseguimos acelerar el desarrollo y garantizamos la portabilidad.

NOTA:

Se entiende por «código fuente» al código escrito por el programador en un lenguaje determinado. El término «fuente» se utiliza para indicar que es el código del que emanan luego el resto de elementos que se generan para la ejecución de un programa en la máquina.

Python 3 o Python 2

Una vez hemos profundizado en los conceptos de interpretación y compilación, veamos qué aporta esa capacidad de desarrollar más rápido y de ser más portable que, junto a todas las características relatadas anteriormente, determinan la naturaleza y capacidades de este lenguaje. Python ha ido «colonizando» un número creciente de ámbitos y su popularidad no ha hecho sino crecer. Las mejoras incorporadas en Python gracias al trabajo continuo de la comunidad como proyecto de software libre, han fortalecido la herramienta en varios aspectos: una biblioteca estándar mejor organizada y optimizada, sintaxis más coherente, mejor soporte a código en otros idiomas, más consistencia, mejoras de rendimiento y algunas cosas más. Estas mejoras han hecho que de las versiones 2.x (2.5, 2.6, 2.7...) se proponga un nuevo Python 3.x que no tiene por qué mantener «compatibilidad hacia atrás». Debemos decidir escribir para Python 2 o para Python 3 al escribir nuestros programas, pues usan intérpretes diferentes. En este libro vamos a optar por Python 3 pues, actualmente, ya está muy maduro y prácticamente todas las bibliotecas más potentes que existían en Python 2 ya tienen su versión para Python 3.

Dónde nada Python como pez en el agua

Ahora que conocemos mejor el lenguaje, podemos enumerar esos dominios donde Python es una herramienta poderosa y útil. La siguiente lista no es, ni mucho menos, exhaustiva, pues tal vez podríamos llenar varias páginas con los diferentes contextos en los que Python se utiliza. En todo caso, sí nos ayuda a obtener una visión más clara del tipo de problemas en los que el lenguaje ofrece soluciones muy efectivas.

- **Utilidades del sistema.** Órdenes y aplicaciones del sistema, generalmente usadas desde el símbolo del sistema o un terminal, que son muy portables entre diferentes entornos y proporcionan herramientas para el procesamiento de archivos, acceso a la red, pruebas de software y un largo etcétera.
- **Aplicaciones web.** Python permite desarrollar aplicaciones *backend*, es decir, aplicaciones en la web, en el lado remoto, que den servicio a aplicaciones *frontend* (aquellas que se ejecutan en nuestro navegador). Dispones de bibliotecas para construir HTML, CSS, JSON o enviar correo electrónico, así como *frameworks* que nos facilitan el desarrollo de aplicaciones web a más nivel, como Django o Flask, por mencionar solo algunos. Veteranas bibliotecas como Requests, Scrapy o BeautifulSoup, entre otras muchas, pondrán la web al servicio de nuestro código.
- **Interfaces gráficas de usuario.** Dedicaremos un capítulo a conocer algunas de las herramientas de Python para construir aplicaciones de escritorio. Veremos cuán fácil es crear aplicaciones que incorporan elementos de interacción como botones, ventanas, cuadros de diálogo, barras de desplazamiento, menús... En definitiva, nos facilita construir interfaces gráficas de usuario completas. Bibliotecas como Tk o wxWidgets son bastante

versátiles. También podemos construir interfaces específicas para algunas plataformas con GTK+ o Microsoft Foundation Classes.

- **Scripts de aplicaciones.** La versatilidad de Python y el hecho de ser un lenguaje interpretado ha motivado su elección por parte de muchos productos software para ofrecerlo como lenguaje base para el desarrollo de *scripts*, es decir, pequeños programas que añaden funcionalidades a las aplicaciones, como puede ser un efecto en un gráfico 3D o un filtro nuevo para una imagen. Podemos usar Python para crear extensiones en aplicaciones tan potentes como Blender, Autodesk Maya, ArcGIS, GIMP, InkScape, Minecraft, SPSS y muchos más.
- **Desarrollo de software.** Gracias a la velocidad con la que es posible desarrollar soluciones en Python, es un lenguaje muy utilizado para la construcción de prototipos o pruebas de concepto en el desarrollo de soluciones informáticas.
- **Cálculo numérico y científico.** Python cuenta con potentes bibliotecas matemáticas, hoy en día muy optimizadas, que proporcionan herramientas potentes de cálculo numérico, estadística y álgebra lineal. Estas bibliotecas son realmente útiles si nos dedicamos al cálculo científico o al procesamiento de datos. NumPy, SciPy, Matplotlib o Pandas son algunas de las bibliotecas que debe conocer todo desarrollador de soluciones que requieren un procesamiento numérico de los datos.
- **Acceso a bases de datos.** Gracias a la gran conectividad a bases de datos que proporcionan numerosas bibliotecas ya maduras de Python, podemos almacenar información de manera persistente y manipularla en distintos gestores como MySQL o PostgreSQL.
- **Educación.** Empezábamos este libro hablando de la programación para niños y lo hemos hecho porque Python, gracias a su sencillez en el lenguaje e inmediatez de ejecución, es una buena forma de acercar la magia de la programación a programadores noveles. Además, al contar con un nutrido surtido de bibliotecas en múltiples disciplinas, es también un instrumento útil para introducirse en la estadística, en las bases de datos, en las redes de comunicación...
- **Videojuegos.** Bibliotecas como Pygame, para crear juegos 2D, y Pyglet, para juegos 3D, nos acercan al mundo del desarrollo de videojuegos de una manera sencilla. Podemos probar ejemplos y seguir los tutoriales para que, poco a poco, nos hagamos con todos los conceptos relacionados con la construcción de juegos para el ordenador.
- **Inteligencia Artificial.** Sí, Python es una de las soluciones más extendidas para construir máquinas pensantes. Técnicas actuales de «aprendizaje automático», entre las que se incluyen las redes neuronales artificiales y profundas, están detrás de aplicaciones como la conducción autónoma, el reconocimiento de

rostros, asistentes de voz y la robótica. Bibliotecas como Scikit-Learn, Keras, TensorFlow, Theano o NLTK están muy extendidas entre la comunidad investigadora y también entre los creadores de soluciones industriales.

- **Prototipado hardware.** Algunas de las herramientas de enseñanza para la construcción de soluciones hardware más conocidas son Raspberry Pi y Arduino. Raspberry Pi es un «ordenador de placa reducida» que, en un solo circuito y a muy bajo coste, incorpora todos los elementos propios de un ordenador, como la CPU, la memoria, la tarjeta gráfica, los puertos de conexión, etc. Su sistema está basado en Linux y podemos programarlo con Python sin problema. Es lo suficientemente potente para que, en este pequeño ordenador, podamos tener aplicaciones en ejecución allí donde se necesiten: como la domótica inteligente de una casa o una pantalla táctil con información turística, por ejemplo. Arduino, aunque no tan potente en cuanto a procesador, es más versátil. Es un microcontrolador de código abierto y posibilita configurar sus componentes hardware de formas muy diferentes gracias a la gran cantidad de accesorios disponibles: sensores de temperatura, de proximidad, cámaras, micrófonos, etc. Gracias a esto, podemos controlar toda una instalación de riego o el comportamiento de un robot con una aplicación en Python propia que se ejecute en esta pequeña máquina.

No te quepa duda de que esta lista, aunque amplia, no es completa. Python está presente también en ámbitos como la producción de películas animadas, generación de efectos especiales, programas para el manejo de instalaciones industriales, domótica, el análisis de genes, la búsqueda de vida inteligente en otros planetas o los robots en misiones espaciales. Python es, ante todo, un **gran director de orquesta**, pues su capacidad de interaccionar con otros programas escritos en C o Java, o de invocar aplicaciones externas, hacen de él una solución muy conveniente para ser el pegamento que lo integre todo. Corporaciones como Google y Facebook optan por Python en muchas de sus soluciones y proyectos. Por algo será, ¿no?

Dónde Python se siente más incómodo

Su gran virtud es su gran lastre. El precio de ser un lenguaje interpretado es demasiado alto en algunas ocasiones. Los ordenadores cada vez son más rápidos y con más memoria, pero en muchas ocasiones las soluciones software necesitan reducir al máximo los recursos que demandan las aplicaciones. Un programa en Python frente a un programa en C, por ejemplo, es más lento (pues requiere ese proceso de interpretación) además de obligar a tener instalado Python y las bibliotecas que el programa necesite. Un programa compilado requiere menos espacio, puede estar más optimizado y es más rápido en su ejecución. Esto suele ser determinante en muchas soluciones industriales. Otros factores también influyen a la hora de optar por un lenguaje para un proyecto de desarrollo: la gran versatilidad de Python no siempre es deseable en equipos de trabajo muy amplios, donde Java y sus fuertes restricciones en tipos de datos y diseño de clases (sobre todo lo referido a la «encapsulación» del código), obliga a que desarrolladores heterogéneos, con estilos de programación muy diferentes, trabajen en proyectos conjuntos. Muchas compañías disponen ya de grandes repositorios de código construidos en determinados lenguajes (C++, Java, PHP...) por lo que el coste de trabajar con otros lenguajes no les compensa.

Python no puede competir allí donde cierto lenguaje es imperativo. Algunos productos obligan a utilizar un determinado lenguaje, por lo que nos vemos obligados a adaptarnos a tales restricciones. Por ejemplo, algunas máquinas industriales solo ofrecen una API o un lenguaje de *script* determinado. También, en lo relativo a programar aplicaciones para la web, una solución *frontend*, es decir, una aplicación que se ejecuta en nuestro navegador web, debe utilizar el lenguaje estándar: JavaScript. Existen proyectos que nos permiten programar en lenguaje Python y traducir dicho lenguaje a otro (como C, Java o Javascript). Sin embargo, creemos que un buen programador debe saber elegir la mejor herramienta en cada caso, en lugar de poner en práctica el dicho de «para quien tiene un martillo, todo son clavos».

NOTA:

API son las siglas de Application Programming Interface, es decir, la «interfaz de programación de aplicaciones». Es el conjunto de instrucciones que ofrece una plataforma o servicio para que el desarrollador cree soluciones para dicha plataforma, como puede ser un programa de diseño 3D, un drone o un gestor de bases de datos.

Resumen

En este capítulo hemos dado una visión general del lenguaje y sus características principales. Como herramienta, Python es un recurso poderoso que facilita el trabajo del programador gracias a una sintaxis clara y un limitado número de palabras reservadas. Su biblioteca estándar ofrece un amplio conjunto de funcionalidades para el trabajo con tipos de datos avanzados, archivos y otros aspectos que hacen del lenguaje una caja de herramientas bien equipada. Además, Python viene acompañado de un amplio repertorio de bibliotecas aplicable a casi cualquier ámbito. Pero su carácter de lenguaje interpretado, si bien le aporta grandes beneficios, puede no hacerlo adecuado en algunos casos, como en aplicaciones con altas restricciones de velocidad o memoria. Sin embargo, muchas de las bibliotecas de Python están optimizadas y se ejecutan en el código que entiende nuestra máquina, sin necesidad de interpretación.

4 Entornos de desarrollo con Python

En este capítulo aprenderás:

- Qué es un IDE o «entorno de desarrollo integrado».
- Qué necesitas para crear un programa en Python y cómo instalarlo.

Introducción

Tras iniciarnos en el lenguaje de programación Python, es el momento de conocer qué necesitamos para crear nuestro primer programa. Para ello usaremos un editor de texto donde escribir el código y, como podemos intuir por lo que hemos aprendido hasta ahora, un traductor para poder ejecutarlo y que el ordenador lo entienda. Encontraremos esto en forma de paquete con todo lo necesario para crear, construir y traducir nuestro programa en el denominado *Integrated Development Enviroment*, más conocido como IDE, por sus siglas en inglés.

¿Qué es un IDE?

Un IDE, conocido en español como «entorno de desarrollo integrado», es un paquete que contiene todas las herramientas necesarias para crear un programa y hacer que el proceso sea lo más sencillo posible. Normalmente está formado por los siguientes elementos:

- Un editor de textos, para escribir, guardar y abrir el código de nuestros programas. La mayoría de los editores incluyen también una herramienta de autocompletado inteligente de código, que permite completar los nombres de variables y funciones que se van escribiendo en el código.
- Un compilador o intérprete, que permita traducir el código al lenguaje que entiende el ordenador.
- Un depurador, para poder probar el código que hemos escrito y eliminar posibles errores.

Para la programación con Python vamos a usar el entorno Spyder. Sin embargo, esto no es suficiente, necesitamos también instalar en nuestro ordenador una distribución de Python. Así que comenzaremos con este paso.

Instalación de Python con Anaconda

Existen diversas distribuciones que nos permiten la instalación de Python, como por ejemplo «*ActivePython*», «*Anaconda*», «*Enthought Canopy*» o «*WinPython*». La distribución seleccionada para trabajar en este libro es «*Anaconda*», porque es gratuita, fácil de instalar, fácil de actualizar y fácil de usar en cualquier sistema operativo. Además, contiene por defecto la mayor parte de las bibliotecas que usaremos a lo largo del libro. Ya tenemos clara la distribución que vamos a usar, así que, ¡manos a la obra!, ¡comencemos con su instalación!

Para instalar Anaconda, solo debes descargar la versión correspondiente a tu sistema operativo: Windows, Mac OS X o Linux. Para ello, accede a la página oficial de Anaconda[1], selecciona tu sistema operativo y descarga el instalador correspondiente a la versión de Anaconda para Python 3.x, la versión más moderna del lenguaje y la que usaremos a lo largo del libro. Tendrás que elegir la versión de 32 bits o la de 64 bits, según las características de tu ordenador.

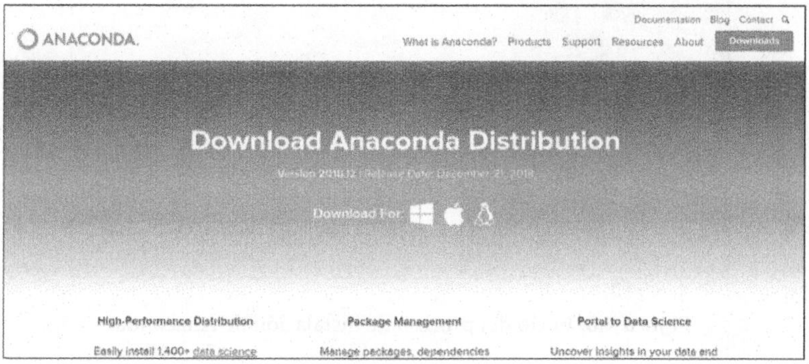

Figura 4.1. Selección del sistema operativo para la descarga de Anaconda.

Figura 4.2. Selección de la versión de Python para la descarga de Anaconda.

Una vez descargado, instálalo siguiendo las instrucciones. En este capítulo mostraremos el proceso de instalación en Windows, el sistema operativo con el que trabajaremos a lo largo del libro. Si tu sistema operativo es Mac OS X o Linux, no tendrás problema para instalarlo porque la página oficial de Anaconda cuenta con un apartado de instalación[2] en el cual puedes encontrar las instrucciones para instalarlo en dichos sistemas operativos. A continuación, mostramos los pasos para la instalación en Windows:

1. Ejecuta el instalador e inicia el proceso haciendo clic en el botón **Next**, como se puede ver en la figura 4.3.

1. www.anaconda.com/download/
2. docs.anaconda.com/anaconda/install/

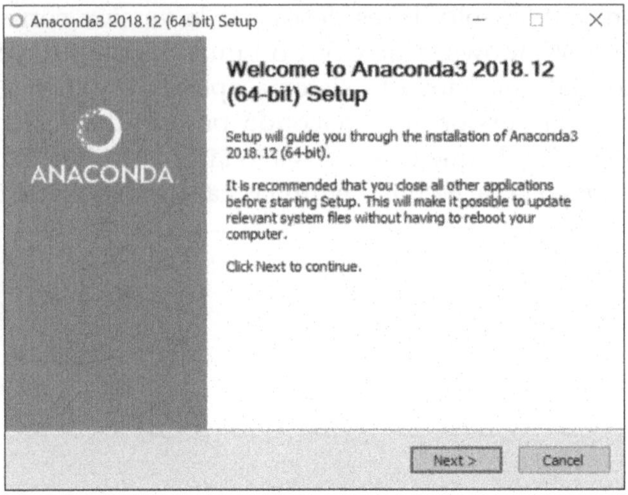

Figura 4.3. Inicio del proceso de instalación de Anaconda.

2. Acepta el acuerdo de licencia (ver figura 4.4).

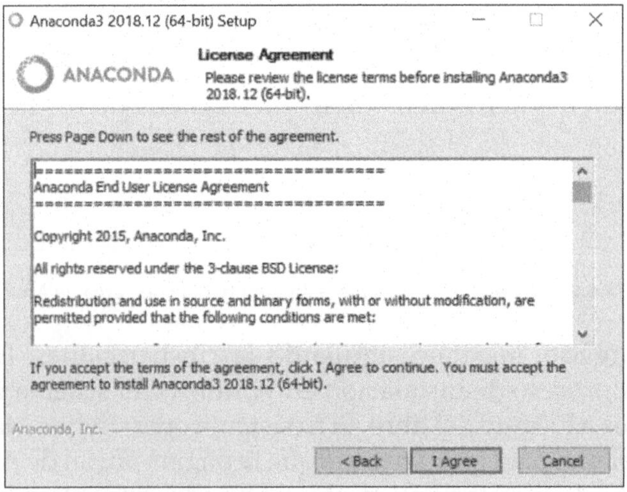

Figura 4.4. Aceptación del acuerdo de licencia.

3. Escoge el modo de instalación recomendado (ver figura 4.5), así no es necesario tener privilegios de administrador.
4. Selecciona la carpeta de instalación (se recomienda dejar la carpeta por defecto, ver figura 4.6). Si decides cambiar la carpeta, selecciona una que no tenga espacios ni caracteres extraños.

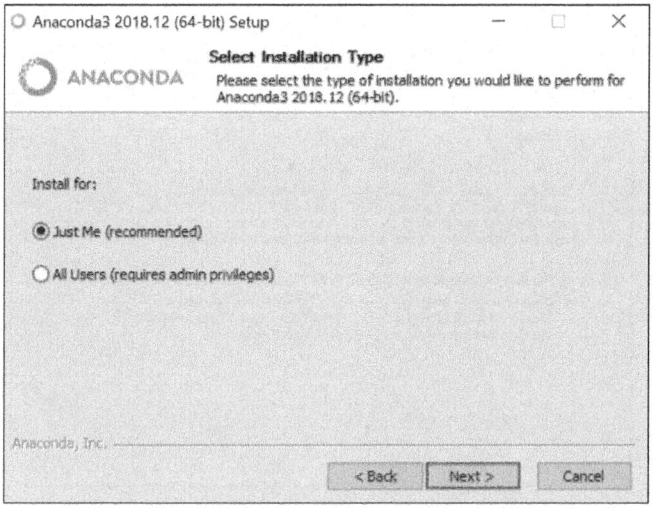

Figura 4.5. Selección del modo de instalación.

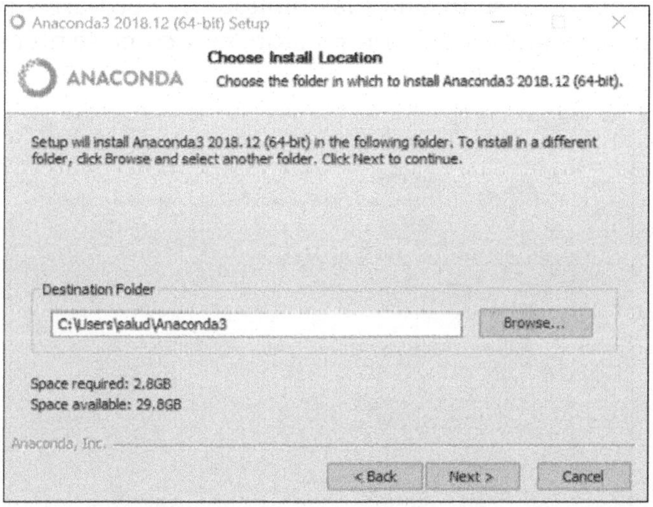

Figura 4.6. Selección de la carpeta de instalación.

5. Configura las opciones avanzadas. Recomendamos no seleccionar la primera opción porque establece Python por defecto en el sistema el que se ha instalado con Anaconda. Esto puede afectar al funcionamiento de otros programas. Por seguridad, no actives esta opción. Debes dejar marcada la segunda opción, tal y como se muestra en la figura 4.7. Una vez seleccionada la configuración, inicia la instalación haciendo clic en el botón Install.

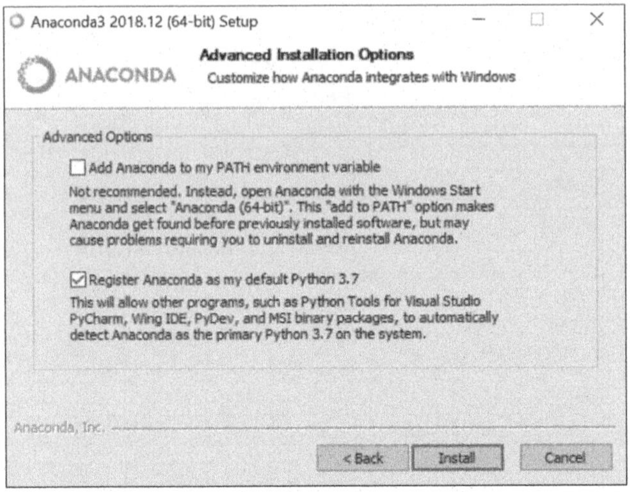

Figura 4.7. Configuración de las opciones avanzadas.

6. El proceso de instalación puede llevar unos minutos mientras se descomprimen todos los paquetes y se instalan las bibliotecas necesarias (ver figura 4.8). Cuando la instalación se haya completado, tal y como se muestra en la figura 4.9, haz clic en el botón Next.

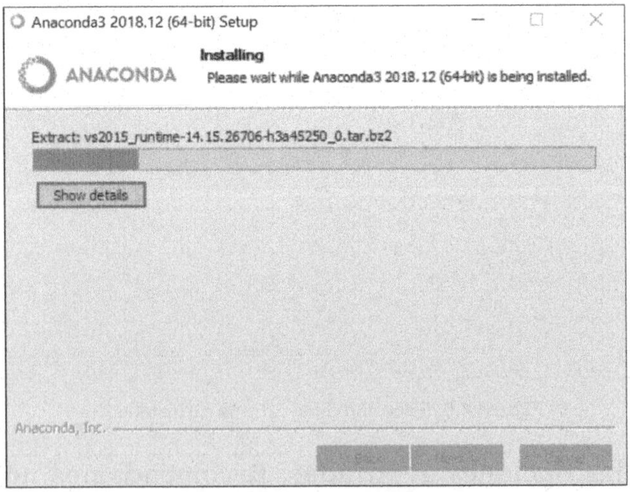

Figura 4.8. Proceso de instalación.

7. A continuación, se ofrece la posibilidad de instalar Visual Studio Code, un editor de código fuente. Haz clic sobre el botón Skip para saltar este paso (ver figura 4.10). La instalación de esta herramienta no nos será de utilidad, pues usaremos otro editor que viene por defecto en Anaconda.

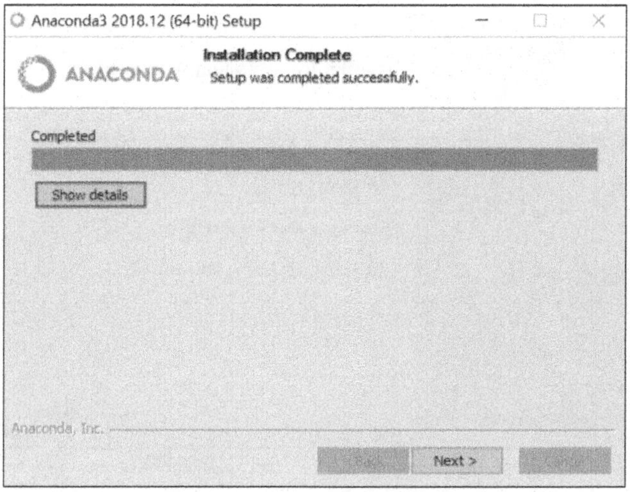

Figura 4.9. Instalación completada.

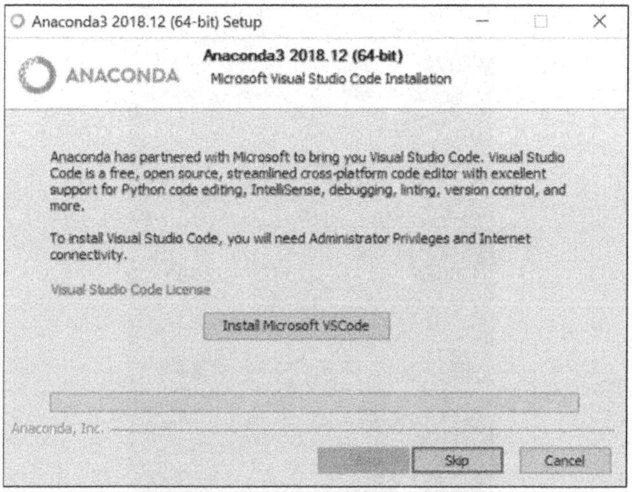

Figura 4.10. Saltar paso de instalación de Visual Studio Code.

8. Si la instalación ha finalizado con éxito, aparecerá una pantalla como la que se puede observar en la figura 4.11.

   Ahora, en el menú de inicio de tu ordenador, encontrarás una nueva carpeta con todos los elementos instalados con la distribución Anaconda: Anaconda Navigator, Anaconda Prompt, Jupyter Notebook y Spyder (ver figura 4.12).

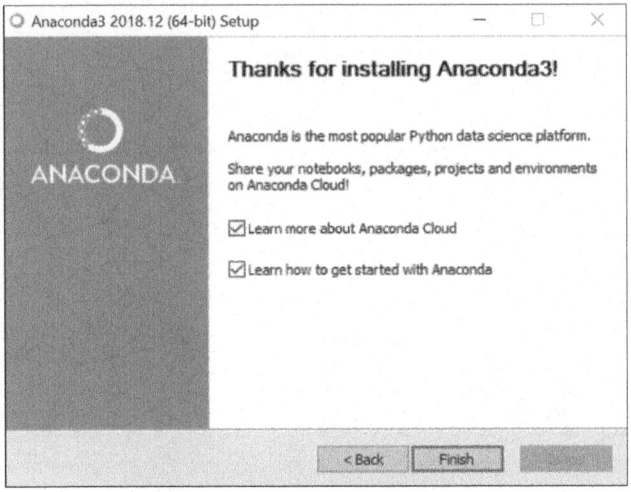

Figura 4.11. Instalación finalizada con éxito.

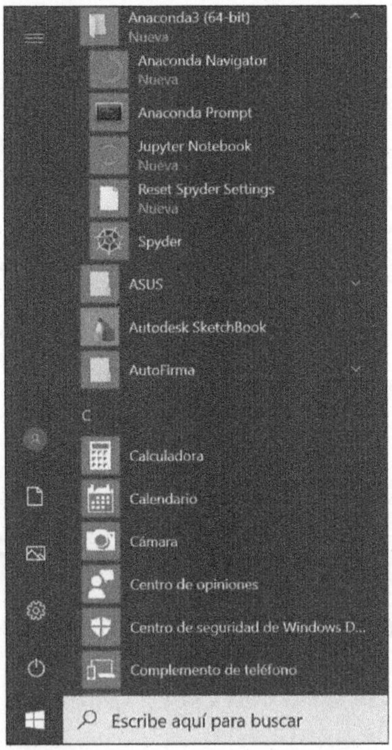

Figura 4.12. Herramientas instaladas con Anaconda.

El nombre «Spyder» te sonará, porque lo hemos mencionado anteriormente. Veamos para qué sirve cada una de estas herramientas:

- **Anaconda Navigator:** es una interfaz que permite lanzar los programas instalados con Anaconda. Además, desde aquí podemos gestionar las bibliotecas con las que vamos a trabajar en Python, es decir, podemos instalarlas, borrarlas o actualizarlas.
- **Anaconda Prompt:** es la línea de órdenes de Anaconda. También nos permite gestionar las bibliotecas, pero además ofrece la posibilidad de escribir código en Python. Nosotros lo haremos utilizando el editor de textos, porque resulta más sencillo.
- **Jupyter Notebook:** es un potente entorno de desarrollo interactivo basado en web que permite crear documentos en los que se puede ejecutar código Python. El código se inserta en celdas que también pueden ser de texto, ecuaciones e incluso imágenes, y crea así documentos multimedia que combinan varios elementos con código ejecutable.
- **Spyder:** es un entorno de desarrollo integrado multiplataforma para el lenguaje Python. Esta será la aplicación que usaremos en este curso para aprender el lenguaje.

Spyder

Spyder es un IDE desarrollado para la programación en Python. Cuenta con un editor de textos, un intérprete para el lenguaje Python, un depurador para probar el código, un sistema de ayuda y una consola interactiva. Si lo abrimos, podemos ver una interfaz con tres partes diferenciadas de forma muy clara:

1. Un editor de archivos, donde vamos a escribir nuestros programas y a desarrollar nuestro trabajo.
2. Un inspector de variables, para conocer el valor que van tomando las variables a lo largo del programa.
3. Una consola de IPython en la que podemos escribir y probar código, obtener ayuda en línea, documentación, etc.

Una vez descrito el entorno con el que trabajaremos, pasamos a explicar cómo crear un archivo y cómo utilizar algunas de las funcionalidades que te serán de ayuda, como puede ser ejecutar un programa, inspeccionar los valores de las variables, depurar el código y obtener ayuda. Para empezar a escribir nuestros programas, lo primero que necesitamos es crear un archivo en el que escribir nuestras líneas de código. Para ello, hacemos clic en la opción Archivo del menú principal y seleccionamos la opción Nuevo archivo del menú desplegable, tal y como se muestra en la figura 4.14.

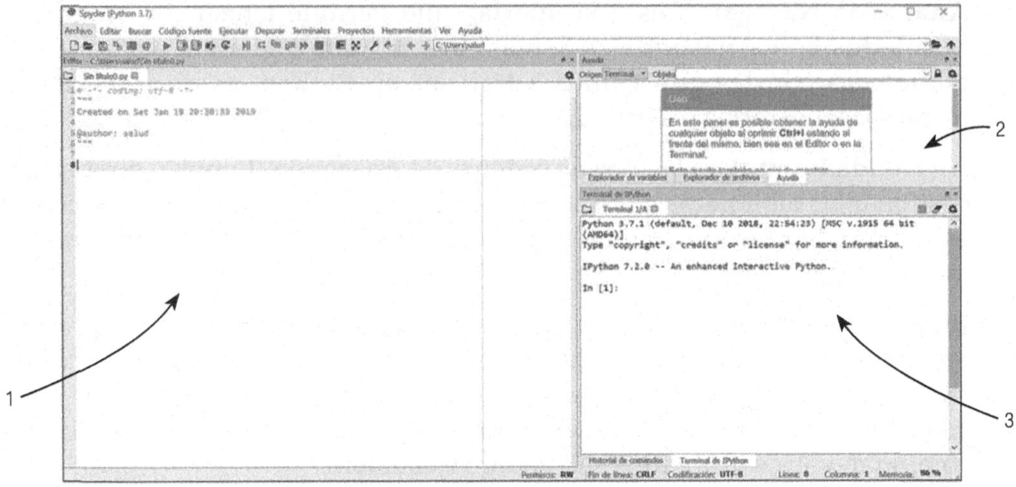

Figura 4.13. Interfaz de Spyder.

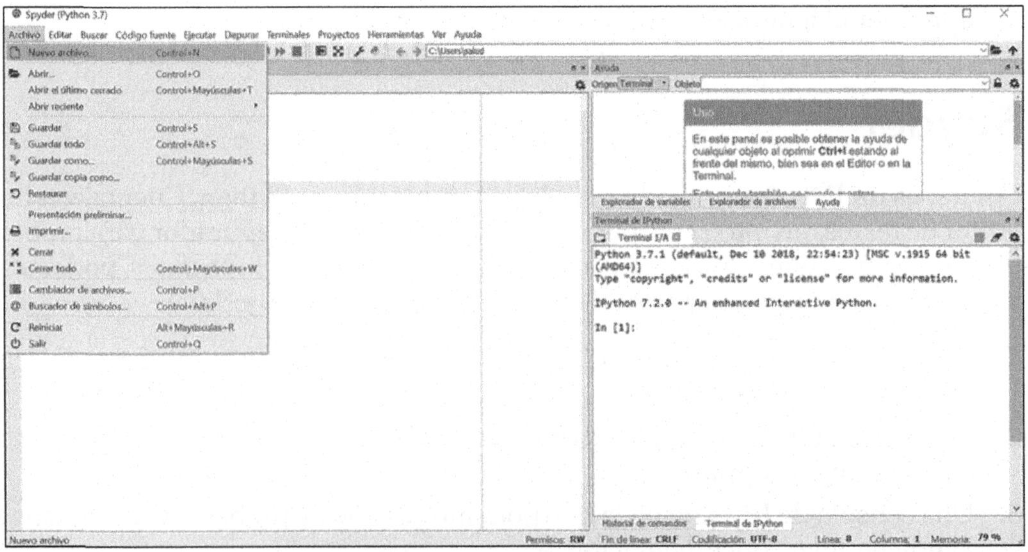

Figura 4.14. Crear un fichero en Spyder.

El fichero creado aparecerá en una pestaña del editor con el nombre «Sin título0.py». En este fichero podemos empezar a escribir nuestro código. Comenzaremos por hacer un programa sencillo para escribir por pantalla un texto. El programa contiene solo tres líneas de código. En la primera de ellas, hemos creado la variable `nombre` y le hemos asignado el valor «`Arturo y Salud`». En la segunda, hemos creado la variable `deseo` y le hemos asignado el valor «`ser programadores de Python`».

Por último, hemos escrito la orden que nos permite escribir en pantalla la primera variable concatenando el literal «`quieren`» y la variable «`deseo`», lo cual da como resultado la cadena de texto «`Arturo y Salud quieren ser programadores de Python`».

Una vez creado nuestro programa, pasamos a ejecutarlo. Para ejecutar un programa simplemente tenemos que hacer clic en el botón **play** de color verde, tal y como se indica con la flecha de la figura 4.15, o pulsar **F5** en el teclado de nuestro ordenador.

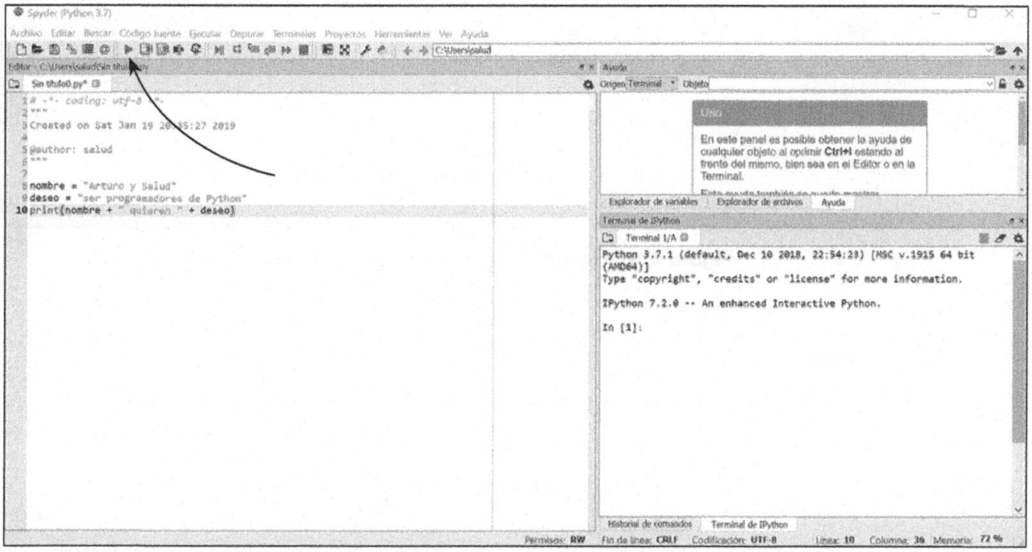

Figura 4.15. Escribir y ejecutar un programa en Spyder.

Si todavía no hemos guardado el programa, Spyder nos pedirá que lo hagamos antes de ejecutarlo. Para ello, seleccionamos la carpeta donde queremos guardarlo, le damos un nombre y en **Tipo** indicamos **Archivos Python**. Veremos el resultado de la ejecución de nuestro programa en la consola de IPython, señalada con una flecha en la figura 4.17.

En esta consola se mostrarán también los errores del código, en caso de que los haya. Ahora, prueba a modificar este código usando tu nombre.

Otra funcionalidad interesante de Spyder es la de inspeccionar los valores de todas las variables. Para ello, ofrece un explorador de variables (ver figura 4.18) en el que podemos ver las variables de nuestro programa. En el caso del ejemplo, las variables mostradas son `nombre` y `deseo`. Aquí podemos ver todos los valores almacenados en ellas, que irán variando conforme el programa modifique su contenido siguiendo las instrucciones de nuestro programa.

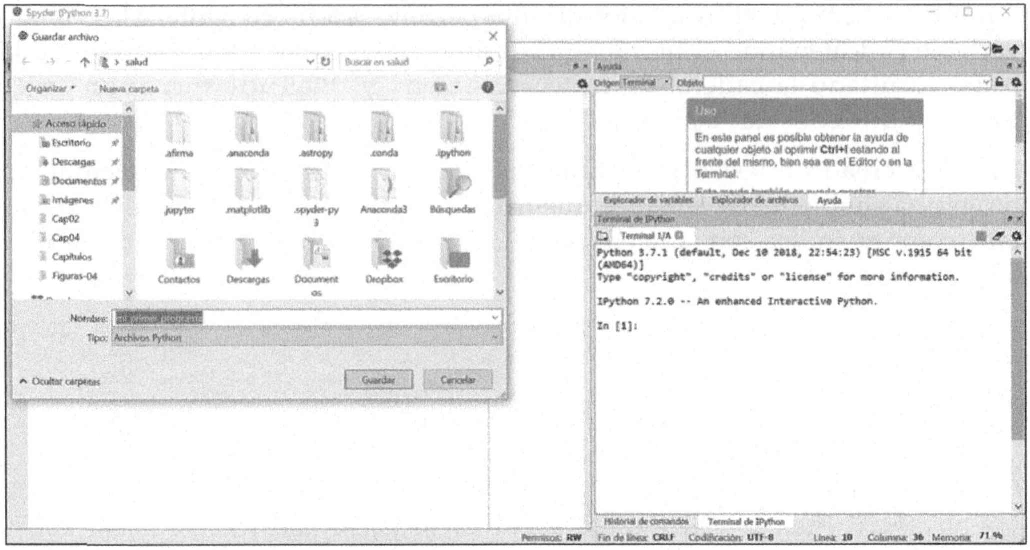

Figura 4.16. Guardar un programa en Spyder.

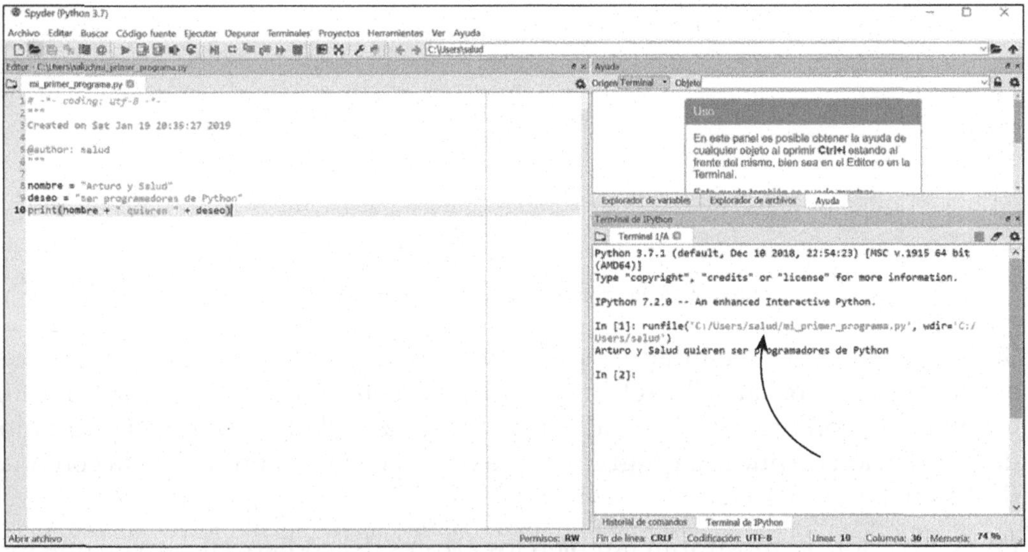

Figura 4.17. Salida de la ejecución de un programa en Spyder.

Además, Spyder cuenta con un depurador gráfico que podemos utilizar para depurar nuestro programa, es decir, para poder probar el código y detectar posibles errores. Para usarlo, debemos indicar qué partes del programa queremos analizar. Esto se hace añadiendo lo que se conoce como «puntos de ruptura», que permiten detener la ejecución del programa en el punto indicado e inspeccionarlo.

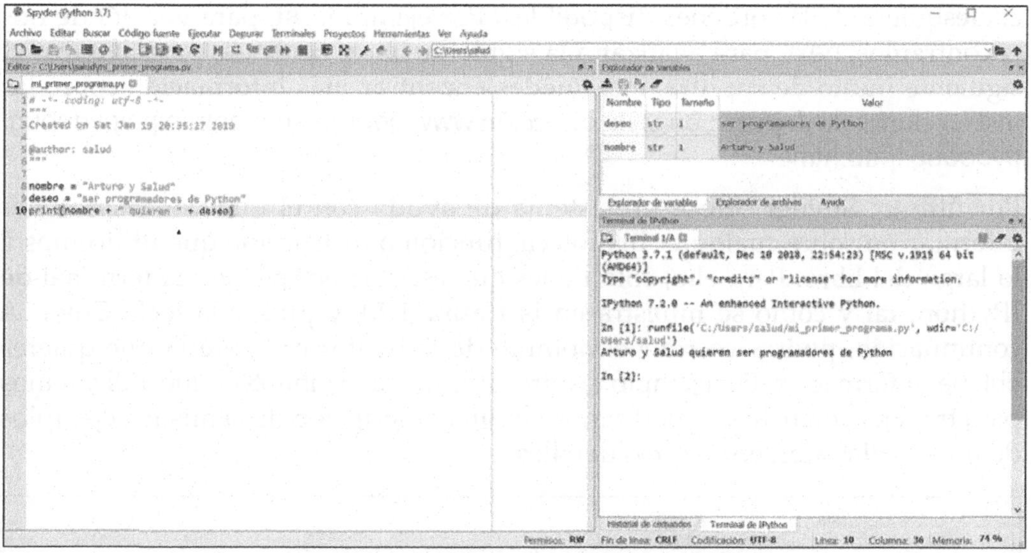

Figura 4.18. Explorador de variables de Spyder.

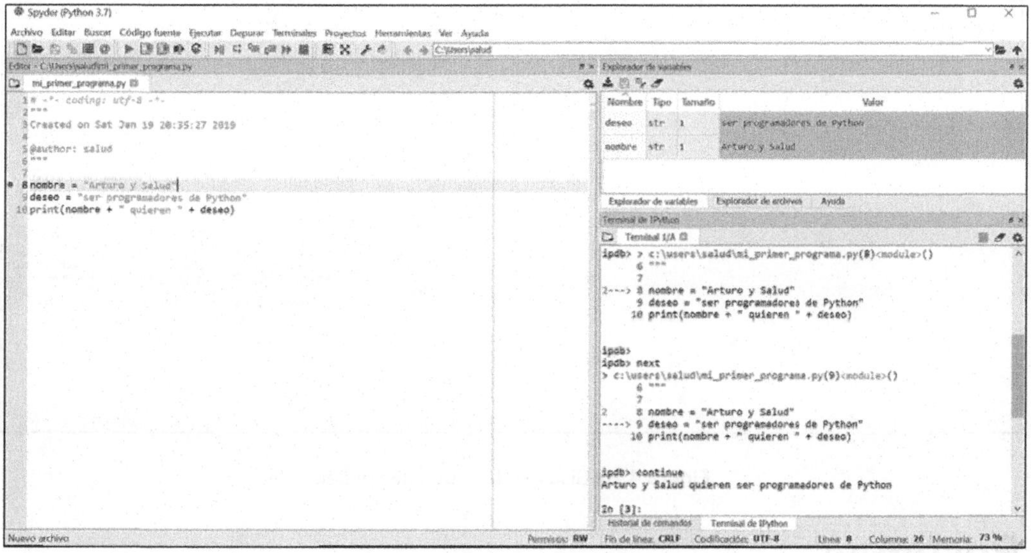

Figura 4.19. Depuración con Spyder.

Para marcar un punto de ruptura en una línea de código, haremos doble clic en el margen izquierdo de esta línea. Se mostrará un punto rojo indicando que, en esa parte, el programa se va a interrumpir. Así, podremos inspeccionar todas las variables existentes y encontrar posibles errores. Si en el menú principal accedemos a la opción **Depurar** y hacemos clic en la opción **Depurar** del menú desplegable, se abrirá una consola del depurador **ipdb** en la que podremos utilizar cualesquiera de las órdenes disponibles. Por ejemplo, **list**, para ver dónde nos encontramos; **next**, para avanzar a la siguiente línea; **continue**, para avanzar al siguiente punto de ruptura, etc. Puedes encontrar más información sobre las instrucciones de depuración en la dirección www.georgejhunt.com/olpc/pydebug/pydebug/ipdb.html.

Por último, Spyder ofrece un sistema de ayuda con el que podrás obtener información sobre cualquier biblioteca, función o instrucción que utilicemos a lo largo del libro. Para ello, solo tienes que escribir `help()` en la terminal de IPython, tal y como se muestra en la figura 4.20, y pulsar la tecla **Enter**. A continuación, podrás escribir el nombre de la biblioteca sobre la que quieres obtener información. Por ejemplo, si introducimos **os**, la biblioteca que utilizaremos para trabajar con ficheros; podremos ver una descripción de la misma, ejemplos de uso y utilidades, entre otros detalles.

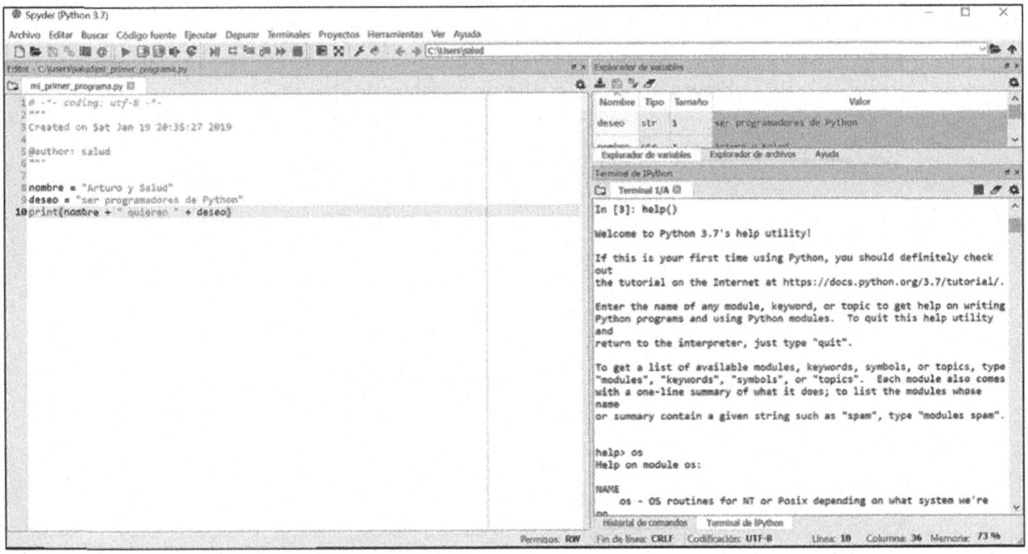

Figura 4.20. Sistema de ayuda de Spyder.

Resumen

Para crear un programa es necesario disponer de un IDE o entorno de desarrollo integrado, así como de un compilador o intérprete para el lenguaje en el que queramos programar. Un IDE es un paquete que contiene todas las herramientas necesarias para crear un programa. En este capítulo hemos presentado Spyder, el IDE seleccionado para escribir nuestros programas en Python, y Anaconda, una distribución que contiene un intérprete para Python.

5 Nuestro primer programa

En este capítulo aprenderás:

- A escribir y ejecutar tu primer programa en Python.
- Cómo plantear un nuevo programa de ordenador.
- Los componentes de un programa en Python.
- Recomendaciones sobre cómo estructurar un programa.

Introducción

Usando de nuevo el símil de una receta de cocina, y si te gusta cocinar, habrás observado que distintas recetas procedentes de distintos lugares y autores suelen tener una estructura parecida: descripción del plato propuesto, ingredientes, pasos para su elaboración, consejos de presentación y acompañamiento. Algo parecido ocurre cuando precisamos escribir un conjunto de instrucciones para solucionar un problema o una necesidad que nos hemos planteado, es decir, cuando nos ponemos a programar. En este capítulo nos pondremos ya manos a la obra, empezando con un primer programa básico. Tras este primer ejercicio práctico, se introducen los conceptos fundamentales sobre la construcción de software. Puedes saltarte todo eso si solo te interesa aprender el lenguaje, aunque te animamos a seguir leyendo para tener una visión más completa de lo que significa ser un buen programador.

El primer programa

Sin más preámbulos, abre el IDE de Python «Spyder». Debería aparecer el editor y, en el área de la izquierda, introduce el siguiente código. Como puedes observar, Spyder ya nos ha preparado las primeras seis líneas.

```
# -*- coding: utf-8 -*-
"""
Editor de Spyder

Este es un archivo temporal.
"""

import datetime

def   edad(anio_nac):
    """
    Esta función calcula los años que cumples en el año actual
    """
    hoy = datetime.datetime.today()
    return hoy.year - anio_nac

mi_edad = edad(1990)

# mostramos el resultado en pantalla
print("Este año cumples", mi_edad, "años")
```

Es importante escribirlo con cuidado, pues cualquier mínimo cambio hará que no se ejecute correctamente. Un editor de código fuente suele mostrar siempre el número de cada línea, lo cual facilita tanto localizar los errores de los que nos informe el intérprete como, en este libro, ayudarte en la comprensión de las instrucciones. Antes de entrar en detalles, ¿para qué sirve este programa? Este programa muestra tu edad o, para ser más exactos, los años que cumples en el presente año. Para «ejecutarlo», es decir, para hacer que la máquina haga lo que dicen las instrucciones del código, basta con hacer clic en el botón con un símbolo verde de *play* o bien seleccionar **Ejecutar>Ejecutar** en el menú. Lo más rápido es pulsar la tecla **F5** en nuestro teclado. El área inferior derecha muestra una terminal interactiva de Python, donde podremos ver el resultado de la ejecución. Verás que aparecerá el texto «Este año cumples 29 años». Prueba a poner tu año de nacimiento modificando la línea 11 y deja que Python calcule tu edad.

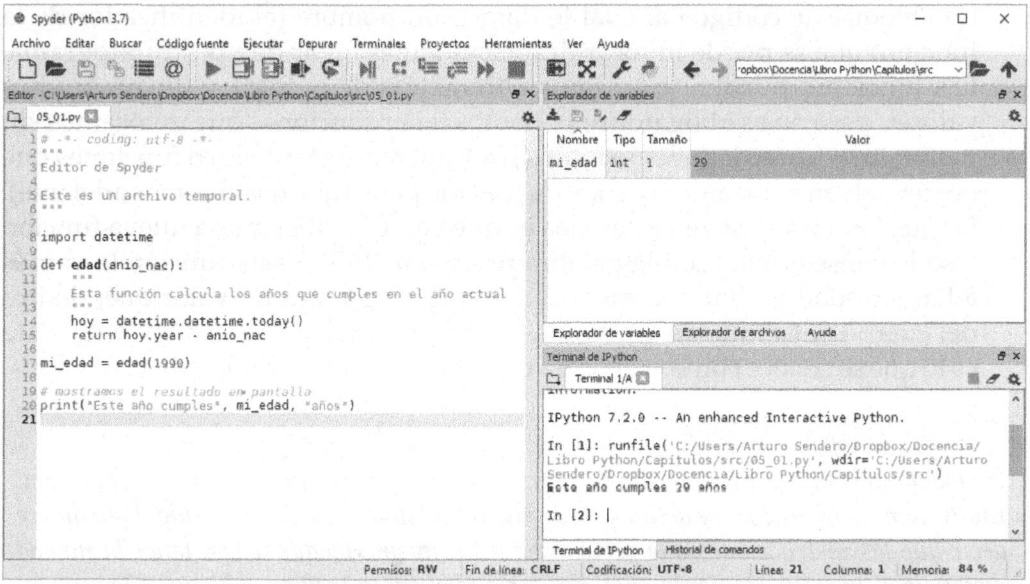

Figura 5.1. Nuestro primer programa en Spyder.

Vamos a descifrar qué hace cada línea contenida en este programa de ejemplo:

- La línea 1 indica a Python que la codificación del programa es en UTF-8. Los ordenadores pueden guardar archivos de texto en muchos formatos diferentes y aquí estamos diciéndole al intérprete de Python (encargado de traducir y ejecutar el programa) cómo está codificado cada «carácter» (cada letra, signo de puntuación, número...) de este archivo. No es muy relevante esto ahora, así que no te preocupes.
- Las líneas 2 a 6 son un comentario de documentación. No hacen nada más que informar, en una cadena de texto (enmarcada por tres dobles comillas), sobre el código que contiene el archivo. Es un lugar donde los programadores suelen escribir una pequeña descripción de lo que hace el código, su nombre y un número de versión, entre otros posible detalles.

- La línea 7 no contiene nada, lo cual quiere decir que el intérprete no hace nada y sigue con el código siguiente. Una línea en blanco es inútil para Python, pero puede ser muy útil para separar los elementos de nuestro programa y facilitar su lectura.
- En la línea 8 estamos indicando a Python que vamos a utilizar la biblioteca datetime, la cual contiene funcionalidades para manejar fechas que usaremos más adelante.
- La línea 10 indica que vamos a definir una función propia. Una función es un «bloque de código» al cual le damos un nombre (el identificador de la función) que se puede invocar desde cualquier lugar de nuestro programa. Las funciones pueden tener unos parámetros de entrada y devolver unos valores, pero no es obligatorio; podemos tener funciones que invocamos sin parámetros (como la función today() que aparece más abajo) o funciones que no devuelvan valor alguno (como la función print() que usamos más adelante). Lo que hemos puesto en esta línea es que vamos a iniciar una nueva función (eso lo conseguimos con la palabra reservada def). A esta función la vamos a llamar edad y, como parámetro de entrada, tomará un valor que, dentro del cuerpo de la función, podremos encontrar en la variable anio_nac). Esto es lo que se conoce como «cabecera de la función» o «prototipo de la función».

NOTA:

Un bloque de código es un conjunto de instrucciones que se ejecutan de manera secuencial. En Python, estos bloques se definen mediante un mismo nivel de indentado. Esto quiere decir que las instrucciones que pertenecen a un mismo bloque deben tener la misma distancia al margen izquierdo. Así, podemos identificar mejor los bloques de manera visual. Para crear este margen podemos usar tabulaciones o espacios en blanco, pero no una mezcla de ambos. En este libro, vamos a usar cuatro espacios para separar unos bloques de otros, aunque no existe un consenso claro acerca de cuál forma es la mejor.

- Las líneas 11-13 consisten en una cadena de texto que documenta la función. Podemos escribir aquí lo que queramos, aunque veremos en capítulos posteriores cómo redactar correctamente la documentación de nuestro código.
- La línea 14 es una llamada a una función cuyo valor se almacena en la variable hoy. La función que se invoca está en la biblioteca que hemos «importado» más arriba, la biblioteca datetime. Dentro de esta biblioteca existe una «clase» denominada, a su vez, datetime. Esta clase tiene un método (la función que queremos invocar) llamado today() que devuelve un valor de tipo fecha que contiene el mes, el día y el año actuales. ¿Qué es una clase y un método? No te preocupes por eso ahora, es una forma de agrupar funciones y variables que veremos en un capítulo concreto.

- La línea 15 es la última línea del cuerpo de la función y, como indica la palabra reservada return, hace que esta función devuelva un valor determinado. El valor es la diferencia entre el año actual y el año de nacimiento. Para ello, consultamos el campo «año» en la fecha actual obtenida en la línea anterior y le restamos el valor del año pasado como parámetro.
- La línea 17 forma parte del cuerpo principal del programa. En ella, almacenamos en la variable mi_edad el resultado caculado por la función edad. En esta instrucción, el intérprete de Python ejecuta las instrucciones definidas en el cuerpo de la función. Esto permite que podamos invocar tantas veces como queramos esa función sin tener que repetir el mismo código en nuestro programa una y otra vez. El valor pasado a la función es 1990, valor que posteriormente toma el parámetro anio_nac dentro de la función.
- La línea 19 es un comentario. En Python, todo lo que aparezca detrás del símbolo # (conocido también por «almohadilla») es ignorado. Esto es útil para poder introducir texto que facilite la comprensión del código, como hemos hecho en este caso, describiendo qué conseguimos con la línea siguiente.
- La última línea del programa muestra, finalmente, el texto «Este año cumples» seguido de un espacio, el valor de la variable mi_edad, otro espacio y el texto final «años». Para hacer esto usamos la función print(), que muestra un texto en la terminal. Esta función separa por espacios cada uno de los valores de los argumentos que se pasan en la llamada a la misma. Al ejecutar esto, aparece en el área inferior derecha el texto resultado de nuestro programa, en el ejemplo: «Este año cumples 29 años».

¡Enhorabuena! Has escrito y ejecutado tu primer programa. Un programa útil para calcular la edad de cualquier persona con solo modificar la línea 17 variando el año. Prueba distintos valores para ver qué ocurre. Puedes guardar este código en un archivo haciendo clic sobre el tercer icono, desde Archivo>Guardar o pulsando Ctrl-S. Es recomendable usar la extensión .py al nombrar el archivo, es decir, terminar el nombre del archivo con esos tres caracteres. Así el sistema sabrá que debe usar el intérprete de Python para su ejecución. Si buscas dicho archivo en el explorador de Windows y haces doble clic sobre él, el sistema lo ejecutará, aunque es tan rápido que casi no tendrás tiempo de ver el resultado que mostrará una terminal.

Hemos comenzado el capítulo con un pequeño programa que te permite ver, por primera vez, algunos de los elementos del lenguaje. Visitaremos con detenimiento en los siguientes capítulos todos estos elementos que hemos introducido línea a línea. Este es un programa pequeño, con un objetivo muy claro. Cuando se trata de construir soluciones mayores, es necesario reflexionar antes de comenzar a programar. En el resto de este capítulo proporcionaremos algunos conceptos y recomendaciones que todo buen programador debería conocer. Puedes seguir leyendo o pasar directamente al siguiente capítulo. Te animamos a seguir, pues conocer el esquema básico de un proceso de desarrollo de software es una buena práctica que te ayudará a la hora de construir proyectos más complejos.

El proceso de construir un programa

Anteriormente hemos mencionado que la construcción de soluciones informáticas es el objetivo de una disciplina profesional denominada Ingeniería del Software. Aunque sería muy difícil comentar, incluso de manera somera, los distintos conocimientos, metodologías, técnicas y herramientas que debe dominar un ingeniero del software, vamos a proporcionar los elementos imprescindibles a la hora de plantearnos un nuevo programa, ya sea este de unas pocas líneas en un solo archivo, o de miles de ellas repartidas en varios módulos. Has decidido dar el paso de adentrarte en un mundo complejo, aunque apasionante y, para explorarlo, te ayudaremos a dar pequeños pero sólidos pasos. Las fases elementales en un proceso de desarrollo de software ya se introdujeron en el capítulo 2. Son las siguientes, con las preguntas o acciones que representan:

1. Análisis del sistema: ¿dónde está el problema? y ¿qué problema queremos resolver?
2. Diseño: ¿cómo lo resolvemos?
3. Codificación: construimos la solución.
4. Validación: ¿la solución resuelve el problema?
5. Mantenimiento: garantizar que el programa sigue siendo válido a lo largo del tiempo.

La primera de las fases, el análisis del sistema, consiste en conocer el contexto en el que tiene lugar el problema. Se trata de responder primero a la pregunta ¿dónde está el problema? Por ejemplo, si vamos a desarrollar un módulo para apoyar la planificación de los despegues de aviones en un aeropuerto, debemos primero concretar con qué elementos debe interaccionar ese módulo, qué software está siendo utilizado o cuántos controladores usarán el programa. Pero esto es un curso de programación y no un libro para formar ingenieros (aunque esta obra puede ser un primer paso). Obviaremos esta primera pregunta para concentrarnos en la segunda pregunta de esa fase.

Definir el problema

Toda actividad de programación comienza y debe comenzar por la ineludible e imprescindible reflexión capaz de responder a la pregunta del «qué»: ¿qué problema queremos resolver? Si bien esto puede parecer trivial, ha sido el motivo de las revoluciones más grandes sufridas por la ingeniería del software en los últimos años.

Responder a esta pregunta, como podréis imaginar, es clave para llegar a una solución final satisfactoria. Puedes dominar el lenguaje, conocer todas sus bibliotecas, ser eficiente al programar, pero si tu programa no resuelve el problema para el que lo has creado, entonces, tú eres un mal programador. Responder a la pregunta del qué es hacer «especificación de requisitos», es decir, detallar qué desea el usuario final de nuestra aplicación. Si retomamos el ejemplo con que se abre este capítulo, el problema sería «calcular la edad». Aquí estamos indicando los siguientes requisitos:

1. El usuario quiere un programa que calcule su edad.
2. El programa toma como dato de entrada el año de nacimiento del usuario.
3. El programa mostrará en pantalla el cálculo.

Si nos fijamos, la definición del problema «calcular la edad» es muy escueta, pero nos da una idea de lo que pretendemos resolver. Los requisitos son mucho más explícitos, y podemos refinarlos aún más, pues no hemos indicado cómo el usuario va a introducir su fecha de nacimiento en el programa.

En el código anterior, esta información se detalla literalmente al llamar a la función `edad`, pero los requisitos podrían haber exigido que se introdujera durante la ejecución del programa respondiendo a una pregunta. Escribir los requisitos sirve para que tengamos claro qué es exactamente lo que se espera de nuestro programa.

Diseñar la solución

Un vez que sabemos qué tenemos que hacer, pasamos a responder «cómo» lo vamos a hacer. Para ello, antes de empezar a escribir código, pensamos en la solución. Es parecido a lo que hace un arquitecto, quien, antes de construir la casa, la dibuja en un plano. Existen múltiples herramientas y metodologías para diseñar nuestra solución, y esto suele ir acompañado de un análisis de alternativas, pues varias soluciones pueden ser posibles y habrá que decidirse por una. En nuestro caso, este diseño puede consistir en dibujar el diagrama de flujo o escribir el pseudocódigo.

```
ALGORITMO calcular_edad;

  VAR mi_edad: ENTERO;

INICIO
```

```
    FUNCION edad(anio_nac):
        VAR anio_nac, hoy: ENTERO;
        INICIO
            hoy ← obtener_anio_actual();
            DEVOLVER hoy - anio_nac;
        FIN

    mi_edad ← edad(1990)
    ESCRIBIR("Este año cumples:", mi_edad)
FIN
```

Como podemos ver, el pseudocódigo anterior no difiere mucho del código Python, a excepción de no tener que usar marcas de INICIO y FIN ni tener que especificar el tipo de las variables a usar, es decir, Python es incluso más sintético que el propio pseudocódigo. Este es un ejemplo de la capacidad expresiva y de esa mejora en el rendimiento que Python otorga al programador. Tanto es así, que es habitual no usar pseudocódigo ni ordinogramas al diseñar un programa en Python porque escribir un programa en Python es casi como escribir pseudocódigo. Ya dijimos que Python es muy usado para prototipado y ahora vemos por qué. ¿Quiere decir esto que nos olvidemos del pseudocódigo y de los ordinogramas? En absoluto, son herramientas muy pedagógicas. Los ordinogramas, por ejemplo, nos resultarán de utilidad para visualizar de manera más gráfica cómo se define el «flujo» de un programa cuando veamos las estructuras de control.

NOTA:

El flujo de un programa es el orden en el que el intérprete de Python ejecuta cada instrucción. Cuando tenemos condiciones o repeticiones, el flujo no es secuencial, sino que puede saltar un grupo de instrucciones, volver atrás o entrar en el cuerpo de una función. Aprenderemos cómo controlar el flujo más adelante, aunque en el programa de ejemplo ya hemos visto una llamada a una función.

A medida que nuestros programas crezcan, el número de funciones crecerá y lo más adecuado será organizarlos en distintos archivos. La programación orientada a objetos nos ayuda a la hora de ordenar el código por la manera en que nos obliga a pensar en la solución. Los diseños ya no son simples ordinogramas (un programador experto no los usa), sino otros tipos de diagramas en los que dibujamos las clases, los métodos de estas, sus relaciones, los archivos en los que las definimos... Podemos ver un ejemplo de un diagrama de clases en la figura 5.2.

Tal vez no necesitemos planos para construir una cabaña, pero cuando se trata de un edificio, mejor tenerlo todo bien pensado antes de poner el primer ladrillo. Estas cuestiones están fuera del ámbito de este libro, pero te aportaremos algunas directrices cuando llegue el momento.

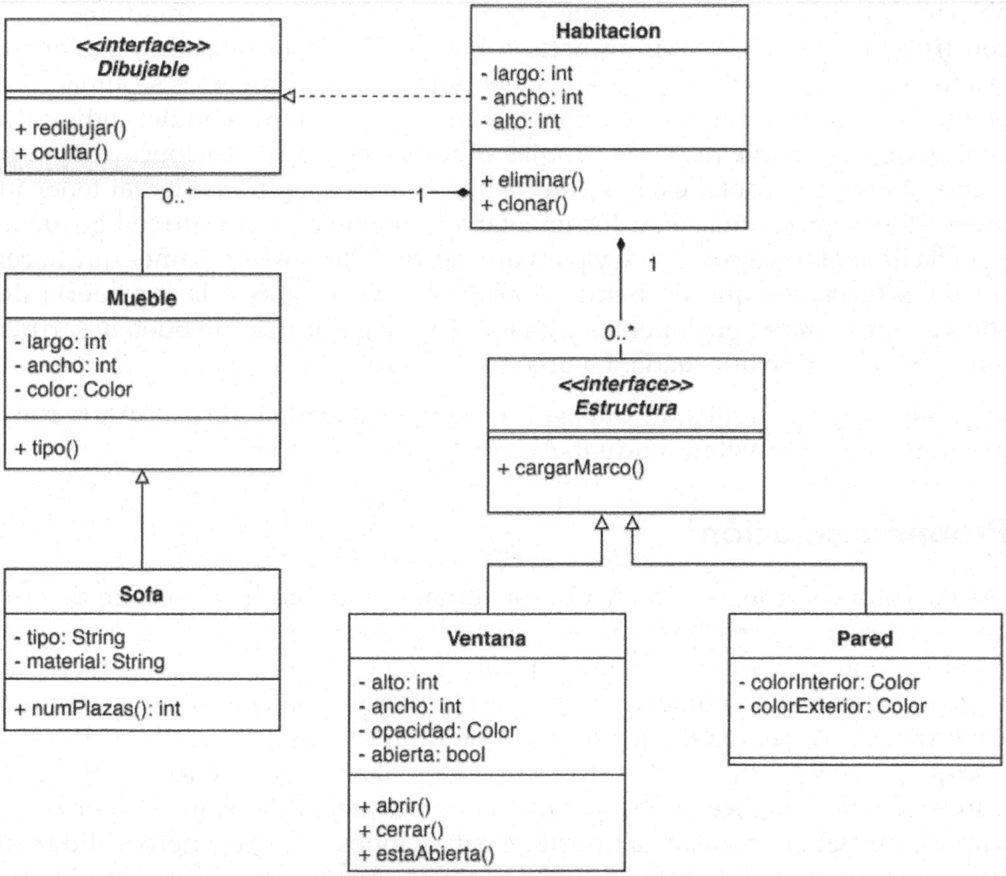

Figura 5.2. Un diagrama de clases simple para un programa de diseño 3D.

Construir la solución

Ahora es el momento de codificar el diseño planteado. Ya hemos comentado que los programadores de Python, debido a la naturalidad del lenguaje, saltan la fase de diseño para programar la solución directamente. Esto depende de la capacidad del programador y su experiencia. Pero no se trata solo de escribir código. Cuando los programas son más grandes y complejos, organizaremos nuestro código en distintos archivos e, incluso, carpetas.

Este libro se centra en esta fase, en cómo construir programas con el lenguaje Python. Si te estás iniciando en la programación, comenzarás desarrollando como un «lobo solitario», creando tus propias aplicaciones y sin la participación de nadie más. Pero si llegas a un nivel profesional, como parte de la plantilla de una empresa de desarrollo, o decides colaborar con algún proyecto de «código abierto»[1], lo más habitual es que cooperes con otros programadores en la construcción de soluciones informáticas. Esto implica coordinación y una buena gestión de las versiones del código. Generalmente, los proyectos se almacenan en un «repositorio» del que podemos obtener la última revisión del código y al cual podemos añadir nuestras propias modificaciones o creaciones. Tampoco vamos a entrar en detalles, pero en dichos entornos es fundamental tener un buen estilo de programación y documentar adecuadamente nuestro código fuente para facilitar el trabajo de otros y para que nosotros también sepamos qué hacen unas instrucciones que no hemos escrito. Aquí, de nuevo, la ingeniería del software nos ofrece herramientas y métodos para garantizar un buen desarrollo y una coordinación adecuada. La unión hace la fuerza.

En cualquier caso, antes de trabajar en equipo, debemos fortalecernos como programadores a nivel individual. Así que no dejes de leer.

Probar la solución

Marco Tulio Cicerón, escritor y orador romano, escribió hace más de dos mil años: «*Humano es errar; pero solo los estúpidos perseveran en el error*». No tengas miedo a que tu programa falle, porque tu código fallará en innumerables ocasiones. Errar es de humanos y hay que equivocarse para alcanzar la plenitud. Un ordenador no entiende de verdad o mentira, solo hace lo que le pedimos, y si lo que le pedimos tiene fallos, es incoherente, o lleva a una situación inesperada e inmanejable, entonces nuestro ordenador se quejará lanzando un error. Es importante saber manejar las posibles situaciones de error, pero validar un programa no es solo detectar o evitar posibles errores como, por ejemplo, una división por cero, una repetición que no acaba nunca, un agotamiento de la memoria o intentar abrir un archivo que no existe. En el desarrollo de un software un error es no dar respuesta a los requisitos que motivaron la construcción de una solución informática. Lo primero se denomina «depuración de errores»; lo segundo, «validación del producto». Nuestro programa tal vez se ejecuta limpiamente, pero puede no ser la solución que el usuario final esperaba.

Debemos probar esa solución, «testear» nuestro programa con distintos datos de entrada y comprobar que sirve para el propósito para el que se construyó. Exploraremos en un capítulo dedicado al manejo de errores cuáles son las herramientas que ofrece Python para evitar comportamientos indeseados. Cuanto mejor gestione nuestro programa cualquier contingencia, más robusto será.

1. Los proyectos de código abierto son proyectos de desarrollo de software en los que el código fuente está publicado y puede ser modificado por una comunidad de programadores a la que es posible sumarse. Todo el «software libre» sigue esta filosofía y soluciones como Linux, Apache, OpenOffice o GIMP se mantienen gracias a este trabajo colaborativo.

La validación, en cambio, es algo diferente, pero muy importante. De nuevo, es algo que escapa al ámbito de este curso pero, por ahora, cuando creas que has concluido un nuevo programa, formúlate siempre la pregunta siguiente: ¿resuelve el problema que tenía previsto?

La estructura de un programa en Python

En un programa de Python se distinguen distintas partes. Examinemos las principales secciones que de forma habitual definimos y encontramos en un código en este lenguaje. Si bien el orden en que aparecen dichas secciones no es fijo, te proponemos una estructura determinada, bastante extendida y que hará más legibles tus programas. Como en otras disciplinas, un trabajo ordenado realimenta una mente ordenada y mejora los resultados del proceso creativo. Sin entrar en la programación orientada a objetos u otras metodologías que conllevan sus propias estructuras, en todo programa de Python podemos identificar los siguientes elementos en cada archivo de código:

1. **Ruta al intérprete.** La primera línea de un programa en Python es, como con cualquier otro *script*, una expresión que detalla qué orden del sistema es la deseable para la interpretación del código. En nuestro ejemplo anterior hemos obviado esa línea, pero podría ser algo así (la ruta podría variar):

   ```
   #!/usr/bin/python
   ```

2. **Codificación del archivo.** Es la primera línea de nuestro ejemplo, e informa de la manera en que nuestro editor está codificando los caracteres del archivo para que estos sean correctamente interpretados por Python a la hora de leer el código.

   ```
   # -*- coding: utf-8 -*-
   ```

3. **Documentación.** Todo programa de Python debería comenzar con un texto explicativo de su propósito. Esto se hace siempre como cabecera del archivo y nos permite, nada más abrirlo en el editor, identificar claramente para qué sirve todo el código que viene después. Las secciones de documentación se delimitan por triples comillas dobles ("""bla bla bla""") y también deben aparecer en los siguientes casos:

   a. Bajo cada nueva cabecera de función, donde se explica para qué sirve, qué se espera en cada parámetro y qué valores devuelve.

   b. Bajo cada nueva definición de una clase (esto lo veremos más adelante).

   También se considera documentación los comentarios, que son las líneas de texto libre en un programa que no son interpretadas y que comienzan por el símbolo #. Usaremos los comentarios para añadir aclaraciones que faciliten la comprensión del código.

4. **Importación de bibliotecas y recursos.** Después debemos indicar qué bibliotecas externas serán utilizadas en nuestro programa. La importación permite que un módulo de código gane el acceso a código de otro módulo. Podemos importar tanto desde bibliotecas de terceros como de módulos creados por nosotros mismos. Esta sección de importación consiste en distintas líneas donde hacemos uso de las palabras reservadas import y from. Veamos algunos ejemplos:

`import math`	`from math import *`	`from math import sqrt`
Con esto ya podríamos usar en nuestro código funciones y constantes de la biblioteca math. Si importamos así, debemos siempre indicar el nombre del módulo antes del recurso de nuestro interés, como por ejemplo, math.cos() o math.pi.	Igual que en el caso anterior, pero ahora no es necesario especificar el nombre de la biblioteca para usar el recurso, pues todos los elementos que ese módulo exporta ya están disponibles en el «espacio de nombres»[2] de nuestro programa. Podemos, así, invocar directamente a cos(), sin(), pi, etc.	A diferencia del anterior, solo importamos la función de cálculo de la raíz cuadrada sqrt().

5. **Definición de constantes.** Las constantes son valores fijos que usamos a lo largo de un programa; puede ser una constante física o la longitud máxima de una cadena que contenga el texto de un *tweet*. Son palabras que representan valores constantes, que no se modificarán en el curso de la ejecución del programa. A diferencia de otros lenguajes, en Python no es posible definir valores «invariables». Hay algún truco, como usar atributos encapsulados en una clase y bloquear la reasignación (no te preocupes si no entiendes esto), pero Python sigue simplemente la filosofía de definir variables y, si no vas a modificarlas, no importa. Sí que recomendamos usar una nomenclatura que nos facilite identificar las constantes, como empezar su nombre con const_ (ejemplo: const_max_longitud) o escribirlas en mayúsculas (ejemplo: MAX_LONGITUD), siguiendo el convencionalismo de otros lenguajes, como C.
6. **Definición de funciones.** Después de todos estos preámbulos, y antes del cuerpo principal, definimos las funciones o clases que usaremos en nuestro programa. En el ejemplo con el que iniciamos este capítulo tenemos la función edad(), que se ha invocado posteriormente. El conjunto de funciones de un programa no tiene por qué escribirse antes de escribir el cuerpo principal, pero sí suele ir ubicado previamente a este.

2. El espacio de nombres es el ámbito en el que el intérprete reconoce los nombres de variables, funciones, clases… Hablar de ámbito en un programa y de espacio de nombres es lo mismo. Profundizaremos en el ámbito (*scope* en inglés) más adelante.

Es habitual que, a medida que avanzamos en el desarrollo de nuestro programa, identifiquemos porciones de código susceptibles de formar parte de una función, bien porque se usen más de una vez o bien porque mejoremos así la comprensión de nuestro programa.

7. **Cuerpo principal.** El cuerpo principal es el conjunto de instrucciones que inician la ejecución del programa. En Python, el cuerpo principal puede definirse de dos formas: implícita o explícitamente. Una definición implícita es cuando tenemos instrucciones que no están dentro de ninguna clase o función y que el intérprete de Python ejecutará cuando las encuentre. En el caso de nuestro ejemplo, el cuerpo va desde la línea 17 hasta el final. Podemos definir el cuerpo de manera explícita comenzando un bloque de código con la expresión siguiente:

```
if __name__ == '__main__':
```

   Tras esta línea irían indentadas las líneas de código del bloque principal. ¿Qué significa esta línea? Cada archivo de código en Python se considera un módulo, que puede o bien ser importado desde otros módulos o ser ejecutado directamente. La variable __name__ contiene el nombre con el que el módulo es importado o bien el valor '__main__' cuando el módulo es ejecutado directamente. Esto es muy útil, pues nos permite tener funciones y clases en nuestros archivos de Python que podemos importar y, al mismo tiempo, trozos de código que ejecutar si invocamos esos archivos directamente desde el intérprete. Así, podemos tener un módulo con varias funciones para, por ejemplo, analizar una red social, que otros módulos pueden importar, pero también un código de ejemplo que demuestre el uso de esas funciones en el caso de ejecutar el módulo directamente.

Resumen

En este capítulo hemos creado un pequeño programa en Python. Es un código simple para calcular la edad a partir del año de nacimiento. Analizamos dicho programa línea a línea, desvelando así los primeros secretos de Python. Esto también nos permite un primer contacto con el entorno de desarrollo Spyder, que iremos dominando poco a poco. También aumentamos nuestro conocimiento sobre cómo se plantea el desarrollo de una aplicación y qué lugar ocupa exactamente la programación dentro de todo esto. Finalmente hemos descrito la estructura de un programa en Python, que nos ayuda a organizar adecuadamente nuestro código. A partir de aquí el camino se vuelve más ameno. Ya tenemos un conocimiento amplio de qué y cómo es Python, para qué sirve y cómo empezar a escribir y ejecutar código. Estamos contextualizados y equipados; es el momento de bucear en el lenguaje y hacer que la máquina obedezca nuestras órdenes. Vamos a programar.

6 Operadores

En este capítulo aprenderás:

- Qué operaciones se pueden realizar con Python.
- Cuál es el orden de precedencia de los operadores.
- Ejemplos de uso.

Introducción

A los ordenadores se les da muy bien realizar cálculos. Son capaces de resolver operaciones complejas con sumas, restas, divisiones, exponenciales y otras. Cuando realizamos una operación intervienen dos elementos: operandos y operadores. Los operandos son valores, constantes, variables o, usando la jerga de la programación, expresiones.

Los operadores son símbolos que indican la operación que se va a llevar a cabo, por ejemplo, sumar o restar. Python cuenta con un gran número de operadores: de asignación, aritméticos, lógicos, relacionales o de comparación, a nivel de bit, de pertenencia y de identidad. Con estos operadores podemos sumar, multiplicar, dividir, elevar a un exponente, calcular el resto de una división, comparar y un largo etcétera. Serán, sin duda, elementos fundamentales en nuestros programas.

NOTA:

*Una expresión puede ser una variable, un valor numérico, una operación aritmética, una operación lógica, una llamada a una función o cualquier otra cosa que Python pueda resolver a un valor determinado. Ejemplos de expresiones serían: 34.6, sqrt(9), alto*ancho, precio*descuento/100, etc.*

Usando Spyder como una calculadora

Aprovecharemos la naturaleza interactiva de Python para aprender el manejo de sus operadores. Para esto, en lugar de escribir un programa, introduciremos los ejemplos en el intérprete. Una vez abierto Spyder, verás que el área inferior derecha muestra una terminal interactiva, denominada Terminal IPython, en la que podemos introducir instrucciones. Será aquí donde escribamos las expresiones que te proponemos para hacerte jugar con los operadores. La figura 6.1 muestra la ubicación de dicha terminal.

En ella hemos creado dos variables, x e y, a las que hemos asignado los valores enteros 2 y 4 respectivamente. Podemos observar cómo en el área superior se muestran estas variables y los valores contenidos en las mismas. Cada vez que creemos una variable y modifiquemos su valor, quedará reflejado en el «Explorador de variables». Cuando introduzcamos una expresión en la terminal interactiva, Python devolverá el valor de dicha expresión.

Cada intérprete de Python activo se denomina núcleo y está a la espera de instrucciones o expresiones en su terminal interactiva. También podemos ejecutar un programa sobre el mismo, como hicimos en nuestro primer programa. El núcleo recuerda todo aquello que hayamos definido con él, como las funciones que hemos creado, las variables y sus valores. Así, el explorador de variables muestra el estado de estas en el núcleo actual de Python.

Para ello, hacemos clic en la rueda dentada que aparece en la esquina superior derecha de la terminal y seleccionamos Reiniciar núcleo. Al hacer esto desaparecerán las variables del explorador y el contador del intérprete volverá a ser «*In [1]*:» Ya es momento de empezar a introducir expresiones y ver cómo las resuelve Python. Podemos reiniciar el núcleo (borrando la memoria del intérprete) desde el menú de configuración de la terminal de IPython.

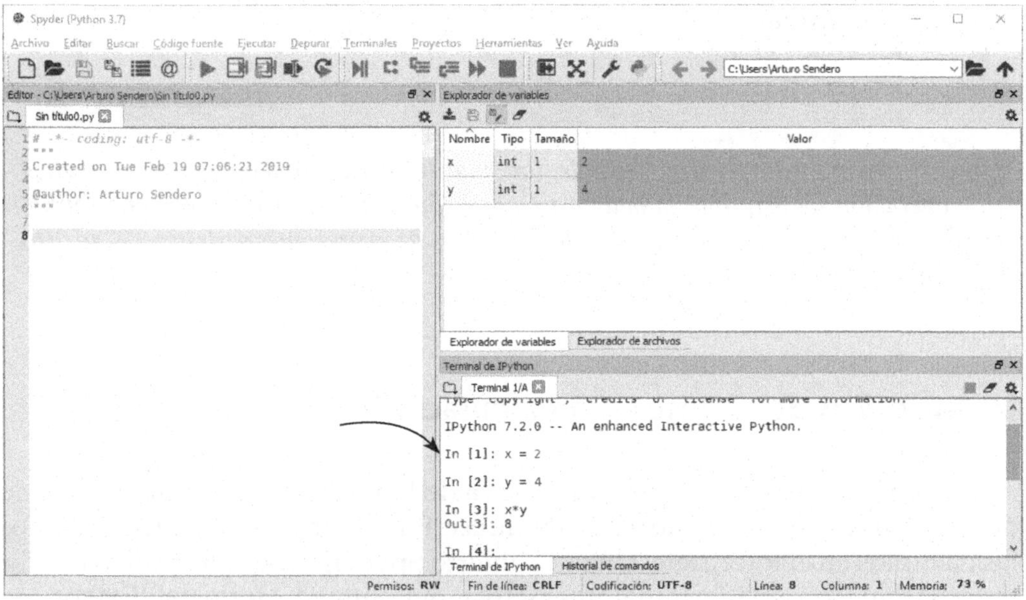

Figura 6.1. Ubicación de la terminal interactiva en Spyder.

Operadores de asignación

Los operadores de asignación son aquellos que permiten dar un valor a una variable o modificarlo. Python posee ocho operadores de asignación diferentes: un operador de asignación simple y siete operadores de asignación compuestos (tabla 6.1).

Tabla 6.1. Operadores de asignación.

Operador	Descripción	Ejemplo	Equivalente simple
=	Asignación simple	a = b	-
+=	Asignación de suma	a += b	a = a+ b
-=	Asignación de resta	a -= b	a = a - b
*=	Asignación de multiplicación	a *= b	a = a * b
/=	Asignación de división	a /= b	a = a / b
%=	Asignación de módulo	a %= b	a = a % b
**=	Asignación exponencial	a **= b	a = a ** b
//=	Asignación de división entera	a //= b	a = a // b

El operador de asignación simple es el símbolo igual (=) y las operaciones realizadas con él tienen siempre la sintaxis: `variable = expresión`. En este tipo de operaciones, en primer lugar, se resuelve la expresión de la derecha y el valor resultante se asigna a la variable de la izquierda.

Veamos algunos ejemplos:

```
In [1]: x = 2

In [2]: y = 4

In [3]: z = x + y

In [4]: z
Out[4]: 6

In [5]: x = z

In [6]: x
Out[6]: 6
```

En el primer ejemplo, `x = 2`, se asigna el valor 2 a la variable *x*. En el segundo ejemplo, `y = 4`, la variable *y* toma el valor 4. El tercer ejemplo representa una asignación simple de suma. En este caso, primero se calcula el resultado de la expresión `x + y`, y luego se asigna el valor resultante a la variable *z*. Como la variable *x* tiene el valor 2 y la variable *y* el valor 4, el resultado de sumar ambas variables es 6. Por tanto, la variable *z* toma el valor 6. Por último, tenemos un ejemplo en el que a una variable se le asigna el valor de otra variable. La variable *x* inicialmente tenía el valor 2, pero ahora se le ha asignado el valor 6, que es el valor que tiene la variable *z*.

Es importante tener en cuenta que cuando se realiza una asignación simple a una variable, esta pierde el valor anterior que tuviera, ya que se reemplaza por el nuevo valor indicado en la asignación.

Los operadores de asignación compuestos se representan con un símbolo de operación (+, -, *, /, %, **, //), que refleja el tipo de operación que se va a realizar, seguido del símbolo igual (=). Tienen la siguiente sintaxis: `variable operador= expresión`. Este tipo de operaciones se caracterizan porque la propia variable forma parte de la expresión, es decir, sería equivalente a realizar una asignación simple del tipo: `variable = variable operador expresión`. En la tabla 6.1 podemos ver los operadores de asignación compuestos que ofrece Python (filas 2 a 8) y su equivalente asignación simple. A continuación, se muestra un ejemplo de cada tipo de operador:

```
In [1]: resultado = 6

In [2]: resultado += 2 # Es equivalente a resultado = resultado + 2

In [3]: resultado -= 4 # Es equivalente a resultado = resultado - 4

In [4]: resultado *= 5 # Es equivalente a resultado = resultado * 5

In [5]: resultado /= 2 # Es equivalente a resultado = resultado / 2

In [6]: resultado %= 4 # Es equivalente a resultado = resultado % 4

In [7]: resultado **= 3 # Es equivalente a resultado = resultado ** 3

In [8]: resultado //= 5 # Es equivalente a resultado = resultado // 5

In [9]: resultado
Out[9]: 1.0
```

¿Qué valor tendrá la variable `resultado` después de realizar todas las operaciones? Veámoslo. La variable `resultado` comienza tomando el valor 6 por medio de una asignación simple. En la segunda operación, este valor se incrementa en 2 unidades, pero posteriormente se decrementa en 4 unidades, siendo su valor igual a 4 después de la tercera operación. A continuación se multiplica por 5, pasando a tener asignado el valor 20. En la quinta operación el resultado se divide por la mitad, tomando la variable el valor 10. Posteriormente, se calcula el módulo (también conocido como resto de una división entera) de dividir el resultado entre 4, reemplazándose de esta forma el valor de la variable `resultado` por 2. En la séptima línea de código tenemos un ejemplo de una operación de asignación exponencial en la que la variable se eleva a 3, tomando como resultado el valor 8. Por último, se presenta un ejemplo de asignación de división entera en la que la variable se divide por 5. Por tanto, después de realizar todas las operaciones, la variable `resultado` tendrá asignado el valor 1.

Operadores aritméticos

Los operadores aritméticos se utilizan para realizar operaciones aritméticas, es decir, para manipular datos numéricos por medio de operaciones matemáticas, como pueden ser sumar, restar o multiplicar. Python cuenta con siete operadores aritméticos que presentamos en la tabla 6.2:

Tabla 6.2. Operadores aritméticos.

Operador	Descripción	Ejemplo
+	Suma	a + b
-	Resta	a – b
*	Multiplicación	a * b
**	Potencia	a ** b
/	Cociente de la división	a/b
//	Cociente de la división entera	a//b
%	Resto de la división entera	a%b

Supongamos que tenemos dos variables, `a` y `b`, cuyos valores son 10 y 8 respectivamente. Comprobemos los resultados que se obtendrían al utilizar los operadores aritméticos sobre ellas.

```
In [1]: a = 10

In [2]: b = 8

In [3]: a + b
Out[3]: 18

In [4]: a - b
Out[4]: 2

In [5]: a * b
Out[5]: 80

In [6]: a ** b
Out[6]: 100000000

In [7]: a/b
Out[7]: 1.25

In [8]: a//b
Out[8]: 1

In [9]: a%b
Out[9]: 2
```

Las dos primeras líneas se corresponden con la inicialización de las variables. Si realizamos la suma de las variables, obtendremos como resultado 18, ya que 10 + 8 = 18. Si realizamos la resta, el resultado obtenido será 2 (10 – 8 = 2). Si multiplicamos ambas variables, el resultado que se mostrará por pantalla es 80 (10 * 8 = 80). Si elevamos la variable `a` a la variable `b` obtendremos como resultado 100000000 (10 ** 8 = 100000000).

Las tres últimas operaciones están relacionadas con la operación de división. En la primera de ellas se calcula el cociente de la división de la variable `a` entre la variable `b` dando como resultado 1,25. En la segunda, también se calcula el cociente de la división, pero de la división entera. En este caso devuelve como resultado la parte entera del cociente. En la última operación se calcula el resto de la división entera. Los resultados de estas dos últimas operaciones son 1 y 2, respectivamente. Veámoslo gráficamente:

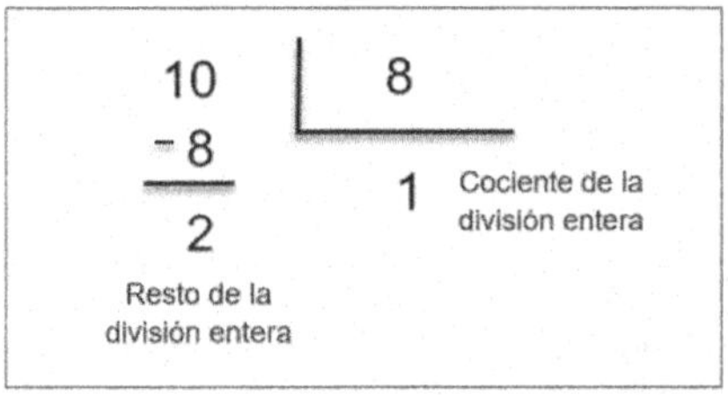

Figura 6.2. Ejemplo de cálculo del cociente y resto de una división entera.

Operadores relacionales o de comparación

Los operadores relacionales son símbolos que se utilizan para comparar dos valores o expresiones. El resultado de la evaluación con estos operadores puede ser `True`, si la comparación es cierta, o `False`, si la comparación es falsa.

Tabla 6.3. Operadores relacionales.

Operador	Descripción	Ejemplo
==	Igual a	a == b
!=	Distinto de	a != b
>	Mayor que	a > b
<	Menor que	a < b
>=	Mayor o igual que	a >= b
<=	Menor o igual que	a <= b

El operador == evalúa si el valor de la izquierda y el valor de la derecha son iguales. Si ambos valores son iguales devuelve `True`, en caso contrario devuelve `False`. Por el contrario, el operador != evalúa si los dos valores o expresiones son distintos. En caso afirmativo devuelve `True` y en caso negativo devuelve `False`.

```
In [1]: 2 == (4/2)
Out[1]: True

In [2]: 20 == (10+2)
Out[2]: False

In [3]: 'perro' != 'gato'
Out[3]: True

In [4]: (6*2) != 12
Out[4]: False
```

El operador > evalúa si el valor de la izquierda es mayor que el valor de la derecha. En caso afirmativo devuelve `True` y en caso negativo devuelve `False`. Por otro lado, el operador < realiza la evaluación contraria. Comprueba si el valor de la izquierda es menor que el de la derecha. Si es así, devuelve `True` y si no lo es devuelve `False`.

```
In [1]: 4 > 2
Out[1]: True

In [2]: (3-4) > 1
Out[2]: False

In [3]: 5 < 8
Out[3]: True

In [4]: (6+7) < 20
Out[4]: True
```

El operador >= comprueba si el valor de la izquierda es mayor o igual que el valor de la derecha y, en caso positivo, devuelve `True`, si no, devuelve `False`.

Por último, el operador <= evalúa si el valor de la izquierda es menor o igual que el de la derecha y devuelve `True` en caso afirmativo y `False` en caso negativo.

```
In [1]: 4 >= 10
Out[1]: False

In [2]: (4/2) >= (10/5)
Out[2]: True

In [3]: 3 <= 4
```

```
Out[3]: True

In [4]: 54 <= (6*5)
Out[4]: False
```

Operadores lógicos

Los operadores lógicos o booleanos son aquellos que permiten conectar dos expresiones de comparación y evaluarlas de forma lógica, excepto el operador `not` que invierte el valor lógico de la expresión sobre la que se aplica. En Python existen tres operadores lógicos: `and` (y), `or` (o) y `not` (no). Los operadores `and` y `or` tienen la sintaxis `expresión operador expresión`, mientras que el operador `not` tiene la sintaxis `operador expresión`. Las operaciones con este tipo de operadores siempre devuelven un valor de tipo booleano: `True` (verdadero) o `False` (falso).

Tabla 6.4. Operadores lógicos.

Operador	Descripción	Ejemplo
and	Operador «y»	a and b
or	Operador «o»	a or b
not	Operador «no»	not a

NOTA:

Los ordenadores solo entiende operaciones con números «binarios», es decir, números cuyas únicas cifras son 0 ó 1. Por sorprendente que parezca, todo lo que hace tu ordenador se traduce a operaciones con ceros y unos, ya se trate de una imagen, un vídeo o una aplicación completa. George Boole, un matemático británico del siglo XIX, definió un álgebra basada en operaciones lógicas y que son el fundamento en la construcción de ordenadores. Los circuitos de un ordenador son un complejo entramado de cables e interruptores donde ceros y unos se representan en función del valor de la corriente eléctrica que circula por ellos. El legado de Boole hace que nos refiramos de forma habitual a los valores lógicos de verdadero (1) o falso (0) como valores «booleanos».

El operador `and` evalúa si las dos expresiones se cumplen, es decir, si son verdaderas. En el caso de que ambas expresiones sean verdaderas, devuelve `True`. Si por el contrario alguna de las expresiones es falsa, devuelve `False`. A continuación, en la tabla 6.5, mostramos los resultados que se pueden obtener con este operador teniendo en cuenta todas las posibles combinaciones de los valores de las dos expresiones.

Este tipo de tablas son conocidas formalmente con el nombre «tablas de verdad».

Tabla 6.5. Tabla de verdad del operador lógico and.

Expresión a	Expresión b	Resultado
True	True	True
True	False	False
False	True	False
False	False	False

Supongamos que tenemos cuatro variables, a, b, c y d, y que cada una de ellas tiene asignado como valor el resultado de una operación de comparación. Veamos qué resultados devolvería el operador lógico and tras evaluar el cumplimiento de distintos pares de expresiones. La variable a y la variable b tienen como valor True, ya que sus expresiones son ciertas, por lo que la evaluación del cumplimiento de ambas expresiones devuelve como resultado True. Por el contrario, la variable c y la variable d tienen asignado el valor False, por lo que el resultado de su evaluación con cualquier otra expresión por medio del operador and siempre va a ser False.

```
In [1]: a = (3 > 2)

In [2]: a
True

In [3]: b = (5 <= 6)

In [4]: b
True

In [5]: c = (3 != (2+1))

In [6]: c
False

In [7]: d = (4 == (2*3))

In [8]: d
False

In [9]: a and b
Out[9]: True

In [10]: a and c
Out[10]: False

In [11]: c and a
```

```
Out[11]: False

In [12]: c and d
Out[12]: False
```

El operador `or` evalúa si alguna de las dos expresiones se cumple, es decir, devuelve `True` si alguna expresión es verdadera y `False` cuando ambas expresiones son falsas. En la tabla 6.6 se presenta la tabla de verdad de este operador.

Tabla 6.6. Tabla de verdad del operador lógico or.

Expresión a	Expresión b	Resultado
`True`	`True`	`True`
`True`	`False`	`True`
`False`	`True`	`True`
`False`	`False`	`False`

Veamos ahora qué resultados se obtendrían si evaluamos las expresiones del ejemplo anterior con el operador lógico `or`. En este caso, cualquier comparación en la que intervengan las expresiones de las variables `a` y `b` va a devolver como resultado `True`, puesto que este operador evalúa si algunas de las dos expresiones se cumplen.

```
In [13]: a or b
Out[13]: True

In [14]: a or c
Out[14]: True

In [15]: c or a
Out[15]: True

In [16]: c or d
Out[16]: False
```

Por último, el operador `not` es un operador unario que devuelve el valor opuesto de la expresión evaluada. Si la expresión tiene el valor `True`, devuelve `False`. Por el contrario, si la expresión tiene el valor `False`, devuelve `True`.

Tabla 6.7. Tabla de verdad del operador lógico not.

Expresión a	Resultado
`True`	`False`
`False`	`True`

Si aplicamos el operador `not` sobre cada una de las expresiones anteriores obtendremos como resultado el valor opuesto.

```
In [17]: not a
Out[17]: False

In [18]: not b
Out[18]: False

In [19]: not c
Out[19]: True

In [20]: not d
Out[20]: True
```

Operadores a nivel de bit

Los operadores a nivel de bit se utilizan para comparar números enteros en su representación binaria, es decir, operan sobre cada uno de los bits del entero sobre el que se aplican, y devuelven el número entero correspondiente al resultado binario. Por ejemplo, cualquier operación binaria sobre los enteros 1 y 2 se realizará realmente entre los números binarios 01 y 10, que son la representación binaria de dichos enteros. En la tabla 6.8 se muestran los operadores de bits que ofrece Python:

Tabla 6.8. Operadores a nivel de bit.

Operador	Descripción	Ejemplo
&	Operador «y» binario	a & b
|	Operador «o» binario	a | b
^	Operador «o» exclusivo binario	a ^ b
~	Operador «no» binario	~a
<<	Operador desplazamiento izquierdo	a << b
>>	Operador desplazamiento derecho	a >> b

El operador & (and) compara cada uno de los bits de los enteros que actúan como operandos y, para cada bit, devuelve 1 si en ese bit ambos números tienen un 1 y 0 en caso contrario. Finalmente, devuelve el entero equivalente al resultado binario. En la tabla 6.9 se muestran los posibles resultados para las distintas combinaciones de bits.

Tabla 6.9. Tabla de verdad del operador a nivel de bit & (and).

Bit expresión a	Bit expresión b	Resultado
1	1	1
1	0	0
0	1	0
0	0	0

Veamos un ejemplo con el operador **&**. Si realizamos la operación 5&4, obtendremos como resultado 4. El número entero 5, en binario 101, y el número entero 4, en binario 100, se están comparando con el operador **&**. Este operador compara bit a bit de derecha a izquierda por lo que primero compara el primer bit de los dos (1 y 0), después el segundo bit (0 y 0) y, por último, el tercer bit (1 y 1). Teniendo en cuenta la tabla de verdad del operador **&**, los resultados de estas tres comparaciones serán 0, 0 y 1. Como las comparaciones se realizan de derecha a izquierda el número binario resultante será 100, que es equivalente al número entero 4.

```
In [1]: a = 5

In [2]: b = 4

In [3]: a & b
Out[3]: 4
```

El operador | (`or`) compara bit a bit y para cada uno devuelve 1 si en ese bit alguno de los números tiene un 1 y 0 en caso contrario (ver tabla 6.10).

Tabla 6.10. Tabla de verdad del operador a nivel de bit | (or).

Bit expresión a	Bit expresión b	Resultado
1	1	1
1	0	1
0	1	1
0	0	0

Si realizamos la operación or bit a bit sobre los enteros del ejemplo anterior obtendremos como resultado 5. En este caso se realizan las siguientes comparaciones: (1 ó 0), (0 ó 0) y (1 ó 1), obteniendo como resultados 1, 0 y 1, respectivamente. Como las comparaciones se realizan de derecha a izquierda el número binario resultante será 101, que es equivalente al número entero 5.

```
In [4]: a|b
Out[4]: 5
```

El operador ^ (`or` exclusivo/`xor`) compara bit a bit y para cada comparación devuelve 1 si el par de bits que se están comparando son diferentes y 0 si son iguales. En la tabla 6.11 se muestran los posibles resultados que se pueden obtener para las distintas comparaciones de bits con el operador ^.

Tabla 6.11. Tabla de verdad del operador a nivel de bit ^ (or exclusivo).

Bit expresión a	Bit expresión b	Resultado
1	1	0
1	0	1
0	1	1
0	0	0

En este caso, si realizamos la operación `or` excluyente bit a bit sobre los enteros 5 y 4, obtendremos como resultado 1. Las comparaciones que se realizan con este operador son las siguientes: (1 `or` exclusivo 0), (0 `or` exclusivo 0) y (1 `or` exclusivo 1), obteniendo como resultados 1, 0 y 0, respectivamente. Como las comparaciones se realizan de derecha a izquierda el número binario resultante será 001, que es equivalente al número entero 1.

```
In [5]: a^b
Out[5]: 1
```

El operador ~ (`not`) es equivalente a realizar la operación –x -1, siendo x el número entero sobre el que se aplica el operador. Si realizamos la operación `not` bit a bit sobre el número 5 el resultado será -6 (-5 - 1 = -6), mientras que si la realizamos sobre el número 4 será -5 (-4 - 1 = -5).

```
In [6]: ~a
Out[6]: -6

In [7]: ~b
Out[7]: -5
```

El operador << (desplazamiento hacia la izquierda) desplaza a la izquierda los bits del número indicado tantas posiciones como se indique tras el operador. Para realizar el desplazamiento, se añaden a la derecha tantos ceros como posiciones de desplazamiento se indiquen y se eliminan de la izquierda el mismo número de bits.

```
In [8]: a << 2
Out[8]: 20
```

Supongamos que realizamos un desplazamiento hacia la izquierda de 2 bits sobre el número 5. El equivalente binario al número 5 en una representación de 8 bits es 00000101. Esta operación implica añadir dos ceros a la derecha y eliminar los dos primeros bits de la izquierda. Por tanto, si añadimos dos ceros a la derecha, el número binario se convierte en 0000010100 y, si eliminamos los dos primeros bits de la izquierda (00), el número binario resultante es 00010100 que es equivalente al número entero 20.

El operador >> (desplazamiento hacia la derecha) desplaza a la derecha los bits del número indicado tantas posiciones como se indique tras el operador. Para realizar el desplazamiento, se añaden a la izquierda tantos ceros como posiciones de desplazamiento se indiquen y se eliminan de la derecha el mismo número de bits.

```
In [10]: a >> 2
Out[10]: 1
```

Supongamos ahora que realizamos un desplazamiento hacia la derecha de 2 bits sobre el número 5. Esta operación consiste en añadir dos ceros a la izquierda y eliminar los dos últimos bits de la derecha. Por tanto, si añadimos dos ceros a la izquierda, el número binario se convierte en 0000000101 y, si eliminamos los dos últimos bits de la derecha (01), el número binario resultante es 00000001 que es equivalente al número entero 1. Podemos mostrar la representación binaria de un entero usando la función bin(). Las representaciones en binario que muestra esta función comienzan con un prefijo «0b», y luego los bits del entero (eliminando los ceros a la izquierda). Esta función es útil para visualizar los resultados de los operadores a nivel de bit que hemos aprendido. Veamos algunos ejemplos:

```
In [1]: bin(5)
Out[1]: '0b101'

In [2]: bin(3)
Out[2]: '0b11'

In [3]: bin(5&3)
Out[3]: '0b1'

In [4]: bin(5|3)
Out[4]: '0b111'

In [5]: bin(5>>2)
Out[5]: '0b1'

In [6]: bin(5<<2)
Out[6]: '0b10100'
```

Operadores de pertenencia

Los operadores de pertenencia, también conocidos como operadores miembro, permiten comprobar si un dato forma parte o no de una colección: una lista, una tupla, una cadena, etc. Aún no hemos visto estos tipos de datos, así que no te preocupes si te sientes desorientado. Las colecciones son agrupaciones de valores y las estudiaremos más adelante.

El operador `in` tiene la sintaxis `elemento in contenedor`. Se trata de un operador booleano que comprueba si el `elemento` forma parte del `contenedor`. En caso afirmativo devuelve `True` y en caso negativo `False`. Veamos algunos ejemplos con distintos tipos de datos. En la primera operación se está comprobando si un elemento, en este caso un entero, pertenece a una lista de enteros. En la segunda operación el contenedor es una tupla, que tiene como valores una cadena y un entero, y se está comprobando si el entero 2 pertenece a ella. Por último, se está verificando la pertenencia de un carácter a una cadena de caracteres.

```
In [1]: a = 4

In [2]: b = [1, 2, 3, 4, 5, 6]

In [3]: a in b
Out[3]: True

In [4]: c = 2

In [5]: d = ('caramelos', 2)

In [6]: c in d
Out[6]: True

In [7]: e = 'b'

In [8]: f = 'casa'

In [9]: e in f
Out[9]: False
```

El operador `not in` es el operador opuesto al operador `in`. Tiene la sintaxis `elemento not in contenedor` y devuelve `True` si el elemento analizado no forma parte del contenedor y False en caso de que sí pertenezca a él.

Tabla 6.12. Operadores de pertenencia.

Operador	Descripción	Ejemplo
`in`	Operador pertenece	a in b
`not in`	Operador no pertenece	a not in b

A continuación, mostramos ejemplos con los mismos datos que en el caso anterior, pero con el operador opuesto, el operador `not in`. Como podemos comprobar, el resultado en las comprobaciones es precisamente el opuesto, ya que en este caso se está verificando la no pertenencia de un elemento a un contenedor.

```
In [10]: a not in b
Out[10]: False

In [11]: c not in d
Out[11]: False

In [12]: e not in f
Out[12]: True
```

Operadores de identidad

Los operadores de identidad evalúan si las referencias de dos variables apuntan al mismo objeto. Python cuenta con dos operadores de identidad, que se muestran en la tabla 6.13.

Tabla 6.13. Operadores de identidad.

Operador	Descripción	Ejemplo
`is`	Operador es	a is b
`is not`	Operador no es	a is not b

El operador `is` tiene la sintaxis `variable is variable`. Es un operador booleano que comprueba si las referencias de las variables que aparecen a ambos lados del operador apuntan al mismo objeto. Si ambas referencias apuntan al mismo objeto devuelve `True` y en caso contrario devuelve `False`.

```
In [1]: a = [6, 7, 8]

In [2]: b = [6, 7, 8]

In [3]: a is b
Out[3]: False

In [4]: a = [1, 2, 3]

In [5]: b = a

In [6]: b is a
Out[6]: True
```

NOTA:

Las variables son referencias a objetos que guardan los valores de dichas variables. Todos los datos que maneja un programa de ordenador se almacenan en su memoria (denominada RAM). Una variable es, realmente, una ubicación en esa memoria, es decir, la posición de inicio de una celda de memoria en la que se almacena el dato. Si dos variables tienen distintos valores van a apuntar a distintos objetos, o sea, a distintas posiciones de memoria. Por tanto, puede darse el caso de que dos variables con los mismos valores apunten al mismo objeto o a dos objetos diferentes porque estén almacenados en diferentes espacios de memoria.

En los ejemplos anteriores nos encontramos un caso en el que las variables apuntan a diferentes objetos y otro caso en el que ambas variables apuntan al mismo espacio de memoria. En el primer ejemplo tenemos dos listas con los mismos elementos, pero son dos listas diferentes. A una la hemos llamado a y a otra la hemos llamado b, por lo tanto, los cambios que hagamos en una no afectarán a la otra. En el segundo ejemplo tenemos la variable a que es una lista y una variable b que hemos igualado a la variable a, lo que hace que ambas variables apunten al mismo objeto, tengan la misma referencia y por tanto sean idénticas, pues cuando asignamos un tipo de dato colección a una variable, lo que asignamos realmente es la ubicación en memoria donde se encuentra el inicio de la colección. Por regla general, las asignaciones entre variables corresponden a copias de los datos cuando se trata de datos simples y a copias de las referencias cuando se trata de datos complejos (listas, tuplas, diccionarios o conjuntos). Veamos un ejemplo con conjuntos:

```
In [1]: a = set('esto es un conjunto')

In [2]: a
Out[2]: {' ', 'c', 'e', 'j', 'n', 'o', 's', 't', 'u'}

In [3]: b = a

In [4]: b
Out[4]: {' ', 'c', 'e', 'j', 'n', 'o', 's', 't', 'u'}

In [5]: b.pop()
Out[5]: 'j'

In [6]: b
Out[6]: {' ', 'c', 'e', 'n', 'o', 's', 't', 'u'}

In [7]: a
Out[7]: {' ', 'c', 'e', 'n', 'o', 's', 't', 'u'}
```

El operador `is not` tiene la sintaxis `variable is not variable` y es el operador opuesto al operador `is`. Devuelve `True` si las referencias de ambas variables no apuntan al mismo objeto y `False` en caso de que sí apunten al mismo objeto. A continuación, podemos ver la salida que produce este operador sobre la comparación de las variables de los dos ejemplos anteriores. Como es de intuir, la salida es precisamente la opuesta. En el primer ejemplo devuelve `True` puesto que las variables a y b apuntan a diferentes objetos, aunque se hayan inicializado con los mismos valores. En el segundo ejemplo devuelve `False` ya que las variables a y b sí tienen la misma referencia.

```
In [1]: a = [6, 7, 8]

In [2]: b = [6, 7, 8]

In [3]: a is not b
Out[3]: True

In [4]: a = [1, 2, 3]

In [5]: b = a

In [6]: b is not a
Out[6]: False
```

Precedencia de los operadores

Hasta ahora hemos hablado sobre los operadores que ofrece Python y visto ejemplos de aplicación de cada uno de ellos según su tipo, pero ¿qué ocurre si nos encontramos con una expresión con más de un operador? ¿En qué orden se deben evaluar? Los operadores tienen un orden de prioridad preestablecido para determinar qué operaciones se deben evaluar primero en caso de que una expresión sea ambigua. Supongamos que tenemos la expresión `6 + 2 * 3`. ¿Qué operación se realiza primero, la suma o la multiplicación? El resultado de esta expresión es 12 porque el operador `*` tiene una prioridad superior al operador `+`. Por tanto, en primer lugar, se realiza la multiplicación 2*3 y, posteriormente, se suma el valor 6, lo cual da como resultado el valor 12. En la tabla 6.14 se presenta el orden de precedencia de los operadores en Python. No obstante, es posible alterar el orden de prioridad de estos operadores haciendo uso de los paréntesis. Estos elementos marcan el orden en el que se realizan las operaciones y resultan muy útiles para ver fácilmente cómo se agrupan dichas operaciones. En el ejemplo anterior, si quisiéramos que en primer lugar se realizara la operación suma, tendríamos que indicarlo mediante el uso de paréntesis de la siguiente manera: `(6 + 2) * 3`, lo que daría como resultado el valor 24.

Tabla 6.14. Orden de precedencia de los operadores.

Operador	Descripción	Prioridad
**	Potencia	1
~	Operador «no» binario	2
*, /, %, //	Multiplicación, cociente de la división, resto de la división entera y cociente de la división entera	3
+, -	Suma y resta	4
>>, <<	Operador desplazamiento derecho y operador desplazamiento izquierdo	5
&	Operador «y» binario	6
^	Operador «o» exclusivo binario y operador «o» binario	7
<=, <, >, >=	Operadores de comparación: menor o igual que, menor que, mayor que y mayor o igual que	8
==, !=	Igual a y distinto a	9
=, %=, /=, //=, -=, +=, *=, **=	Operadores de asignación: simple, módulo, división, división entera, resta, suma, multiplicación, exponencial	10
`is`, `is not`	Operadores de identidad: «es y «no es»	11
`in`, `not in`	Operadores de pertenencia: «pertenece» y «no pertenece»	12
`not`, `or`, `and`	Operadores lógicos: «no», «o» e «y»	13

Ejercicios propuestos

Intenta realizar los siguientes ejercicios. Encontrarás la solución al final del libro, en el Apéndice E.

1. Mi coche gasta 5,5 litros cada 100 km y mi trabajo se encuentra a 15 kilómetros de casa. ¿Cuánto me gastaré en gasolina en 20 días laborables si el precio es de 1,12 €/l?
2. En enero del año actual tenía una cuenta con 3000 €. Si cobro 1100 € mensuales y tengo unos gastos fijos al mes de 435 €, ¿a cuánto ascienden mis gastos extra mensuales si a final de año mi cuenta tiene un total de 6000 €?
3. Tengo 50 € para comprar una camisa. Si la camisa cuesta 35 € y tiene un descuento del 10 %, ¿cuánto dinero tendré después de comprar la camisa?

Resumen

En este capítulo hemos aprendido qué operadores podemos utilizar en Python. Este nutrido repertorio de operadores permite manipular nuestros datos de formas muy variadas. Gracias a estos operadores podemos desde calcular un descuento sobre un precio de compra hasta construir mensajes personalizados. En este momento es probable que no veas todo el potencial de estos operadores, que serán fundamentales para desarrollar programas muy útiles, pero poco a poco te irás dando cuenta de ello.

7

Variables y tipos de datos

En este capítulo aprenderás:

- Qué es una variable y cómo se almacenan los datos en la memoria del ordenador.
- Las reglas para nombrar a tus variables.
- Qué tipos de datos pueden usarse en Python y cuáles son sus posibles «literales».
- Cómo se crea y dónde puede usarse una variable.
- El concepto de «introspección» en Python.

Introducción

Todo lenguaje de programación se define sobre la base de un léxico y una sintaxis (por eso es un «lenguaje»). El léxico determina su vocabulario, es decir, el conjunto de palabras y términos que podemos usar. La sintaxis establece las reglas de combinación de estos términos para formar expresiones, con la participación adicional de determinados signos de puntuación y otros símbolos, como los paréntesis, las comas, las comillas o los operadores. En el capítulo 3 vimos que Python define un conjunto muy reducido de «palabras reservadas», es decir, términos con un significado concreto que constituyen las piezas básicas de construcción. Pero no basta con ese léxico para construir un programa. En cualquier lenguaje de programación es posible crear nuevo vocabulario «nombrando» cosas.

Esas cosas que nombramos son variables, funciones, clases, métodos, módulos, etc. Generamos de esta forma un amplio repertorio de piezas que nos permita escribir un código más rico. En este capítulo nos centraremos en una de esas cosas que podemos nombrar: las variables.

La memoria del ordenador

En un lenguaje de programación, una variable es un término que representa un espacio en la memoria del ordenador. Si queremos trabajar con un valor entero, ese tipo de dato necesita de un tamaño de memoria determinado. Si lo que nos interesa es operar con un número real, dependerá del nivel de precisión y requerirá un tamaño diferente. Para una secuencia de caracteres, que denominamos «cadena» (*string* en inglés), necesitaremos un espacio equivalente al de la longitud de dicha cadena. En definitiva, una variable no es sino un nombre que el programador usa para referenciar la posición de un hueco en la memoria RAM del ordenador.

La memoria del ordenador es como un casillero. Consiste en una matriz de celdas de tamaño fijo. Cada celda puede almacenar 8 bits y todas las celdas ocupan posiciones consecutivas, por lo que podemos referenciarlas mediante su posición de forma directa. Un tamaño de 8 bits se denomina «byte». Cuando Python ejecuta una asignación, es decir, el almacenado de un valor a una variable (por ejemplo, `a = 5`), el intérprete busca una casilla libre en memoria, almacena ahí el valor y apunta la dirección de esa casilla en una tabla para recordar que cuando aparezca esa variable de nuevo, debe ir a dicha dirección. Si la variable aparece en una expresión (por ejemplo `print(a*2)`), sabe dónde tiene que ir a buscar el valor asociado a dicha variable para resolver la operación. Afortunadamente,

Python se encarga de reservar la memoria y de tomar el espacio necesario según el tipo de dato que asignemos a una variable. El código siguiente nos permite conocer la dirección de memoria que Python ha asociado a una variable (usando la función id()), así como el número de bytes necesarios para alojar sus valores si es de tipo entero (usando el método bit_length()). Puedes probarlo en una terminal de Spyder.

```
In [1]: a = 5
In [2]: id(a)
Out[2]: 140733324637136

In [3]: a.bit_length()
Out[3]: 3
```

NOTA:

Mil bytes es un kilobyte (Kb). Un millón de bytes es un megabyte (Mb). Mil millones de bytes es un gigabyte (Gb). Un billón de bytes es un terabyte (Tb)... Por eso los dispositivos de almacenamiento como las tarjetas SD, las memorias USB, la memoria RAM o los discos duros se miden en «gigas», «teras», etc.

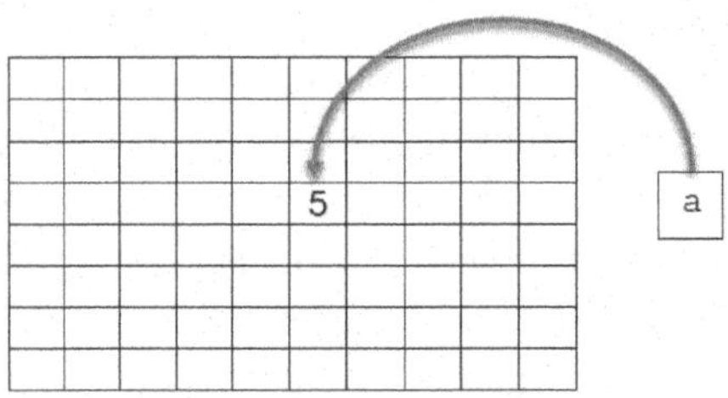

La línea de código siguiente guarda el valor 5 en memoria:
`a = 5`

Para el intérprete de Python, `a` equivale a la posición 36 de memoria.

Figura 7.1. Direccionamiento de variables en memoria.

Por tanto, cuando tenemos una asignación, Python busca un espacio, guarda ahí el valor y recuerda que esa variable está asociada a una posición, apuntándolo en una «libreta de direcciones» interna. Cuando usamos esa variable en una expresión, Python mira en la libreta de direcciones y va a esa dirección de memoria para leer tantos bytes como sean necesarios. Cada tipo de dato requiere un número de bytes diferente, como veremos más adelante. Las colecciones requieren de una cantidad de celdas de memoria (bytes) que variará según el tipo de dato y el número de elementos que guarde. Como los elementos pueden estar repartidos por distintas ubicaciones (en función de los espacios disponibles), Python guarda para la variable la dirección de la «cabecera» de la colección, que es, por decirlo así, el inicio de la colección. Profundizaremos en estos tipos de datos contenedores más adelante.

Identificadores

Llamamos identificadores a los nombres que damos a variables, funciones, clases y métodos. Tenemos libertad para decidir cómo bautizar a una nueva variable, siempre que cumplamos que la cadena de caracteres contenga caracteres válidos. Su longitud es ilimitada, aunque puedes imaginar que nombres muy largos pueden hacer difícil de entender el código. Un identificador puede usar letras mayúsculas y minúsculas de la «A» a la «Z», el guion bajo «_» y, excepto para el primer carácter, dígitos del 0 al 9. Además, para Python 3 se añade la posibilidad de ampliar los caracteres posibles con cualquier letra Unicode. Así, en nuestro primer programa podríamos haber usado el identificador año_nac en lugar de anio_nac. Podemos, incluso, usar tildes.

En la tabla siguiente se muestran algunos ejemplos de identificadores válidos e inválidos.

Tabla 7.1. Ejemplos de identificadores válidos e inválidos.

Válidos	Inválidos
Peso	3dimensiones
órgano	precio medio
res3	Valor-máximo
FactorDestacado	365grados
cañón34híbrido	1ºlista
mim_ele	cabeza/pie
_propSup	Total$
__privado	orden:inv
重量	*final*
مرشح	saldo.cuenta

Esta posibilidad de añadir tildes y otros caracteres Unicode facilita escribir nombres, sea cual sea el idioma del programador. Pero esta gran flexibilidad que ofrece Python a la hora de crear identificadores es, desde nuestra humilde opinión, poco deseable. ¿Por qué? Porque la gran mayoría de lenguajes de programación no aceptan identificadores distintos a letras ASCII de la A a la Z (sin tildes ni eñes), dígitos del 0 al 9 y guion bajo. Ya que estás siguiendo un curso de programación, es bueno crear hábitos y un estilo acorde a las recomendaciones más extendidas. Te resumimos aquí algunas de ellas:

- No uses caracteres Unicode. Otros lenguajes no los admiten y pueden limitar la portabilidad de tu código.
- Usa identificadores claros, no muy largos. Un nombre de variable como `media` es mejor a `valor_medio_de_elementos`.
- Escribe en inglés. Las palabras reservadas de Python son en inglés y si también lo son tus identificadores, tu código tendrá más coherencia. Esto además facilita la participación en desarrollos con programadores de distintos lugares del mundo. En este libro, sin embargo y para facilitar su comprensión, usaremos identificadores en español.
- Cuando uses varias palabras en un mismo identificador, utiliza guion bajo o intercambia mayúsculas y minúsculas de manera consistente. Por ejemplo, algunos programadores utilizan solo guiones bajos para variables y funciones: `actualizar_renta()`, `saldo_cuenta`. Otros programadores prefieren el estilo «CamelCase»: `ActualizarRenta()`, `saldoCuenta`. También hay quien opta por una combinación de ambas, comenzando las variables siempre con minúscula y usando guiones en ellas, y empezando con mayúscula y estilo CamelCase para nombres de clases, funciones y métodos[1].

Tipos de datos

Python cuenta con un interesante surtido de tipos de datos de manera directa. Corresponden a tipos reales, enteros, cadenas de caracteres, booleanos, complejos, tuplas, conjuntos y diccionarios[2]. Estos tipos básicos suelen ser suficientes para implementar soluciones válidas en la mayoría de los casos. Sin embargo, es posible trabajar con tipos de datos adicionales, proporcionados tanto por la biblioteca estándar como por otras bibliotecas. Altas precisiones de números reales suelen ser necesarias, por ejemplo, en cálculo científico, por lo que en esos casos optaríamos por los tipos de datos que facilitan bibliotecas como NumPy. Examinemos ahora los tipos básicos principales de Python con algunos ejemplos:

1. La comunidad de Python tiene su propia guía de estilo, que puedes encontrar en www.python.org/dev/peps/pep-0008/
2. Puedes encontrar la lista completa de tipos de datos de Python en docs.python.org/3/reference/datamodel.html#the-standard-type-hierarchy

Tipo	Descripción	Ejemplos

None	Este tipo especial indica que no hay valor alguno (por lo que no toma rango de valores en el tipo). Se utiliza para indicar que una variable o parámetro no tiene valor asignado. Se interpreta también como valor False en una expresión lógica.	`precio = None`
		
		`def cal_`
		`saldo(cuenta=None):`
		`...`

int	Tipo de dato entero. Representa valores enteros, positivos y negativos, sin límite de rango (solo dependiente de la memoria disponible).	`num_hijos = 3` `saldo = -3000`
bool	Tipo de dato lógico o booleano. Puede tomar solo dos posibles valores: False (falso) o True (verdadero). Realmente se almacenan como un valor 0 o 1 respectivamente.	`es_mayor = edad > 18` `activado = False`

float	Tipo de dato real. Su nivel de precisión está en función de los tamaños de su parte entera y parte decimal, y de la implementación interna del intérprete de Python que utilicemos. Los literales separan decimales con un punto y pueden usar notación científica con la letra «e» o «E» para indicar el exponente. Una variable real también puede tomar el valor nan (que significa que es un valor inválido) o inf (que significa «infinito»).	`Pi = 3.141592`
		`menor = 7e-10`
		`valor_p = .0002`
		`ratio = 342/87`

complex	Tipo de dato complejo, con dos valores reales: uno es la parte real y otro la imaginaria. En lugar de usar la letra «i» para la imaginaria, Python expresa este componente con la letra «j» en minúscula o mayúscula.	`comp = 3+5j` `punto3d = 8.4-1e100j`

str	Una cadena de texto es una secuencia de caracteres. Tienen un tamaño dado, que podemos conocer con la función len(). Dedicaremos un capítulo a este tipo de datos.	`nombre = "Pedro"`
		`apellido = "Gómez"`
		`id = nombre + " " +`
		`apellido`
		`len(id)`

tuple	Una tupla es una secuencia de valores de cualquier tipo (en realidad, una secuencia arbitraria de objetos). A diferencia de las listas, sus valores no pueden cambiarse.	`coord = (334, 87.156)`
		`ser = (nom, ape, peso)`
		`prod = ("Tomate", 1.55)`

list	Es una secuencia arbitraria de objetos que podemos manipular y variar de formas diversas.	`precios = [2, 4.5, 65]` `precios[2] = 64*2`

set	Es como una lista, pero los elementos no pueden repetirse ni indexarse. Podemos añadir y extraer elementos del conjunto, pero no podemos tener dos elementos iguales.	`conj1 = {"pera", "kiwi",`
		`"tomate"}`
		`conj2 = {1, "hola",`
		`(5,6)}`

dict	Es otro contenedor de objetos, pero asocia a cada elemento una «clave» con la que poder acceder al mismo.	`d = {'precio': 34,`
		`'producto': 'consola',`
		`'stock': 2}`
		`d['stock'] = d['stock']`
		`- 1`

NOTA:

Recordemos que para un ordenador un «carácter» es un símbolo cualquiera que puede representarse en pantalla, como una letra, un dígito, un signo de puntuación, un espacio o un salto de línea, entre otros. Así, la cadena "toka;45" tiene una longitud de 7 caracteres.

Los enteros, reales, booleanos, complejos, cadenas y tuplas son tipos de datos «inmutables». Ello significa que cualquier cambio en su valor implica, generalmente, una nueva ubicación en memoria. Las listas, tuplas, conjuntos, diccionarios y cadenas merecerán capítulos específicos para profundizar en su utilidad y versatilidad.

Literales

Un literal es un valor fijo, explícito, concreto, que indicamos en nuestro código. La cadena 'amistad' es un literal, el valor real 0.34 es un literal, el entero 2019 es otro literal. En la jerga de Python, un literal es una combinación de caracteres que el intérprete reconoce como una representación de un valor de objeto válido. En la lista no exhaustiva de tipos de datos que hemos mostrado se observa que a una variable se le asigna siempre una «expresión». Una expresión es toda combinación válida de operadores, variables, llamadas a funciones y, por supuesto, literales.

Veamos más ejemplos de literales para cada tipo de dato:

- **Enteros (int):** `0, 2, 56, -2, -20, 1`
- **Reales (float):** `-0.23, 34E+45, 8923.2342, 0.00003`
- **Complejos (complex):** `2+5j, 0+4j, 8j, 23.3+.9j`
- **Cadenas (str):** `"", "hola", "el resultado es:"`
- **Listas (list):** `[], [1, 2], ['a', 'b', 'c', 'd'], ['Pedro', 34, 'Luis', 35, 'Paula', 18, 'Julia', 12]`
- **Tuplas (tuple):** `(), (3,), (3, 4, 6, 7), ('coordenadas', 23423.34, 763.424)`
- **Diccionarios (dict):** `{'a': 3, 'b':8, 'c': .5}, {'primero': 23, 'segundo': 'móvil', 'tercero': (3,5)}`
- **Conjuntos (set):** `{1,2,3}, {'fruta', 'carne', 'verdura', 'pescado'}, {3, 'b', 3.14}`

La vida de una variable

Una variable es un identificador asociado a un espacio en memoria donde almacenar datos. En Python, todo son «objetos». Hablaremos con más detalle sobre los objetos en el capítulo correspondiente. Una variable es también un objeto. En Python, todo objeto tiene una identidad, un tipo y un valor. La identidad nunca cambia, y podemos averiguarla, como ya hemos visto, con la función id(). La identidad es el número de casilla en memoria donde comienza el espacio para alojar el valor. Dicho espacio dependerá del tipo de dato asociado. Podemos comparar la identidad de dos objetos usando el operador is. Los valores de un objeto pueden cambiar en el caso de los objetos «mutables», o permanecer invariables en el caso de los objetos «inmutables». La mutabilidad dependerá del tipo asociado.

Inicialización y destrucción

Vamos a continuar hablando de variables, en lugar de objetos, aunque lo último sería más correcto. A diferencia de otros lenguajes, no es necesario «inicializar» las variables, es decir, asignar un valor por defecto al crearlas. Las variables se crean cuando se usan por primera vez y tampoco es necesario destruirlas de forma explícita, aunque podemos forzarlo usando la función del(). Destruir una variable significa que su identificador deja de representar valor alguno; la variable ya no está definida y el espacio de memoria que ocupaba queda disponible para otros usos. Cuando una variable alcanza un determinado estado de «inutilidad», el recolector de basura de Python se encarga de eliminarla. El tipo de una variable cambia al asignar un valor de distinto tipo al actual:

```
In [1]: a = 4In [2]: type(a)
Out[2]: int

In [3]: a = a * 0.5In [4]: type(a)
Out[4]: float
```

Casting

Aunque Python determina el tipo de manera dinámica, podemos obligar a que el resultado de una expresión se almacene bajo un tipo determinado por el programador. A esta especificación explícita de tipo se le denomina *casting*. Por ejemplo, la asignación `a = float(4)` creará la variable a con tipo real, aunque el valor de origen sea un entero. El casting se realiza mediante «funciones de construcción» que crean objetos (variables) nuevos inicializándolos a partir del valor indicado. Las funciones de construcción más utilizadas para el casting son las siguientes:

- **int():** crea un entero a partir de un literal o variable de tipo entero, un literal o variable de tipo real (mediante redondeo hacia abajo), o un literal o variable de tipo cadena (siempre que esa cadena represente un entero válido).
- **float():** crea un real a partir de un literal o variable de tipo entero, un literal o variable de tipo real o un literal o variable de tipo cadena válido.
- **str():** crea una cadena a partir de distintos tipos de datos, entre los que se incluyen enteros, reales y otras cadenas.

Para ver el efecto del casting, lo mejor es probarlo sobre la terminal interactiva de Pyhton:

```
In [1]: int(4.5)
Out[1]: 4

In [2]: int('23')
Out[2]: 23

In [3]: float(5)
Out[3]: 5.0

In [4]: float('3.14')
Out[4]: 3.14

In [5]: str(8)
Out[5]: '8'
```

Ámbito de una variable

Un mismo identificador puede representar a variables diferentes en nuestro programa. La variable a la que representa dependerá de su *scope* o, como lo llamamos en español, ámbito. El ámbito de una variable es el contexto en el cual la variable es conocida. Las variables que se definen en el cuerpo de una función son variables locales, mientras que las que se definen a nivel de «módulo» son variables globales. Una variable local solo es visible en el interior de la función, mientras que una variable global puede usarse en cualquier parte del módulo (o lo que es lo mismo, del archivo que contiene nuestro código). ¿Por qué es así? Porque permite la programación «modular». No queremos preocuparnos de los detalles de implementación de una función que hemos tomado de una biblioteca. Si tuviéramos que conocer los nombres de sus variables internas para evitar usarlas en nuestro programa, sería muy complicado diseñar el código. Al mismo tiempo, tampoco es deseable que las variables que nosotros estamos usando se vieran modificadas por llamadas a otras funciones o la incorporación de nuevos módulos. Gracias al aislamiento que proporcionan los ámbitos, podemos concentrarnos en la implementación de cada módulo y función sin miedo a efectos colaterales.

Veamos algunos ejemplos:

```
1 a = 12
2 def f():
3   b = a * 45
4   return b
5 print(f())        # ok
6 print(a)          # ok
7 print(b)          # error
```

En este ejemplo, la variable a es una variable global, por lo que puede usarse dentro de la función. La variable b es una variable local, por lo que podemos usarla dentro de la función, pero no fuera. Por esta razón, la instrucción de la línea 7 haría que el intérprete nos lanzara un error, para indicarnos que el identificador b no está definido.

```
1 a = 12
2 def f():
3   a = 9
4   print(a)
5 print(a)
6 f()
7 print(a)
```

En el código anterior tenemos dos variables a en ámbitos distintos: uno global y otro local. El programa mostrará en pantalla los valores 12, 9 y 12 ya que en la línea 5 el valor de a es el global, mientras que en la línea 6 se invoca la función f() y en su interior el valor de a es el local. El print() final vuelve a mostrar 12, pues estamos de nuevo en el ámbito global de a.

Introspección

Ya hemos revelado que en Python una variable es un objeto. Un objeto alberga, además del valor que almacena, una serie de «métodos». Un método es una función que opera sobre el objeto. Según el tipo de dato de una variable, Python predefine un conjunto de métodos que facilitan la manipulación de ese tipo de dato. Sobre una cadena nos puede interesar eliminar espacios al final, o buscar una subcadena. Para las listas tenemos métodos que permiten añadir y eliminar elementos, por ejemplo. Los métodos son muy útiles para trabajar con nuestros datos. De todo esto hablaremos más adelante, basta con que asimiles esta noción de objeto como una variable con métodos asociados.

Los objetos de Python proporcionan, además de métodos propios del tipo de datos que representan, un grupo de métodos y atributos que facilitan conocer mejor nuestras variables: cuáles son los métodos asociados, qué tipo de dato estamos almacenando, y otros elementos que posibilitan examinar la variable en tiempo de ejecución. A esta capacidad de «mirar las tripas» de un objeto en Python se le llama «introspección». Algunas funciones de introspección útiles son las siguientes:

- **dir():** muestra todos los «miembros» del objeto, es decir, sus atributos y métodos.
- **variable.__doc__:** devuelve una cadena con información de ayuda sobre la variable.
- **type():** devuelve el tipo de dato asociado a la variable.
- **id():** devuelve el identificador único asociado a la variable. Generalmente este valor es la dirección de memoria donde se aloja el dato.

Podemos probar estas funciones en la terminal interactiva:

```
In [1]: a = 34

In [2]: print(a.__doc__)
int([x]) -> integer
int(x, base=10) -> integer

Convert a number or string to an integer, or return 0 if no arguments
are given.  If x is a number, return x.__int__().  For floating point
numbers, this truncates towards zero.

If x is not a number or if base is given, then x must be a string,
bytes, or bytearray instance representing an integer literal in the
given base.  The literal can be preceded by '+' or '-' and be surrounded
by whitespace.  The base defaults to 10.  Valid bases are 0 and 2-36.
Base 0 means to interpret the base from the string as an integer literal.
>>> int('0b100', base=0)
4

In [3]: type(a)
Out[3]: int

In [4]: dir(a)
Out[4]:
['__abs__',
 '__add__',
 '__and__',
 '__bool__',
 '__ceil__',
 '__class__',
 '__delattr__',
 '__dir__',
 '__divmod__',
```

```
'__doc__',
'__eq__',
'__float__',
'__floor__',
'__floordiv__',
'__format__',
'__ge__',
'__getattribute__',
'__getnewargs__',
'__gt__',
'__hash__',
'__index__',
'__init__',
'__init_subclass__',
'__int__',
'__invert__',
'__le__',
'__lshift__',
'__lt__',
'__mod__',
'__mul__',
'__ne__',
'__neg__',
'__new__',
'__or__',
'__pos__',
'__pow__',
'__radd__',
'__rand__',
'__rdivmod__',
'__reduce__',
'__reduce_ex__',
'__repr__',
'__rfloordiv__',
'__rlshift__',
'__rmod__',
'__rmul__',
'__ror__',
'__round__',
'__rpow__',
'__rrshift__',
'__rshift__',
'__rsub__',
'__rtruediv__',
'__rxor__',
'__setattr__',
'__sizeof__',
'__str__',
'__sub__',
'__subclasshook__',
'__truediv__',
'__trunc__',
'__xor__',
'bit_length',
'conjugate',
'denominator',
```

```
'from_bytes',
'imag',
'numerator',
'real',
'to_bytes']
```

Además de estas funciones y atributos, la biblioteca inspect ofrece un amplio abanico de funciones que permiten resolver cuestiones tales como ¿qué representa un identificador? (¿una variable?, ¿una función?, ¿un módulo?), ¿en qué módulo fue definido?, ¿cuáles son sus miembros?, ¿qué comentarios tiene asociados? y un largo etcétera. Para más información, puedes acudir a la documentación oficial de Python sobre este módulo[3]. Veamos un par de ejemplos:

```
In [1]: import inspect

In [2]: inspect.isfunction(f)
Out[2]: True

In [3]: inspect.getfile(inspect.isfunction)
Out[3]: 'C:\\Users\\Usuario\\Anaconda\\lib\\inspect.py'
```

NOTA:

En Python también se denomina «módulo» a una biblioteca, así que no te sorprendas si usamos ambos términos de manera indistinta a lo largo del libro.

Ejercicios propuestos

Intenta realizar los siguientes ejercicios. Encontrarás la solución al final del libro, en el Apéndice E.

1. Indica cuáles de los siguientes son identificadores válidos en Python:

1erMiembro	libre?	año_nac
SegundoMiembro	puerta.abierta	$saldo$
coche_1	cámara4	import

2. ¿Qué tipo de dato usarías para almacenar los siguientes literales?

-.28934	[3,5,4]	0.05j
23412354.0	(-34,534)	['ja', 'je', 'ji', 2]
-5463	{'c', 'z', 'j'}	'bienvenido'
12e5	45.1+3.65j	'38 kg.'

3. docs.python.org/3/library/inspect.html.

3. Indica qué valores aparecerían en pantalla al ejecutar el siguiente código:

```
def calcula():
    a = b*2
    c = 23
    print(a*c)
b = 5
a = 8
c = 10
print(a)
print(b)
print(c)
calcula()
print(a*c)
```

Resumen

Las variables son el mecanismo utilizado por los programas de ordenador para almacenar y manipular datos. Una variable debe tener un nombre (identificador) válido, un tipo de dato asociado y un valor. Existen diversos tipos de datos en Python: enteros, reales, booleanos, complejos, cadenas, listas, conjuntos, tuplas y diccionarios, principalmente. Las variables se crean al realizar la primera asignación y el recolector de basura del intérprete las destruye cuando se cierra su ámbito. El ámbito de una variable es la parte del programa donde dicha variable es visible. Cada módulo y función tiene su propio ámbito, lo cual evita que variables con el mismo nombre resulten confundidas. En Python, gracias a la «introspección», podemos averiguar cómo es la estructura y funcionamiento interno de una variable.

8 Control del flujo

En este capítulo aprenderás:

- El concepto de flujo de un programa.
- Cómo cambiar la ruta de ejecución sobre la base de condiciones.
- Cómo repetir bloques de instrucciones automáticamente.
- Cómo modificar el flujo de una iteración.

Introducción

Es día de limpieza en casa y la costumbre te lleva a un orden en tus acciones: primero barrer, después fregar, luego limpiar el polvo. Al barrer repetimos mecánicamente acumular la suciedad en la puerta de la habitación y luego recogerla con el badil. Hacemos lo mismo en cada dependencia de la vivienda. Cuando estás terminando de barrer golpeas el jarrón que te regaló tu tía, y tras caer al suelo se rompe en mil pedazos. Recoges los trozos antes de empezar a fregar. Fregando encuentras el chicle perdido de tu sobrino bajo el sofá, lo cual obliga a buscar espátula, trapo y productos específicos. Una vez eliminados los restos, sigues fregando hasta completar la tarea, continúas limpiando el polvo según un ritual preestablecido: pasar plumero, sacudir plumero. Así una y otra vez hasta finalizar y ver nuestra casa limpia. Hemos seguido una secuencia de acciones, planificadas, con repeticiones (barrer cada cuarto, pasar y sacudir el plumero) y nuevas acciones ante determinadas condiciones (el chicle perdido y fosilizado).

En los lenguajes imperativos, como Python, el ordenador sigue la secuencia de instrucciones del código y lo ejecuta línea a línea. Denominamos «flujo» de un programa al orden en la ejecución del código. Este orden secuencial puede alterarse. La llamada a una función, por ejemplo, lleva la ejecución al código en su interior (el «cuerpo» de la función) para regresar inmediatamente después de dicha llamada y continuar. La ejecución es similar a nuestra atención en el proceso de limpieza descrito antes. Solo podemos hacer una tarea a la vez. En el Capítulo 2 «Introducción a la Programación» abordamos diversas estructuras para modificar el flujo. Esto nos da control absoluto sobre el orden de ejecución y nos permite saltar un bloque de instrucciones o repetir otras. En este capítulo examinaremos qué sentencias (instrucciones) ofrece Python para esto.

Sentencia condicional if

Es la opción más conocida para controlar el flujo de un programa. Las condiciones permiten elegir entre distintos caminos según el valor de una expresión. En pseudocódigo corresponde a la estructura SI...ENTONCES cuya semántica es la de «SI ocurre esto ENTONCES hacemos lo otro». Cuando la condición que comprobamos es verdadera, el flujo entra en el cuerpo del condicional; si es falsa, lo salta y continúa después de ese bloque de código. A todos nos resultará familiar esta situación:

```
SI edad ≥ 18 ENTONCES:
    Entrar_en_discoteca()
FIN_SI
```

La condición que se evaluará debe ser una expresión cuyo resultado devuelva siempre un valor lógico (o lo que es lo mismo, booleano). No tiene sentido decir «SI 2 + 3 ENTONCES», porque la expresión 2 + 3 no toma un valor verdadero o falso. Debemos procurar dejar claro en nuestro código qué pretendemos evaluar en la condición. Este programa se representa mediante un ordinograma como sigue:

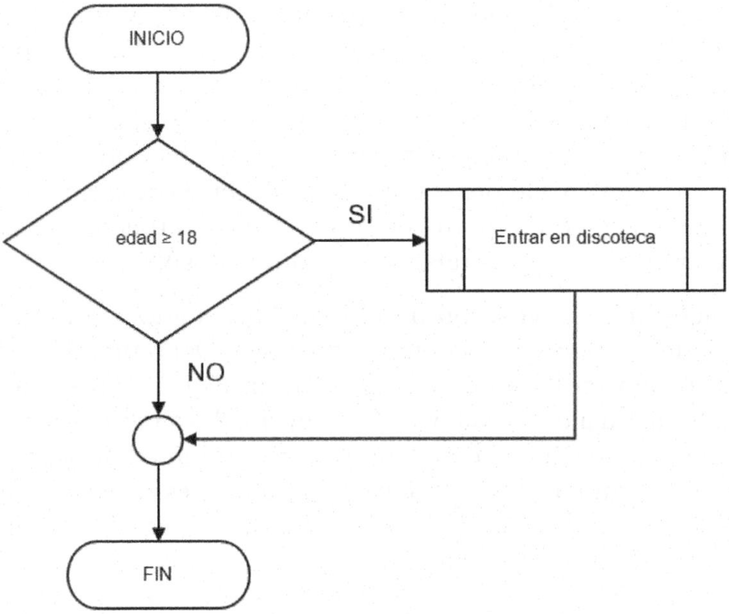

Figura 8.1. La estructura IF simple representada con un ordinograma.

En Python, el ejemplo anterior sería:

```
if edad >= 18:
  entrar_en_discoteca()
```

Como podemos observar, el bloque de código asociado a la condición se inicia después de dos puntos «:», con un sangrado (*indentado*) que determina el bloque de código. Todas las instrucciones que pertenecen a un mismo bloque deben tener idéntico sangrado. El bloque termina cuando el sangrado vuelve a la posición de inicio de la sentencia if. Recordemos que Python usa el sangrado para identificar los bloques de código.

En ocasiones es necesario realizar una acción cuando la condición se satisface y otra acción solo cuando no es así. Es decir, son acciones mutuamente excluyentes. Por ejemplo, el policía de aduanas de un punto de control en el aeropuerto pregunta al viajero por su lugar de procedencia si el pasaporte es del país. En cambio, si no ostenta la ciudadanía, le pregunta por el motivo de su visita:

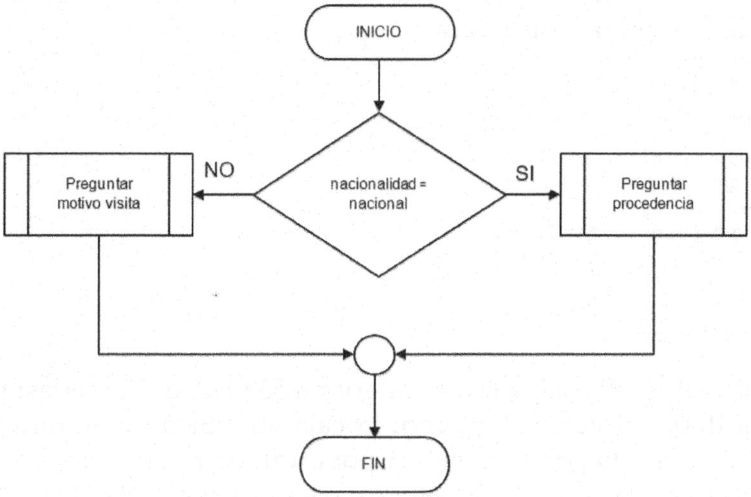

Figura 8.2. Ordinograma de un ejemplo con if-else.

Para construir esta estructura en Python, la sentencia if puede hacer uso de la palabra reservada **else**, la cual permite definir otro bloque de código alternativo. Así quedaría este ordinograma trasladado a Python:

```
if nacionalidad == "Española":
    pregunta = "¿Cuál es su procedencia?"
else:
    pregunta = "¿Cuál es el motivo de su visita?"
print(pregunta)
```

El código anterior asigna a la variable **pregunta** una de las dos posibles cadenas de texto, pero no ambas. A continuación, el programa continúa mostrando en pantalla la pregunta correspondiente. Es el equivalente al SI_NO que vimos anteriormente en pseudocódigo.

Otra posibilidad es realizar varias comprobaciones seguidas, donde el programa debe realizar una acción sobre la base de valores determinados de una variable. Imaginemos que estamos construyendo el programa para un robot clasificador de huevos por tamaño. Nuestro brazo robot recibe la información de una balanza, la cual le indica, en gramos, el peso del huevo que debe clasificar. El brazo debe, a partir del peso, ubicar el huevo en una caja u otra como sigue:

- **Caja «S» (pequeños):** peso menor a 53 gramos.
- **Caja «M» (medianos):** peso mayor o igual a 53 gramos e inferior a 63 gramos.

- **Caja «L» (grandes):** peso mayor o igual a 63 gramos e inferior a 73 gramos.
- **Caja «XL» (super grandes):** peso mayor o igual a 73 gramos.

Con lo que hemos visto ya seríamos capaces de resolver el problema, gracias a la posibilidad de anidar estructuras:

```
if peso < 53:
    caja = "S"
else:
    if peso < 63:
        caja = "M"
    else:
        if peso < 73:
            caja = "L"
        else:
            caja = "XL"
colocar_huevo(caja)
```

El primer if comprueba si el peso es inferior a 53 gramos, de ser así ya sabemos a cuál caja debe moverse el huevo: la caja «S». Si no es inferior, caerá en cualesquiera de las categorías restantes, por lo que continuamos la comprobación después del else y así sucesivamente. Anidaciones de comprobaciones como la anterior no son muy legibles. Existe una solución mejor cuando estamos encadenando sentencias else-if: reemplazarlas por la sentencia elif. Python ofrece dicha instrucción para encadenar comprobaciones, lo cual resulta en un código más claro. El programa anterior se reescribiría así:

```
if peso < 53:
    caja = "S"
elif peso < 63:
    caja = "M"
elif peso < 73:
    caja = "L"
else:
    caja = "XL"
colocar_huevo(caja)
```

No cabe duda de la mejora con respecto a una anidación excesiva. Si has programado en otros lenguajes, esta es también la alternativa que ofrece Python a estructuras de tipo switch-case.

Sentencias repetitivas for y while

Nuestro robot clasificador de huevos no realizará esta comprobación una sola vez, sino que el programa que controla el brazo también recibe información de una cámara que detecta si hay un huevo delante del robot o no. El sistema coloca un nuevo huevo sobre la balanza tan pronto el brazo robot toma el que estaba anteriormente para ubicarlo en su caja. Por tanto, mientras haya un huevo sobre la balanza, el robot debe repetir la tarea de ubicar huevos en cajas. Una solución de «fuerza bruta» sería tener un programa que repita el código anterior cientos de veces, pero llegaría siempre el momento en que el robot finalizaría la ejecución y dejaría huevos pendientes de clasificar.

La sentencia while

Cuando nos encontramos ante la necesidad de repetir determinadas instrucciones mientras se cumpla una condición, la solución es siempre la sentencia while. Así sería la solución a nuestro problema:

```
1  while peso != 0:
2      if peso < 53:
3          caja = "S"
4      elif peso < 63:
5          caja = "M"
6      elif peso < 73:
7          caja = "L"
8      else:
9          caja = "XL"
10     colocar_huevo(caja)
11 sonar_alarma()
```

Comprobar si el peso es distinto de cero equivale a cerciorarse de que existe un huevo sobre la balanza. Si es así, el robot hace su trabajo. Tras alojar el huevo en su caja (línea 10), el intérprete de Python regresa al while (línea 1) y vuelve a realizar la comparación. Mientras dicha condición sea verdadera, el bloque interno del while se repetirá indefinidamente. Cuando el peso sea cero, el programa continuará después del bloque de código, y ejecutará la función sonar_alarma() para que, por ejemplo, un operario se acerque a ver por qué se ha parado el robot.

Vamos ahora a mostrar otro ejemplo para calcular un factorial. El factorial de un número natural (un entero positivo) resulta de multiplicar ese número por todos los número inferiores a él hasta el 1. Así, el factorial de 4 (que se escribe «4!») es el resultado de 4*3*2*1, esto es, 24. El siguiente programa calcularía el factorial de 5:

```
a = 4
acc = 1
while a > 1:
     acc = acc*a
     a = a-1
print(acc)
```

La variable acc nos sirve de «acumulador». Un acumulador es una variable sobre la cual se construyen el resultado final. La variable a contiene el número cuyo factorial queremos conocer. En el cuerpo del «bucle» (así se denominan también las repeticiones) primero actualiza el acumulador multiplicándolo por el valor actual de a, y luego se decrementa a en una unidad. El bucle termina cuando a alcanza el valor 1. En ese momento la ejecución sale del while y sigue con el programa. La instrucción final muestra el resultado en pantalla.

El ordinograma de este ejemplo sería el de la figura 8.3.

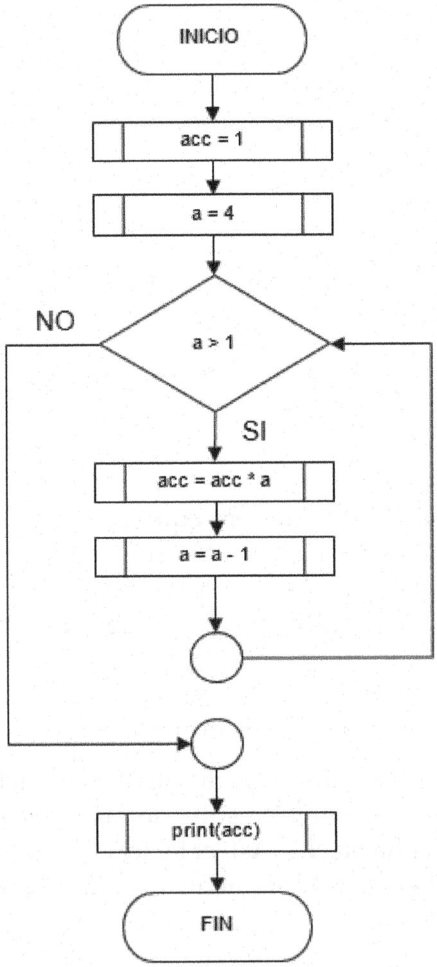

Figura 8.3. Ordinograma para el cálculo del factorial usando while.

Esta sería la «traza» de valores en cada iteración del bucle:

- Inicialización:
  a: 4, acc: 1

- Fin iteración 1:
  a: 3, acc: 4
- Fin iteración 2:
  a: 2, acc: 12
- Fin iteración 3
  a: 1, acc:24
- Fin de bucle (pues la condición a > 1 ya no se cumple)

NOTA:

Se denomina «traza» de un programa a los distintos valores de las variables a lo largo de la ejecución del programa.

Depuración con Spyder

Cualquier programador experto recuerda que, al principio, era difícil imaginar el valor de las variables tras la ejecución completa de una repetición. Cuando el resultado no era el esperado, se escribía en papel la traza del programa, como hemos hecho más arriba. El entorno de programación Spyder ofrece herramientas interesantes para controlar en todo momento qué está ocurriendo en la ejecución de un programa, evitándonos escribir a mano la traza. El proceso de inspeccionar un código para encontrar posibles errores o mejorar su funcionamiento se denomina «depuración». Para trazar un programa, Spyder ofrece la posibilidad de ejecutar el programa línea a línea, observando en todo momento el estado de nuestras variables en la venta del «Explorador de variables». Escribe el programa anterior en Spyder y pulsa la tecla F5 (equivale a hacer clic en el botón 1 según se indica en la figura 8.4.). Spyder ejecutará todo el programa y mostrará el resultado final en la terminal del intérprete (ventana «Terminal de IPython»).

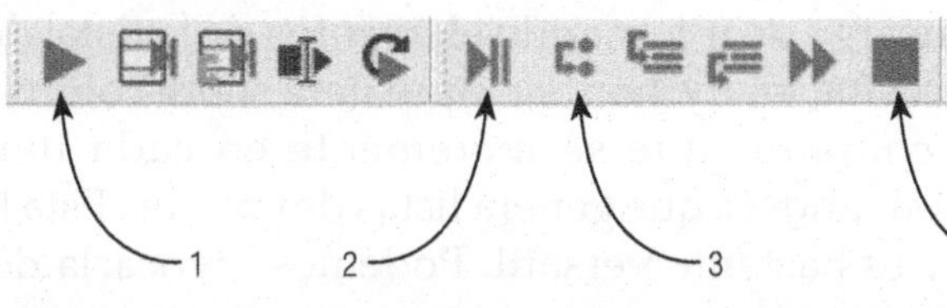

Figura 8.4. Botones principales para ejecución y depuración en Spyder.

Ahora sitúa el cursor en la línea 1 del programa y pulsa Ctrl+F5 o el botón 2 según la figura 8.4. Con esto indicamos a Spyder que vamos a iniciar la depuración de nuestro código. Pulsando Ctrl-F10 o el botón 3, Spyder ejecutará el programa instrucción a instrucción, lo cual nos permite observar en todo momento cómo van actualizándose nuestras variables en el explorador. Podemos seguir pulsando el botón 3 repetidamente hasta finalizar la ejecución o bien concluir con el proceso de depuración pulsando Ctrl+Shift+F12 o el botón 4. Gracias a la depuración, nos ahorramos las tediosas trazas en papel. No dudes en usar esta herramienta de inspección cuando no comprendas el comportamiento de tu programa. Sigamos con la segunda sentencia de repetición que nos ofrece Python.

La sentencia for

Es muy habitual escribir un código con bucles dentro de estas dos posibles situaciones:

1. Cuando utilizamos un contador en el seno de una repetición. El contador es una variable que va incrementándose o disminuyendo de forma constante en cada iteración del bucle hasta alcanzar un valor límite que marca el fin de las repeticiones.
2. Cuando iteramos sobre los elementos de un contenedor, por ejemplo, una lista, para operar sobre cada uno de ellos. También en este caso conocemos de antemano el número de repeticiones que tendrían lugar.

La sentencia for, en Python, permite iterar sobre secuencias de valores (listas o cadenas) según un orden establecido. A diferencia de otros lenguajes, con el for de Python no se definen contadores o expresiones que cambien a cada iteración, sino una secuencia sobre la cual la variable contador tomará sus valores. En cualquier caso, es la opción más adecuada para resolver los dos casos anteriores. Lo entenderemos mejor con un ejemplo:

```
for for e in [1, 2, 3]:
    print(e**2)
```

Este sencillo código muestra en pantalla los cuadrados de los enteros 1, 2 y 3. La sentencia for se encarga de ir tomando elementos de la lista, desde el primero al último. La sentencia for, en Python, siempre itera sobre colecciones. Por tanto, si necesitamos un contador que se incremente en cada iteración, Python proporciona la función range(), que genera listas de enteros. Esta función permite generar secuencias y es bastante versátil. Podemos invocarla de cuatro formas diferentes:

- Con un solo argumento genera enteros que van desde 0 hasta el anterior al indicado como parámetro:
  `range(5)` genera la lista `[0, 1, 2, 3, 4]`
  En general, `range(n)` genera la lista `[0, 1, ..., n-1]`

- Con dos argumentos. El primer parámetro es el valor inicial y el segundo el valor por debajo del cual deben estar todos los elementos de la lista generados (igual que en el caso anterior):
  `range(5, 10)` genera la lista `[5, 4, 6, 7, 8, 9]`
  En general, `range(m, n)` genera la lista `[m, m+1, ..., n-1]`
- Con tres argumentos. Igual que el anterior, pero el tercer parámetro indica el incremento que se produce de un elemento al siguiente:
  `range(5, 10, 2)` genera la lista `[5, 7, 9]`
  En general, `range(m, n, s)` genera la lista `[m, m+s, ..., n-1]`

La notación general de los dos últimos casos no es del todo correcta. El segundo parámetro del **range** indica el valor por debajo del cual deben mantenerse todos los elementos de la lista. Es posible que no se llegue exactamente a n-1. Por ejemplo, `range(2, 3, 13)` resultaría en la lista `[2, 5, 8, 11]`, pues el siguiente valor sería 14 que dejaría de ser menor de 13. Si indicamos límites que no se cumplen desde el primer elemento, el resultado es una lista vacía: `range(5, 3)` daría lugar a una lista sin elementos `[]`. Puedes probar todos estos ejemplos en la terminal de IPython de Spyder. Para ello, deberás hacer un *casting* de **range** a lista, como sigue: `list(range(2, 3, 13))`. Esto es necesario porque **range()** devuelve, en realidad, un «generador», es decir, un objeto el cual devuelve elementos conforme se le requieren, en lugar de producir todos de una tacada. Python hace un uso intenso de generadores, pues optimizan los recursos necesarios en la ejecución de un programa. Veremos los generadores más adelante.

Con la función **range()** también podemos generar secuencias inversas, para ello debemos intercambiar los límites y usar un valor negativo como tercer parámetro. Por ejemplo, `range(10, 4, -1)` generaría la lista `[10, 9, 8, 7, 6, 5]`.

Gracias a la función **range()** y a la sentencia **for**, es posible reescribir el programa del factorial de manera más concisa. Te animamos a realizar la traza de este código con Spyder. Verás que, aunque la variable **a** va cambiando, los valores generados por **range()** se mantienen en los definidos al entrar en el bucle (en este caso, `[2, 3 y 4]`). Esto es así porque el generador se establece una única vez al entrar en el **for**.

```
a = 5
for f in range(2, a):
    a = a*f
print(a)
```

Como ocurre con cualquier estructura, los bucles también pueden anidarse. Para cada iteración del bucle externo, se producen todos los ciclos del bucle interno. El siguiente ejemplo ilustra el resultado de la anidación:

```
sabores = ['chocolate', 'vainilla', 'fresa']
for s1 in sabores:
```

```
    for s2 in sabores:
        print('Helado de', s1, 'con', s2)
```

El programa anterior pretende explorar las posibles combinaciones en un helado de dos sabores a partir de tres sabores disponibles. Lamentablemente, el resultado no es el deseado:

```
Helado de chocolate con chocolate
Helado de chocolate con vainilla
Helado de chocolate con fresa
Helado de vainilla con chocolate
Helado de vainilla con vainilla
Helado de vainilla con fresa
Helado de fresa con chocolate
Helado de fresa con vainilla
Helado de fresa con fresa
```

Esto se debe a recorrer por completo la lista en el bucle interno. Para resolver esta situación, el bucle interno debería empezar no desde el principio, sino desde el sabor siguiente al que tenemos en el bucle externo. Por ejemplo, con el sabor '`chocolate`' en el bucle externo, el interno debería solo recorrer desde '`vainilla`' hasta '`fresa`'. Finalmente, con el sabor '`vainilla`' en el externo, el interno solo debería iterar sobre el sabor '`fresa`'. Una vez alcanzado el último sabor el interno, no debería ejecutarse, pues ya no hay «siguiente» sabor. El código es un poco más complicado, hace uso de range(), de la función len() (que devuelve la longitud de una lista) y de la indexación de listas. Esto es algo que aún no hemos visto, pero así puedes hacerte una idea previa.

```
sabores = ['chocolate', 'vainilla', 'fresa']
for s1 in range(len(sabores)):
    for s2 in range(s1+1, len(sabores)):
        print('Helado de', sabores[s1], 'con', sabores[s2])
```

La salida generada por este programa sí es la que esperamos para el problema en cuestión:

```
Helado de chocolate con vainilla
Helado de chocolate con fresa
Helado de vainilla con fresa
```

Estas estructuras, como cualquier otra instrucción en un lenguaje de programación, pueden combinarse. Podemos tener sentencias if cuyo cuerpo consista en bucles, iteraciones for con iteraciones while anidadas las cuales, a su vez, aniden condicionales, etc. Las posibilidades para jugar con el flujo de ejecución son infinitas y, a diferencia de los juegos de construcción, aquí las piezas no se limitan a un número dado. Haz uso de ellas cuando quieras, donde quieras y tantas veces como quieras. Pero no hemos terminado de conocer todas las herramientas para modificar el flujo. Vamos a verlas ahora.

Control con break y continue

La sentencia **break** permite «romper» un bucle en cualquier momento, terminar las iteraciones y continuar después del mismo. Generalmente usaremos **break** después de realizar alguna comprobación que motive abandonar una repetición **while** o **for**. Aquí tenemos un ejemplo:

```
num = 811
test = 'es primo'

for div in range(2, num):
    if num % div == 0:
        test = 'no es primo'
        break

print(num, test)
```

Este programa determina si un número es primo, comprobando que no es divisible entre ningún número menor a él. Para comprobar la divisibilidad usamos el operador %, el cual devuelve el resto de una división entera entre dos números. Si ese resto es cero, entonces el número es divisible, por lo que no debemos seguir comprobando. El **break** nos ayuda a evitar más comprobaciones innecesarias, pues nos basta con encontrar un solo divisor para asegurar que el número en cuestión no es primo. La sentencia **break** rompe el flujo dentro del cuerpo de instrucciones del bucle para abandonarlo. En cambio, la sentencia **continue** rompe ese flujo para saltar a la siguiente iteración. Gracias a esta sentencia podemos forzar la conclusión de una iteración para continuar con la siguiente. Supongamos un mes de 31 días con el día 1 en lunes. El siguiente programa indica qué hacer cada día si sábados y domingos son no laborables. La sentencia **continue** nos servirá aquí para hacer más simple nuestra vida cuando no trabajamos.

```
for d in range(1,31):
    print('----')
    print('Día', d)
    if d % 7 == 6 or d % 7 == 0:
        print('Descansar')
        continue
    print('Levantarse temprano')
    print('Ir a trabajar')
```

El operador % hace que el contador de días d tome consecutivamente los valores 1, 2, 3, 4, 5, 6 y 0. Así, el sábado y el domingo corresponden con los valores 6 y 0, en cuyo caso solo hay que descansar y dejar pasar el resto del día.

Sentencia else en bucles while y for

También existe la posibilidad de utilizar **else** inmediatamente después de un bucle **while** o **for**. Esta opción permite ejecutar un bloque de instrucciones determinado en caso de completar todas las iteraciones, es decir, cuando no se produce un **break**.

Supongamos que estamos comprobando el estado de seguridad de nuestro hogar: si la puerta y todas las ventanas están cerradas. En el momento en que uno solo de esos elementos esté abierto, debemos llamar a la policía de inmediato. Si se ha comprobado todo sin incidencias, lo indicaremos:

```
for elemento in ['cerrado', 'cerrado', 'cerrado', 'cerrado', 'abierto',
 'cerrado', 'cerrado']:
    if elemento == 'abierto':
        print('Avisar a la policía')
        break
else:
    print('Todo en orden')
```

Prueba el código anterior y mira su comportamiento. Después, cambia el valor del elemento `'abierto'` a `'cerrado'` y comprueba de nuevo el resultado de ejecutar el programa. El uso de **else** en **while** y **for** evita variables contador para asegurar la ejecución completa de todas las repeticiones, por lo que resulta útil en determinadas ocasiones.

Sentencia pass

La sentencia **pass** no hace nada. Así de simple. Es nuestra sentencia favorita de cara a nuestra jubilación. Aunque pueda sorprendernos, resulta útil en varias situaciones. En Python no podemos tener sin definir un bloque de código (por ejemplo, el cuerpo de una función, el cuerpo de una condición o el de un bucle). Es habitual usar **pass** cuando estamos escribiendo la estructura de nuestro programa pero aún no hemos abordado la implementación de determinados bloques de código.

```
if contador_clientes == 1000:
    pass    # POR HACER: celebrar nuestro cliente número 1000
```

En el ejemplo anterior reflejamos la consideración de llegar al cliente número 1000 y, aunque no hemos implementado ninguna acción concreta, lo hemos dejado indicado mediante un comentario.

Ejercicios propuestos

Intenta realizar los siguientes ejercicios. Encontrarás la solución al final del libro, en el Apéndice E.

1. Observa cómo las dos versiones para el cálculo del factorial, con while y for, modifican la variable a. Esto no siempre es deseable, pues el calcular un valor a partir de una variable no debería hacer perder el valor original de la misma. Reescribe ambos programas para evitar esto.
2. Escribe un programa que itere sobre la lista de nombres `['Pedro', 'Pablo', 'Judas', 'Juan']`. Dentro del bucle, comprobará si el nombre es 'Judas'. De ser así, el programa debería escribir en pantalla el nombre junto con el texto 'es el culpable', si no, debería escribir el nombre junto con el texto 'es inocente'. El resultado esperado es:

```
Pedro es inocente
Pablo es inocente
Judas es el culpable
Juan es inocente
```

3. Modifica el código para el cálculo de un número primo usando la anidación de bucles para obtener de forma automática número primos menores a 1 000. Aprovecha la opción de usar else para mostrar solo los números primos.

Resumen

El flujo de un programa es el orden de ejecución de las instrucciones de un programa por el intérprete. Las instrucciones (líneas) se ejecutan siempre secuencialmente, pero ante determinados estados de variables y gracias a las expresiones lógicas, este orden se puede modificar. La sentencia if nos permite cambiar el curso de este flujo para saltar un conjunto de instrucciones o ejecutar otro. Usando while y for podemos hacer que el flujo del programa salte hacia atrás, repitiendo un bloque de instrucciones un número de veces determinado mientras se mantenga una condición (en el caso de while) o por cada uno de los elementos de una lista (en el caso de for).

Gracias a if, while y for, construimos programas en los cuales nuestro ordenador es capaz de tomar decisiones y volver sobre determinadas instrucciones un número de veces determinado. Estas tres simples sentencias, junto con la asignación de variables y los operadores, constituyen el núcleo de la programación «imperativa», el estilo de programación más importante de cuantos existen.

9 Entrada y salida estándar

En este capítulo aprenderás:

- Cómo almacenar en una variable datos escritos mediante el teclado.
- Cómo mostrar mensajes por pantalla.

Introducción

Cuando escribimos código en un lenguaje de programación, es útil conocer cómo interactuar con el programa, es decir, cómo introducir datos y cómo mostrar los resultados. Hay distintas formas de introducir datos en un programa y de presentar la salida de este. Podemos hacerlo leyendo datos de ficheros y guardando la información en ellos, o bien capturando datos introducidos por teclado y mostrándolos en la pantalla del ordenador. En este capítulo nos centraremos en la última forma, conocida como «entrada y salida estándar». La entrada y salida estándar no se limita a teclado y pantalla. En algunos sistemas es posible encauzar las salidas generadas por unos programas a las entradas esperadas por otros. Esto también se realiza mediante los canales de entrada y salida estándar, pero queda fuera del ámbito de este libro.

NOTA:

Para los lectores experimentados, aquí nos referimos al encadenamiento de flujos proporcionado por sistemas como Unix, mediante «tuberías» o pipes.

Entrada estándar: input()

Llamamos «entrada» de un programa a los datos que llegan desde el exterior. Cuando hablamos de «entrada estándar» nos referimos a que los datos provienen del teclado del ordenador. En Python 3, la función utilizada para capturar los datos introducidos por el usuario es input(). Esta función detiene la ejecución del programa, espera la escritura de algo en el teclado, que finaliza al pulsar la tecla Enter, y devuelve el contenido al intérprete como una cadena de texto. Veamos un ejemplo. Escribamos en la terminal `nombre = input("¿Cuál es tu nombre? ")`. En pantalla aparece la pregunta `¿Cuál es tu nombre?`, y el sistema queda a la espera de que escribamos algo. Cuando introducimos el nombre y pulsamos la tecla Enter, la cadena escrita se guarda en la variable `nombre`, pues así lo hemos indicado con la asignación. Si escribimos la variable `nombre`, comprobaremos que, efectivamente, se ha almacenado el valor escrito por teclado.

```
In [1]: nombre = input("¿Cuál es tu nombre? ")

¿Cuál es tu nombre? María
In [2]: nombre
Out[2]: 'María'
```

¿Qué ocurre si escribimos un dato que no sea una cadena? Incluso si el usuario escribe otro tipo de dato, por ejemplo, un entero o un real, la función input() lo convierte al tipo str (cadena de texto). ¿Cómo hacemos entonces para trabajar con otros tipos de datos? Para poder usar un tipo de dato diferente en nuestro código es necesario hacer una conversión explícita, que como vimos en su momento, se denomina *casting*. Veamos cómo leer diferentes tipos de datos tales como un entero, un real o una lista.

Si queremos leer un valor entero como, por ejemplo, la edad de una persona, y no indicamos nada, la función input() lo convertirá al tipo cadena (str). En el siguiente código estamos asignando a la variable `edad` el valor escrito por teclado. El usuario ha introducido el valor `29`, que es un entero, pero la función input() convierte cualquier dato procedente del teclado a cadena de texto. De hecho, si mostramos el tipo de la variable `edad` con la función type(), podremos comprobar esto.

```
In [3]: edad = input("¿Cuál es tu edad? ")

¿Cuál es tu edad? 29

In [4]: edad
Out[4]: '29'

In [5]: type(edad)
Out[5]: str
```

Para trabajar con el valor entero debemos hacer un *casting*. Como vimos en el capítulo 7, la función int() permite crear un entero a partir de, entre otros tipos, una variable de tipo cadena (siempre que esa cadena represente un entero válido). Por tanto, si hacemos un casting a la salida de la función input() podremos utilizar el valor entero correspondiente a la edad del usuario. Observa cómo en el ejemplo de abajo hemos encadenado la llamada a dos funciones. Podemos encadenar tantas llamadas a funciones como queramos, es decir, llamar a una función con el resultado de llamar a otra función, la cual, a su vez, llama a otra función... y así sucesivamente: funcion1(funcion2(funcion3())).

```
In [6]: edad = int(input("¿Cuál es tu edad? "))

¿Cuál es tu edad? 29

In [7]: edad
Out[7]: 29

In [8]: type(edad)
Out[8]: int
```

Veamos otro ejemplo, pero esta vez con un número real. Supongamos que queremos capturar el dinero gastado por el usuario el mes pasado. En este caso, haremos un *casting* con la función float(). Si la cadena introducida tiene un formato válido, la convertirá al tipo de dato real y podremos trabajar con él en nuestro programa.

```
In [9]: gastos = float(input("¿Cuánto dinero gastaste el mes pasado aproximadamente? "))

¿Cuánto dinero gastaste el mes pasado aproximadamente? 405.75

In [10]: gastos
```

```
Out[10]: 405.75

In [11]: type(gastos)
Out[11]: float
```

Por último, vamos a ver un ejemplo más complicado. ¿Cómo podríamos trabajar con una lista de valores introducidos por teclado? Tenemos que indicarle al usuario que introduzca los valores siguiendo un patrón, por ejemplo, separándolos por espacios o por comas. Como ya sabemos, la función input() siempre devuelve una cadena de texto. ¿Cómo podemos entonces convertir esa cadena en una lista? Muy sencillo: Python cuenta con la función split(), la cual permite convertir una cadena de texto en una lista utilizando el separador indicado. En el ejemplo, `cadena_numeros.split(' ')`, hemos indicado explícitamente que el separador es el espacio, aunque no es necesario porque por defecto la función split() utiliza este separador si no le indicamos nada. Sin embargo, seguimos teniendo otro problema. La función split() genera una lista de cadenas de texto y necesitamos una lista de enteros. Para convertirla, iteramos por los elementos de la lista utilizando un bucle for y convertimos cada elemento en un entero haciendo un *casting* con la función int().

```
In [12]: cadena_numeros = input("Introduce una lista de números enteros
separados por espacio: ")

Introduce una lista de números enteros separados por espacio: 1 2 5 7 8 10

In [13]: lista_cadenas = cadena_numeros.split(' ')

In [14]: lista_cadenas
Out[14]: ['1', '2', '5', '7', '8', '10']

In [15]: lista_numeros = []

In [16]: for cadena in lista_cadenas:
    ...:     lista_numeros.append(int(cadena))
    ...:

In [17]: lista_numeros
Out[17]: [1, 2, 5, 7, 8, 10]
```

Aunque aún no hemos explicado cómo trabajar con listas en detalle, te adelantamos que el método append() se utiliza para añadir elementos al final de una lista.

Salida estándar: print()

La «salida» de un programa son los datos proporcionados al exterior. Cuando hablamos de «salida estándar» nos referimos a que el medio utilizado para mostrar los datos será un dispositivo de salida estándar, que normalmente se corresponde con la pantalla del ordenador.

La función que proporciona Python 3 para mostrar datos por pantalla es print(). El valor que se visualizará en pantalla debemos escribirlo como argumento de la función print(). Con esta función se puede mostrar cualquier tipo de dato: enteros, cadenas, listas, tuplas, etc. Veamos algunos ejemplos:

```
In [1]: nombre = "Juan"

In [2]: print(nombre)
Juan

In [3]: edad = 40

In [4]: print(edad)
40

In [5]: hijos = ("Juan", "Abril")

In [6]: print(hijos)
('Juan', 'Abril')

In [7]: numeros_preferidos = [8, 22, 54]

In [8]: print(numeros_preferidos)
[8, 22, 54]
```

En los ejemplos anteriores solo se muestra un tipo de dato en cada llamada a la función print(), pero también es posible combinar texto y diferentes tipos de datos en una sola llamada. Vamos a ver las múltiples posibilidades para imprimir más de un valor en Python, pero es necesario que antes conozcas algunos elementos fundamentales: los caracteres especiales y los caracteres de tipo.

Los caracteres especiales son aquellos que necesitan un «carácter de escape» para poder ser incluidos en una cadena de texto (Tabla 9.1). En Python, el carácter de escape que se utiliza para mostrar los caracteres especiales es la diagonal invertida (\). Los caracteres de tipo son aquellos que se utilizan para intercalar valores dentro de una cadena de texto. Para ello, se emplea el carácter «porcentaje» (%) seguido de alguno de los caracteres de tipo presentados en la tabla 9.2.

Tabla 9.1. Caracteres especiales.

Descripción	Representación
Salto de línea	\n
Tabulador	\t
Comilla doble	\"
Comilla simple	\'
Barra diagonal invertida	\\
Número hexadecimal NN en ASCII	\xNN
Número hexadecimal NN en Unicode	\uNN

Tabla 9.2. Caracteres de tipo.

Carácter de tipo	Significado
s	Cadena de texto
d	Entero
f	Real
e	Real en formato exponencial
o	Octal
x	Hexadecimal

Tras presentar dos de los conceptos fundamentales para la impresión de mensajes en Python, pasamos a explicar las diferentes formas de combinar distintos tipos de datos en la impresión. Esto se conoce como «formateo de la salida». Los principales mecanismos para formatear la salida en Python son los siguientes:

- Paso de valores como parámetros.
- Concatenación de cadenas de texto.
- Operador %.
- Función str.format().
- F-strings.
- Funciones str.rjust(), str.ljust() y str.center().

NOTA:

En Informática, aunque parezca raro, decimos «imprimir por pantalla» cuando nos referimos a mostrar el texto en el monitor. Esto no es más que una reminiscencia de los primeros ordenadores, cuya única forma de salida estándar era a través de una impresora.

Formateo de la salida: paso de valores como parámetros

El formateo de la salida utilizando el paso de valores como parámetros es el método más sencillo. Consiste en indicar en la función print() todos los parámetros que se mostrarán separados por comas. Por defecto, la función print() mostrará todos los valores indicados utilizando como carácter separador el espacio en blanco. La sintaxis completa de esta función es la siguiente:

```
print(*objects, sep=' ', end='\n', file=sys.stdout, flush=False)
```

donde:

- ***objects:** presenta los objetos que se van a imprimir. Pueden ser varios objetos separados por comas o un único objeto. En general, un asterisco (*) encabezando un argumento indica que puede haber una o más ocurrencias de dicho argumento separadas por comas.

- **sep:** indica el carácter de separación a utilizar para mostrar los diferentes objetos (por defecto, el espacio en blanco, sep= ' ').
- **end:** establece el carácter final a imprimir (por defecto, salto de línea, end='\n').
- **file:** representa el medio usado para la salida. Debe ser un objeto con un método write(string). Si no se indica nada o se escribe None, se usará la salida estándar (sys.stdout).
- **flush:** indica si se debe limpiar el buffer o no. El valor por defecto es «falso» (flush=False).

Veamos un ejemplo de este tipo de formateo:

```
In [1]: base = 4

In [2]: altura = 2.3

In [3]: area = (base*altura)/2

In [4]: print("El área de un triángulo de base", base, "y altura", altura,
"es:", área, ".")
El área de un triángulo de base 4 y altura 2.3 es: 4.6 .
```

Al no haber especificado el carácter separador de los distintos datos, se ha utilizado el carácter espacio en blanco, que es el carácter de separación por defecto. Si no queremos los espacios insertados de forma automática, lo indicaremos con el parámetro sep. En el siguiente ejemplo especificamos que no queremos usar un carácter separador (sep='') por lo que hemos insertado los espacios en las posiciones deseadas. Evitamos así el espacio insertado entre el área y el punto final del ejemplo anterior.

```
In [5]: print("El área de un triángulo de base ", base, " y altura ", altura, "
es: ", area, sep='')
El área de un triángulo de base 4 y altura 2.3 es: 4.6.
```

Formateo de la salida: concatenación de cadenas de texto

El formateo basado en la concatenación de cadenas de texto transforma todas las variables en cadenas de texto, haciendo un *casting* de estas con la función str(), y las concatena empleando el operador +. Para formatear el ejemplo anterior con este método hay que realizar algunos cambios. Haremos un *casting* sobre la variable base (`str(base)`), la cual contiene un dato de tipo entero, y sobre las variables altura (`str(altura)`) y área (`str(area)`), las cuales contienen datos reales. Además, debemos concatenar todas las variables con el operador + e indicar las marcas de separación.

```
In [6]: print("El área de un triángulo de base " + str(base) + " y altura " +
str(altura) + " es: " + str(area))
El área de un triángulo de base 4 y altura 2.3 es: 4.6.
```

Formateo de la salida: operador %

Para formatear la salida con el operador %, usaremos los caracteres de tipo mostrados en la tabla 9.2. En este caso, pasamos los valores a imprimir como una tupla o como un diccionario. La sintaxis para este tipo de formateo es de la forma print(cadena de texto % tupla) o print(cadena de texto % diccionario). En ambos casos, la cadena de texto contendrá caracteres de tipo que indicarán las posiciones en el texto donde insertar los valores de las variables especificadas en la tupla o en el diccionario. A continuación, mostramos un ejemplo de salida empleando una tupla y otro haciendo uso de un diccionario:

```
In [7]: print("El área de un triángulo de base %d y altura %f es: %f" % (base,
altura, area))
El área de un triángulo de base 4 y altura 2.300000 es: 4.600000

In [8]: print("El área de un triángulo de base %(ba)d y altura %(al)f es: %(ar)
f" % {'ba': base, 'al': altura, 'ar': area})
El área de un triángulo de base 4 y altura 2.300000 es: 4.600000
```

En la salida de ambos observamos cómo en el caso de los números reales se produce una salida de seis decimales. Sin embargo, es posible especificar el número de decimales de esta. Para ello, en lugar del carácter de tipo f utilizaremos un conjunto de caracteres de la forma .numf, sustituyendo num por el número de decimales a mostrar.

```
In [9]: print("El área de un triángulo de base %d y altura %.2f es: %.2f" %
(base, altura, area))
El área de un triángulo de base 4 y altura 2.30 es: 4.60

In [10]: print("El área de un triángulo de base %(ba)d y altura %(al).2f es:
%(ar).2f" % {'ba': base, 'al': altura, 'ar': area})
El área de un triángulo de base 4 y altura 2.30 es: 4.60
```

Formateo de la salida: función str.format()

El método str.format() realiza un formateo de la cadena pasada en la llamada. En esta cadena se especificará dónde se encuentran los valores a insertar utilizando el símbolo llaves { }. Dentro de cada marca de reemplazo especificada con las llaves se incluirá un índice numérico o un nombre. Lo entenderemos fácilmente con un ejemplo de formateo por posición y con otro de formateo por nombre.

```
In [12]: print("El área de un triángulo de base {0} y altura {1} es: {2}".
```

```
format(base, altura, area))
El área de un triángulo de base 4 y altura 2.3 es: 4.6

In [13]: print("El área de un triángulo de base {ba} y altura {al} es: {ar}".
format(ba=base, al=altura, ar=area))
El área de un triángulo de base 4 y altura 2.3 es: 4.6
```

Formateo de la salida: F-strings

F-strings es un formateo de cadenas basado en la inserción directa de variables y expresiones. Las cadenas literales se representan con una f al principio y contienen llaves { } con las variables o expresiones que serán reemplazadas por sus valores y formateadas. Como podemos ver en el ejemplo, simplemente indicamos entre llaves el nombre de las variables cuyo valor queremos mostrar.

```
In [14]: print(f"El área del triángulo de base {base} y altura {altura} es: {area}")
El área del triángulo de base 2 y altura 2.3 es: 2.3
```

Formateo de la salida: funciones str.rjust(), str.ljust() y str.center()

Las funciones str.rjust(), str.ljust() y str.center() permiten mostrar la cadena en pantalla justificada a la derecha, a la izquierda o centrada respectivamente. Estas funciones reciben como entrada dos parámetros:

- **width:** longitud total de la cadena de texto, incluyendo los caracteres utilizados para la justificación.
- **fillchar:** carácter utilizado para la justificación (por defecto, espacio en blanco, fillchar= ' ').

Para la justificación, es importante indicar un ancho superior al tamaño de la cadena a mostrar. Si se especifica un ancho menor, se mostrará la cadena, pero sin justificar. Este tipo de funciones pueden ser muy útiles cuando se quiere imprimir por pantalla listas, tablas, u otros contenedores de manera organizada. A continuación, mostramos dos ejemplos empleando los tres tipos de justificación. En el primero de ellos se especifica un ancho superior al de las cadenas a mostrar y, por tanto, se realiza la justificación. En el segundo, el ancho especificado es menor, por lo que simplemente se muestran las cadenas de texto sin justificar. Como podemos observar, en esta ocasión el separador de las variables es el salto de línea (sep='\n').

```
In [15]: cadena_base = "Base: " + str(base)

In [17]: cadena_altura = "Altura: " + str(altura)

In [18]: cadena_texto = "El área del triángulo es: "

In [19]: cadena_area = "Área: " + str(area)

In [20]: print(cadena_base.ljust(50), cadena_altura.ljust(50), cadena_texto.
```

```
center(50), cadena_area.rjust(50), sep='\n')
Base: 4
Altura: 2.3
          El área del triángulo es:
                                                  Área: 4.6

In [21]: print(cadena_base.ljust(6), cadena_altura.ljust(6), cadena_texto.
center(6), cadena_area.rjust(6), sep='\n')
Base: 4
Altura: 2.3
El área del triángulo es:
Área: 4.6
```

Ejercicios propuestos

Intenta realizar los siguientes ejercicios. Encontrarás la solución al final del libro, en el Apéndice E.

1. Escribe un programa que pida al usuario su edad y la de su mejor amigo. El programa mostrará en pantalla quién es el mayor de los dos.
2. Realiza un programa que pida un número entero al usuario y muestre los cinco números siguientes justificados a la derecha.
3. Escribe un programa que calcule el área de un rectángulo a partir de la base y altura especificadas por el usuario mediante teclado. Muestra la salida utilizando los siguientes métodos:
   a. Paso de valores como parámetros.
   b. Concatenación de cadenas de texto.
   c. Operador %.
   d. Función str.format().
   e. F-strings.

Resumen

Capturar datos escritos por teclado y mostrar mensajes por pantalla son dos acciones fundamentales para hacer partícipe al usuario en nuestros programas. En este capítulo hemos aprendido cómo podemos pedir al usuario que introduzca datos usando el teclado y cómo podemos guardar los mismos en variables para utilizarlos en nuestro programa. Además, ahora conocemos cómo se pueden mostrar mensajes por pantalla e incluso cómo formatearlos, organizando de diversas formas la información que deseamos mostrar.

10 Listas, tuplas y conjuntos

En este capítulo aprenderás:

- La pertinencia de los contenedores de datos.
- En qué consiste una estructura de datos.
- Cómo se organizan los datos en una lista, una tupla o un conjunto.
- Las operaciones que ofrece Python para manipular estos tipos de datos.

Introducción

Hasta ahora hemos trabajado con tipos de datos simples, es decir, aquellos que guardan un único valor determinado: un número entero, un número real o un número complejo, por ejemplo. También hemos comenzado a probar algunos tipos más complejos, como las listas y las cadenas. Python ofrece diversos tipos complejos. Los tipos de datos complejos almacenan más de un elemento, por esto se denominan también «contenedores». En función del problema que precisemos resolver optaremos por una organización de los datos y determinadas operaciones sobre ellos. No organizamos igual los libros de una estantería, las fotografías en un álbum o los medicamentos en un botiquín. Su naturaleza y cómo queremos acceder a ellos es diferente en cada caso. A medida que nuestros programas crezcan y el volumen de datos manejados también, el uso de contenedores será más habitual. Incluso en algunos programas pequeños es natural y pertinente utilizar tipos de datos complejos; por ejemplo, un programa que calcule las palabras más frecuentes en un texto para generar una «nube de palabras» como la siguiente:

Figura 10.1. Nube de palabras generada con el contenido de la primera mitad de este capítulo.

Estructuras de datos

Podríamos reducir el concepto de programación a la combinación de dos elementos: estructuras de control y estructuras de datos. En informática, una estructura de datos es una forma de organizar, gestionar y almacenar conjuntos de datos para acceder a ellos y manipularlos de manera eficiente, de acuerdo con el problema que estamos resolviendo. El término técnico es Tipo de Dato Abstracto (TDA), pues representan tipos de datos más complejos que, además de almacenar valores determinados en una organización concreta de los mismos, proporcionan operaciones con fines específicos.

Imaginemos un taller donde disponemos de diversos tamaños y tipos de tornillos: para madera, para hierro, pequeños, grandes, con tuerca, etc. Queremos ordenarlos para facilitar encontrar el tornillo adecuado en el momento adecuado. Con este fin construimos una caja con diversas secciones. Ubicamos en la mitad superior los tornillos para madera y en la inferior, el resto. En cada mitad, diferenciamos por tamaño y, dentro del tamaño, por tipo de cabeza: los de estrella (o «Philips») a la derecha y los de ranura a la izquierda. Hemos dejado dos secciones adicionales en la parte inferior: una para los tornillos con cabezas diferentes y otra para las tuercas. Con esta organización, buscar un tornillo es más rápido. Nuestra caja tiene una estructura, acorde con los elementos almacenados y su uso previsto. Cuando en nuestros programas manejemos muchos datos relacionados, habitualmente escogeremos una estructura para almacenarlos y organizarlos. Algunos ejemplos que precisarían una estructura de datos serían la lista de la compra, los resultados de evaluaciones de los alumnos, datos de contacto de personas, unas coordenadas geográficas o productos en una factura.

La elección de la estructura de datos adecuada es tan importante como diseñar un correcto flujo en nuestro código para resolver un problema. Una estructura de datos, insistimos, nos permite almacenar colecciones de valores siguiendo una organización de estos que debe facilitar su manipulación. Python ofrece de forma «nativa» (sin necesidad de invocar bibliotecas) cuatro estructuras de datos: listas, tuplas, conjuntos y diccionarios. Veamos un ejemplo de su utilidad.

Si tuviéramos que almacenar los invitados a una fiesta para generar automáticamente las invitaciones, sería una mala idea asignar a cada invitado una variable propia. Esto obligaría a reescribir el código si se producen altas o bajas en la lista de invitados y a especificar la generación del texto de invitación de manera expresa para cada invitado. El pseudocódigo de semejante despropósito sería algo así:

```
a = 'Paquita Salas'
b = 'John Snow'
c = 'Sancho Panza'
d = 'Sigmund Freud'
...
texto = generar_invitación_personalizada(a)
imprimir(texto)
texto = generar_invitación_personalizada(b)
imprimir(texto)
texto = generar_invitación_personalizada(c)
imprimir(texto)
```

```
texto = generar_invitación_personalizada(d)
imprimir(texto)
...
```

Las estructuras de datos nos facilitan su agrupamiento y las estructuras de control como while o for, su procesamiento. Estamos hablando de una «lista» de invitados ¿no? Pues usemos entonces la estructura lista de Python.

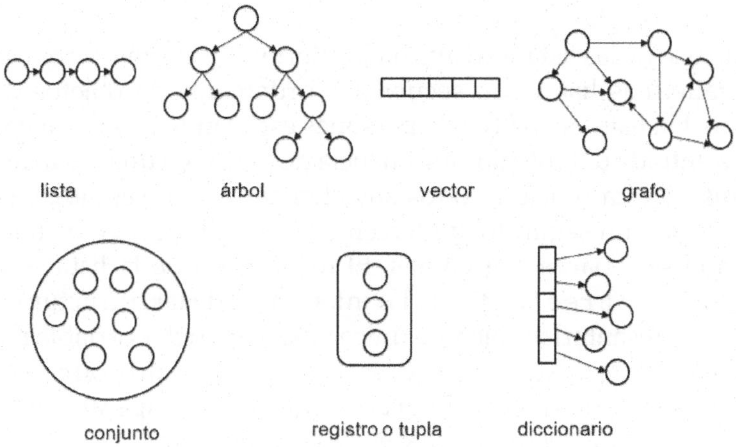

Figura 10.2. Algunos ejemplos de estructuras de datos.

Existen multitud de estructuras de datos: listas, pilas, colas, árboles binarios, grafos, vectores, diccionarios, conjuntos, tuplas y, por supuesto, clases. Algunos lenguajes de programación, como Python, ofrecen implementaciones directas de algunas de estas estructuras; otros permiten construirlas a partir de tipos de datos básicos, como el lenguaje C. En cualquier caso, la mayoría de los lenguajes maduros ofrecen múltiples estructuras, bien de manera nativa o a través de bibliotecas. Concluyamos esta pequeña introducción a las estructuras de datos resumiendo los dos aspectos clave que las determinan:

1. Establecen una organización de los elementos almacenados. A un nivel de detalle menor, esto implica cómo se guardan en memoria y cómo mantenemos referencias a las distintas posiciones de los elementos en memoria. En una lista, por ejemplo, un elemento puede contener dos datos: el valor del elemento en sí y la dirección de memoria del elemento siguiente.
2. Proporcionan un conjunto de operaciones para manipular estos elementos. Una misma estructura puede utilizarse de formas diferentes. Por ejemplo, tanto una pila como una cola (que veremos más adelante), se organizan en forma de lista; la diferencia radica en la posición elegida al añadir un nuevo elemento y en qué elemento seleccionamos al sacar uno de ellos.

Python nos facilita el trabajo con las estructuras de datos, no solo proporcionando valiosos tipos complejos de forma nativa, sino alejándonos de su complejidad interna y ofreciendo operaciones para usarlas de manera versátil. Es el momento de examinarlas con detenimiento.

Listas

Hemos hecho uso de las listas en capítulos anteriores y ahora vamos a presentarlas con más detalle. Las listas son secuencias ordenadas de objetos o valores de cualquier tipo. Un lista es una fila de personas esperando pasar por caja, los niños alineados a la entrada del colegio, la secuencia de piezas en una línea de fabricación, o las palabras de esta oración; todos sus elementos van seguidos, pero hay un orden, un primero, un segundo, un tercero... y un último. Los elementos en una lista de Python se separan por comas. El inicio y fin de la lista se indican con corchetes: `[1, 2, 'tres', 4.5]`. Lo interesante de las estructuras de datos es que podemos representarlas bajo una única variable. Dicha variable representa así la colección de valores. Además, cada estructura de datos ofrece una serie de «métodos». Esos métodos nos facilitan acciones como recuperar, borrar, insertar o buscar elementos; en definitiva, trabajar con la estructura.

NOTA:

Un método es una función interna asociada a un tipo de objeto determinado. Abordaremos esto más adelante en el capítulo 17 dedicado a introducir la programación orientada a objetos.

Para los programadores más avanzados, debemos indicar que las listas de Python están implementadas como vectores de punteros a los objetos almacenados. No son, por tanto, listas enlazadas, sino vectores que posibilitan una indexación rápida de sus elementos. La elección de Python de denominar este tipo de dato «lista» en lugar de «vector» responde a su versatilidad para alojar elementos heterogéneos, lo cual chocaría con el concepto de vector tradicional.

Creación de listas e indexación

Para crear una lista podemos usar un literal, un generador o una función que devuelva como resultado una lista:

```
lista = []                      # lista vacía
lista = list()                  # equivalente al anterior: una lista vacía
lista = [1]                     # lista con un único elemento
```

```
lista = [3, 4]                    # lista con dos elementos
lista = [3, 5.6, 'coche']         # lista con tres elementos de distinto tipo
lista = list(range(5))            # lista con los valores 0, 1, 2, 3, 4 y 5
```

Hemos enmarcado la función range(5) con list() para forzar al generador a producir todos sus elementos. De lo contrario, lista contendría una referencia al generador de una lista de 5 elementos y no la lista en sí.

Una vez tenemos una variable de tipo lista con varios elementos, podemos acceder a los mismos a partir de la posición que ocupan en la estructura. El primer elemento ocupa la posición 0, por lo que el último elemento de una lista con n valores ocuparía la posición n-1. Para acceder a uno o más elementos a partir de su posición, indicamos dicha posición entre corchetes, después de la variable. Si queremos más de un elemento, indicamos posición inicial y límite. Esta técnica de acceder a los elementos a partir de sus posiciones se denomina «indexación».

```
In [1]: invitados = ['Paquita Salas', 'John Stark', 'Sancho Panza', 'Sigmund
Freud']

In [2]: invitados[0]
Out[2]: 'Paquita Salas'

In [3]: invitados[2]
Out[3]: 'Sancho Panza'
```

También, gracias a la indexación, podemos modificar el valor de un determinado elemento:

```
In [4]: invitados[1] = 'John Snow'

In [5]: invitados
Out[5]: ['Paquita Salas', 'John Snow', 'Sancho Panza', 'Sigmund Freud']
```

En la lista anterior los índices asignados a cada uno de sus elementos son los mostrados en la figura 10.3. Recordemos que el primer elemento siempre tiene el índice 0 y que el último tiene, como índice, el número de elementos totales menos 1. Puedes imaginarlos como los vagones numerados de un tren, pero empezando por 0.

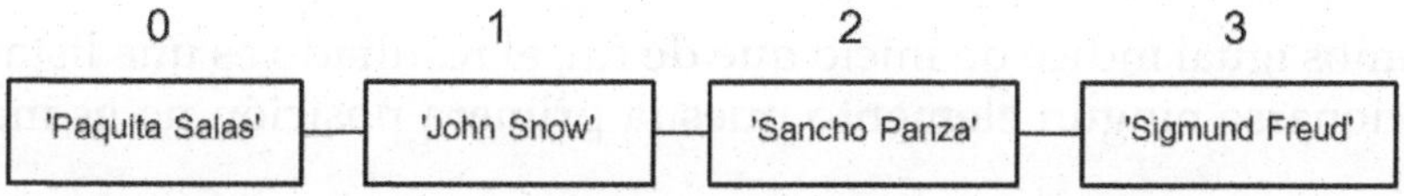

Figura 10.3. Índices de posición de los elementos en una lista.

¿Qué ocurre si intento acceder a una posición más allá de los elementos de mi lista? Pues que Python comunicará un error, pues ese índice de posición no existe y el programa (o el programador) está buscando una posición inválida en la lista:

```
In [6]: invitados[5]
Traceback (most recent call last):

  File "<ipython-input-10-dcb107cab6bb>", line 1, in <module>
    invitados[5]

IndexError: list index out of range
```

No nos asustemos. Los errores son más habituales de lo que piensas y dedicaremos un capítulo al aprendizaje de su tratamiento de forma adecuada. Nuestros programas, por tanto, deberían ser cuidadosos a la hora de acceder a los elementos de una lista.

Segmentos de lista

Para obtener una porción de una lista, lo cual genera otra lista, indicaremos en la indexación el valor límite después del valor inicial y separado por dos puntos «:»: [índice_inicio:índice_límite]. Este valor límite no es el índice del último elemento, sino el valor que no puede superar ninguna posición de las que estamos recuperando.

Del primero al segundo (límite 2, luego el último elemento es el que ocupa la posición 1):

```
In [7]: invitados[0:2]
Out[7]: ['Paquita Salas', 'John Snow']
```

Del segundo al último (límite igual al número de elementos):

```
In [8]: invitados[1:4]
Out[8]: ['John Snow', 'Sancho Panza', 'Sigmund Freud']
```

También podríamos haber usado len(), que devuelve el número de elementos de una lista:

```
In [9]: invitados[1:len(invitados)]
Out[9]: ['John Snow', 'Sancho Panza', 'Sigmund Freud']
```

Si indicamos igual índice de inicio que de fin, el resultado es una lista vacía, al no seleccionarse ningún elemento pues la primera posición no es menor que el límite:

```
In [10]: invitados[0:0]
Out[10]: []

In [11]: invitados[1:1]
Out[11]: []
```

Si el segundo índice del rango es el siguiente al índice inicial, equivale a seleccionar la posición dada por el primer índice. Es decir, **invitados[n:n+1]** es lo mismo que **invitados[n]**:

```
In [12]: invitados[0:1]
Out[12]: ['Paquita Salas']

In [13]: invitados[0]
Out[13]: ['Paquita Salas']

In [14]: invitados[1:2]
Out[14]: ['John Snow']
```

Si el límite supera la longitud de la lista, entonces se devuelve hasta el final de la misma:

```
In [15]: invitados[1:8]
Out[15]: ['John Snow', 'Sancho Panza', 'Sigmund Freud']
```

Podemos usar índices negativos, que equivalen a posiciones contadas hacia atrás desde la posición final:

```
In [16]: invitados[1:-1]
Out[16]: ['John Snow', 'Sancho Panza']

In [17]: invitados[1:-3]
Out[17]: []

In [18]: invitados[-1]
Out[18]: 'Sigmund Freud'
```

La posibilidad de referenciar elementos concretos o segmentos (también denominados «rebanadas») ofrece una gran versatilidad a la hora de trabajar con las listas. Es posible realizar asignaciones sobre segmentos. Veamos un ejemplo comenzando con una lista con valores enteros del 0 a 6. La mejor formar es generarla con **range()**:

```
In [1]: l = list(range(7))
In [2]: l
Out[2]: [0, 1, 2, 3, 4, 5, 6]
```

Vamos a seleccionar el segmento que va de la posición 2 a la 4 (inclusive), es decir, con límite superior 5:

```
In [3]: l[2:5]
Out[3]: [2, 3, 4]
```

Podemos reemplazar ese segmento por otra lista de valores, incluso por una lista con un único elemento:

```
In [4]: l[2:5] = [8]
In [5]: l
Out[5]: [0, 1, 8, 5, 6]
```

Los segmentos pueden definirse de manera parcial. Por ejemplo, lista[n:] referencia desde la posición n de la lista hasta su final. lista[:n] referencia desde el inicio de la lista hasta n como límite (es decir, posición n-1).

Vamos a probarlo con una lista creada a partir de una cadena, lo cual nos genera una lista con cada carácter en la misma:

```
In [1]: l = list('murciélago')

In [2]: l
Out[2]: ['m', 'u', 'r', 'c', 'i', 'é', 'l', 'a', 'g', 'o']

In [3]: l[5:]
Out[3]: ['é', 'l', 'a', 'g', 'o']

In [4]: l[:5]
Out[4]: ['m', 'u', 'r', 'c', 'i']
```

Recuperemos el ejemplo con el cual abríamos el capítulo. Fíjate en la sencillez del código para generar las invitaciones al usar una lista y un bucle for:

```
invitados = ['Paquita Salas', 'John Snow', 'Sancho Panza', 'Sigmund Freud']
for invitado in invitados:
    texto = generar_invitacion_personalizada(invitado)
    imprimir(texto)
```

No solo es más conciso, sino más «escalable», es decir, podemos añadir más invitados en la línea 1 y nuestro programa no varía. Todo esto está relacionado con un principio de programación denominado DRY (*don't repeat yourself*) que sugiere evitar repetir código cuando podemos optar por soluciones más elegantes. Las estructuras de control y las estructuras de datos nos ayudan a cumplirlo.

Eliminación de elementos

La forma más directa para eliminar un elemento de la lista es mediante la instrucción del. Aunque existen métodos para extraer elementos como remove() y pop(), los cuales veremos en la siguiente sección, una manera muy directa de borrar un elemento de una lista dada su posición es con del lista[indice]:

```
In [1]: l = list(range(2010,2018))

In [2]: l
Out[2]: [2010, 2011, 2012, 2013, 2014, 2015, 2016, 2017]

In [3]: del l[3]

In [4]: l
Out[4]: [2010, 2011, 2012, 2014, 2015, 2016, 2017]
```

Métodos principales y otras funciones

Las listas de Python son objetos y, como tales, vienen acompañadas de métodos propios. Dedicaremos un capítulo a la programación orientada a objetos, pero por ahora basta con saber que sobre una lista podemos usar funciones internas de la misma. Estas funciones se invocan añadiendo la función tras la variable separadas por un punto. Veamos los métodos principales:

list.append(x)

Añade el elemento x al final de la lista. Es equivalente, como hemos visto, a l[len(l):] = [x]. Este método no devuelve una nueva lista resultado de la adición, sino que modifica la lista en sí.

```
In [1]: l = list(range(7))

In [2]: l.append(9)

In [3]: l
Out[3]: [0, 1, 2, 3, 4, 5, 6, 9]
```

list.extend(iterable)

Añade, al final de la lista, todos los elementos del iterable indicado como argumento. De nuevo, la sintaxis l[len(l):] = *iterable* sería equivalente.

```
In [1]: l = list(range(7))

In [2]: l
Out[2]: [0, 1, 2, 3, 4, 5, 6]

In [3]: l.extend(range(4))

In [4]: l
Out[4]: [0, 1, 2, 3, 4, 5, 6, 0, 1, 2, 3]

In[5]: l[len(l):] = 'fin'

In[6]: l
Out[6]: [0, 1, 2, 3, 4, 5, 6, 0, 1, 2, 3, 'f', 'i', 'n']
```

NOTA:

Un «iterable» es tanto un contenedor como un «generador». Como vimos con los bucles, es posible recorrer un contenedor elemento a elemento. A esto se le denomina «iterar» sobre el contenedor, por lo que el contenedor es «iterable». La función range() es un generador de listas y también se considera «iterable».

list.insert(i, x)

Inserta un nuevo elemento x en la lista en la posición indicada por el argumento i. El elemento ocupará esa posición, por lo que desplazará a la derecha todos los elementos, empezando por el que ocupaba la posición indicada. Si el valor de i es 0, el elemento se añade al inicio de la lista. Si la posición es mayor a cualquier posición válida de la lista, se insertará al final. Por tanto, l.insert(len(l), x) equivale a l.append(x).

```
In [1]: l = list('salta')

In [2]: l
Out[2]: ['s', 'a', 'l', 't', 'a']

In [3]: l.insert(len(l), 's')

In [4]: l
Out[4]: ['s', 'a', 'l', 't', 'a', 's']

In [5]: l.insert(0, 'a')

In [6]: l
Out[6]: ['a', 's', 'a', 'l', 't', 'a', 's']

In [7]: l.insert(2, 'f')

In [8]: l
Out[8]: ['a', 's', 'f', 'a', 'l', 't', 'a', 's']
```

list.remove(x)

Elimina de la lista el primer (y solo el primer) elemento con el valor de x. En el caso de no encontrar ninguno, se lanza un error de tipo ValueError. Ya veremos más adelante cómo gestionar este tipo de errores.

```
In [9]: l
Out[9]: ['a', 's', 'f', 'a', 'l', 't', 'a', 's']

In [10]: l.remove('f')

In [11]: l
Out[11]: ['a', 's', 'a', 'l', 't', 'a', 's']

In [12]: l.remove('s')

In [13]: l
Out[13]: ['a', 'a', 'l', 't', 'a', 's']

In [14]: l.remove('a')

In [15]: l
Out[15]: ['a', 'l', 't', 'a', 's']
```

list.pop([i])

Saca el elemento que ocupa la posición i en la lista, es decir, lo elimina de la misma y devuelve su valor. Si se llama a este método sin argumentos, saca el elemento de la última posición de la lista. Los corchetes indican precisamente eso, que el parámetro es opcional. Vamos a utilizar esta notación para indicar cuándo ciertos argumentos o grupos de argumentos son opcionales. Recuerda que son para informar al programador sobre cómo invocar el método; esos corchetes no indican una lista como argumento.

Si intentamos sacar elementos de una lista vacía o el índice va más allá de los límites de la lista, se generará un error de tipo IndexError.

```
In [1]: l = list('programador')

In [2]: l
Out[2]: ['p', 'r', 'o', 'g', 'r', 'a', 'm', 'a', 'd', 'o', 'r']

In [3]: a = l.pop()

In [4]: a
Out[4]: 'r'

In [5]: l
Out[5]: ['p', 'r', 'o', 'g', 'r', 'a', 'm', 'a', 'd', 'o']

In [6]: a = l.pop(1)

In [7]: a
Out[7]: 'r'

In [8]: l
Out[8]: ['p', 'o', 'g', 'r', 'a', 'm', 'a', 'd', 'o']
```

list.clear()

Vacía la lista, eliminando todos sus elementos. Equivale a l = [] o a del l[:].

```
In [9]: l.clear()

In [10]: l
Out[10]: []
```

list.index(x[, inicio[, límite]])

Devuelve la posición que ocupa el valor x en la lista. Este método realiza una búsqueda del elemento en el vector y devuelve la posición de su primera ocurrencia. Recordemos que es posible tener valores repetidos en una lista, por eso este método retorna la posición del primer valor encontrado. Si no se encuentra el valor en la lista genera un error ValueError. Para evitar dicho error podemos hacer uso del operador in, que comprueba si un valor se encuentra en una lista.

Los argumentos opcionales de inicio y límite permiten limitar la búsqueda a un segmento de la lista. El índice devuelto será siempre sobre la posición global del elemento x en la lista (primera ocurrencia), no a la posición relativa a los valores de inicio y límite indicados.

```
In [1]: l = list(range(4,14,2))

In [2]: l
Out[2]: [4, 6, 8, 10, 12]

In [3]: l.index(20)
Traceback (most recent call last):

  File "<ipython-input-24-3ebebee44ef3>", line 1, in <module>
    l.index(20)

ValueError: 20 is not in list


In [4]: l.index(4)
Out[4]: 0
```

list.count(x)

Este método cuenta el número de elementos en la lista con el valor x dado, es decir, el número de veces que está repetido el valor x. Si el elemento no aparece en la lista, el valor devuelto es cero.

```
In [1]: l = list('mammamía')

In [2]: l.count('m')
Out[2]: 4

In [3]: l.count('a')
Out[3]: 3

In [4]: l.count('f')
Out[4]: 0
```

list.sort(key=None, reverse=False)

Este método modifica la lista ordenando sus elementos. Los argumentos key y reverse son opcionales. Sus valores por defecto son None y False respectivamente. Veremos cómo usar el argumento key más adelante, cuando introduzcamos las funciones. El argumento reverse permite indicar cómo comparar los elementos. Como ya sabes, en una lista podemos almacenar objetos de muy diversa índole, por lo que no siempre es trivial saber qué valor debe preceder a otro. Si tenemos una lista con elementos de distintito tipo no comparables entre sí (por ejemplo, enteros y cadenas), el método arrojará un error TypeError.

```
In [1]: l = list(range(10))

In [2]: l
Out[2]: [0, 1, 2, 3, 4, 5, 6, 7, 8, 9]

In [3]: l.sort(reverse=True)

In [4]: l
Out[4]: [9, 8, 7, 6, 5, 4, 3, 2, 1, 0]

In [5]: l.sort(reverse=False)

In [6]: l
Out[6]: [0, 1, 2, 3, 4, 5, 6, 7, 8, 9]
```

list.reverse()

Este método invierte el orden de los elementos de la lista.

```
In [1]: l = ['primero', 'segundo', 'tercero', 'cuarto']

In [2]: l.reverse()

In [3]: l
Out[3]: ['cuarto', 'tercero', 'segundo', 'primero']
```

list.copy()

Este método devuelve una copia de la lista. Hemos visto diversas operaciones que modifican una lista. Por tanto, si queremos obtener una lista modificada a partir de otra, pero conservando la original, primero debemos realizar una copia. Este método es por tanto muy útil si deseamos conservar la lista original. Recordemos que asignar una lista a otra variable solo crea una nueva referencia a la lista, por lo que cualquier modificación se vería reflejada en ambas.

Prueba este código en la terminal de IPython de Spyder y observa cómo se van creando las variables en el Explorador de variables. Fíjate cómo cualquier cambio sobre `l1` o `l2` afecta a ambas listas, que en realidad son la misma, pero referenciada por dos variables distintas. Sin embargo, las modificaciones realizadas sobre la lista `l1` no afectan a la lista `l3` ya que esta ha sido creada como una copia.

```
In [1]: l1 = ['primero', 'segundo', 'tercero', 'cuarto']

In [2]: l2 = l1

In [3]: l2
```

```
Out[3]: ['primero', 'segundo', 'tercero', 'cuarto']

In [4]: l2.sort()

In [5]: l2
Out[5]: ['cuarto', 'primero', 'segundo', 'tercero']

In [6]: l1
Out[6]: ['cuarto', 'primero', 'segundo', 'tercero']

In [7]: l3 = l1.copy()

In [8]: l1.reverse()

In [9]: l1
Out[9]: ['tercero', 'segundo', 'primero', 'cuarto']

In [10]: l2
Out[10]: ['tercero', 'segundo', 'primero', 'cuarto']

In [11]: l3
Out[11]: ['cuarto', 'primero', 'segundo', 'tercero']
```

Pilas

Una estructura de datos de tipo pila es una lista en la que los elementos se añaden al final y se sacan del final; es decir, extraemos siempre el elemento añadido más recientemente. A este tipo de estructuras también se les denomina *stack* o LIFO (por *Last In, First Out*). Las pilas son útiles en múltiples situaciones. Los carritos de un supermercado se apilan de esta forma; cuando navegamos por la web, el registro también es una pila, lo que nos permite retroceder al hacer clic en la flecha hacia atrás. Otro ejemplo es el registro de operaciones de un programa que soporte la acción «deshacer». Cuando escribimos un texto, podemos deshacer los cambios y luego continuar. Cada acción que realizamos, como insertar una letra, insertar un salto de línea, cambiar el formato a negrita, se guarda en una pila. Al desandar el camino, será la acción más reciente la seleccionada. Una pila es perfecta para este cometido, como puede verse en la figura 10.4. Para que una lista funcione como una pila, basta con usar **append()** al añadir elementos y **pop()** para sacar elementos. Este código simula la funcionalidad de deshacer:

```
# inicializamos la pila
acciones = []

# guardamos las acciones del usuario
acciones.append("escribir 'h'")
acciones.append("escribir 'o'")
acciones.append("escribir 'y'")
acciones.append("negrita 'hoy'")

```

```
# mostramos el contenido de la pila
print(acciones)

# deshacemos el último cambio y ponemos en cursiva
print("sacamos:", acciones.pop())
acciones.append("cursiva 'hoy'")

# mostramos estado final de la pila
print(acciones)
```

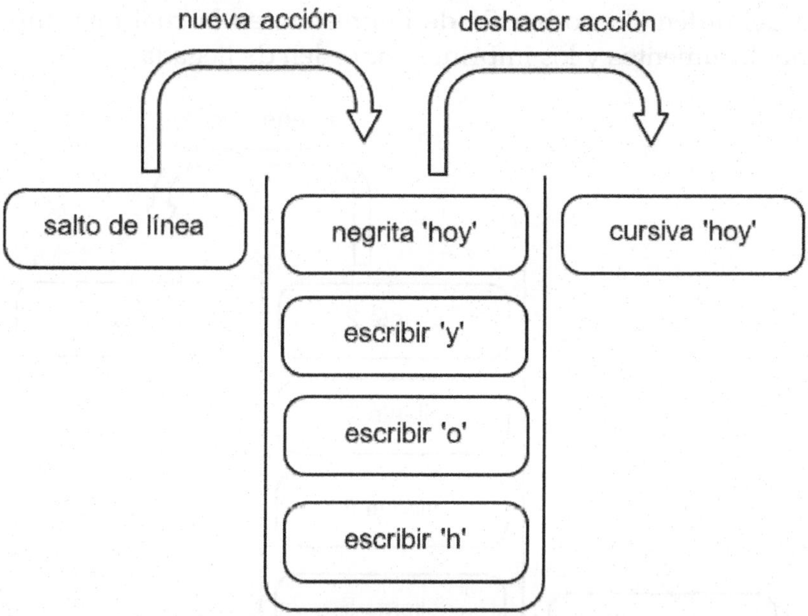

Figura 10.4. Ejemplo de funcionamiento de una pila para un editor de textos.

Una aplicación real no tendría en su código, de manera explícita, las acciones del usuario. En su lugar, un bucle principal de la aplicación mantendría en escucha el programa para cualquier nueva acción.

El código siguiente se asemeja más a la implementación de este mecanismo en una aplicación real:

```
pila_acciones = []
while programa_en_ejecución()
accion = leer_acción()
if accion = 'deshacer':
    accion = pila_acciones.pop()
    deshacer_accion(accion)
else:
    pila_acciones.append(accion)
    ejecutar_accion(accion)
```

Colas

Otra forma muy conveniente de operar con la lista en diversas situaciones es mediante el TDA «cola». Una cola es una lista donde los elementos llegan por un lado y salen por otro. También se denomina FIFO (*First In First Out*), pues el primer elemento en llegar es el primero en salir. Ejemplos donde una cola es la forma de organización idónea son la cola de clientes en el cajero de un supermercado (como se muestra en la figura 10.5), los procesos que esperan ejecución en la memoria del ordenador, o la cola de impresión, en la cual una impresora va recibiendo documentos y los imprime por orden de llegada.

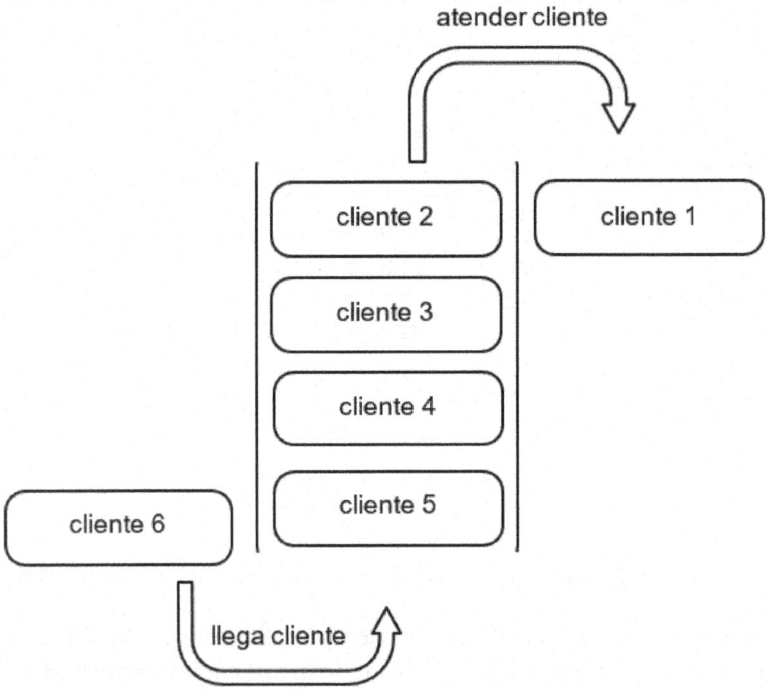

Figura 10.5. Estructura de una cola.

A nivel de programación resulta fácil utilizar las listas de Python para implementar un cola, mediante el uso de `insert(0,x)` para añadir nuevos elementos, y `pop()` para sacar los más antiguos, pero esta opción no es recomendable por su baja eficiencia. Insertar elementos al inicio de una lista es costoso, pues Python tiene que desplazar todos los elementos y reubicar espacio en memoria en ocasiones. Si consideramos que el TDA cola se adapta a las necesidades de nuestro programa, la mejor opción es utilizar la biblioteca `collections` y, dentro de esta, la clase `deque`.

Veamos un ejemplo de programa haciendo uso de esta alternativa:

```
from collections import deque

# iniciamos la cola
cola = deque()

# llegan 5 clientes a la cola
for i in range(5):
    cliente = 'cliente ' + str(i+1)
    print('Llega', cliente)
    cola.append(cliente)
    print('Cola:', cola)

# salen todos los clientes de la cola
while len(cola) > 0:
    print('Sale', cola.popleft())
    print('Quedan:', cola)
```

El resultado de ejecutar este código sería el siguiente:

```
Llega cliente 1
Cola: deque(['cliente 1'])
Llega cliente 2
Cola: deque(['cliente 1', 'cliente 2'])
Llega cliente 3
Cola: deque(['cliente 1', 'cliente 2', 'cliente 3'])
Llega cliente 4
Cola: deque(['cliente 1', 'cliente 2', 'cliente 3', 'cliente 4'])
Llega cliente 5
Cola: deque(['cliente 1', 'cliente 2', 'cliente 3', 'cliente 4', 'cliente 5'])
Sale cliente 1
Quedan: deque(['cliente 2', 'cliente 3', 'cliente 4', 'cliente 5'])
Sale cliente 2
Quedan: deque(['cliente 3', 'cliente 4', 'cliente 5'])
Sale cliente 3
Quedan: deque(['cliente 4', 'cliente 5'])
Sale cliente 4
Quedan: deque(['cliente 5'])
Sale cliente 5
Quedan: deque([])
```

Comprensión de listas

Gracias a su versatilidad, las listas son uno de los tipos de datos más utilizados en la programación con Python. Iterar sobre los elementos de una lista, procesarlos y generar nuevas listas es algo que implementaremos de maneras variadas y en numerosas ocasiones. Para simplificar algunas operaciones sobre las listas, Python ofrece una sintaxis más sintética, es decir, compacta, para generar listas a partir de otras mediante iteración. A esta forma de trabajar con las listas se le denomina «comprensión de listas». Consiste en definir una lista indicando entre corchetes un bucle for, el cual puede venir acompañado, opcionalmente, por sentencias if u otras sentencias for. Es más sencillo entender esto con un ejemplo. Imaginemos una lista con los precios de distintos productos. Queremos rebajar todos esos precios un 50%. Atendiendo a lo visto hasta ahora, nuestra solución podría ser como sigue:

```
1 precios = [200.0, 125.99, 19.90, 37.50]
2 for i in range(len(precios)):
3     precios[i] = precios[i] * 0.5
4 print(precios)
```

Gracias a la comprensión de listas podemos reducir las líneas 2 y 3 a una única línea:

```
precios = [x*0.5 for x in precios]
```

Esta sintaxis es más sencilla y fácil de entender. Además, podemos incluso filtrar qué elementos deseamos seleccionar. En el siguiente ejemplo, tenemos los alumnos de una clase y deseamos conocer cuántos de ellos tienen más de 25 años:

```
edades = [23, 32, 19, 22, 25, 30, 27]
mayores = [x for x in edades if x > 25]
print('Hay', len(mayores), 'mayores de 25 años')
```

La salida que generaría este código sería «`Hay 3 mayores de 25 años`». Puedes probarlo en Spyder.

Por último, la comprensión de listas también no permite anidar bucles, de forma que podamos recorrer varias listas o una misma lista con distintos índices. En el siguiente ejemplo tenemos dos listas, una de hombres y otra de mujeres. Todos ellos participan en una clase de baile. El programa propuesto calcula las posibles parejas que pueden formarse:

```
chicos = ['Juan', 'Mark', 'Arturo']
chicas = ['Ana', 'Pilar', 'Salud']

parejas_posibles = [(x, y) for x in chicas for y in chicos]
print(parejas_posibles)
```

El resultado es: `[('Ana', 'Juan'), ('Ana', 'Mark'), ('Ana', 'Arturo'), ('Pilar', 'Juan'), ('Pilar', 'Mark'), ('Pilar', 'Arturo'), ('Salud', 'Juan'), ('Salud', 'Mark'), ('Salud', 'Arturo')]`

Tras la clase de baile, estas seis personas deciden apuntarse a un curso sobre debate. El profesor debe saber cuáles son las parejas de debate que podrían formarse para que todos tengan ocasión de debatir con todos. He aquí la solución:

```
alumnos = ['Juan', 'Mark', 'Arturo', 'Ana', 'Pilar', 'Salud']

```

```
parejas_posibles = [(alumnos[i], alumnos[j]) for i in range(len(alumnos))
  for j in range(i+1, len(alumnos))]

print(parejas_posibles)
print(len(parejas_posibles), 'en total')
```

El bucle exterior recorre con la variable i los índices de la lista de inicio a fin. El segundo bucle recorre con j la lista desde la posición siguiente a i hasta el final. De esta forma evitamos proponer parejas donde ambos sean la misma persona o parejas ya propuestas, pero variando el orden de sus integrantes. Es decir, en la primera iteración del bucle externo, i toma la posición del elemento 'Juan', y j recorre los elementos 'Mark', 'Arturo', 'Ana', 'Pilar' y 'Salud'. Después, i toma la posición del elemento 'Mark', y j, de nuevo, desde el siguiente ('Arturo') hasta el final ('Salud'). Así hasta que i toma la posición del elemento 'Salud' pero j, al tomar i+1, la cual no es una posición dentro de los límites de la lista, no genera iteración en el bucle interno, por lo que la doble iteración finaliza y con esto la comprensión de lista. Vamos a complicarlo un poco más. También podemos crear listas de listas. El siguiente ejemplo genera una matriz 4x4:

```
In [1]: l = [[x for x in range(i*4, (i+1)*4)] for i in range(4)]

In [2]: l
Out[2]: [[0, 1, 2, 3], [4, 5, 6, 7], [8, 9, 10, 11], [12, 13, 14, 15]]
```

Y la línea de más abajo calcula la traspuesta de dicha matriz:

```
In [3]: [[fila[i] for fila in l] for i in range(4)]
Out[3]: [[0, 4, 8, 12], [1, 5, 9, 13], [2, 6, 10, 14], [3, 7, 11, 15]]
```

Fíjate cómo el bucle externo corresponde al segundo for en este ejemplo. En lugar de concatenar los for, aquí los hemos anidado de forma explícita, pues el for que itera sobre i genera, para cada elemento, una lista completa a partir de los primeros elementos de cada fila de la lista l.

Esta notación es bastante práctica. Estamos convencidos de que recurrirás a ella tan pronto adquieras destreza con el lenguaje. Para eso basta con practicar. No dejes de realizar los ejercicios propuestos al final de cada capítulo.

Tuplas

Una tupla es un tipo de dato compuesto por varios valores en un orden determinado. Muy similares a las listas, las tuplas son, en cambio, «inmutables»: podemos acceder a sus elementos, pero no cambiar sus valores ni modificar el número de elementos en la misma. Al igual que las listas, las tuplas son también «secuencias», pues sus elementos siguen un orden secuencial: hay un primero, un segundo, un tercero... hasta el final. Al ser una secuencia, los elementos de una tupla también se indexan por su posición.

Para crear una tupla, basta asignar a una variable una secuencia de elementos, separados por comas. Podemos enmarcarlos con paréntesis o no:

```
In [1]: t = 3, 2, 1, 'contacto'

In [2]: t
Out[2]: (3, 2, 1, 'contacto')

In [3]: t[3]
Out[3]: 'contacto'
```

Vemos cómo podemos referenciar al 4º elemento de la lista con el índice de posición 3, pues comenzamos numerando por 0, de idéntica forma a otras secuencias, tales como las listas y las cadenas. Aquí, en cambio, este valor no puede modificarse. Si queremos una tupla con otro valor para un elemento dado tenemos que generar una nueva tupla.

```
In [4]: datos = ('Antonio', 'Gutiérrez', 36, '+34 555 343 232')

In [5]: datos = datos[0], datos[1], 43, datos[3]

In [6]: datos
Out[6]: ('Antonio', 'Gutiérrez', 43, '+34 555 343 232')
```

Es posible crear una tupla a partir de los otros tipos de secuencia: listas o cadenas. Para esto haremos uso de la función tuple().

```
In [7]: tuple(range(4))
Out[7]: (0, 1, 2, 3)

In [8]: tuple('abracadabra')
Out[8]: ('a', 'b', 'r', 'a', 'c', 'a', 'd', 'a', 'b', 'r', 'a')
```

Las tuplas también pueden anidarse, incluyendo tuplas dentro de tuplas.

```
In [9]: t2 = t, 'preparados', 'listos', '¡ya!'

In [10]: t2
Out[10]: ((3, 2, 1, 'contacto'), 'preparados', 'listos', '¡ya!')
```

Hasta ahora estamos habituados a ver código de asignación de valores a variables, con una única variable sobre la cual recae el valor a asignar. Es posible realizar una asignación múltiple a partir de estructuras de tipo secuencia (cadenas, listas y tuplas). Esto se conoce como «desempaquetado de secuencias».

```
In [1]: depredador, presa = ('águila', 'liebre')

In [2]: depredador
```

```
Out[2]: 'águila'

In [3]: presa
Out[3]: 'liebre'
```

También podemos realizar un «empaquetado de secuencias», donde varios valores a la derecha de la asignación se guardarán como una tupla en la variable a la izquierda:

```
In [1]: coordenadas_3d = 34, 5.6, 86

In [2]: x, y, z =  coordenadas_3d

In [3]: x
Out[3]: 34

In [4]: y
Out[4]: 5.6

In [5]: z
Out[5]: 86
```

La entrada número 1 (es decir, `In [1]`) es un ejemplo de empaquetado, mientras que la entrada 2 es un ejemplo de desempaquetado. Cuando trabajamos con tuplas se plantean dos problemas: ¿tiene sentido una tupla sin elementos? ¿y una tupla con un único elemento? En principio, el concepto de tupla como secuencia, de manera similar a las listas, no está en contra de esto. Si son posibles las listas vacías y las listas con un único elemento ¿por qué no también en las tuplas? Veamos algún código de ejemplo que, al igual que el resto de código del capítulo, puedes probar en la terminal de IPython proporcionada por Spyder.

```
In [1]: t_vacia = ()      # también podríamos haber usado tuple()

In [2]: t_vacia
Out[2]: ()

In [3]: len(t_vacia)
Out[3]: 0

In [4]: singleton = 3.1415,

In [5]: len(singleton)
Out[5]: 1

In [6]: singleton
Out[6]: (3.1415,)
```

Observa el truco de añadir una coma al final en la entrada 4. El nombre que le damos a la tupla con un único elemento en el ejemplo anterior no es casual. El término anglosajón *singleton* se utiliza para designar tuplas con un solo ítem. Las tuplas son un recurso apropiado para crear «registros». Un registro almacena información relacionada, con un significado determinado para cada elemento. Por ejemplo, podemos tener una lista de tuplas, donde cada tupla contenga el nombre de un estudiante y la nota obtenida. A partir de dicha información vamos a calcular la nota media del curso, el número de aprobados y el número de suspensos.

```
1  alumnos = [('David', 5), ('Irene', 9), ('María', 6.5), ('Antonio', 4.2),
     ('Marta', 3.7)]
2
3  suma, aprobados, suspensos = 0, 0, 0
4  for nombre, nota in alumnos:
5      suma += nota
6      if nota >= 5:
7          aprobados += 1
8      else:
9          suspensos += 1
10 print('Media:', suma/len(alumnos))
11 print(aprobados, 'aprobados')
12 print(suspensos, 'suspensos')
```

Observa cómo en la línea 4 hemos iterado sobre la lista de alumnos y, a la vez, hemos desempaquetado el elemento en sus dos componentes. Obtendremos la siguiente salida en pantalla como resultado de la ejecución de este código:

```
Media: 5.68
3 aprobados
2 suspensos
```

Operaciones comunes en secuencias

Estas funciones y operadores pueden aplicarse con cualquier tipo de secuencia, ya sea una lista, una tupla o una cadena.

x in sec

Expresión lógica que toma el valor True si el elemento x está en la secuencia sec y False en caso contrario.

x not in sec

El opuesto de la expresión anterior. Devuelve False si el elemento x se encuentra en la secuencia sec y True en caso contrario.

sec1 + sec2

Concatena dos secuencias. Ambas secuencias deben ser del mismo tipo. Podemos forzar el tipo con las funciones list(), tuple() y str().

```
In [1]: a, b = tuple(range(3)), tuple('abc')

In [2]: a
```

```
Out[2]: (0, 1, 2)

In [3]: b
Out[3]: ('a', 'b', 'c')

In [4]: a + b
Out[4]: (0, 1, 2, 'a', 'b', 'c')

In [5]: a + (b)                     # igual que el anterior
Out[5]: (0, 1, 2, 'a', 'b', 'c')

In [6]: a + (b,)                    # forzamos singleton
Out[6]: (0, 1, 2, ('a', 'b', 'c'))

In [7]: list(a) + list(b)           # convertimos a lista
Out[7]: [0, 1, 2, 'a', 'b', 'c']
```

sec * n
n * sec

Genera una nueva secuencia como resultado de concatenar la secuencia sec un total de n veces.

```
In [1]: ['a', 1] * 3
Out[1]: ['a', 1, 'a', 1, 'a', 1]
```

sec[i]

Devuelve el elemento que ocupa la posición i. Los índices siempre toman 0 como posición inicial.

sec[i:j]

Devuelve una porción de la secuencia, desde la posición i hasta la j-1 inclusive.

sec[i:j:k]

Devuelve una porción de la secuencia, desde la posición i y saltando k posiciones entre un elemento y el siguiente seleccionado, con j como límite a no superar o alcanzar.

enumerate(sec [, ini])

Devuelve un generador de secuencias donde cada elemento es una tupla con dos elementos, un entero a modo de contador y un elemento de sec. Esto permite obtener una secuencia enumerada de elementos, es decir, de pares «índice, elemento». Si no se indica el argumento ini para el valor inicial del contador, el primer elemento se asociará al valor 0.

```
In [1]: list(enumerate((2,9,'z')))
Out[1]: [(0, 2), (1, 9), (2, 'z')]
```

len(sec)

Esta función devuelve la longitud de la secuencia, es decir, el número de todos los elementos almacenados.

max(sec)

Esta función devuelve el elemento de mayor valor en la secuencia. Todos los elementos en la secuencia deben ser comparables entre sí.

```
In [1]: max(tuple('camisetas y zapatos'))
Out[1]: 'z'
```

min(sec)

Mismo propósito que la función anterior, pero para obtener el de menor valor.

sec.count(x)

Este método calcula el número de veces que el elemento `x` está contenido en `sec`.

zip(*secuencias)

Es un generador de secuencias de tuplas donde la tupla de posición `i` contiene los elementos que ocupan la posición `i` en cada una de las secuencias indicadas.

```
In [1]: list(zip([1,2,3], 'abc'))
Out[1]: [(1, 'a'), (2, 'b'), (3, 'c')]
```

NOTA:

Cuando veamos un argumento precedido por un asterisco «», realmente está representando una lista de argumentos de longitud arbitraria.*

Conjuntos

Para finalizar este capítulo, te presentamos otro tipo de dato capaz de almacenar valores: el tipo de dato «conjunto». La diferencia con respecto a las secuencias radica en la unicidad de sus elementos. En un conjunto no puede haber dos elementos iguales. Además, los elementos no guardan orden alguno, por tanto, un conjunto no es una secuencia. Esto impide indexar sus elementos o acceder a ellos mediante una posición. Sí es posible recorrer el conjunto iterando sobre su contenido, pero no se garantiza orden alguno. Un conjunto se crea enmarcando sus elementos entre corchetes, o a partir de una secuencia, usando la función set(). En el siguiente código de ejemplo vamos a ver cuántas letras diferentes hay en la palabra «abracadabra» y cómo crear un conjunto a partir de una lista:

```
In [1]: letras = set('abracadabra')

In [2]: letras
Out[2]: {'a', 'b', 'c', 'd', 'r'}

In [3]: len(letras)
Out[3]: 5

In [4]: s = set(['si', 'no', 'no', 'no', 'si'])

In [5]: s
Out[5]: {'no', 'si'}
```

Como puedes imaginar, es posible recorrer los elementos del conjunto y también comprobar si un elemento está contenido en el mismo:

```
texto = "ja ja ja ja ja qué gracioso eres"
palabras = set(texto.split())
print('El texto "', texto, '" contiene', len(palabras), 'palabras
 diferentes:')
for p in palabras:
    print(p)
```

El resultado es el siguiente:

```
El texto " ja ja ja ja ja qué gracioso eres " contiene 4 palabras diferentes:
ja
gracioso
qué
eres
```

Operaciones con conjuntos

El tipo de dato conjunto ofrece operaciones propias a lo esperado para los conjuntos como concepto matemático, incluyendo la unión, la intersección, la inclusión, etc. Vamos a ver cuáles son los métodos asociados con código de ejemplo.

len(s)

Devuelve el número de elementos en **s** (es decir, su «cardinalidad»).

```
In [1]: pares = set(range(2, 10, 2))

In [2]: pares
```

```
Out[2]: {2, 4, 6, 8}

In [3]: len(pares)
Out[3]: 4
```

x in s

Devuelve True si el elemento x es miembro del conjunto s. False si el elemento no está en el conjunto.

```
In [4]: 4 in pares
Out[4]: True

In [5]: 5 in pares
Out[5]: False
```

x not in s

Devuelve False si el elemento x es miembro del conjunto s. True si el elemento no está en el conjunto.

```
In [6]: 3 not in pares
Out[6]: True
```

s1.isdisjoint(s2)

Devuelve True si los conjuntos s1 y s2 son disjuntos, esto es, no tienen ningún elemento en común. Esto es equivalente a decir que su intersección sería el conjunto vacío.

```
In [7]: impares = set(range(1, 10, 2))

In [8]: impares
Out[8]: {1, 3, 5, 7, 9}

In [9]: pares.isdisjoint(impares)
Out[9]: True
```

s1.issubset(s2)
s1 <= s2

Comprueba si el conjunto s1 es subconjunto de s2, es decir, todos los elementos en s1 son también miembros de s2. Como podemos ver, es posible realizar esta comprobación usando el operador <= y también a través del método issubset(). Existe una diferencia entre usar operadores y métodos. En los métodos es posible indicar como argumento cualquier objeto de tipo iterable, lo que permite realizar comprobaciones sobre tuplas y listas también.

```
In [10]: {2, 4} <= pares
Out[10]: True
```

s1 < s2

Comprueba si s1 es subconjunto «propio» de s2. Es decir, s1 es subconjunto de s2, pero no son iguales. Se cumple entonces que s1 <= s2 y s1 != s2.

```
In [11]: {2, 4, 6, 8} <= pares
Out[11]: True

In [12]: {2, 4, 6, 8} < pares
Out[12]: False
```

s1.issuperset(s2)
s1 >= s2

Comprueba si s2 es subconjunto de s1.

s1 > s2

Igual que con s1 < s2, sencillamente hemos cambiado la dirección de la comprobación de subconjunto propio.

s1.union(*conjuntos)
s1 | s2 | ...

Es la unión de conjuntos. Genera un nuevo conjunto añadiendo todos los elementos de los conjuntos indicados. Este operador o método nos sirve como mecanismo para añadir elementos a un conjunto.

```
In [1]: {'uno', 'dos'} | {'tres', 'cuatro'}
Out[1]: {'cuatro', 'dos', 'tres', 'uno'}
```

s1.intersection(*conjuntos)
s1 & s2 & ...

Intersección de conjuntos. Genera un nuevo conjunto que contiene solo los elementos comunes a todos los conjuntos indicados.

```
ensalada = {'lechuga', 'tomate', 'cebolla', 'aceite', 'vinagre', 'sal'}
verduras = {'brócoli', 'tomate', 'cebolla', 'apio', 'lechuga'}
condimentos = {'pimienta', 'curcuma', 'aceite', 'vinagre', 'sal'}

print('La ensalada se hace con', len(ensalada), 'ingredientes:')
print(len(verduras & ensalada), 'verduras y', len(condimentos & ensalada), 'condimentos')
```

Resultado:

```
La ensalada se hace con 6 ingredientes:
3 verduras y 3 condimentos
```

s1.difference(*conjuntos)
s1 – s2 - ...

Corresponde a la diferencia entre conjuntos. El resultado es un conjunto con aquellos elementos de s1 que no se encuentran en ninguno de los otros conjuntos.

```
In [1]: {'uno', 'dos', 'tres'} - {'tres', 'cuatro'}
Out[1]: {'dos', 'uno'}
```

s1.symmetric_difference(s2)
s1 ^ s2

Genera un nuevo conjunto con los elementos no comunes a s1 y s2.

```
In [1]: {'uno', 'dos', 'tres'} ^ {'tres', 'cuatro'}
Out[1]: {'cuatro', 'dos', 'uno'}
```

s.copy()

Devuelve una copia superficial (es decir, una nueva referencia) al conjunto s.

Ejercicios propuestos

Intenta realizar los siguientes ejercicios. Encontrarás la solución al final del libro, en el Apéndice E.

1. Indica el resultado de ejecutar las siguientes expresiones o líneas de código. No copies este código y lo ejecutes en Spyder, intenta razonar sobre el mismo y comprueba tu resultado con las soluciones al final del libro.

```
list(range(10, 2, -3))
```

```
l = []
for i in range(4):
    l.append(list(range(i)))
print(l)
```

```
max(list(range(10,21,2)))
```

```
min(list(range(10,21,2)))
```

```
'abc' * 2
```

```
tuple(zip([-2, 4, 0], [7, 6, 5], 'bla'))
```

```
list(enumerate('abc', 3))
```

```
'abracadabra'.count('a')
```

2. Escribe, usando comprensión de listas, cómo generar una lista con los números pares comprendidos entre 0 y 99 en una sola línea de código.

3. El siguiente código es de un programa que calcula el mes más lluvioso a partir del registro mensual en litros. Debes completar este código sustituyendo los comentarios en negrita con las operaciones sobre listas adecuadas para una correcta ejecución del programa.

```
lluvia_mensual = [65, 70, 87, 62, 44, 14, 5, 5, 24, 50, 57, 69]
meses = ['enero', 'febrero', 'marzo', 'abril', 'mayo', 'junio', 'julio',
  'agosto', 'septiembre', 'octubre', 'noviembre', 'diciembre']
max_lluvia = # calcula aquí el máximo valor de lluvia registrada
mes_max = # obtén el índice del mes correspondiente
print('El mes más lluvioso ha sido', meses[mes_max], 'con', max_lluvia,
  'litros')
```

Resumen

Las listas, tuplas y conjuntos son estructuras de datos imprescindibles en la programación con Python. Constituyen la base para la solución de muchos problemas gracias a los métodos, operadores y funciones disponibles para su manipulación. La elección de una buena estructura de datos es clave en la programación de ordenadores y estas estructuras representan, junto con las cadenas y los diccionarios, piezas importantes sobre las cuales construiremos programas. Regresa a este capítulo cuando dudes acerca del funcionamiento de dichas estructuras. Recuerda que puedes probar expresiones de Python en una terminal interactiva para asegurar el comportamiento esperado de tu código.

Las listas, cadenas y tuplas son secuencias ordenadas de elementos. Las listas y tuplas pueden almacenar elementos de tipo diferente, mientras que las cadenas son solo secuencias de caracteres. Los conjuntos no son secuencias, pero incorporan métodos, funciones y operadores interesantes para trabajar con este tipo de iterables. Todos ellos, como iterables, pueden ser recorridos por bucles, ya sea de forma habitual con `for` y `while` o generando nuevas listas mediante comprensión de listas. Estas secuencias pueden combinarse: podemos tener listas de tuplas, tuplas de conjuntos, listas de listas de cadenas... No podemos tener conjuntos de listas o tuplas, pues estos tipos no son comparables de forma directa, tal y como se exige para los elementos de un conjunto. No obstante, las posibilidades son infinitas. Escoge la estructura más adecuada para cada situación, pero recuerda que puede haber más de una solución válida.

11 Cadenas

En este capítulo aprenderás:

- Qué es una cadena de caracteres y cómo declararla.
- Qué operaciones se pueden realizar con cadenas.

Introducción

`"Me encanta Python"`, `'Estoy aprendiendo mucho sobre este lenguaje'` son ejemplos de cadenas de caracteres en Python. Conocer cómo manipular cadenas de texto es fundamental al escribir cualquier programa ya que estas nos permiten interactuar con el usuario, guardar información en archivos, documentar el código y, en definitiva, mostrar contenido legible en nuestros programas.

Son tan importantes y se pueden realizar tantas operaciones con ellas que les dedicaremos este capítulo al completo.

Declaración de una cadena

Una cadena de texto es una secuencia inmutable de caracteres que en Python se representa con el tipo de dato **str**. Esta secuencia se puede delimitar con comillas simples (`' '`) o con comillas dobles (`" "`). Aunque se pueden utilizar ambos tipos de comillas, las cadenas se deben cerrar con el mismo tipo de comillas usado en la apertura. Prueba con los siguientes ejemplos y observa cómo se produce un error de sintaxis cuando las comillas de apertura y cierre son diferentes.

```
In [1]: cadena_comillas_dobles = "Cadena de texto"

In [2]: print(cadena_comillas_dobles)
Cadena de texto

In [3]: cadena_comillas_simples = 'Cadena de texto'

In [4]: print(cadena_comillas_simples)
Cadena de texto

In [5]: cadena_comilla_doble_comilla_simple = "Cadena de texto'
  File "<ipython-input-5-9cd9bb2537f7>", line 1
    cadena_comilla_doble_comilla_simple = "Cadena de texto'
                                                           ^
SyntaxError: EOL while scanning string literal

In [6]: cadena_comilla_simple_comilla_doble = 'Cadena de texto"
  File "<ipython-input-6-1b7e882dc7d9>", line 1
    cadena_comilla_simple_comilla_doble = 'Cadena de texto"
                                                           ^
SyntaxError: EOL while scanning string literal
```

También es posible delimitar las cadenas utilizando comillas triples simples (`''' '''`) o comillas triples dobles (`""" """`). Estos tipos de comillas se suelen emplear con cadenas largas, que ocupan más de una línea, y para documentar funciones, módulos o clases. En el siguiente ejemplo se utilizan para mostrar en la terminal de IPython una cadena con dos líneas.

```
In [7]: cadena_multiple = """Cadena de texto
   ...: con más de una línea"""

In [8]: print(cadena_multiple)
Cadena de texto
con más de una línea
```

Veamos ahora un ejemplo donde empleamos comillas triples para documentar una función para dar la bienvenida a un sistema de gestión de clientes.

```
def bienvenida():
    '''
    Muestra un mensaje de bienvenida al sistema
    '''
    print("Bienvenido al sistema de gestión de clientes.")
```

NOTA:

Repasaremos esto más adelante, en el capítulo dedicado a funciones.

Hasta ahora, en los ejemplos mostrados, no hemos encontrado ninguna cadena con una comilla como carácter. ¿Qué ocurre si uno de los caracteres de la cadena de texto que queremos declarar es precisamente una comilla? ¿Cómo podemos escribirlo? Tenemos dos opciones:

1. Escribir una comilla simple en una cadena delimitada por comillas dobles y viceversa.

```
In [9]: print("Ada Lovelace, la primera programadora de la historia, dijo: 'La
imaginación es la facultad del descubrimiento, pre eminentemente. Es lo que penetra
en los mundos nunca vistos a nuestro alrededor, los mundos de la ciencia.'")
Ada Lovelace, la primera programadora de la historia, dijo: 'La imaginación
es la facultad del descubrimiento, pre eminentemente. Es lo que penetra en
los mundos nunca vistos a nuestro alrededor, los mundos de la ciencia.'

In [10]: print('Ada Lovelace, la primera programadora de la historia, dijo:
"La imaginación es la facultad del descubrimiento, pre eminentemente. Es lo
que penetra en los mundos nunca vistos a nuestro alrededor, los mundos de la
ciencia."')
Ada Lovelace, la primera programadora de la historia, dijo: "La imaginación
es la facultad del descubrimiento, pre eminentemente. Es lo que penetra en
los mundos nunca vistos a nuestro alrededor, los mundos de la ciencia."
```

2. Utilizar los caracteres especiales \' o \", formados por el «carácter de escape» diagonal invertida (\ ), que hace que Python no interprete las comillas como delimitadores de la cadena.

```
In [11]: print("Ada Lovelace, la primera programadora de la historia,
dijo: \"Este cerebro mío es más que meramente mortal como el tiempo lo
```

```
demostrará.\"")
Ada Lovelace, la primera programadora de la historia, dijo: "Este cerebro
mío es más que meramente mortal como el tiempo lo demostrará."

In [12]: print('Ada Lovelace, la primera programadora de la historia,
dijo: \'Este cerebro mío es más que meramente mortal como el tiempo lo
demostrará.\'')
Ada Lovelace, la primera programadora de la historia, dijo: 'Este cerebro
mío es más que meramente mortal como el tiempo lo demostrará.'
```

Las comillas simples y las comillas dobles no son los únicos caracteres especiales que necesitan del «carácter de escape» diagonal invertida (\ ) para poder ser incluidos en una cadena de texto. Estos caracteres los presentamos en el capítulo 9, cuando hablábamos del formateo de la salida por pantalla, pero los volvemos a mostrar por si no los recuerdas.

Tabla 11.1. Caracteres especiales.

Descripción	Representación
Salto de línea	\n
Tabulador	\t
Comilla doble	\"
Comilla simple	\'
Barra diagonal invertida	\\
Número hexadecimal NN en ASCII	\xNN
Número hexadecimal NN en Unicode	\uNN

Acceso a los elementos de una cadena

Las cadenas de texto son un tipo de dato compuesto, es decir, están formadas por elementos más pequeños que tienen significado, los caracteres. Al tratarse de un tipo de dato compuesto podemos acceder a la cadena como un todo o a las partes que la componen.

Para acceder a la cadena completa basta con utilizar el nombre de la variable con el que la hemos declarado:

```
In [1]: serie = 'Juego de tronos'

In [2]: serie
Out[2]: 'Juego de tronos'
```

Para acceder a los elementos de la cadena se utiliza la técnica denominada indexación, la cual presentamos en el capítulo 10, consistente en acceder a los elementos a partir de su posición. Para ello, se utiliza el operador corchete [ ].

Ten en cuenta que las posiciones empiezan a contar desde 0. Así, para acceder al primer elemento de la cadena usaremos la posición 0; para el segundo elemento, la posición 1, etc.

```
In [3]: serie[0]
Out[3]: 'J'

In [4]: serie[1]
Out[4]: 'u'
```

También, al igual que en las listas, es posible acceder a los caracteres de una cadena de texto utilizando índices negativos. Estos índices cuentan desde el final de la cadena, de manera que la posición -1 representa el último carácter; la posición -2, el penúltimo; la posición -3, el antepenúltimo, y así sucesivamente.

```
In [5]: serie[-1]
Out[5]: 's'

In [6]: serie[-2]
Out[6]: 'o'

In [7]: serie[-3]
Out[7]: 'n'
```

Por último, para acceder a una porción de una cadena, es decir, a una subcadena, hay que indicar la posición de inicio y la posición límite separadas por dos puntos [posición_inicio:posición_límite]. Al escribir la posición límite debemos tener cuidado, puesto que el operador [posición_inicio:posición_límite] devuelve la subcadena que va desde el carácter que ocupa la «posición inicio» hasta el carácter que ocupa la «posición límite», sin incluirlo. Así, si queremos acceder a la subcadena `'Juego'` utilizaremos como posición inicial 0 y como posición límite 5 ya que si usamos 4 como límite perderemos el carácter `'o'`.

```
In [8]: serie[0:5]
Out[8]: 'Juego'

In [9]: serie[0:4]
Out[9]: 'Jueg'

In [10]: serie[0:20]
Out[10]: 'Juego de tronos'
```

ADVERTENCIA:

Tal y como vimos con las listas, el valor límite no es el índice del último elemento, sino el valor que no puede superar ninguna posición de las que estamos recuperando. Por tanto, el carácter que ocupa la posición del valor límite no se incluye en la subcadena. Si el valor límite es superior al número de caracteres de la cadena, se recuperará la subcadena que va desde la posición inicial hasta el final de la cadena.

Si se omite la posición de inicio, se considera que la porción a extraer comienza en el primer carácter de la cadena, mientras que, si se omite la posición límite, la porción se extrae hasta el final de la cadena:

```
In [11]: serie[:5]
Out[11]: 'Juego'

In [12]: serie[9:]
Out[12]: 'tronos'
```

¿Qué ocurre si se omiten ambas posiciones? Comprobémoslo:

```
In [13]: serie[:]
Out[13]: 'Juego de tronos'
```

Como podemos ver, se devuelve la cadena completa, puesto que se considera que la posición inicial es el primer carácter y que la posición final es el último carácter de la cadena. Sería equivalente a escribir el nombre de la variable:

```
In [14]: serie
Out[14]: 'Juego de tronos'
```

Concepto de inmutabilidad

Al definir el concepto «cadena de texto» hemos indicado que es un tipo de dato inmutable. Es una propiedad que no podemos pasar por alto, debido a su importancia. Las cadenas de texto en Python, así como en otros lenguajes como Java, son inmutables. ¿Qué significa esto? Que no se pueden modificar. Son un tipo de dato que, una vez definido, no puede ser modificado. Veamos un ejemplo. Supongamos que hemos declarado la variable `nombre` y que le hemos asignado la cadena `"manuel"`, pero caemos en la cuenta de haber escrito el nombre con la primera letra en minúscula.

Si intentamos modificar la primera letra, veremos cómo la terminal de IPython nos informa de un error que indica que las cadenas de texto no soportan la asignación por posición, es decir, que no se pueden modificar sus elementos.

```
In [1]: nombre = "manuel"

In [2]: nombre[0] = "M"
Traceback (most recent call last):

  File "<ipython-input-16-de412c9e307e>", line 1, in <module>
    nombre[0] = "M"

TypeError: 'str' object does not support item assignment
```

Si queremos modificar una cadena ya declarada, crearemos una nueva que sea una variación de la original.

```
In [3]: nombre_modificado = "M" + nombre[1:]

In [4]: nombre_modificado
Out[4]: 'Manuel'
```

En el ejemplo hemos declarado una nueva variable y le hemos asignado la concatenación de la letra `M` y de parte del contenido de la variable `nombre`, en concreto del segundo al último carácter `[1:]`. Aquí hemos adelantado uno de los operadores de cadenas, el operador +, que permite realizar la concatenación de cadenas de texto.

Operadores especiales

Existen 4 operadores que nos permiten operar con cadenas de texto: el operador de suma (+), el operador de asignación de suma (+=), el operador de multiplicación (*) y el operador módulo (%). Veamos qué podemos hacer con cada uno de ellos.

El operador de suma (+) permite concatenar cadenas de caracteres, es decir, generar una cadena a partir de la unión de varias cadenas. Es importante incluir los espacios en blanco de la cadena para que esta sea legible, puesto que el operador + no los establece. En el siguiente ejemplo podemos ver la cadena de texto generada sin especificar los espacios en blanco necesarios para unir las cadenas (`mensaje_a`) e incluyendo dichos espacios en los lugares necesarios (`mensaje_b`).

```
In [1]: serie = "Juego de tronos"

In [2]: num_temporada = 8

In [3]: fecha_estreno = "22 de abril"

In [4]: mensaje_a = "La temporada" + num_temporada + "de" + serie + "se estrenó
el" + fecha_estreno + " de 2019."
Traceback (most recent call last):

  File "<ipython-input-9-2a8c05052614>", line 1, in <module>
    mensaje_a = "La temporada" + num_temporada + "de" + serie + "se estrenó el"
+ fecha_estreno + " de 2019."

TypeError: can only concatenate str (not "int") to str

In [5]: mensaje_a = "La temporada" + str(num_temporada) + "de" + serie + "se
estrenó el" + fecha_estreno + " de 2019."

In [6]: mensaje_a
```

```
Out[6]: 'La temporada8deJuego de tronosse estrenó el22 de abril de 2019.'

In [7]: mensaje_b = "La temporada " + str(num_temporada) + " de " + serie + "
se estrenó el " + fecha_estreno + " de 2019."

In [8]: mensaje_b
Out[8]: 'La temporada 8 de Juego de tronos se estrenó el 22 de abril de 2019.'
```

TRUCO:

Si queremos concatenar cadenas de caracteres junto con otros tipos de datos como enteros, reales, etc. podemos hacerlo realizando un casting de las variables al tipo de dato str. En el ejemplo, la variable num_temporada es un entero. El operador suma solo permite concatenar cadenas de caracteres, por lo que convertimos la variable num_temporada en cadena de caracteres haciendo un casting con la función str().

Si queremos añadir cadenas al final de una cadena de caracteres podemos usar el operador de asignación de suma (+=). En el ejemplo tenemos una lista, `personajes`, con los nombres de algunos de los personajes de la serie Juego de Tronos. A partir de esa lista hemos generado la cadena `personajes_principales` como resultado de unir los nombres de los personajes de la lista. Para ello, usamos la estructura de control for, del operador in, del operador += y del operador +. Si observamos la salida 11 (`Out[11]`), la cadena resultante contiene una coma y un espacio en blanco al final. Esto se debe a que en el bucle hemos concatenado cada `nombre` con una coma y un espacio en blanco para separarlos en la cadena de texto. Para evitar que la cadena `personajes_principales` tenga esos caracteres al final, nos quedamos con la porción de cadena que va desde el primer carácter hasta el penúltimo carácter ([:-2]).

```
In [8]: personajes = ["Daenerys Targaryen", "John Nieve", "Arya Stark", "Cersei
Lannister"]

In [9]: personajes_principales = ""

In [10]: for nombre in personajes:
   ...:      personajes_principales += nombre + ", "
   ...:

In [11]: personajes_principales
Out[11]: 'Daenerys Targaryen, John Nieve, Arya Stark, Cersei Lannister, '

In [12]: personajes_principales = personajes_principales[:-2]

In [13]: personajes_principales
Out[13]: 'Daenerys Targaryen, John Nieve, Arya Stark, Cersei Lannister'
```

Para concatenar una cadena de caracteres varias veces podemos utilizar el operador multiplicación (*). Este operador nos permite repetir la cadena especificada N veces, pudiendo ser N el multiplicando (In [14]) o el multiplicador (In [16]).

```
In [14]: texto_a = "Hace " + 3 * "mucho " + "tiempo..."

In [15]: texto_a
Out[15]: 'Hace mucho mucho mucho tiempo...'

In [16]: texto_b = "Hace " + "mucho " * 3 + "tiempo..."

In [17]: texto_b
Out[17]: 'Hace mucho mucho mucho tiempo...'
```

Por último, el operador módulo (%) permite interpolar variables dentro de una cadena de caracteres. Examinaremos este operador con más detalle en la sección «Formateo de una cadena».

Métodos para la manipulación de cadenas

El tipo de dato str ofrece las funciones y operadores comunes de las secuencias introducidas en el capítulo 10 y una gran variedad de métodos para manipularlas. A continuación, mostramos una descripción de los más utilizados con algunos ejemplos:

len(cad)

Devuelve la longitud de la cadena, es decir, el número de caracteres que la forman. Los espacios en blanco también cuentan como caracteres.

```
In [1]: cadena = "Me encanta Python"

In [2]: len(cadena)
Out[2]: 17
```

str.count(sub[, inicio[, límite]])

Devuelve el número de veces que se repite la subcadena sub en la cadena. Los argumentos opcionales de inicio y límite permiten limitar la búsqueda a una porción de la cadena.

```
In [1]: cadena = "Hace mucho mucho mucho tiempo..."

In [2]: cadena.count("mucho")
Out[2]: 3

In [3]: cadena.count("mucho", 16, 28)
Out[3]: 1

In [4]: cadena.count("érase")
Out[4]: 0
```

NOTA:

Los corchetes indican que el parámetro es opcional. Vamos a utilizar esta notación para indicar cuándo ciertos argumentos o grupos de argumentos son opcionales.

str.find(sub[, inicio[, límite]])

Devuelve la posición de la primera ocurrencia de la subcadena sub en la cadena. Es posible que una subcadena se repita varias veces a lo largo de una cadena, por eso este método devuelve la posición de la primera ocurrencia encontrada. En caso de no encontrar ninguna ocurrencia de la subcadena, devuelve el valor -1. Los argumentos opcionales de inicio y límite permiten limitar la búsqueda a una porción de la cadena, aunque el índice devuelto será siempre sobre la posición global de la subcadena sub en la cadena y no sobre la posición relativa a los valores de inicio y límite indicados.

El método find() debe usarse si se desea conocer la posición de una subcadena en una cadena. Si lo que se quiere saber es si una subcadena está presente en una cadena, es mejor utilizar el operador in.

```
In [1]: frase = "Érase una vez una princesa llamada Jasmine."

In [2]: frase.find("una")
Out[2]: 6

In [3]: frase.find("una", 8)
Out[3]: 14

In [4]: frase.find("Aladdin")
Out[4]: -1

In [5]: "princesa" in frase
Out[5]: True
```

str.index(sub[, inicio[, límite]])

Realiza la misma función que el método find(), pero genera un error ValueError si no encuentra la subcadena.

```
In [1]: frase = "Érase una vez una princesa llamada Jasmine."

In [2]: frase.index("genio")
Traceback (most recent call last):

File "<ipython-input-6-ea78a2857067>", line 1, in <module>
frase.index("genio")

ValueError: substring not found
```

str.rfind(sub[, inicio[, límite]])

Devuelve la posición de la última ocurrencia de la subcadena sub en la cadena. En caso de no encontrar ninguna ocurrencia de la subcadena, devuelve el valor -1. A diferencia del método find() este método realiza la búsqueda desde el final de la cadena, en lugar de desde el principio.

```
In [1]: frase = "Érase una vez una princesa llamada Jasmine."

In [2]: frase.rfind("una")
Out[2]: 14

In [3]: frase.rfind("lámpara")
Out[3]: -1
```

str.rindex(sub[, inicio[, límite]])

Realiza la misma función que el método rfind(), pero genera un error ValueError si no encuentra la subcadena.

```
In [1]: frase = "Érase una vez una princesa llamada Jasmine."

In [2]: frase.rindex("una")
Out[2]: 14

In [3]: frase.rindex("lámpara")
Traceback (most recent call last):

File "<ipython-input-10-0914869bd347>", line 1, in <module>
frase.rindex("lámpara")

ValueError: substring not found
```

str.capitalize()

Devuelve una copia de la cadena convirtiendo el primer carácter a mayúscula y el resto a minúscula.

```
In [1]: cadena = "pyTHon"

In [2]: cadena.capitalize()
Out[2]: 'Python'
```

str.lower(sub[, inicio[, límite]])

Devuelve una copia de la cadena convirtiendo todos los caracteres a minúscula.

```
In [1]: cadena = "pyTHon"

In [2]: cadena.lower()
Out[2]: 'python'
```

str.upper()

Devuelve una copia de la cadena convirtiendo todos los caracteres a mayúscula.

```
In [1]: cadena = "pyTHon"

In [2]: cadena.upper()
Out[2]: 'PYTHON'
```

str.swapcase()

Devuelve una copia de la cadena convirtiendo los caracteres en minúscula a mayúscula y viceversa.

```
In [1]: cadena = "pyTHon"

In [2]: cadena.swapcase()
Out[2]: 'PYthON'
```

str.strip([caracteres])

Devuelve una copia de la cadena tras eliminar los caracteres iniciales y finales que se corresponden con los caracteres especificados en **caracteres**. El argumento **caracteres** debe ser una cadena que especifique el conjunto de caracteres a eliminar. Si no se especifica este argumento, por defecto se utiliza el conjunto de caracteres espacio en blanco (**string.whitespace**), es decir, se eliminan los caracteres espacio en blanco iniciales y finales de la cadena.

```
In [1]: cadena_a = " \tEstoy aprendiendo mucho sobre Python.\n"

In [2]: cadena_a.strip()
Out[2]: 'Estoy aprendiendo mucho sobre Python.'

In [3]: cadena_b = "Voy a ser un gran programador de este lenguaje."

In [4]: cadena_b.strip("v.e")
Out[4]: 'Voy a ser un gran programador de este lenguaj'

In [5]: cadena_b.strip("Vjo.e")
Out[5]: 'y a ser un gran programador de este lengua'
```

NOTA:

La constante string.whitespace contiene todos los caracteres que se consideran espacios en blanco. En la mayoría de los sistemas incluye los caracteres espacio (" "), tabulación (\t), salto de línea (\n), retorno (\r), salto de página (\f) y tabulación vertical (\v).

str.lstrip([caracteres])

Realiza la misma función que el método **strip()**, pero eliminando solamente los caracteres iniciales que se corresponden con los caracteres especificados en **caracteres**. El argumento **caracteres** debe ser una cadena que especifique el conjunto de caracteres que se quiere eliminar. Si no se especifica este argumento, por defecto se utiliza el conjunto de caracteres espacio en blanco (**string.whitespace**), es decir, se eliminan los caracteres espacio en blanco iniciales de la cadena.

```
In [1]: cadena = " Estoy aprendiendo mucho sobre Python. "

In [2]: cadena.lstrip()
Out[2]: 'Estoy aprendiendo mucho sobre Python. '

In [3]: cadena.lstrip(" E.nt")
Out[3]: 'stoy aprendiendo mucho sobre Python. '
```

str.rstrip(caracteres)

Igual que el anterior, pero en esta ocasión eliminando solamente los caracteres finales, en lugar de los iniciales.

```
In [1]: cadena = " Estoy aprendiendo mucho sobre Python. "

In [2]: cadena.rstrip()
Out[2]: ' Estoy aprendiendo mucho sobre Python.'

In [3]: cadena.rstrip(" E.nthyPo")
Out[3]: ' Estoy aprendiendo mucho sobre'
```

str.replace(sub_antigua, sub_nueva[, num_ocurrencias])

Devuelve una copia de la cadena tras reemplazar las ocurrencias de la subcadena **sub_antigua** por la subcadena **sub_nueva**. Si se proporciona el argumento **num_ocurrencias**, solo se reemplazarán las primeras **num_ocurrencias**. Si no se proporciona este argumento, se reemplazarán todas las ocurrencias.

```
In [1]: cadena_a = "Soy un excelente programador de Java."

In [2]: cadena_a.replace("Java", "Python")
Out[2]: 'Soy un excelente programador de Python.'

In [3]: cadena_b = "Oración número 1. Oración número 2. Oración número 3."

In [4]: cadena_b.replace("número", "")
Out[4]: 'Oración 1. Oración 2. Oración 3.'

In [5]: cadena_b.replace("número", "", 1)
Out[5]: 'Oración 1. Oración número 2. Oración número 3.'
```

str.split(sep=None, maxsplit=-1)

Divide la cadena utilizando **sep** como carácter separador y devuelve una lista con las palabras resultantes de la división. Los argumentos **sep** y **maxsplit** son opcionales. Si no se especifica el argumento **sep** o si su valor es **None** (valor por defecto), se realizará la división utilizando como caracteres separadores el conjunto de caracteres espacio en blanco.

El segundo argumento, **maxsplit**, especifica el número máximo de divisiones a realizar, por lo que la lista tendrá como máximo **maxsplit+1** elementos. Si no se especifica el argumento **maxsplit** o si su valor es **-1** (valor por defecto), no se establecerá límite en el número de particiones a realizar por lo que se realizarán todas las particiones posibles.

```
In [1]: cadena_a = "Grupo A\tGrupo B\tGrupo C"

In [2]: cadena_a.split()
Out[2]: ['Grupo', 'A', 'Grupo', 'B', 'Grupo', 'C']

In [3]: cadena_a.split("\t")
Out[3]: ['Grupo A', 'Grupo B', 'Grupo C']

In [4]: cadena_b = "1 2 3 4 5"

In [5]: cadena_b.split(None, 2)
Out[5]: ['1', '2', '3 4 5']
```

str.join(iterable)

Devuelve una cadena resultante de unir las cadenas del iterable indicado como argumento, utilizando como separador la cadena desde la que se realiza la llamada. Si en el iterable hay valores que no son cadenas, se generará un error TypeError.

```
In [1]: personajes = ["Daenerys Targaryen", "John Nieve", "Arya Stark", "Cersei
Lannister"]

In [2]: " - ".join(personajes)
Out[2]: 'Daenerys Targaryen - John Nieve - Arya Stark - Cersei Lannister'

In [3]: capitulos = [1, 2, 3, 4, 5]

In [4]: ", ".join(capitulos)
Traceback (most recent call last):

File "<ipython-input-4-f223f188bb24>", line 1, in <module>
", ".join(capitulos)

TypeError: sequence item 0: expected str instance, int found
```

NOTA:

Recordemos que un «iterable» es tanto un contenedor (ej. lista, tupla, etc.) como un generador (ej. función range()).

Formateo de una cadena

En el capítulo 9 también examinamos diferentes métodos para formatear la salida por pantalla. Si lo recuerdas, algunos de estos métodos hacían uso de los conocidos como «caracteres de tipo», que permiten intercalar valores dentro de una cadena de texto anteponiendo el carácter sobreescritura (%) al carácter de tipo correspondiente.

La mayoría de esos métodos son también usados para el formateo de cadenas de texto, excepto el «paso de valores como parámetros» propio de la función print(). A continuación, los resumimos y mostramos ejemplos con cada uno de ellos:

- **Operador %.** Las cadenas de Python ofrecen el operador módulo (%), que permite interpolar variables dentro de una cadena de caracteres. Para ello, hay que indicar mediante caracteres de tipo la posición del texto en la que se insertarán los valores de las variables. Veamos algunos ejemplos:

```
In [1]: nombre = "María"

In [2]: "%s domina lenguajes como Java y C++" % nombre
Out[2]: 'María domina lenguajes como Java y C++'

In [3]: nuevo_lenguaje = "Python"

In [4]: "%s domina lenguajes como Java y C++ y quiere aprender a programar
en %s" % (nombre, nuevo_lenguaje)
Out[4]: 'María domina lenguajes como Java y C++ y quiere aprender a
programar en Python'

In [5]: año = 2019

In [6]: "%s domina lenguajes como Java y C++ y quiere aprender a programar
en %s antes de que finalice el año %d" % (nombre, nuevo_lenguaje, año)
Out[6]: 'María domina lenguajes como Java y C++ y quiere aprender a programar
en Python antes de que finalice el año 2019'
```

- **Función str.format()**. Esta función permite realizar un formateo de la cadena desde la que se realiza la llamada. Los valores que se deben insertar en la misma se especifican mediante llaves { }. Existen dos formas de representar las variables entre llaves. La primera de ellas consiste en incluir entre las llaves un índice numérico para identificar a la variable y se conoce como formateo por posición. La segunda de ellas se basa en el uso de un nombre asociado a la variable a incluir y se denomina formateo por nombre. Veamos un ejemplo de cada uno de estos tipos:

```
In [1]: nombre = "María"

In [2]: nuevo_lenguaje = "Python"

In [3]: año = 2019

In [4]: "{0} domina lenguajes como Java y C++ y quiere aprender a programar
en {1} antes de que finalice el año {2}".format(nombre, nuevo_lenguaje, año)
Out[4]: 'María domina lenguajes como Java y C++ y quiere aprender a programar
en Python antes de que finalice el año 2019'

In [5]: "{nom} domina lenguajes como Java y C++ y quiere aprender a
programar en {nl} antes de que finalice el año {a}".format(nom=nombre,
nl=nuevo_lenguaje, a=año)
Out[5]: 'María domina lenguajes como Java y C++ y quiere aprender a programar
en Python antes de que finalice el año 2019'
```

- **F-strings.** Las cadenas literales, f-strings, se representan con una f al principio y contienen llaves con las variables o expresiones cuyos valores se insertarán en la cadena. Se trata de un formateo basado en la inserción directa de variables y expresiones. Veamos cómo se formatearía la cadena del ejemplo anterior con este método:

```
In [1]: nombre = "María"

In [2]: nuevo_lenguaje = "Python"

In [3]: año = 2019

In [4]: f"{nombre} domina lenguajes como Java y C++ y quiere aprender a
programar en {nuevo_lenguaje} antes de que finalice el año {año}"
Out[4]: 'María domina lenguajes como Java y C++ y quiere aprender a programar
en Python antes de que finalice el año 2019'
```

Tabla 11.2. Caracteres de tipo.

Carácter de tipo	Significado
s	Cadena de texto
d	Entero
f	Real
e	Real en formato exponencial
o	Octal
x	Hexadecimal

Ejercicios propuestos

Intenta realizar los siguientes ejercicios. Encontrarás la solución al final del libro, en el Apéndice E.

1. Escribe un programa que lea una cadena escrita por teclado y comprueba si el primer y el último carácter son iguales. Si son iguales, mostrará un mensaje con el número total de caracteres de la cadena distintos a dicho carácter. En caso contrario, mostrará un mensaje con el número total de caracteres de la cadena iguales al carácter inicial y al carácter final (sin incluirlos).
2. Utiliza los métodos split() y join() para sustituir el nombre de la cadena `"Mi nombre es Paula"` por tu nombre.
3. Las siguientes cadenas formateadas tienen errores. Realiza las correcciones necesarias para que sean válidas y pruébalas en la terminal de IPython.

```
"No me canso de %s."%("aprender", "Python")

format("Estoy deseando empezar el capítulo %d", 12)

accion = "formatear"
f"Ya sé {s} cadenas en Python" % accion
```

Resumen

Las cadenas de caracteres son un tipo de dato fundamental en la programación con cualquier lenguaje. Nos permiten, entre otras cosas, comunicarnos con el usuario, guardar información generada por nuestro programa o documentar nuestro código. En este capítulo hemos aprendido cómo declarar en Python cadenas de caracteres sencillas y algunas algo más complejas. También hemos aprendido cómo acceder a su contenido como un todo o a parte de sus elementos, los caracteres. No olvidemos que las cadenas son inmutables, es decir, una vez declaradas no se pueden modificar. Sin embargo, es posible crear una nueva cadena a partir de modificaciones de la cadena original. Para ello contamos con distintos operadores y métodos para manipular este tipo de dato y formatearlo.

12 Expresiones regulares

En este capítulo aprenderás:

- Qué es una expresión regular.
- Para qué se pueden utilizar las expresiones regulares.

Introducción

Una expresión regular es una cadena de caracteres especial que define un patrón de búsqueda. En el capítulo 11 vimos algunos métodos, como find() o index(), para buscar una subcadena en una cadena. Si lo recuerdas, estos métodos permitían buscar una cadena fija como `"Python"`, pero ¿y si lo que queremos es buscar todos los correos electrónicos presentes en un texto? ¿Y si queremos validar que un dato de entrada siga un patrón específico? Para ello tenemos que recurrir a las expresiones regulares. Son una herramienta fundamental para manipular conjuntos de datos en texto, como listas de nombres de archivos, direcciones de correo electrónico, modelos de productos, etc. Las expresiones regulares pueden ahorrarte mucho trabajo si sabes sacarle partido y Python ofrece potentes herramientas para su aplicación.

`(cuen|len|conten)to` es un ejemplo de una expresión regular que permite buscar el conjunto finito formado por las cadenas `cuento`, `lento` y `contento`. En cambio, `ja+j+a+j+a+` es una expresión regular que permite buscar un conjunto infinito de formas de escribir una risa: `jajaja`, `jajjaaja`, `jajajaaa`, etc. Para trabajar con expresiones regulares, Python ofrece el módulo `re`. Para usar todas las funciones y clases del mismo, primero lo importaremos de la siguiente forma:

```
import re
```

Ahora ya estás preparado para empezar a conocer todo el potencial de estas expresiones, así que adelante con el capítulo.

Declaración de una expresión regular

Para declarar expresiones regulares en Python encontramos dos formas diferentes. Veamos un ejemplo con cada una de ellas:

```
In [1]: import re

In [2]: regex_forma1 = r'(maria.*|paula.*)@gmail\.com'

In [3]: regex_forma2 = re.compile(r'(maria.*|paula.*)@gmail\.com')
```

La primera forma consiste en declarar una cadena con el prefijo r, mientras que la segunda hace uso de la función compile() del módulo re. ¿Cuál de las dos es más adecuada? Si se va a utilizar pocas veces, es más adecuada la primera forma, ya que ocupa menos espacio en memoria, porque cada vez que se utiliza crea las estructuras necesarias para su ejecución y, una vez finalizada, las destruye. Sin embargo, si se va a utilizar de forma repetida, es mejor usar la segunda forma porque evita construir las estructuras internas cada vez que se utiliza la expresión regular.

En ambos ejemplos se ha declarado una expresión regular que permite buscar todas las direcciones de correo electrónico que empiecen por `maria` o `paula` y que se correspondan con el dominio de `gmail`: `maria_95@gmail.com`, `mariasanchez@gmail.com`, `paula_alvarez@gmail.com`, etc.

En ella, se ha hecho uso de algunos de los componentes fundamentales de las expresiones regulares como el punto (.), el asterisco (*), la barra (|) y la barra invertida (\). A continuación, entraremos en detalle en estos elementos y otros componentes esenciales para trabajar con expresiones regulares.

Componentes de las expresiones regulares

Como hemos comentado en la introducción, las expresiones regulares son cadenas de caracteres especiales que permiten definir patrones de búsqueda. Para construirlas se hace uso de tres elementos fundamentalmente: los literales, las secuencias de escape y los metacaracteres. A continuación, presentamos cada uno de estos elementos.

Literales

Los literales no son más que una secuencia de caracteres, es decir, una cadena de texto cuya aparición se busca tal cual. Por ejemplo, una expresión regular formada por el literal coche (`r'coche'`), nos permitirá encontrar todas las coincidencias de la palabra `coche` en el texto en el que realicemos la búsqueda.

Secuencias de escape

Las secuencias de escape son elementos formados por una barra invertida (`\`) y un carácter, cuya combinación tiene un significado especial. Por ejemplo, el carácter `n` por sí solo representa simplemente a un carácter, pero si le anteponemos una barra invertida (`\`) representa un salto de línea (`\n`).

En la tabla 12.1 se presentan las secuencias de escape más utilizadas en las expresiones regulares.

Tabla 12.1. Secuencias de escape.

Secuencia	Descripción
\n	Salto de línea
\t	Tabulador
\v	Tabulador vertical
\\	Barra diagonal invertida
\'	Comilla simple
\"	Comilla doble
\ooo	Carácter ASCII ooo en notación octal; ej: '\153' es 'k'
\xhh	Carácter ASCII hh en notación hexadecimal; ej: '\x61' es 'a'

Metacaracteres

Los metacaracteres son aquellos caracteres que tienen un significado especial en las expresiones regulares y se corresponden con los siguientes:

`. ^ $ * + ? { } [ ] \ | ( )`

Se utilizan para definir elementos de las expresiones regulares que resultan imprescindibles para trabajar con ellas, como son las clases de caracteres y los rangos, las clases predefinidas, los iteradores, elementos de repetición o cuantificadores, los elementos de alternativa, los grupos aislados y las anclas. Examinemos cada uno de estos elementos.

Clases de caracteres y rangos

Las clases de caracteres se utilizan para listar el conjunto de caracteres válidos que se desea buscar y se delimitan con los metacaracteres [y], es decir, permiten buscar un carácter dentro de varias posibles opciones. Veamos algunos ejemplos:

- `[as]` se utilizaría para buscar el carácter `a` o el carácter `s`.
- `alumn[oa]` permitiría buscar las cadenas `alumno` y `alumna`.
- `[\[mj]` se usaría para encontrar el carácter `[`, el carácter `m` o el carácter `j`. Como puedes observar, para buscar el carácter corchete `[` ha sido necesario escribir una barra delante \ para que se considere como carácter normal y no como carácter especial. Esto se denomina «escapar el carácter».

Los rangos son clases de caracteres abreviadas que se crean escribiendo el primer carácter del rango, un guion y el último carácter del rango. Permiten realizar una búsqueda de todos los caracteres incluidos en el rango especificado. Así, si queremos buscar números comprendidos entre 0 y 9 podemos utilizar el rango `[0-9]` que equivale a la clase de caracteres `[0123456789]`. Ahora que ya has entendido el concepto, mostramos algunos rangos más y sus clases de caracteres equivalentes:

- `[A-Z]`: equivale a todas las letras mayúsculas del alfabeto.
- `[a-z]`: representa a todas las letras minúsculas del alfabeto.
- `[5-9]`: equivale a la clase de caracteres `[56789]`.

También es posible definir rangos múltiples en una misma clase de caracteres. Por ejemplo, si necesitamos crear un rango que represente a todas las letras mayúsculas y minúsculas del alfabeto, lo haremos de la siguiente forma:

- `[A-Za-z]`: equivale a todas las letras mayúsculas y minúsculas del alfabeto.

Los rangos se basan en el uso de un guion que delimite el carácter de inicio y el carácter de fin. Por tanto, si queremos incluir un guion en una clase de caracteres y evitar que se cree un rango tenemos tres opciones:

1. Escapar el guion, es decir, escribir una barra delante \ para que se considere como carácter normal y no como carácter especial.
    - `[a\-z]`: equivale a los caracteres a, - y z.
2. Escribir el guion inmediatamente después del corchete izquierdo.
    - `[-A-Z]`: equivale al guion y a todas las letras mayúsculas del alfabeto.
3. Escribir el guion inmediatamente antes del corchete derecho.
    - `[0-9-]`: equivale a la clase de caracteres `[0123456789-]`.

¿Y si lo que queremos es definir una lista de caracteres que no deben aparecer en una cadena? Para ello se utilizan las clases de caracteres negadas y los rangos negados, que se construyen colocando el metacarácter circunflejo ^ inmediatamente después del corchete izquierdo. Veamos algunos ejemplos:

- [^`defg`]: coincide con cualquier carácter distinto a los caracteres `d`, `e`, `f` y `g`.
- [^`0-9`]: coincide con cualquier carácter que no sea un número.

Clases predefinidas

Las clases predefinidas son clases de caracteres que se usan frecuentemente y que, por ello, cuentan con una forma abreviada. Las clases predefinidas que ofrece Python para facilitar el trabajo con expresiones regulares se presentan en la tabla 12.2.

Tabla 12.2. Clases predefinidas.

Clase	Descripción
\d	Cualquier carácter numérico, equivale a [0-9]
\D	Cualquier carácter no numérico, equivale a [^0-9]
\w	Cualquier carácter alfanumérico, equivale a [A-Za-z0-9_]
\W	Cualquier carácter no alfanumérico, equivale a [^A-Za-z0-9_]
\s	Cualquier carácter que es un espacio en blanco, equivale a [\t\n\r\f]
\S	Cualquier carácter que no es un espacio en blanco, equivale a [^\t\n\r\f]
.	Cualquier carácter excepto el carácter \n

Iteradores, elementos de repetición o cuantificadores

Las expresiones regulares, a diferencia de las cadenas de texto, permiten buscar patrones, pero, además, cuentan con unos elementos conocidos como iteradores, elementos de repetición o cuantificadores que permiten especificar el número de repeticiones del carácter, clase o expresión que aparece a la izquierda de los mismos. En la tabla 12.3 se muestran los metacaracteres de repetición que podemos usar en una expresión regular, así como una breve descripción de los mismos.

Tabla 12.3. Metacaracteres de repetición.

Metacarácter	Descripción
?	El carácter de la izquierda puede aparecer cero o una veces
*	El carácter de la izquierda puede aparecer cero o más veces
+	El carácter de la izquierda tiene que aparecer una o más veces
{n}	El carácter de la izquierda tiene que aparecer exactamente n veces
{n,}	El carácter de la izquierda tiene que aparecer al menos n veces
{n,m}	El carácter de la izquierda tiene que aparecer al menos n veces, pero no más de m veces

Alternativas

El metacaracter | permite definir opciones en un patrón de búsqueda, es decir, actúa como el operador «o», para ofrecer alternativas. Retomemos el ejemplo utilizado para mostrar cómo declarar una expresión regular:

```
In [1]: import re

In [2]: regex_forma1 = r'(maria.*|paula.*)@gmail\.com'

In [3]: regex_forma2 = re.compile(r'(maria.*|paula.*)@gmail\.com')
```

maria.* es una expresión regular que permite buscar las ocurrencias del nombre maria, seguido de cero o más caracteres (metacarácter de repetición *) diferentes al carácter \n (metacarácter .) paula.* es otra expresión regular similar a la anterior, pero cambiando maria por paula. Con el metacarácter | estamos definiendo una expresión regular con alternativas, en este caso dos alternativas, para buscar todas las cadenas que coincidan con la primera expresión o con la segunda expresión. Por tanto, cualquiera de las cadenas maria@gmail.com, paula@gmail.com, maria55@gmail.com o paula21@gmail.com, coincidirá con el patrón de búsqueda definido.

Si necesitáramos incluir el literal | en una expresión regular, tendríamos que escaparlo escribiendo una barra delante \ para que se considerara un carácter normal y no un carácter especial, o bien definir una clase de caracteres con él:

- \| : equivale al carácter |.
- [\|] : equivale al carácter |.

Grupos aislados

Los paréntesis permiten aislar grupos de caracteres, lo cual puede ser útil para delimitar las opciones de un patrón de búsqueda, como pudimos ver en el ejemplo anterior, y para especificar el alcance de un iterador:

- En el ejemplo mostrado anteriormente sobre alternativas, (maria.*|paula.*)@gmail\.com, también hacemos uso del metacarácter paréntesis (). El uso de este metacarácter nos permite delimitar las opciones del patrón de búsqueda, de manera que no sea necesario repetir las partes comunes de las cadenas buscadas, como es el caso de la subcadena correspondiente al dominio gmail: @gmail.com.
- El patrón (jaja)+ coincide con jaja, jajajaja, jajajajajaja, etc., es decir, con cualquier cadena que tenga un número par de sílabas ja. Fíjate en la importancia de usar los paréntesis. Si no los hubiésemos utilizado, el patrón de búsqueda habría sido jaja+ el cual coincidiría con las cadenas jaja, jajaa, jajaaa, etc.

Delimitadores o anclas

Los metacaracteres delimitadores, también conocidos como anclas, permiten especificar en qué posición de la cadena debe encontrarse el segmento buscado.

En la tabla 12.4 se presentan todos ellos junto con una breve descripción. A continuación, los explicamos con detalle:

- ^: permite buscar al inicio de una cadena. Si se activa la bandera[1] MULTILINE en la expresión regular o en el método usado para la búsqueda, también permitirá buscar al inicio de cada línea que contenga la cadena.
- $: permite buscar al final de una cadena. Si se activa la bandera MULTILINE en la expresión regular o en el método usado para la búsqueda, también permitirá buscar al final de cada línea que contenga la cadena.
- \A: permite buscar al inicio de una cadena. Su diferencia con el metacarácter ^ es que solo permite buscar al principio de una cadena, incluso si se activa la bandera MULTILINE.
- \Z: permite buscar al final de una cadena. Su diferencia con el metacarácter $ es que solo permite buscar al final de una cadena, incluso si se activa la bandera MULTILINE.
- \b: permite buscar una cadena al principio o al final de una palabra o como una coincidencia completa de la palabra.
- \B: permite buscar una cadena que no se encuentra en el límite de una palabra; es el metacarácter opuesto a \b.

Tabla 12.4. Metacaracteres delimitadores o de anclaje.

Metacarácter	Descripción
^	Permite buscar al inicio de una cadena o línea
$	Permite buscar al final de una cadena o línea
\A	Permite buscar al inicio de una cadena
\Z	Permite buscar al final de una cadena
\b	Permite buscar una cadena al principio o al final de una palabra o como una coincidencia completa de la palabra
\B	Permite buscar una cadena que no se encuentra en el límite de una palabra, es el metacarácter opuesto a \b

Para que entiendas mejor su funcionamiento vamos a mostrar algunos ejemplos reemplazando con la letra X la cadena que se encontraría con cada uno de los metacaracteres presentados. Para ello, haremos uso del método re.sub(patrón, cad_reemplazo, cad, count=0, flags=0). Más adelante explicaremos cómo utilizar este y otros métodos. Ahora simplemente necesitas saber que se utiliza para reemplazar las cadenas de un texto que corresponden con un patrón determinado

1. Las banderas de compilación permiten modificar el comportamiento de las expresiones regulares y se explicarán en una sección más adelante.

y que cuando el atributo **count** es igual a 0 reemplaza todas las ocurrencias encontradas. Supongamos que tenemos el siguiente texto: `"El hotel no era lo que esperaba.\nLa limpieza brillaba por su ausencia.\nEl tiempo de espera en el desayuno era demasiado.\nNo pienso volver jamás."`

```
In [1]: import re

In [2]: texto = "El hotel no era lo que esperaba.\nLa limpieza brillaba por
su ausencia.\nEl tiempo de espera en el desayuno era demasiado.\nNo pienso
volver jamás."
```

- **^La** se utilizaría para comprobar si la palabra `La` aparece al principio del texto. Resultado: negativo, puesto que se encuentra al principio de la segunda línea.

```
In [3]: print(re.sub(r'^La', 'X', texto))
El hotel no era lo que esperaba.
La limpieza brillaba por su ausencia.
El tiempo de espera en el desayuno era demasiado.
No pienso volver jamás.
```

- **^La** y la bandera **MULTILINE** activa, se utilizaría para comprobar si `La` aparece al principio de alguna de las 3 líneas del texto. Resultado: positivo, puesto que se encuentra al principio de la segunda línea.

```
In [4]: print(re.sub(r'^La', "X", texto, 0, re.M))
El hotel no era lo que esperaba.
X limpieza brillaba por su ausencia.
El tiempo de espera en el desayuno era demasiado.
No pienso volver jamás.
```

- **jamás.$** se utilizaría para comprobar si la cadena `jamás.` aparece al final del texto. Resultado: positivo, puesto que se encuentra al final del texto.

```
In [5]: print(re.sub(r'jamás.$', 'X', texto))
El hotel no era lo que esperaba.
La limpieza brillaba por su ausencia.
El tiempo de espera en el desayuno era demasiado.
No pienso volver X
```

- **jamás.$** y la bandera **MULTILINE** activa, se utilizaría para comprobar si la cadena `jamás.` aparece al final de alguna de las 3 líneas del texto. Resultado: positivo, puesto que se encuentra al final de la última línea del texto.

```
In [6]: print(re.sub(r'jamás.$', 'X', texto, 0, re.M))
El hotel no era lo que esperaba.
La limpieza brillaba por su ausencia.
El tiempo de espera en el desayuno era demasiado.
No pienso volver X
```

- **\ANo** se utilizaría para comprobar si la palabra `No` aparece al principio del texto. Resultado: negativo, puesto que se encuentra al principio de la tercera línea.

```
In [7]: print(re.sub(r'\ANo', 'X', texto))
El hotel no era lo que esperaba.
La limpieza brillaba por su ausencia.
El tiempo de espera en el desayuno era demasiado.
No pienso volver jamás.
```

- **\ANo** y la bandera **MULTILINE** activa, se utilizaría para comprobar si la palabra `No` aparece al principio del texto. La activación de la bandera **MULTILINE** no afecta a este metacarácter. Resultado: negativo, puesto que se encuentra al principio de la tercera línea.

```
In [8]: print(re.sub(r'\ANo', 'X', texto, 0, re.M))
El hotel no era lo que esperaba.
La limpieza brillaba por su ausencia.
El tiempo de espera en el desayuno era demasiado.
No pienso volver jamás.
```

- **esperaba.\Z** se utilizaría para comprobar si la cadena `esperaba.` aparece al final del texto. Resultado: negativo, puesto que se encuentra al final de la primera línea.

```
In [9]: print(re.sub(r'esperaba.\Z', 'X', texto))
El hotel no era lo que esperaba.
La limpieza brillaba por su ausencia.
El tiempo de espera en el desayuno era demasiado.
No pienso volver jamás.
```

- **esperaba.\Z** y la bandera **MULTILINE** activa, se utilizaría para comprobar si la cadena `esperaba.` aparece al final del texto. La activación de la bandera **MULTILINE** no afecta a este metacarácter. Resultado: negativo, puesto que se encuentra al final de la primera línea.

```
In [10]: print(re.sub(r'esperaba.\Z', 'X', texto, 0, re.M))
El hotel no era lo que esperaba.
La limpieza brillaba por su ausencia.
El tiempo de espera en el desayuno era demasiado.
No pienso volver jamás.
```

- **\bespera**, se utilizaría para comprobar si la cadena `espera` aparece al principio de alguna palabra del texto. Resultado: positivo, puesto que la cadena `espera` aparece al principio de la palabra `esperaba` y de la palabra `espera`.

```
In [11]: print(re.sub(r'\bespera', 'X', texto))
El hotel no era lo que Xba.
La limpieza brillaba por su ausencia.
El tiempo de X en el desayuno era demasiado.
No pienso volver jamás.
```

- **espera\b**, se utilizaría para comprobar si la cadena `espera` aparece al final de alguna palabra del texto. Resultado: positivo, puesto que la cadena `espera` aparece al final de la palabra `espera`.

```
In [12]: print(re.sub(r'espera\b', 'X', texto))
El hotel no era lo que esperaba.
La limpieza brillaba por su ausencia.
El tiempo de X en el desayuno era demasiado.
No pienso volver jamás.
```

- **\bespera\b**, se utilizaría para comprobar si la cadena `espera` coincide con alguna palabra del texto. Resultado: positivo, puesto que la cadena `espera` aparece como una palabra del texto.

```
In [13]: print(re.sub(r'\bespera\b', 'X', texto))
El hotel no era lo que esperaba.
La limpieza brillaba por su ausencia.
El tiempo de X en el desayuno era demasiado.
No pienso volver jamás.
```

- **\Ber**, se utilizaría para comprobar si la cadena `er` aparece en alguna palabra del texto, pero no al principio de la misma. Resultado: positivo, puesto que la cadena `er` forma parte de la palabra `esperaba` y de la palabra `espera`, pero no aparece al principio de ninguna de ellas.

```
In [14]: print(re.sub(r'\Ber', 'X', texto))
El hotel no era lo que espXaba.
La limpieza brillaba por su ausencia.
El tiempo de espXa en el desayuno era demasiado.
No pienso volvX jamás.
```

- **er\B**, se utilizaría para comprobar si la cadena `er` aparece en alguna palabra del texto, pero no al final. Resultado: positivo, puesto que la cadena `er` forma parte de la palabra `esperaba`, de la palabra `espera` y de la palabra `era`, pero no aparece al final de ninguna de ellas.

```
In [15]: print(re.sub(r'er\B', 'X', texto))
El hotel no Xa lo que espXaba.
La limpieza brillaba por su ausencia.
El tiempo de espXa en el desayuno Xa demasiado.
No pienso volver jamás.
```

- **\Ber\B**, se utilizaría para comprobar si la cadena `er` aparece en alguna palabra del texto, pero no al principio ni al final. Resultado: positivo, puesto que la cadena `er` forma parte de la palabra `esperaba` y de la palabra `espera`, pero no aparece al principio ni al final de ninguna de ellas.

```
In [16]: print(re.sub(r'\Ber\B', 'X', texto))
El hotel no era lo que espXaba.
La limpieza brillaba por su ausencia.
El tiempo de espXa en el desayuno era demasiado.
No pienso volver jamás.
```

Métodos para usar expresiones regulares

Para poder trabajar con expresiones regulares es necesario importar el módulo re. Este módulo proporciona métodos que nos permiten utilizar la potencia de las expresiones regulares para buscar coincidencias de patrones, realizar modificaciones en el texto de entrada, validar cadenas, etc. Algunos de los métodos devuelven objetos de tipo Match, que guardan información acerca de la cadena coincidente y de su posición en el texto. Los métodos más utilizados para acceder a la información de estos objetos son los siguientes:

Match.group()

Devuelve la cadena coincidente con la expresión regular.

Match.start()

Devuelve la posición de inicio de la cadena coincidente.

Match.end()

Devuelve la posición de fin de la cadena coincidente.

Match.span()

Devuelve una tupla con la posición de inicio de inicio y de fin (inicio, fin) de la cadena coincidente. A continuación, presentamos los principales métodos para trabajar con expresiones regulares junto con algunos ejemplos de uso:

re.compile(patrón, flags=0)

Es una de las formas utilizadas para declarar expresiones regulares en Python, tal y como vimos anteriormente. Devuelve un objeto de tipo expresión regular formado a partir del patrón patrón. El comportamiento de la expresión regular puede ser modificado especificando los valores de las flags separados por el operador de alternativas |. Por defecto, todas las banderas están desactivadas.

```
In [1]: import re

In [2]: regex_numbers = re.compile(r'\d+') #Expresión regular para buscar números
```

NOTA:

En todos los métodos que se van a describir es posible activar las banderas. Por defecto, en todos ellos, las banderas están desactivadas, lo cual se representa de la siguiente forma: flags=0. En la siguiente sección se explican cuáles son las banderas que puedes utilizar en las expresiones regulares.

re.match(patrón, cad, flags=0)

Busca si al principio de la cadena **cad** hay una coincidencia del patrón especificado en **patrón** y en caso afirmativo devuelve un objeto de tipo **Match**. Si no encuentra el patrón al principio de la cadena devuelve **None**.

```
In [1]: import re

In [2]: regex_numbers = re.compile(r'\d+') #Expresión regular para buscar números

In [3]: m_match = re.match(regex_numbers, "Le dijo que repitiera el ejercicio 10
veces y solo lo hizo 5.") #Buscamos si al principio de la cadena hay algún número

In [4]: if m_match:
    ...: print("Existe una cadena coincidente con el patrón al principio del
texto y es:", m_match.group())
    ...: else:
    ...: print("No hay ninguna cadena coincidente con el patrón especificado al
principio del texto.")
    ...:
No hay ninguna cadena coincidente con el patrón especificado al principio del texto.
```

re.search(patrón, cad, flags=0)

Busca en la cadena **cad** la primera coincidencia del patrón especificado en **patrón**. Devuelve un objeto de tipo **Match** si encuentra el patrón en la cadena o **None** si no lo encuentra. El método **re.match** comprueba si el patrón se cumple al inicio de la cadena, por lo que, si hay coincidencia, **start** siempre devolverá 0. Sin embargo, el método **re.search**, busca la primera coincidencia en la cadena, por lo que en caso de que la haya, puede empezar en cualquier posición.

```
In [1]: import re

In [2]: regex_numbers = re.compile(r'\d+') #Expresión regular para buscar números

In [3]: s_match = re.search(regex_numbers, "Le dijo que repitiera el ejercicio
10 veces y solo lo hizo 5.") #Buscamos el primer número de la cadena

In [4]: s_match
Out[4]: <re.Match object; span=(35, 37), match='10'>

In [5]: if s_match: #Si ha encontrado el patrón en la cadena
   ...:     print("Primera coincidencia del patrón en el texto:", s_match.group())
   ...:    print("Pos inicio:", s_match.start(), "- Pos fin:", s_match.end())
   ...: else:
   ...:      print("No hay coincidencias del patrón especificado en el texto.")
   ...:
Primera coincidencia del patrón en el texto: 10
Pos inicio: 35 - Pos fin: 37
```

re.split(patrón, cad, maxsplit=0, flags=0)

Divide la cadena **cad** utilizando el patrón especificado y devuelve una lista con las particiones. Por defecto, el atributo **maxsplit** es igual a 0, lo que implica realizar todas las particiones posibles. Si por el contrario **maxsplit** es distinto de 0, entonces se realizarán como máximo el número de particiones indicadas con este parámetro y el resto de la cadena se devolverá como elemento final de la lista.

```
In [1]: import re

In [2]: regex_espacios_multiples = re.compile(r'\s+') #Expresión regular para buscar espacios en blanco y espacios en blanco múltiples

In [3]: cad = "Las expresiones regulares son \tmuy\t potentes"

In [4]: re.split(regex_espacios_multiples, cad)
Out[4]: ['Las', 'expresiones', 'regulares', 'son', 'muy', 'potentes']
```

NOTA:

Patrón puede ser una cadena o una expresión regular compilada.

re.findall(patrón, cad, flags=0)

Devuelve una lista con todas las ocurrencias del **patrón** en la cadena **cad**.

```
In [1]: import re

In [2]: regex_multiples_a = re.compile(r'[jJ][aA]{2,}\w*')

In [3]: lista_coincidencias = re.findall(regex_multiples_a, cad)

In [4]: if len(lista_coincidencias) > 0:
   ...:  print("Palabras que empiezan por ja con 2 o más a repetidas:")
   ...:    for coincidencia in lista_coincidencias:
   ...:        print("\t" + coincidencia)
   ...: else:
   ...:    print("No hay palabras que empiecen por ja con 2 o más a repetidas.")
   ...:
Palabras que empiezan por ja con 2 o más a repetidas:
Jaaamás
Jaavier
jaa
jaaaaaajajajaj
```

re.finditer(patrón, cad, flags=0)

Es similar a la función **findall**, pero devuelve un iterador de objetos de tipo **Match**, por lo que para acceder a la información de todas las coincidencias tendrás que utilizar una estructura de control.

```
In [1]: import re

In [2]: regex_multiples_a = re.compile(r'[jJ][aA]{2,}\w*')

In [3]: cad = "A mi amiga le encanta escribir las palabras que empiezan por ja con múltiples a. Me ha mandado este texto: Jaaamás olvidaré lo que Jaavier está haciendo por mí, jaa, jaaaaaajajajaj."

In [4]: iterador = re.finditer(regex_multiples_a, cad)

In [5]: for elem_match in iterador:
```

```
    ...:     print("Coincidencia:",elem_match.group(), "- Inicio, fin:", elem_
match.span())
    ...:
Coincidencia: Jaaamás - Inicio, fin: (107, 114)
Coincidencia: Jaavier - Inicio, fin: (131, 138)
Coincidencia: jaa - Inicio, fin: (161, 164)
Coincidencia: jaaaaajajajaj - Inicio, fin: (166, 180)
```

re.sub(patrón, cad_reemplazo, cad, count=0, flags=0)

Devuelve una cadena resultante de reemplazar todas las ocurrencias del patrón en la cadena cad. El argumento opcional count determina el número máximo de ocurrencias del patrón a reemplazar. Si no se especifica o si su valor es 0, se reemplazarán todas las ocurrencias.

```
In [1]: import re

In [2]: regex_email_gmail = re.compile(r'[\w\d.+-]+@gmail\.com')

In [3]: texto = "El cliente juanlam@gmail.com ha realizado 3 compras.\nEl
cliente sara_pq@gmail.com ha realizado 7 compras.\nEl cliente mariarodriguez@
gmail.com ha realizado 5 compras."

In [4]: texto_anonimizado = re.sub(regex_email_gmail, "email_x", texto)
    ...:

In [5]: texto_anonimizado
Out[5]: 'El cliente email_x ha realizado 3 compras.\nEl cliente email_x ha
realizado 7 compras.\nEl cliente email_x ha realizado 5 compras.'
```

re.subn(patrón, cad_reemplazo, cad, count=0, flags=0)

Realiza la misma función que el método sub() pero, aparte de la cadena, devuelve también el número de reemplazos realizados.

```
In[6]: texto_anonimizado, num_reemplazos = re.subn(regex_email_gmail,
"email_x", texto)
    ...:

In [7]: print("Se han realizado", num_reemplazos, "reemplazos.")
Se han realizado 3 reemplazos.

In [8]: print("Texto anonimizado:\n" + texto_anonimizado)
Texto anonimizado:
El cliente email_x ha realizado 3 compras.
El cliente email_x ha realizado 7 compras.
El cliente email_x ha realizado 5 compras.
```

re.purge()

Borra la caché de expresiones regulares. Cada expresión compilada se almacena en un diccionario especial (la *caché* de expresiones regulares), de forma que cuando se quiere compilar una expresión, primero se revisa si ya está preparada por una invocación previa al método re.compile().

```
In [9]: re.purge()
```

Banderas de compilación

Las banderas de compilación, conocidas como *flags*, permiten modificar el comportamiento de las expresiones regulares. Todas ellas cuentan con una forma abreviada y una forma extendida, aunque la que se suele utilizar en los métodos que veremos en la siguiente sección es la abreviada. A continuación, se presentan las banderas disponibles junto con una explicación de las mismas:

- ASCII, A: Hace que la búsqueda con patrones de clases predefinidas como \d, \D, \w, \W, \s, \S, se realice solo sobre el conjunto de caracteres ASCII. En Python 3, las cadenas de caracteres utilizan el conjunto de caracteres Unicode, por lo que, si queremos restringir la búsqueda a caracteres ASCII, tenemos que activar esta bandera.

```
In [1]: import re

In [2]: patron = r'\w+' # Patrón para buscar cadenas formadas por uno o más
caracteres alfanuméricos

In [3]: unicode_regex = re.compile(patron)

In [4]: ascii_regex = re.compile(patron, re.A)

In [5]: texto = "François Jiménez Fernández."

In [6]: print(re.findall(unicode_regex, texto))
['François', 'Jiménez', 'Fernández']

In [7]: print(re.findall(ascii_regex, texto))
['Fran', 'ois', 'Jim', 'nez', 'Fern', 'ndez']
```

- DOTALL, S: Hace que el metacarácter punto . represente a cualquier carácter, incluido el carácter \n. Por defecto, este metacarácter coincide con cualquier carácter excepto \n.

```
In [1]: import re

In [2]: patron = r'.+' # Patrón para buscar cualquier cadena formada por uno
o más caracteres excepto \n

In [3]: regex_sin_caracter_nueva_linea = re.compile(patron)

In [4]: regex_con_caracter_nueva_linea = re.compile(patron, re.S)

In [5]: texto = "Primera oración.\nSegunda oración.\nTercera oración."

In [6]: print(re.findall(regex_sin_caracter_nueva_linea, texto))
```

```
['Primera oración.', 'Segunda oración.', 'Tercera oración.']

In [7]: print(re.findall(regex_con_caracter_nueva_linea, texto))
['Primera oración.\nSegunda oración.\nTercera oración.']
```

- IGNORECASE, I: Permite realizar búsquedas sin distinguir entre mayúsculas y minúsculas.

```
In [1]: import re

In [2]: patron = r'M\w+' # Patrón para buscar palabras que empiecen por M
(mayúscula)

In[3]: regex_distinguiendo_mayusculas_minusculas = re.compile(patron)

In[4]:regex_sin_distinguir_mayusculas_minusculas = re.compile(patron, re.I)

In[5]: texto = "Manuel María maleta Juan Arturo macedonia Salud Marta
miércoles"

In [6]: print(re.findall(regex_distinguiendo_mayusculas_minusculas, texto))
['Manuel', 'María', 'Marta']

In [7]: print(re.findall(regex_sin_distinguir_mayusculas_minusculas, texto))
['Manuel', 'María', 'maleta', 'macedonia', 'Marta', 'miércoles']
```

- MULTILINE, M: Permite que los metacaracteres de anclaje ^ y $ se apliquen también al principio y al final de una línea. Por defecto, ^ permite buscar coincidencias al principio de una cadena y $ al final. Sin embargo, si se activa esta bandera, ^ permite buscar tanto al principio de una cadena como al principio de cada línea que forma la cadena, y $ tanto al final de una cadena como al final de cada línea de la cadena.

```
In [1]: import re

In [2]: patron_cadena_inicial = r'^\w+' # Patrón para extraer la cadena
inicial de un texto

In [3]: patron_cadena_final = r'(\w+)\.$' # Patrón para extraer la cadena
final de un texto siempre y cuando finalice con un punto

In [4]: regex_cadena_inicial = re.compile(patron_cadena_inicial)

In [5]: regex_cadena_y_linea_inicial = re.compile(patron_cadena_inicial,
re.M) # Activamos la bandera MULTILINE para buscar al principio de cada
línea del texto
In [6]: regex_cadena_final = re.compile(patron_cadena_final)

In [7]: regex_cadena_y_linea_final = re.compile(patron_cadena_final, re.M) #
Activamos la bandera MULTILINE para buscar al final de cada línea del texto

In [8]: texto = "Primera_palabra de la línea_1.\nSegunda_palabra de la línea_2."

In [9]: print(re.findall(regex_cadena_inicial, texto))
['Primera_palabra']

In [10]: print(re.findall(regex_cadena_y_linea_inicial, texto))
['Primera_palabra', 'Segunda_palabra']

In [11]: print(re.findall(regex_cadena_final, texto))
```

```
['línea_2']

In [12]: print(re.findall(regex_cadena_y_linea_final, texto))
['línea_1', 'línea_2']
```

- VERBOSE, X: Permite organizar el patrón de búsqueda de una forma que sea más sencilla de leer y de entender. Cuando se activa esta bandera, se ignoran los espacios en blanco incluidos en la expresión regular, excepto cuando pertenecen a una clase o van precedidos por una barra invertida. Puede ser de gran utilidad para organizar expresiones de larga extensión e incluir comentarios del significado de cada uno de sus componentes.

```
In [1]: import re

In [2]: regex_email_gmail_outlook = re.compile(
    ...: '''
    ...: [\w\d.+-]+     #Usuario
    ...: @      #@
    ...: (gmail|outlook) #Dominio gmail o dominio outlook
    ...: \.com          #.com
    ...: ''',
    ...: re.X)

In [3]: lista_candidatos = ["sandrap@gmail.com", "jjtr@hotmail.es", "ltm@
outlook.com", "maria_jm_23@gmail.com", "mtr@prueba.es"]

In [4]: for candidato in lista_candidatos:
    ...:     match = re.search(regex_email_gmail_outlook, candidato)
    ...:     if match:
    ...:        print(candidato + " - Dirección de correo válida")
    ...:     else:
    ...:        print(candidato + " - Dirección de correo inválida")
    ...:
sandrap@gmail.com - Dirección de correo válida
jjtr@hotmail.es - Dirección de correo inválida
ltm@outlook.com - Dirección de correo válida
maria_jm_23@gmail.com - Dirección de correo válida
mtr@prueba.es - Dirección de correo inválida
```

NOTA:

La expresión regular generada en el ejemplo con la bandera VERBOSE activa es equivalente a la expresión regular re.compile(r'[\w\d.+-]+@(gmail | outlook)\.com') que resulta más difícil de leer. Observa que, para poder dividir la expresión en varias líneas, hemos utilizado las comillas triples, que son las utilizadas para cadenas largas que ocupan más de una línea, como viste en el capítulo de cadenas.

Como has comprobado, Python ofrece muchas posibilidades diferentes para detectar patrones en cadenas de caracteres, es decir, descubrir patrones determinados en textos. Las expresiones regulares son una herramienta tan útil que la encontramos en casi cualquier lenguaje de programación. Perl, por ejemplo, está fuertemente basado en ellas. Muchas de las órdenes disponibles en una terminal también aceptan expresiones regulares en sus parámetros. La mayoría de los editores de texto o IDEs para programación permiten el uso de expresiones regulares para buscar y reemplazar fragmentos de nuestro código. Incluso Microsoft Word, por ejemplo, incluye una funcionalidad denominada «Uso de caracteres comodín» en la búsqueda avanzada que ofrece, con cierta limitación, parte de la sintaxis que hemos visto para definir patrones.

NOTA:

Hemos dedicado un apéndice al final del libro para entender mejor el uso de caracteres Unicode en nuestros programas.

Ejercicios propuestos

Intenta realizar los siguientes ejercicios. Encontrarás la solución al final del libro, en el Apéndice E.

1. Escribe un programa que permita comprobar si las fechas de una lista son válidas o no. Para que una fecha sea válida deberá tener la estructura dd/mm/aaaa, es decir, dos dígitos para el día, dos para el mes y 4 para el año. Además, aaaa deberá ser un valor comprendido entre 1900 y 2019.
2. Escribe una expresión regular que permita extraer todas las palabras que terminen en `os` o `as` o sus equivalentes en mayúscula usando banderas.
3. Escribe un programa para reemplazar por `teléfono` los números de teléfono de los clientes de una compañía que aparezcan en un texto. Los números de teléfono de los clientes tienen el formato xxx-xxx-xxx (ej. 640-321-895).

Resumen

Las expresiones regulares son cadenas de caracteres especiales que permiten definir patrones para validar datos, buscar coincidencias en un texto, realizar reemplazos, etc. En este capítulo hemos explicado cuáles son los elementos que las componen: literales, secuencias de escape y metacaracteres; haciendo especial hincapié en los metacaracteres, que resultan imprescindibles para trabajar con ellas. Además, hemos mostrado cómo declararlas y cuáles son los principales métodos para su puesta en práctica, todo ello junto con multitud de ejemplos para facilitar su comprensión.

13 Diccionarios

En este capítulo aprenderás:

- Cómo se organiza la información en un contenedor de tipo diccionario.
- Las operaciones, funciones y métodos disponibles para trabajar con diccionarios.
- Cómo recorrer un diccionario, acceder a sus elementos y lograr un orden en sus elementos.

Introducción

En las bases de datos donde se almacenan grandes volúmenes de información, los registros se buscan por algún identificador que los localice de forma única. Estos identificadores se denominan «claves» y, aunque lo habitual es generar enteros como claves para asociarlos a los registros de datos, pueden usarse como claves otros valores que también sean únicos para cada registro. Será más sencillo si lo ilustramos con un ejemplo. Un banco guarda toda la información de sus clientes en una base de datos. Cuando creamos una cuenta de cualquier servicio en Internet (en Facebook o Instagram, supongamos) también la información de nuestra cuenta se almacena en una base de datos. En ambos casos, tanto para el banco como para una cuenta en las redes sociales, el sistema genera un número que nos identifica y es único para nosotros. Cuando trabajamos con listas y con tuplas, los elementos quedan asociados a su índice de posición. Dos elementos no pueden tener un mismo índice, ni un mismo índice puede apuntar a dos elementos.

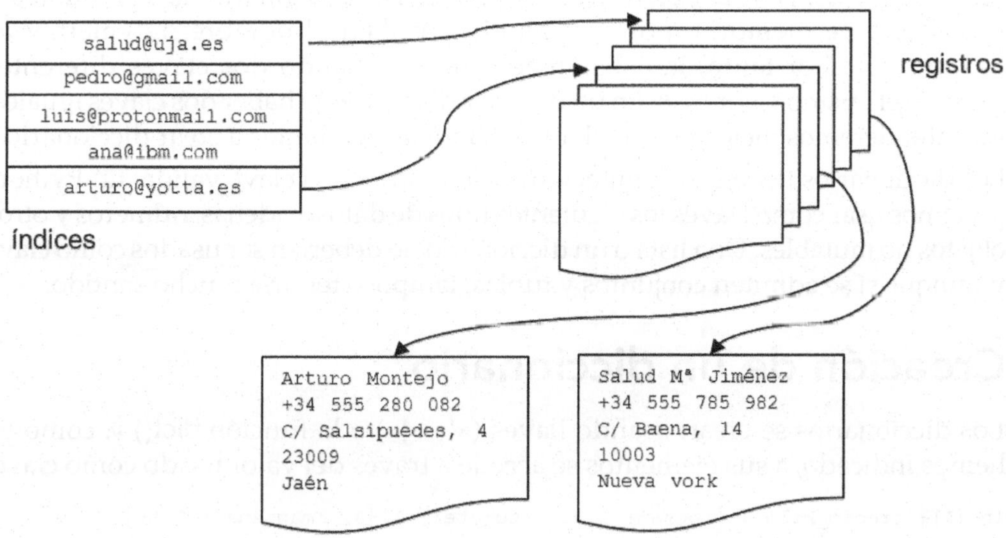

Figura 13.1. Acceso a los registros a través de un índice de claves.

En programación, existe una estructura de datos con varias denominaciones posibles: «arreglo asociativo», «memoria asociativa», «tabla *hash*» o, sencillamente, «diccionario». No vamos a entrar en demasiados detalles acerca de su implementación, pero para los programadores avanzados basta con indicar que los diccionarios de Python están implementados como tablas *hash* de crecimiento dinámico y búsqueda abierta pseudoaleatoria ante colisiones. Aunque esto suene complicado, comprender y utilizar diccionarios en Python es sencillo.

Un diccionario nos permite acceder a sus elementos mediante una «clave», en lugar de usar su posición. Si observamos el ejemplo de la figura anterior, veremos una lista de índices que apuntan a registros concretos. De esta manera podemos recuperar toda la información relativa a la cuenta de una persona a partir de su correo electrónico. ¿Cómo se logra esta proeza? Gracias a una función *hash*, la cual también podemos llamar «función resumen». Esta función toma como entrada un valor determinado y lo convierte directamente en un valor numérico dentro de un rango de valores posibles. Así, la cadena `ana@ibm.com` se convierte en un entero que es, precisamente, la posición del registro en memoria, como si de una base de datos se tratase. Los valores admitidos por la función resumen se convierten así en las clave de acceso a información adicional. Puede darse el caso en el que la función resumen genere el mismo valor de posición para dos claves distintas. Hablamos de una «colisión» la cual, según cómo se haya implementado internamente el diccionario, se resolverá de una forma o de otra. Python buscará automáticamente un nuevo hueco libre en caso de colisión y asociará ese espacio también para esa clave. Un diccionario asocia valores a posiciones de memoria, por eso también reciben el nombre de «memorias asociativas». Por tanto, la colisión se produce cuando dos claves diferentes generan el mismo valor *hash*. En un diccionario no puede haber dos claves iguales. Lo entenderemos mejor más adelante, cuando aprendamos a crear diccionarios.

Los diccionarios tienen sus limitaciones: no todo es una clave válida. En Python, podemos usar como claves los siguientes tipos de datos: cadenas, números y otros objetos no mutables. Una lista o un diccionario no deberían ser usados como clave y, aunque sí se admiten conjuntos y tuplas, tampoco tendría mucho sentido.

Creación de un diccionario

Los diccionarios se crean usando llaves («{» «}») o la función dict() y, como ya hemos indicado, a sus elementos se accede a través del valor usado como clave:

```
In [1]: precio_kilo = {'pera': 2.34, 'tomate': 1.98, 'manzana': 2.50}

In [2]: precio_kilo['pera']
Out[2]: 2.34
```

Si creamos un diccionario con dos claves iguales, Python solo considerará el último valor indicado:

```
In [3]: precio_kilo = {'pera': 2.34, 'tomate': 1.98, 'manzana': 2.50, 'pera': 45}

In [4]: precio_kilo
Out[4]: {'pera': 45, 'tomate': 1.98, 'manzana': 2.5}
```

Podemos generar diccionarios a partir de su escritura literal, como en el ejemplo anterior, pero también a partir de pares de tuplas. Todos los diccionarios generados más abajo son iguales:

```
In [5]: d1 = dict(pera=2.3, tomate=1.98, manzana=2.5)

In [6]: d2 = {'pera': 2.3, 'tomate': 1.98, 'manzana': 2.5}

In [7]: d3 = dict(zip(['pera', 'tomate', 'manzana'], [2.3, 1.98, 2.5]))
In [8]: d4 = dict([('pera', 2.3), ('tomate', 1.98), ('manzana', 2.5)])

In [9]: d5 = dict({'pera': 2.3, 'tomate': 1.98, 'manzana': 2.5})
```

De hecho, al contener la misma información (idénticas claves e idénticos valores asociados a dichas claves), su comparación devolverá un valor True.

```
In [10]: d1 == d2 == d3 == d4 == d5
Out[10]: True
```

Para crear un diccionario vacío podemos asignar a una variable tanto la expresión «{ }» como el resultado de invocar dict() sin argumentos:

```
In [1]: d = {}

In [2]: d
Out[2]: {}

In [3]: d = dict()

In [4]: d
Out[4]: {}
```

Acceso y modificación de los elementos de un diccionario

Como hemos visto, un diccionario puede albergar cualquier tipo de objeto, al que accedemos mediante la «clave» que lo referencia. Por tanto, la manera habitual para acceder a un elemento del diccionario es mediante su clave. Si queremos leer el valor asociado a una clave pero dicha clave no existe, Python devolverá un error de tipo KeyError. En cambio, si asociamos un valor a una clave no asociada a valor alguno, el valor se añadirá al diccionario y la clave pasará a ser válida para lectura. Así, dependiendo de si la clave está en una lectura o una asignación, el resultado es diferente. Fíjate en el siguiente código donde se ilustra todo esto:

```
In [1]: d = {'pera': 2.3, 'tomate': 1.98, 'manzana': 2.5}

In [2]: d['uva']            # se genera error, ese elemento no existe
```

```
Traceback (most recent call last):

  File "<ipython-input-28-a8f6217c89c1>", line 1, in <module>
    d['uva']

KeyError: 'uva'

In [3]: d['uva'] = 3.2      # no se genera error, al ser asignación

In [4]: d
Out[4]: {'pera': 2.3, 'tomate': 1.98, 'manzana': 2.5, 'uva': 3.2}
```

ADVERTENCIA:

Hemos añadido algunos comentarios al código propuesto para ser probado en la terminal interactiva de IPython. Los comentarios se inician con el carácter «#». Este texto es ignorado por Python pero facilita la comprensión del código por el programador. No tienes por qué introducir dichos comentarios para que tu código funcione. Puedes ignorarlo, pues solo se trata de código de prueba. Sin embargo, en un programa, los comentarios son importantes, pues ayudan a comprender mejor nuestro propio código o el de terceros.

Este comportamiento es igual al de cualquier otra variable en su lectura o asignación, pues depende de que la variable exista al usarla en una expresión o se crea al usarla en una asignación. Sin embargo, se diferencia de las listas, donde solo podemos asignar directamente a elementos previamente contemplados en la lista, es decir, con un índice dentro de los límites de la lista. En los diccionarios no es necesario albergar un hueco para una nueva entrada en ellos. Basta con asignar un valor referenciado por una nueva clave y dicho par <clave, valor> pasarán a formar parte del diccionario. Esto hace innecesarias las funciones o métodos de adición de elementos como **insert** o **append** disponibles para las listas. Para borrar un elemento, basta con utilizar la sentencia **del**.

```
In [5]: del d['manzana']

In [6]: d
Out[6]: {'pera': 2.3, 'tomate': 1.98, 'uva': 3.2}
```

Ya sabemos que el uso de claves inexistentes en un diccionario produce un error. Para evitar esto, comprobaremos la existencia de dicha clave con el operador **in**:

```
In [7]: 'pera' in d
Out[7]: True

In [8]: 'manzana' in d          # la hemos eliminado anteriormente
Out[8]: False
```

Otra manera de evitar el error KeyError es usando el método get() con un valor por defecto. Este método devuelve el valor asociado a la clave cuando esta existe. Cuando dicha clave no está en el diccionario, devuelve el valor indicado como argumento para un valor por defecto.

Esto no implica que dicho valor se inserte en el diccionario para esa clave. Si no indicamos valor por defecto, el método devuelve el valor None. Por tanto, usando get() nunca generaremos un error KeyError.

```
In [1]: d = {'nombre': 'Miriam', 'apellidos': 'García Martínez', 'edad': 21}

In [2]: print(d.get('CP'))
None

In [3]: print(d.get('CP', '00000'))
00000
```

Iteración sobre los elementos de un diccionario

Como con cualquier otro contenedor, los elementos de un diccionario pueden obtenerse uno a uno hasta recorrer completamente todo su contenido. De nuevo, la sentencia for y el operador in harán la magia por nosotros:

```
In [1]: d = {'nombre': 'Miriam', 'apellidos': 'García Martínez', 'teléfono':
'555 34 34 34', 'edad': 21}

In [2]: for k in d:
   ...:     print(k)
```

Como resultado obtendremos un listado de todas las claves contempladas en el diccionario:

```
nombre
apellidos
teléfono
edad
```

Si queremos mostrar los valores, bastaría con tomar la clave obtenida y referenciarla:

```
In [3]: for k in d:
   ...:     print(d[k])
```

El resultado sería:

```
Miriam
García Martínez
555 34 34 34
21
```

Podemos lograr el mismo resultado de manera más eficiente accediendo a los valores mediante el método values(). El siguiente fragmento de código produciría el mismo resultado que el anterior, pero resulta más conveniente en términos de rendimiento, pues evita el cálculo del valor *hash* o valor resumen de una clave en cada iteración debido al uso de la expresión `d[k]`:

```
In [4]: for v in d.values():
   ...:     print(v)
```

Si deseamos mostrar tanto clave como valor, el siguiente código es la forma más sencilla de lograrlo:

```
In [5]: for k in d:
   ...:     print(k, '->', d[k])
```

Con lo cual se mostraría:

```
nombre -> Miriam
apellidos -> García Martínez
teléfono -> 555 34 34 34
edad -> 21
```

De igual forma, si estamos interesados en obtener los pares <clave, valor> de manera explícita y evitar el cálculo del valor resumen de la clave en cada iteración debido al uso de la expresión `d[k]`, disponemos del método items() para generar dichos pares. Este código tendría el mismo efecto que el anterior, pero resulta más recomendable:

```
In [6]: for k,v in d.items():
   ...:     print(k, '->', v)
```

Métodos adicionales

Además de los operadores in y ==, de los métodos get(), values() e items(), y de la sentencia del, los diccionarios proporcionan herramientas adicionales para su manipulación. Las resumimos aquí con algún código de ejemplo para ilustrar su uso y comportamiento:

d.clear()

Vacía el diccionario, eliminando todos sus elementos. El diccionario pasa a ser un diccionario vacío.

```
In [1]: d = {'nombre': 'Miriam', 'teléfono': '555 34 34 34', 'edad': 21}

In [2]: d.clear()

In [3]: d
Out[3]: {}
```

d.copy()

Genera una copia del diccionario. Cuando asignamos una variable diccionario a otra variable, ambas variables referencian el mismo contenido, por lo que las modificaciones realizadas sobre un diccionario afectarán también al otro. Si necesitamos una copia de un diccionario para modificar su contenido sin afectar al original, este método es nuestro aliado.

```
In [1]: compra = {'tomates': 2, 'naranjas': 4, 'suavizante': 1}

In [2]: compra_lunes = compra.copy()

In [3]: compra_lunes['rollo cocina'] = 6

In [4]: del compra_lunes['naranjas']

In [5]: compra
Out[5]: {'tomates': 2, 'naranjas': 4, 'suavizante': 1}

In [6]: compra_lunes
Out[6]: {'tomates': 2, 'suavizante': 1, 'rollo cocina': 6}
```

d.pop(clave[, valor])

Obtiene el valor asociado a la clave indicada. Si la clave no está, devuelve el valor indicado como argumento como valor por defecto. Si no se indica este valor por defecto y la clave no existe, se genera un error KeyError. A diferencia del método get(), tras devolver el valor, este método elimina el elemento del diccionario.

```
In [7]: compra.pop('tomates')
Out[7]: 2

In [8]: compra
Out[8]: {'naranjas': 4, 'suavizante': 1}
```

d.update([valores])

Este método nos permite actualizar varios elementos del diccionario de manera simultánea. Para ello puede tomar como argumento los valores indicados por otro diccionario o por un contenedor de pares <clave,valor>.

```
In [9]: compra.update(lechugas=2, zanahorias=7, leche=3)

In [10]: compra
Out[10]: {'naranjas': 4, 'suavizante': 1, 'lechugas': 2, 'zanahorias': 7,
'leche': 3}

In [11]: compra.update([('naranjas', 1), ('ajos', 2)])

In [12]: compra
```

```
Out[12]:
{'naranjas': 1,
 'suavizante': 1,
 'lechugas': 2,
 'zanahorias': 7,
 'leche': 3,
 'ajos': 2}

In [13]: compra.update({'pimientos': 2, 'zanahorias': 20, 'calabacines': 4})

In [14]: compra
Out[14]:
{'naranjas': 1,
 'suavizante': 1,
 'lechugas': 2,
 'zanahorias': 20,
 'leche': 3,
 'ajos': 2,
 'pimientos': 2,
 'calabacines': 4}
```

Ejercicios propuestos

El siguiente programa lee valores del teclado para crear una colección de contactos bajo la forma de lista de diccionarios. Solo cuando se introducen valores no vacíos, se almacenan en el diccionario.

El número total de contactos es indefinido y depende del usuario, al que se le pregunta si desea introducir más contactos después de cada uno de ellos.

```
# estos son los datos que vamos a solicitar para cada contacto
campos = ('nombre', 'apellidos', 'email', 'teléfono')

# esta lista contendrá todos los contactos
contactos = []

# inicialimos la variable 'seguir'
seguir = 's'

# mientras el valor de seguir sea 's' o 'S' introducimos contactos
while seguir in ('s', 'S'):

    # este diccionario almacena los valores de un contacto
    contacto = {}

    # con este bucle preguntamos campo a campo
    for campo in campos:
        valor = input(campo + ': ')

        # si el usuario introduce algo, se almacena
        if len(valor) > 0:
            contacto[campo] = valor
```

```

    # añadimos el contacto a la lista
    contactos.append(contacto)

    # preguntamos si seguimos añadiendo contactos
    seguir = input('¿Introducir otro contacto? s/n:')

# mostramos todos los contactos
for contacto in contactos:

    for k, v in contacto.items():
        print(k + ': ' + v)

    # mostramos esto para facilitar la lectura
    print('------')
```

Prueba este código en Spyder copiándolo en la parte izquierda del editor, donde pueden introducirse las líneas de un programa que se desea ejecutar. Luego, ejecútalo pulsando F5 e introduce los valores que pide el programa desde la terminal de IPython.

Puedes pulsar Enter si no quieres indicar valor alguno para un campo. También puedes encontrar todo el código de este programa en la web de recursos de este libro.

Cuando seas capaz de ejecutarlo, añade las siguientes funcionalidades al programa (encontrarás la solución al final del libro, en el Apéndice E):

1. Aumenta el programa con el código necesario para calcular y mostrar el número total de contactos almacenados y cuántos de ellos disponen de correo electrónico.
2. Una vez introducidos los datos, ¿qué código de una sola línea serviría para asignar al primer contacto los mismos valores asociados al último?
3. Escribe el código para mostrar los datos del usuario cuyo correo electrónico haya sido introducido por teclado. Si no existe contacto alguno con ese correo electrónico, se mostrará el mensaje «No encontrado».
4. Escribe un programa que calcule la frecuencia de aparición de cada letra en una cadena. Por ejemplo, para la cadena "abracadabra" debería mostrar:

   ```
   {'a': 5, 'b': 2, 'r': 2, 'c': 1, 'd': 1}
   ```

Resumen

Los diccionarios nos permiten guardar información asociando cada dato a una clave. El acceso a un valor del diccionario se realiza gracias a una función *hash* sobre la clave. Este acceso es rápido y transparente. Los diccionarios resultan útiles en muchas situaciones: pueden contener datos heterogéneos y su manipulación es bastante eficiente, lo cual los convierte en la estructura más conveniente cuando debemos acceder de forma rápida a los datos. Su combinación con otros tipos nos permite construir estructuras de datos más complejas, eficaces y convenientes a la solución que implemente nuestro programa. Dominar su uso solo es posible a través de la práctica, por eso es recomendable que intentes resolver por ti mismo los ejercicios planteados.

14 Archivos

En este capítulo aprenderás:

- Qué es un archivo.
- Cómo crear un archivo.
- Cómo guardar datos en un archivo.
- Cómo leer el contenido de un archivo.

Introducción

Hasta ahora, los datos con los que hemos trabajado en los programas de los capítulos anteriores se han perdido al finalizar la ejecución de los mismos. Esto se debe a que no los hemos guardado de forma persistente, sino que simplemente mostramos su valor por pantalla. Si queremos que ciertos datos no se pierdan, debemos guardarlos en archivos. Un archivo no es más que un conjunto de datos almacenado de forma permanente en un dispositivo, como pueden ser el disco duro de un ordenador, un CD, una memoria USB o un espacio en la nube. Se caracteriza por tener un nombre identificativo único, imprescindible para acceder a él, y que se conoce como «ruta del archivo». Un archivo puede contener cualquier tipo de dato: números, cadenas, imágenes, audio o incluso una combinación de ellos.

Sobre un archivo podemos realizar las siguientes operaciones: apertura, cierre, escritura, lectura y desplazamiento. Para utilizarlas, no es necesario importar ninguna biblioteca, puesto que en la biblioteca estándar de Python está incluido todo lo necesario para trabajar con archivos. Veamos en qué consiste cada una de estas operaciones y cómo se pueden llevar a cabo.

Apertura y cierre

Para realizar cualquier operación con un archivo, en primer lugar, es necesario abrirlo. Para ello, Python proporciona la función open(), que devuelve un objeto de tipo file. Crea un archivo de texto con cualquier contenido, llámalo prueba.txt y deja que Python muestre su contenido ejecutando el siguiente código desde Spyder:

```
f = open('prueba.txt', 'r')
print(f.read())
f.close()
```

En este sencillo código hemos abierto el archivo con open(), hemos leído su contenido con read() y hemos cerrado el archivo con el método close() antes de terminar. La función open() cuenta con un argumento obligatorio, file, y siete argumentos opcionales, aunque como la mayoría de ellos ofrecen valores por defecto, no hay que especificarlos siempre:

```
open(file, mode='r', buffering=-1, encoding=None, errors=None, newline=None, closefd=True, opener=None)
```

- El primer argumento, file, es una cadena de caracteres obligatoria que representa la ubicación del archivo, es decir, su ruta dentro del sistema de archivos del sistema.

- El segundo argumento, mode, es una cadena de caracteres opcional que indica el tipo de operación que realizar con el fichero. Puede tomar cualquiera de los valores presentados en la tabla 14.1, aunque, si no se indica nada, se abrirá por defecto el archivo en modo lectura (r).

Tabla 14.1. Modos de apertura de un archivo.

Modo	Descripción	Ubicación del puntero
r	Modo lectura (archivo de texto). Se utiliza cuando solo se va a leer el contenido de un archivo de texto.	Al principio del archivo.
w	Modo escritura (archivo de texto). Si el archivo de texto no existe, lo crea. Si el archivo existe, lo sobrescribe.	Al principio del archivo.
a	Modo añadir (archivo de texto). Si el archivo de texto no existe, lo crea. Si el archivo existe, lo abre para escribir datos al final de él, manteniendo su contenido previo.	Si el archivo no existe, al principio de él. Si el archivo existe, al final de él.
r+	Modo lectura y escritura (archivo de texto). Se utiliza para leer el contenido de un archivo de texto y escribir en él.	Al principio del archivo.
rb	Modo lectura (archivo binario). Se utiliza cuando solo se va a leer el contenido de un archivo binario.	Al principio del archivo.
wb	Modo escritura (archivo binario). Si el archivo binario no existe, lo crea. Si el archivo existe, lo sobrescribe.	Al principio del archivo.
ab	Modo añadir (archivo binario). Si el archivo binario no existe, lo crea. Si el archivo existe, lo abre para escribir datos al final de él, manteniendo su contenido previo.	Si el archivo no existe, al principio de él. Si el archivo existe, al final de él.
rb+	Modo lectura y escritura (archivo binario). Se utiliza para leer el contenido de un archivo binario y escribir en él.	Al principio del archivo.

NOTA:

Normalmente los archivos se abren en modo texto, es decir, para leer y escribir cadenas de caracteres en él. Sin embargo, también pueden abrirse en modo binario, y esto se hace añadiendo una b al modo de apertura. Este tipo de archivos no manejan texto, sino datos en forma de bytes, como puede ser el caso de una imagen, de un archivo que contiene objetos, etc.

ADVERTENCIA:

Si abrimos un fichero que no existe en modo lectura, el sistema lanzará un error de tipo FileNotFoundError.

- El tercer argumento, buffering, es un entero opcional y establece el tamaño del buffer: 0 significa sin buffer (solo para archivos binarios), 1 con buffer de línea (solo para archivos de texto) y cualquier otro valor positivo significa utilizar un buffer de aproximadamente ese tamaño en bytes. Por defecto, su valor es -1 y significa que se utilizará el tamaño establecido por el sistema.

- El cuarto argumento, encoding, es un argumento opcional que se corresponde con la codificación del archivo (ej. UTF-8, ASCII, etc.). Si no se especifica nada o None, se utiliza la codificación del sistema.

TRUCO:

Si quieres conocer la codificación de tu sistema, puedes averiguarlo ejecutando las siguientes líneas de código:

```
import locale
print(locale.getpreferredencoding())
```

- El quinto argumento, errors, es una cadena opcional que refleja cómo tratar los errores de codificación/decodificación. Solo se puede utilizar con archivos de texto. El valor por defecto es None e implica que si hay algún error de codificación salte una excepción ValueError.

NOTA:

Más adelante dedicaremos un capítulo al tratamiento de errores. Si quieres ver todos los posibles valores que puede tomar el argumento «errors» puedes acceder a la documentación oficial: docs.python.org/3/library/codecs.html#error-handlers.

- El sexto argumento, newline, es un argumento opcional que solo se aplica a archivos de texto y determina qué se considera carácter de salto de línea. Por defecto su valor es None e implica que \n, \r y \r\n se consideran caracteres de salto de línea.
- El séptimo argumento, closefd, también es un argumento opcional. Si se proporciona un nombre de archivo en el primer argumento, su valor tiene que ser True, el valor por defecto. Si por el contrario se proporciona un descriptor de archivo y el valor de este argumento es False, el descriptor de archivo asignado al mismo se mantendrá abierto cuando se cierre el archivo.

NOTA:

Un descriptor de archivo es un número entero asociado a un objeto de archivo que el sistema operativo asigna para que Python pueda solicitar operaciones de E/S (Entrada/Salida, es decir, lectura/escritura).

- Por último, el argumento opener permite especificar un objeto de apertura personalizado.

Después de trabajar con un archivo debemos cerrarlo utilizando el método file.close() para que se guarden correctamente las modificaciones realizadas y para liberar los recursos del sistema utilizados para trabajar con él (como los búfer[1] de lectura y escritura).

Veamos algunos ejemplos para ayudarte a comprender mejor los conceptos explicados. Aunque la función open() tiene un gran número de argumentos, normalmente trabajarás con los dos primeros: file y mode; y con el cuarto: encoding. Si abrimos un archivo y no especificamos su modo de apertura, por defecto se abre en modo lectura (r). Como el archivo especificado, `"archivo_prueba.txt"`, no existe, el sistema lanza un error de tipo FileNotFoundError.

```
In [1]: f = open("archivo_prueba.txt")
Traceback (most recent call last):

File "<ipython-input-1-3ce3a1197838>", line 1, in <module>
f = open("archivo_prueba.txt")

FileNotFoundError: [Errno 2] No such file or directory: 'archivo_prueba.txt'
```

Si lo que queremos es crear ese archivo para empezar a trabajar con él, debemos especificar el modo escritura (w). Una vez que el archivo está abierto, devuelve un objeto de tipo file que nos permite obtener información sobre él accediendo a sus atributos:

- file.name: devuelve el nombre del archivo.
- file.mode: devuelve el modo de acceso con el que se ha abierto el archivo.
- file.encoding: devuelve la codificación del archivo.
- file.closed: devuelve True si el archivo está cerrado y False en caso contrario.

No olvides cerrar el archivo cuando hayas terminado de trabajar con él.

```
In [2]: f = open("archivo_prueba.txt", "w", encoding="utf-8")

In [3]: print("Nombre del archivo: ", f.name)
Nombre del archivo: archivo_prueba.txt

In [4]: print("Modo de apertura: ", f.mode)
Modo de apertura: w

In [5]: print("Codificación: ", f.encoding)
```

1. Un búfer o buffer es un espacio de memoria donde se almacenan temporalmente los datos que vienen desde o van hacia un archivo. El sistema operativo es quien accede realmente al archivo, no nuestro programa, y el búfer es el espacio donde programa y sistema operativo se traspasan la información.

```
Codificación:  utf-8

In [6]: print("¿Está cerrado? ", f.closed)
¿Está cerrado? False

In [7]: f.close()

In [8]: print("¿Está cerrado ahora? ", f.closed)
¿Está cerrado ahora? True
```

Existe una estructura, with open () as `nombre`:, que permite ejecutar un bloque de código para trabajar con archivos de forma óptima y que se encarga de cerrarlos y liberar la memoria al concluir el mismo. Usando esta estructura no es necesario hacer una llamada al método file.close(), ya que se encarga de cerrar el archivo por nosotros.

```
In [1]: with open("archivo_prueba.txt", "w") as f:
   ...:     print("Bloque de código para trabajar con el archivo.")
   ...:     print("¿Está el archivo abierto? ", not f.closed)
   ...:
Bloque de código para trabajar con el archivo.
¿Está el archivo abierto? True

In [2]: print("¿Está abierto ahora? ", not f.closed)
¿Está abierto ahora? False
```

Escritura

Mediante la escritura garantizamos la perpetuidad de los datos que nuestro programa genera. Para escribir información en un archivo podemos utilizar dos métodos: file.write() y file.writelines(). Veamos en qué consiste cada uno de ellos.

file.write(cad)

Escribe la cadena cad en el archivo y devuelve el número de caracteres escritos. El argumento cad debe ser una cadena de caracteres, si se va a escribir en un archivo de texto, o una cadena de bytes, si se va a escribir en un archivo binario. Este método no añade el carácter de nueva línea (\n) al final de la cadena, por lo que, si fuera necesario, habría que añadirlo en la propia cadena.

```
In [1]: with open("capitulos_leidos.txt", "w") as f:
   ...:     f.write("Capítulos leídos del libro de Python:\n")
   ...:     f.write("\t-Capítulo 1\n")
   ...:

In [2]: f.closed
Out[2]: True
```

En el ejemplo hemos abierto el fichero en modo escritura (w), y como este no existía, se ha creado uno nuevo. Lo hemos hecho con la estructura with open () as `nombre:`, la cual se ha encargado de cerrar el archivo al finalizar el bloque de código. En la entrada 2 hemos comprobado que efectivamente el archivo ha sido cerrado accediendo a su atributo closed. Si abrimos el archivo, veremos que su contenido es el siguiente:

```
Capítulos leídos del libro de Python:
        -Capítulo 1
```

Si no hubiésemos especificado el deseo de añadir el carácter de nueva línea (\n) al final de cada cadena que hemos escrito, la salida habría sido la siguiente:

```
Capítulos leídos del libro de Python: -Capítulo 1
```

file.writelines(iterable_cadenas)

Escribe la secuencia de cadenas contenida en el iterable. Este método tampoco añade el carácter de nueva línea (\n) al final de cada cadena del iterable, por lo que, si fuera necesario, habría que especificarlo en cada instrucción de escritura.

```
In [3]: capitulos = ["\t-Capítulo 2", "\t-Capítulo 3", "\t-Capítulo 4",
"\t-Capítulo 5"]

In [4]: with open("capitulos_leidos.txt", "w") as f:
   ...:     f.writelines(capitulos)
   ...:
```

Tras escribir la lista de capítulos en el archivo capitulos_leidos.txt el contenido es el siguiente:

```
-Capítulo 2 -Capítulo 3 -Capítulo 4 -Capítulo 5
```

NOTA:

Recordemos que un «iterable» es tanto un contenedor (ej. lista, tupla, etc.) como un generador (por ejemplo, la función range()).

Como puedes observar, se ha perdido el contenido inicial del archivo. ¿Por qué? Porque hemos abierto el archivo en modo escritura (w) y en este modo, si el archivo existe, su contenido se sobrescribe. ¿Qué modo tendríamos que haber utilizado para evitar que se borrara el contenido anterior? El modo «añadir» (a), que permite añadir contenido al final de un archivo si este existe y, en caso contrario, lo crea para empezar a escribir en él. También observamos que en esta ocasión han aparecido todos los nombres de los capítulos en la misma línea. ¿Por qué? Porque hemos olvidado especificar al final de cada cadena de la lista que debe aparecer el carácter de nueva línea (\n). Volvamos a crear el capítulo con el contenido inicial:

```
In [1]: with open("capitulos_leidos.txt", "w") as f:
   ...:     f.write("Capítulos leídos del libro de Python:\n")
   ...:     f.write("\t-Capítulo 1\n")
   ...:
```

Veamos cómo tendríamos que haber añadido la nueva información:

```
In [2]: capitulos = ["\t-Capítulo 2\n", "\t-Capítulo 3\n", "\t-Capítulo 4\n",
"\t-Capítulo 5\n"]

In [3]: with open("capitulos_leidos.txt", "a") as f:
   ...:     f.writelines(capitulos)
   ...:
```

Ahora, el contenido del archivo sí es el esperado:

```
Capítulos leídos del libro de Python:
        -Capítulo 1
        -Capítulo 2
        -Capítulo 3
        -Capítulo 4
        -Capítulo 5
```

Lectura

Para acceder al contenido de un fichero, Python proporciona tres métodos de lectura: file.read(), file.readline() y file.readlines(). Veamos qué tipo de lectura nos permite hacer cada uno de ellos.

file.read(tamaño)

Lee una determinada cantidad de datos, la cual devuelve como una cadena de caracteres, si se trata de un archivo de texto, o como una cadena de bytes, en caso de un archivo binario. El argumento tamaño es opcional. Se trata de un entero que especifica el número de bytes a leer. Si no se indica nada, o si se especifica un valor negativo o None, devuelve el contenido entero del archivo. En caso de que se haya alcanzado el final del archivo, devuelve una cadena vacía.

```
In [1]: with open("capitulos_leidos.txt", "r") as f:
   ...:     print(f.read(1))
   ...:     print(f.read())
   ...:     print("Contenido restante:" + f.read() + ".")
   ...:
Capítulos leídos del libro de Python:
-Capítulo 1
```

```
-Capítulo 2
-Capítulo 3
-Capítulo 4
-Capítulo 5

Contenido restante:.
```

En el primer print() del código de ejemplo hemos indicado que queremos leer un byte del archivo que, como podemos ver en la salida, se corresponde con el carácter `C`. A continuación, hemos indicado que queremos leer todo el contenido del archivo y el sistema ha mostrado el contenido que quedaba por leer, es decir, todo el contenido menos el carácter `C`. Por último, hemos vuelto a indicar que queremos leer todo el contenido del archivo, pero como ya se ha alcanzado el final, el sistema ha devuelto una cadena vacía.

file.readline()

Permite leer una sola línea del archivo, sin eliminar el carácter de nueva línea (\n) final, y la devuelve como una cadena. Si se ha alcanzado el final del archivo, devuelve una cadena vacía.

```
In [1]: with open("capitulos_leidos.txt", "r") as f:
   ...: linea1 = f.readline()
   ...: linea2 = f.readline()
   ...:

In [2]: print(linea1 + linea2)
Capítulos leídos del libro de Python:
-Capítulo 1

In [3]: print(linea1.strip() + linea2.strip())
Capítulos leídos del libro de Python:-Capítulo 1
```

En el código de ejemplo hemos leído las dos primeras líneas del archivo, y hemos concatenado su contenido haciendo uso del operador +. Como puedes ver en la salida del primer print(), el carácter de nueva línea de cada cadena se ha mantenido. En caso de querer eliminarlo, se puede hacer uso de la función strip() que vimos en el capítulo de cadenas, tal y como se muestra en el segundo print().

NOTA:

Recuerda que la función strip() permite eliminar los caracteres espacio en blanco iniciales y finales de una cadena. En la mayoría de los sistemas, los caracteres espacio en blanco se corresponden con los caracteres espacio (" "), tabulación (\t), salto de línea (\n), retorno (\r), salto de página (\f) y tabulación vertical (\v).

file.readlines()

Lee el contenido completo del archivo y lo devuelve como una lista formada por todas las líneas del mismo. Al igual que en el método **readline()**, no elimina el carácter de nueva línea (\n) al final de cada cadena.

```
In [1]: with open("capitulos_leidos.txt", "r") as f:
   ...:     lineas = f.readlines()
   ...:

In [2]: numero_linea = 1

In [3]: for linea in lineas:
   ...:     print("Línea", numero_linea, "Contenido:", linea)
   ...:     numero_linea += 1
   ...:
Línea 1 Contenido: Capítulos leídos del libro de Python:

Línea 2 Contenido: -Capítulo 1

Línea 3 Contenido: -Capítulo 2

Línea 4 Contenido: -Capítulo 3

Línea 5 Contenido: -Capítulo 4

Línea 6 Contenido: -Capítulo 5
```

Desplazamiento: moviéndonos por el archivo

En determinadas ocasiones puede serte útil desplazarte a una posición concreta del archivo. Por ejemplo, si has leído el contenido completo de un archivo y necesitas volver a leerlo, no es necesario que cierres el archivo y lo vuelvas a abrir, sino que puedes desplazarte al principio haciendo uso del puntero del archivo. Cada vez que abrimos un archivo se crea un puntero que se posiciona al principio o al final del mismo, dependiendo del modo de apertura. En la tabla 14.1 se especifica la posición del mismo para los modos de apertura posibles. Al leer o escribir contenido en el archivo este puntero se va desplazando. Para saber en qué posición se encuentra el puntero de un archivo, o para desplazarte a una determinada posición, Python proporciona dos métodos: **file.tell()** y **file.seek()**.

file.tell()

Devuelve un entero que, en bytes, representa la posición en la que se encuentra el puntero del fichero. Este valor se calcula tomando como referencia el principio del archivo.

file.seek(desplazamiento, inicio)

Permite desplazar el puntero del archivo los bytes indicados en el argumento desplazamiento tomando como referencia la posición indicada en el argumento inicio. Si inicio es igual a 0, se empieza a contar desde el principio del archivo; si es igual a 1, se utiliza la posición actual del fichero y si es igual a 2, se selecciona el final del fichero como punto de referencia. Si no se especifica nada, se toma como referencia el principio del archivo, ya que el valor por defecto es 0. Si se indica un valor diferente, lanza una excepción ValueError. Además de desplazar el puntero, devuelve un entero asociado al byte al que se ha desplazado.

Prueba en la terminal de IPython las siguientes líneas de código para comprender mejor estos métodos. En cada una de ellas mostramos con comentarios lo que ocurre en cada momento:

```
# Abrimos el archivo en modo lectura y escritura
In [1]: f = open("capitulos_leidos.txt", "r+")

# Leemos todas las líneas del archivo
In [2]: lineas = f.readlines()

# Leemos una línea más. Como hemos llegado al final del archivo, devuelve una
cadena vacía
In [3]: f.readline()
Out[3]: ''

# Utilizamos el método tell para saber en qué posición está el puntero del
archivo. Se encuentra en el byte 109, que se corresponde con el final del
archivo
In [4]: f.tell()
   ...:
Out[4]: 109

# Utilizamos la función seek para desplazarnos al principio del archivo
In [5]: f.seek(0)
Out[5]: 0

# Leemos la primera línea del archivo
In [6]: f.readline()
Out[6]: 'Capítulos leídos del libro de Python:\n'

# Nos desplazamos 0 bytes tomando como inicio 30. 30 no es un valor válido para
inicio por lo que salta una excepción ValueError
In [7]: f.seek(0, 30)
Traceback (most recent call last):

File "<ipython-input-7-78f8081848b8>", line 1, in <module>
f.seek(0, 30)

ValueError: invalid whence (30, should be 0, 1 or 2)

# Nos desplazamos 30 bytes desde el inicio del archivo
```

```
In [8]: f.seek(30, 0)
Out[8]: 30

# Leemos el contenido de la primera línea a partir del byte 30
In [9]: f.readline()
Out[9]: 'Python:\n'

# Nos situamos al final del archivo (desplazamiento de 0 bytes desde el final)
In [10]: f.seek(0, 2)
Out[10]: 109

# Escribimos en el archivo una nueva línea
In [11]: f.write("\t-Capítulo 6\n")
Out[11]: 13

# Nos desplazamos al principio del archivo
In [12]: f.seek(0)
Out[12]: 0

# Leemos las líneas que contiene el archivo
In [13]: f.readlines()
Out[13]:
['Capítulos leídos del libro de Python:\n',
'\t-Capítulo 1\n',
'\t-Capítulo 2\n',
'\t-Capítulo 3\n',
'\t-Capítulo 4\n',
'\t-Capítulo 5\n',
'\t-Capítulo 6\n']

# Cerramos el archivo
In [14]: f.close()
```

Persistencia de objetos: módulo pickle

Hasta ahora hemos visto cómo leer y escribir cadenas de texto y cadenas de bytes en un archivo, pero podemos trabajar con muchos otros datos. Python permite leer y escribir cualquier tipo de objeto haciendo uso del módulo pickle. Con este módulo es posible almacenar de una forma sencilla objetos completos en ficheros binarios, abstrayendo la parte de escritura y lectura binaria.

La persistencia de objetos se refiere a la acción de guardar la información de un objeto de forma permanente, la cual se conoce como «serialización», y a la acción de recuperar dicha información para que se pueda volver a utilizar, conocida como «deserialización».

Supongamos que tenemos un diccionario con información de los capítulos leídos y no leídos por los distintos usuarios de una versión online del libro «Curso de programación Python».

```
{"sonia_md":[("Capítulo 1", "leído"), ("Capítulo 2", "leído"), ("Capítulo 3", "no leído"),…], "antonio_rs": [("Capítulo 1", "no leído"), ("Capítulo 2", "no leído"), ("Capítulo 3", "leído"),…],… }
```

Podemos guardar esta información en un archivo de texto de distintas formas. El problema es que cuando leamos el archivo, tendremos que volver a generar la estructura del diccionario para trabajar con él, lo cual no resulta eficiente. Para evitar esto, podemos utilizar el módulo pickle, que nos permite guardar el estado de un objeto haciendo uso del método dump() y recuperarlo en cualquier momento, tal cual lo hemos guardado, mediante el método load(). Veamos con detalle estos métodos:

pickle.dump(obj, file, protocol=None, fix_imports=True)

Escribe el objeto obj en el archivo file especificado. El archivo file debe ser un archivo binario abierto en modo escritura. Los argumentos protocol y fix_imports son opcionales. El argumento protocol hace referencia a la compatibilidad de Python 3 con versiones anteriores. Si toma un valor menor que 3 y fix_imports es igual a True, el compilador intentará utilizar el módulo pickle de Python 2.

pickle.load(file, fix_imports=True, encoding="ASCII", errors="strict")

Devuelve el objeto contenido en el archivo file especificado, el cual debe ser un archivo binario abierto en modo lectura. En este caso no se utiliza el argumento protocol debido a que la biblioteca lo detecta automáticamente. Los argumentos fix_imports, encoding y errors son opcionales. Si fix_imports es igual a True, el compilador intentará utilizar el módulo pickle de Python 2. Con el argumento encoding, se indica la codificación con la que se leerá el archivo, por defecto ASCII. Por último, el argumento errors refleja cómo tratar los errores y tiene por defecto el valor strict, el cual fuerza a que la función devuelva todos los errores generados.

Ahora que ya sabes cómo utilizarlos, prueba a guardar la información del diccionario anterior y a cargarla haciendo uso del módulo pickle. No olvides que en primer lugar es necesario importarlo con `import pickle`:

```
# Importamos el módulo pickle
In [1]: import pickle

# Creamos el diccionario con la información de los capítulos
In [2]: info_capitulos = {"sonia_md":[("Capítulo 1", "leído"), ("Capítulo 2", "leído"), ("Capítulo 3", "no leído")], "antonio_rs": [("Capítulo 1", "no leído"), ("Capítulo 2", "no leído"), ("Capítulo 3", "leído")]}

# Abrimos el archivo binario en modo escritura y escribimos en él el objeto
```

```
diccionario. No es necesario cerrar el archivo, la estructura with as ya se
encarga de ello
In [3]: with open("info_capitulos.p", "wb") as f:
   ...:     pickle.dump(info_capitulos, f)
   ...:

# Eliminamos la varibale info_capitulos
In [4]: del info_capitulos

# Comprobamos que efectivamente se ha borrado y no existe
In [5]: info_capitulos
Traceback (most recent call last):

File "<ipython-input-5-93a0c8f14b8c>", line 1, in <module>
info_capitulos

NameError: name 'info_capitulos' is not defined

# Abrimos el archivo binario en modo lectura y cargamos el objeto que contiene
en la variable info_capitulos
In [6]: with open("info_capitulos.p", "rb") as f:
   ...:     info_capitulos = pickle.load(f)
   ...:

# Mostramos el contenido de la variable. Como podemos ver, mantiene la
estructura del objeto que guardamos. De forma sencilla hemos recuperado el
objeto, sin tener que montar nosotros la estructura, que es lo que tendríamos
que haber hecho si hubiésemos guardado en contenido en modo texto
In [7]: info_capitulos
Out[7]:
{'sonia_md': [('Capítulo 1', 'leído'),
('Capítulo 2', 'leído'),
('Capítulo 3', 'no leído')],
'antonio_rs': [('Capítulo 1', 'no leído'),
('Capítulo 2', 'no leído'),
('Capítulo 3', 'leído')]}
```

Ejercicios propuestos

Intenta realizar los siguientes ejercicios. Encontrarás la solución al final del libro, en el Apéndice E.

1. Ejecuta las siguientes líneas de código en la terminal de IPython para crear el archivo de texto `archivo_ejercicio.txt` con el contenido `"Ya sé cómo trabajar con archivos en Python."`.

```
In [1]: f = open("archivo_ejercicio.txt", "w")

In [2]: f.write("Ya sé cómo trabajar con archivos en Python.")
Out[2]: 43

In [3]: f.read()
```

```
Traceback (most recent call last):

File "<ipython-input-3-571e9fb02258>", line 1, in <module>
f.read()

UnsupportedOperation: not readable

In [4]: f.close()
```

Responde a las siguientes preguntas:

a. ¿Qué significa el valor que ha devuelto el método write()?
b. ¿Por qué se produce un error al ejecutar la entrada 3 (`In [3]`)?
c. Reescribe el código anterior para que no se produzca ningún error.

2. Supón que quieres seguir añadiendo contenido al archivo de texto `archivo_ejercicio.txt`, creado en el ejercicio anterior. Indica cuáles de los siguientes modos de apertura son adecuados para tal fin y justifícalo.
   a. `f = open("archivo_ejercicio.txt")`
   b. `f = open("archivo_ejercicio.txt", "r+")`
   c. `f = open("archivo_ejercicio.txt", "w")`
   d. `f = open("archivo_ejercicio.txt", "a")`
3. Escribe dos programas, uno teniendo en cuenta las especificaciones del apartado a y otro teniendo en cuenta las del apartado b. Ambos deberán guardar en un archivo la siguiente lista de tuplas:

```
lista_capitulos = [("Capítulo 1", "Los niños y la programación de
ordenadores"), ("Capítulo 2", "Introducción a la programación"), ("Capítulo
3", "El lenguaje Python y por qué debemos aprenderlo")]
```

   a. El programa A deberá escribir el contenido de la lista en un archivo de texto, cerrarlo, y posteriormente deberá abrirlo para leer su contenido y generar una lista con la misma estructura.
   b. El programa B deberá escribir el contenido de la lista en un archivo binario, cerrarlo, y posteriormente deberá abrirlo para leer su contenido y generar una lista con la misma estructura. Para ello, utiliza el módulo pickle.

Resumen

Los archivos nos permiten guardar los datos generados en nuestros programas de forma persistente y evitan que se pierdan al finalizar su ejecución, como ocurría cuando los mostrábamos por pantalla. También brindan acceso a la adquisición de datos desde el sistema de archivos del ordenador, por lo que nuestros programas no solo tienen que depender para su ejecución de datos introducidos por el usuario. De hecho, los archivos son la manera más habitual de facilitar datos a los programas.

En este capítulo hemos explicado el concepto de archivo, los tipos con los que podemos trabajar: archivos de texto y archivos binarios; y las operaciones que podemos realizar sobre ellos: apertura, cierre, escritura, lectura y desplazamiento. Ahora ya no tendrás excusa para guardar los resultados de tus programas, ni para trabajar en ellos con datos procedentes de los archivos de tu ordenador.

15 Funciones

En este capítulo aprenderás:

- Cómo definir tus propias funciones.
- Los conceptos de argumento, parámetro, tabla de símbolos y ámbito.
- La diferencia entre objeto mutable y objeto inmutable.
- Técnicas de programación con funciones, como la anidación, la recursividad o las funciones lambda.

Introducción

En la tradición popular, la expresión «divide y vencerás» representa una estrategia orientada a lograr la victoria sembrando la discordia entre el enemigo. Para los programadores, esta expresión tiene un significado completamente diferente y supone una forma de resolver problemas consistente en subdividir en problemas más simples hasta lograr una implementación sencilla, resoluble. Esta manera de plantear una solución algorítmica es la base de un paradigma de programación conocido como «programación modular».

Cuando abordamos un proyecto en nuestras vidas como, por ejemplo, planificar las vacaciones, de manera natural vamos partiendo la tarea en componentes que sí podemos resolver con acciones concretas: los días disponibles, los lugares que visitar, el alojamiento, el transporte, dónde comer, etc. Así, dar solución a una necesidad compleja se convierte en una serie de tareas más simples, a las cuales es más fácil dar respuesta.

Los lenguajes de programación como Python ofrecen dos mecanismos principales para el desarrollo modular: las funciones y los módulos. Las funciones son pequeños programas, con una entrada de datos sobre la cual se generará una salida. Tradicionalmente denominadas «subrutinas», las funciones permiten asociar a un conjunto de instrucciones un nombre, un identificador, bajo el cual podemos ejecutar una serie de instrucciones desde otras partes de nuestro programa. Los módulos, por otro lado, facilitan la distribución de estas funciones y procedimientos en varios archivos[1]. Dedicaremos un capítulo al uso y creación de módulos en Python.

Al inicio del curso introdujimos la mecánica básica de un ordenador. El ordenador toma unos datos de entrada, sobre los que realiza un procesamiento siguiendo las instrucciones de un programa, para generar una salida como resultado de dicho procesamiento. La figura 15.1 muestra un diagrama según este esquema.

La función `suma()` toma como datos de entrada dos valores. Los datos de entrada de una función se denominan «argumentos». Estos dos argumentos se representan en el cuerpo de la función, es decir, en las instrucciones que realiza, como dos variables denominadas «parámetros» cuyos identificadores son `a` y `b`.

1. Un procedimiento es una función que no devuelve resultado alguno. Por ejemplo, una función que solo muestra información en pantalla siguiendo un formato definido a partir de los parámetros de entrada. Un procedimiento, por tanto, se considera un caso particular de función.

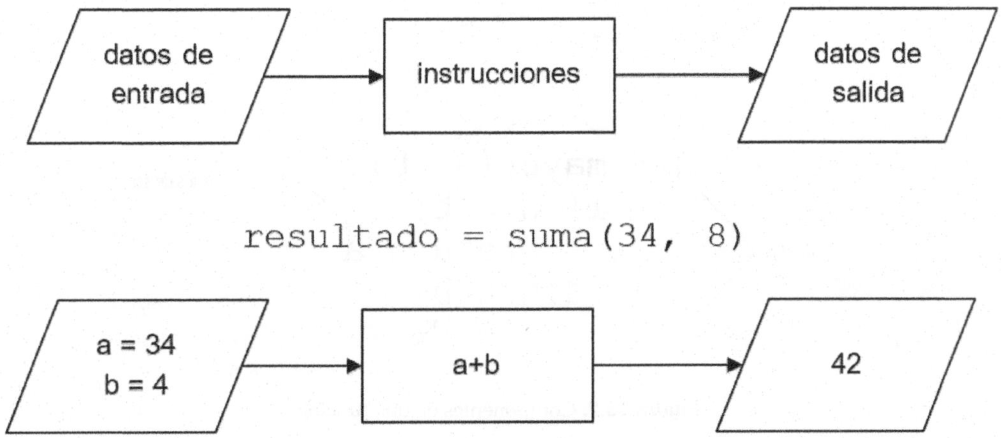

Figura 15.1. Una función es un «miniprograma», con datos de entrada, instrucciones y datos de salida.

Definiendo una función

Python proporciona varias funciones siempre disponibles sin necesidad de importar biblioteca alguna[2]. Dichas funciones son parte del lenguaje. Ya hemos presentado algunas de estas funciones e introduciremos otras más adelante, pero también podemos crear nuestras propias funciones. Para poder definir una función necesitamos detallar en nuestro código los siguientes elementos:

1. Un identificador que nos permita nombrarla e invocarla.
2. Un conjunto de parámetros de entrada sobre los que operará la función. El identificador y la definición de parámetros de entrada (con las variables que se asociarán a los mismos) constituyen la «cabecera» o «prototipo» de la función.
3. Un conjunto de instrucciones que definen el «cuerpo» de la función.
4. Opcionalmente, uno o varios puntos de salida para devolver los datos resultantes.

La palabra reservada **def** sirve para crear nuestras propias funciones en Python. La figura 15.2 ilustra un ejemplo sencillo de código e identifica cada uno de los elementos anteriores.

Todas las instrucciones sangradas bajo la cabecera que marca **def** se consideran el cuerpo de la función. La palabra reservada **return** se puede utilizar en cualquier punto del cuerpo para abandonar la función devolviendo un valor.

2. Puedes encontrar un listado exhaustivo de estas funciones en docs.python.org/3/library/functions.html.

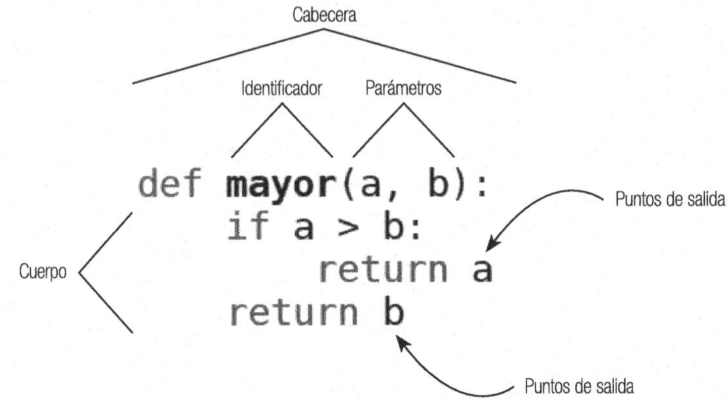

Figura 15.2. Componentes de una función.

El código siguiente muestra cómo invocar esta función, es decir, cómo usarla una vez ya está definida:

```
s = mayor(10, 5)
print(s)
```

El programa anterior mostraría el valor 10 en pantalla. La primera línea es la «invocación» de la función y toda la expresión `mayor(10, 5)` se sustituye, al ejecutar el programa, por el resultado de esta, por lo que el intérprete de Python asigna a la variable s el valor 10. Los valores 10 y 5 son los argumentos pasados a la función. El identificador de una función es una referencia al código de la subrutina, es decir, al cuerpo de la función. Al llamar a una función, el intérprete de Python salta a esa subrutina y continúa ahí la ejecución. Como cualquier otro identificador, resulta válido asignar a una variable el identificador de una función, y de ese modo esa variable se convierte en otra manera de invocar la función:

```
In [1]: f = mayor

In [2]: f(5, 9)
Out[2]: 9
```

Esto resulta especialmente útil cuando queremos pasar una función como argumento al llamar a otra función, es decir, las propias funciones pueden ser argumentos. Lo veremos más adelante.

Documentar una función

Es recomendable añadir comentarios al definir una nueva función. Esto ayuda a entender su propósito. Vimos cómo es posible introducir aclaraciones al código usando el carácter almohadilla «#». Todo lo escrito después de este símbolo es ignorado por el intérprete, lo cual nos da la libertad del lenguaje natural. En el caso de las funciones, Python toma como documentación o comentario a la función una cadena de texto si esta aparece como primera sentencia del cuerpo de la función. Es habitual enmarcar esta descripción de la función entre tres dobles o simples comillas, y se pueden usar varias líneas. Aquí tenemos un ejemplo para la función anterior:

```
def mayor(a, b):
    """Esta función devuelve el mayor de dos valores."""
    if a > b:
        return a
    return b
```

En Python, como dijimos, todo son objetos, incluso las funciones. Al documentar así la definición de una función, podemos acceder a su documentación usando introspección. El contenido de la cadena que documenta la función es accesible mediante la propiedad __doc__.

```
In [1]: print(mayor.__doc__)
Esta función devuelve el mayor de dos valores.
```

Como explicamos, es una buena práctica documentar siempre de esta manera nuestras funciones. Puedes intentar obtener información de otras funciones a través de dicha propiedad.

```
In [2]: len.__doc__
Out[2]: 'Return the number of items in a container.'
```

Paso de parámetros

Al invocar una función (también decimos «llamar a una función»), se crea un nuevo ámbito en el programa, donde quedan definidas las variables que representan los parámetros de la función y las variables definidas en el cuerpo de dicha función. Recordemos que el ámbito es el contexto donde una variable es reconocida. Si existen dos variables con el mismo identificador, el intérprete considerará la variable del ámbito más interno. En el siguiente ejemplo podemos ver cómo el identificador `apellido` aparece dentro de la función y fuera de ella. La función, sin embargo, utilizará el valor local de dicha variable, pues considera con preferencia la variable en su ámbito:

```
def apellidar(nombre):
    apellido = 'Martínez'
    return nombre + ' ' + apellido

apellido = 'Jiménez'
print(apellidar('Rosa'))
```

El resultado de ejecutar este programa es el texto `'Rosa Martínez'`. El funcionamiento es el siguiente:

1. La función queda definida en las líneas 1 a 3.
2. En la línea 5, el intérprete crea la variable `apellido` con el valor `'Jiménez'` y la almacena en su «tabla de símbolos».
3. En la línea 6 se llama a la función **apellidar()**, empleando el valor `Rosa` como argumento.
4. El intérprete entra en la función por la línea 1, y asigna al parámetro `nombre` el valor `'Rosa'` en una tabla de símbolos propia (el ámbito de la función).
5. Se crea la variable `apellido` en la tabla de símbolos de la función, que tiene preferencia a la tabla de símbolos existente antes de llamar a la función. Tenemos, por tanto, dos tablas de símbolos con dos variables con el mismo identificador, pero con valores diferentes.
6. En la línea 3 se concatenan las cadenas para generar la cadena final, usando las variables `nombre` (con el valor del argumento) y `apellido` (con el valor asignado dentro del ámbito de la función). La cadena resultante se devuelve como salida de la función y regresamos al punto donde esta fue invocada (la línea 6). Al salir de la función se destruye su ámbito y desaparecen las variables `nombre` y `apellido`.
7. La función **print()** muestra en pantalla el resultado `'Rosa Martínez'`. Ahora, `apellido` es la variable reconocida, que mantiene el valor `'Jiménez'`.

En los lenguajes tradicionales, los argumentos pueden ser pasados a una función de dos formas diferentes: «por valor» o «por referencia». Un paso por valor indica que la función copia en sus parámetros los valores pasados al llamar a la función. La modificación de las variables que representan parámetros no modifica las variables externas. En cambio, el paso por referencia indica que cualquier modificación al parámetro se ve reflejado en la variable externa que se pasó como argumento. Dado que estamos en un curso de programación, y no solo en un curso de Python, vamos a explicarlo bien para que quede claro.

Tipos mutables e inmutables

Primero debemos diferenciar entre objetos «mutables» y objetos «inmutables». Recuperemos la introducción a las variables realizada en un capítulo anterior. Una variable es un identificador asociado a una posición en memoria donde se almacena el valor. Insistimos en que todo son objetos en Python, es decir, almacenan información y tienen asociada una serie de métodos para operar sobre dicha información. Toda variable representa a un objeto de un tipo determinado.

El tipo establece el formato del dato a almacenar. Un objeto inmutable es aquel cuyo tipo no permite modificar el contenido sin destruir la referencia al mismo. Si imaginamos el identificador de una variable como la etiqueta pegada al frontal de un cajón donde meter valores, un objeto inmutable sería un cajón que no podemos abrir, solo observar a través de un frontal transparente, como si de una vitrina se tratara. Cuando queremos que una variable almacene un valor distinto al asignado anteriormente para un objeto inmutable, debemos buscar otro cajón donde meter ese valor, meter el valor, cerrarlo y cambiar la etiqueta al nuevo cajón, a sabiendas de que no podremos cambiar su contenido. En cambio, un objeto mutable sí permite modificar el contenido sin cambiar la referencia. Es un cajón que abrimos y cuyo contenido modificamos sin impedimentos. Un objeto mutable puede actualizar sus valores, un inmutable, no.

Como hemos dicho, la mutabilidad depende del tipo del objeto. Estos son los tipos mutables e inmutables establecidos por Python:

- Mutables: listas, diccionarios y conjuntos[3].
- Inmutables: todos los números (enteros, reales, complejos y booleanos), cadenas y tuplas.

Vamos a explicar lo que ocurre con el siguiente código de ejemplo:

```
1  x = 4
2  x += 1
```

Aunque pueda parecer que el código actualiza el valor de la variable `x` en la línea 2, lo que tiene lugar realmente es la creación de una nueva variable, en un espacio de memoria nuevo, donde se toma el valor anterior de `x` y se asigna a una nueva variable `x`. La línea 2 del código es equivalente a la instrucción `x = x + 1` que se resuelve de la siguiente manera: el intérprete primero resuelve la parte derecha, `x + 1`, buscando en la pila de tablas de símbolos la primera referencia con el identificador `x`. La encuentra y esta lleva a una dirección de memoria con el valor 4. El intérprete sustituye `x` por 4 y resuelve la suma 4 + 1. El valor calculado, 5, va a asignarse a una variable, por lo que Python crea un espacio en memoria donde aloja dicho valor y cambia la referencia en la tabla de símbolos para que `x` apunte a 5, resolviendo así la asignación. Ahora, el espacio donde se alojaba 4 es liberado por el recolector de basura.

El siguiente ejemplo ilustra también la inmutabilidad usando en este caso cadenas. Las variables `b` y `a` disponen de espacios de memoria distintos. Aunque podemos acceder a cada carácter mediante su posición, no es posible modificarlos, por lo que se genera un error al intentarlo.

3. En Python existe un segundo tipo de conjunto distinto a set(), el «conjunto congelado» frozenset() que es, a diferencia del anterior, inmutable.

```
In [1]: a = "hola"

In [2]: b = a

In [3]: a = a + " caracola"

In [4]: a
Out[4]: 'hola caracola'

In [5]: b
Out[5]: 'hola'

In [6]: b[2]
Out[6]: 'l'

In [7]: b[2] = 'j'
Traceback (most recent call last):

  File "<ipython-input-7-5d028997745a>", line 1, in <module>
    b[2] = 'j'

TypeError: 'str' object does not support item assignment
```

Resumimos a continuación los tipos asociándolos a la función que genera el objeto (constructor) para cada tipo.

mutable	list(), dict(), set()
inmutable	int(), float(), comp(), bool(), str(), tuple(), frozenset()

Ámbito de una función

Lo segundo que debe explicarse bien es cómo funciona el mecanismo del ámbito y las tablas de símbolos al invocar una función. Python mantiene unas tablas que, a modo de diccionario, relacionan los identificadores de los parámetros con las posiciones de memoria donde se guardan los datos. Estas tablas se denominan «tablas de símbolos». Cuando entramos en una función, se crea una nueva tabla de símbolos y, por ende, un nuevo ámbito. Estas tablas de símbolos se van apilando (sí, siguiendo una estructura de tipo «pila» como las que vimos), de tal manera que, al entrar en el ámbito de la función, se coloca una nueva tabla en lo alto de la pila. Cuando abandonamos el ámbito al salir de la función, la tabla en lo alto de la pila se borra y se libera la memoria asociada a parámetros y variables internas. A la hora de buscar un identificador, al hacer uso de esa variable en nuestro código, se mira en la pila de tablas de símbolos, empezando por la más alta (el ámbito más interno) y bajando por ella (ámbitos externos). Esto permite tener un mismo identificador en ámbitos diferentes y mantener la prioridad para interpretar una variable en el ámbito más inmediato.

Paso por referencia y por valor

Ya tenemos todos los elementos necesarios para detallar cómo funciona el paso de parámetros a una función. Cuando llamamos a un función, indicamos entre paréntesis una lista (si la función acepta parámetros) de argumentos que pueden ser identificadores de variables o literales. En Python, los argumentos siempre se pasan por referencia, es decir, los identificadores definidos en la cabecera de la función (los parámetros) quedan referenciados a las posiciones de memoria de los valores indicados en la llamada a la función. Pero resulta que el objeto pasado como argumento puede ser mutable o inmutable. Si es inmutable, los parámetros crean, como ya sabemos, un nuevo espacio en memoria, lo cual sería equivalente a un paso por valor. Por tanto, cuando los argumentos son objetos inmutables su contenido no se ve alterado por la llamada a la función, pues los parámetros guardan su propia copia del argumento. Veamos un ejemplo con una variante de la función **apellidar()**.

```
1  def apellidar(nombre):
2      nombre += ' Martínez'
3      print(nombre)
4
5  nombre = 'Rosa'
6  apellidar(nombre)
7  print(nombre)
```

NOTA:

Recordemos, los argumentos son los valores pasados al invocar una función, y los parámetros, las variables que se definen en la cabecera. Al llamar a una función, sus parámetros toman los valores de los argumentos.

El cuerpo principal del programa empieza en la línea 5, donde se crea una entrada para el identificador `nombre` en la tabla de símbolos que apunta a un espacio de memoria donde se almacena el valor `'Rosa'`. En las primeras líneas se define la función **apellidar()**, que toma un parámetro bajo el identificador `nombre`. Al llamar a la función en la línea 6, saltamos a la línea 1 y se crea una nueva tabla de símbolos, con otro identificador para el parámetro `nombre` apuntando a una nueva dirección de memoria sobre la que se copia el valor del argumento, pues es inmutable. Dicha tabla se coloca en lo alto de pila de tablas de símbolos, por lo que la línea 2 crea un nuevo espacio de memoria con el contenido `'Rosa Martínez'` y actualiza la referencia de `nombre` a ese espacio. Se escribe en pantalla el valor referenciado por `nombre` en el ámbito interno, es decir, el de la tabla de símbolos en lo más alto de la pila. Después, se abandona la función y se saca esa tabla de la pila. Ahora, la tabla de símbolos preferente contiene la referencia `nombre` al espacio de memoria que todavía alberga el valor `'Rosa'`.

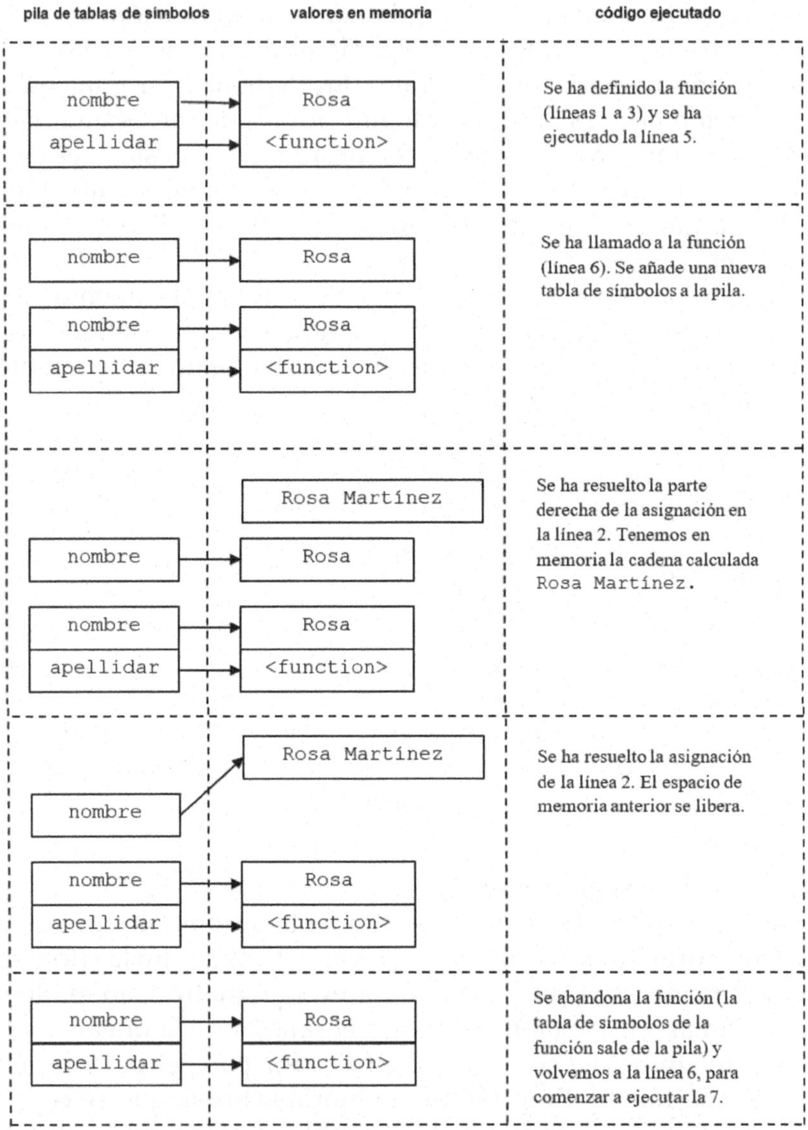

Figura 15.3. Descripción ilustrativa de una llamada a la función **apellidar()**.

Por tanto, cuando los argumentos se corresponden con tipos inmutables, la tabla de símbolos de la función (donde están las variables que representan a los parámetros) contiene identificadores a espacios de memoria nuevos donde se copian los valores pasados. En cambio, cuando pasamos como argumentos tipos mutables, la tabla de símbolos de la función también contiene sus propios identificadores, pero estos parámetros apuntan a las posiciones de memoria donde se alojan los datos pasados como argumento. Examinemos un ejemplo:

```
1  def ampliar(lista):
2      lista += [4, 5, 6]
3
4  l = [1, 2, 3]
5  print(l)
6  ampliar(l)
7  print(l)
```

El programa principal empieza en la línea 4, donde se define una lista `l` con los elementos 1, 2 y 3. Después se muestra en pantalla el contenido de la lista. En la línea 6 se llama a la función `ampliar`, pasando como argumento la lista `l`. Una vez dentro de la función `ampliar`, se añade una nueva tabla de símbolos con el identificador `lista` apuntando al mismo espacio al que apunta la lista `l`. Como las listas son objetos mutables, no se crea una copia del contenido en memoria, sino que solo se copia la referencia a memoria, es decir, parámetro y argumento son el mismo objeto. Por tanto, al ejecutar la línea 2, se modifica una única lista, que es referenciada por ambos identificadores `lista` y `l`. En resumen, aquellas variables de tipo mutable pasadas como argumentos sufren las modificaciones que se realicen en el interior de una función.

ADVERTENCIA:

La línea 2 no es equivalente a lista = lista + [4 ,5, 6], pues en ese caso se crearía una nueva lista en lugar de modificar la actual. Al utilizar la asignación += estamos indicando una modificación de la lista. Es decir, lista += [4, 5, 6] es equivalente a usar lista.extend([4, 5, 6]).

Valores por defecto

Al definir la cabecera de una función, podemos asignar a los parámetros valores por defecto. Esto permite invocar a la función un número de argumentos que no complete a todos los parámetros esperados. Los valores por defecto se definen asignando literales a los parámetros en el prototipo de la función. Veamos un ejemplo:

```
def saluda(nombre='amigo'):
    print('Hola', nombre)

saluda()
saluda('Antonio')
```

Esta función es invocada en la línea 4 sin especificar argumento alguno, por lo que el parámetro `nombre` toma el valor por defecto `'amigo'` indicado en la cabecera de la función. Se mostrará en pantalla el mensaje `'Hola amigo'`. Cuando llamamos de nuevo a la función en la línea 5, sí estamos especificando un valor para el parámetro, por lo que `nombre` adquiere ese valor y se muestra el mensaje `'Hola Antonio'`.

Un elemento esencial es, de nuevo, la diferencia entre parámetros por defecto para tipos mutables e inmutables. Los valores por defecto para un tipo mutable se asignan solo en la primera llamada a la función que no especifique valor para el parámetro mutable. El resto de llamadas sin especificar el parámetro mantienen el contenido anterior del parámetro. El siguiente código ilustra esto:

```
1  def apuntar(nombre, miembros=[]):
2      miembros.append(nombre)
3      return miembros
4
5  print(apuntar('Juan'))
6  print(apuntar('Ana'))
7  print(apuntar('Salud'))
```

El resultado de ejecutar las líneas anteriores es el siguiente:

```
['Juan']
['Juan', 'Ana']
['Juan', 'Ana', 'Salud']
```

La primera llamada a `apuntar` en la línea 5 inicializa el parámetro `miembros` a una lista vacía. La línea 2 añade a dicha lista el valor del parámetro `nombre`. En las siguientes llamadas, la lista `miembros` ya no toma el valor por defecto, sino el de la última llamada a la función, por lo que se van acumulando los integrantes de la lista. Si especificamos un valor para `miembros`, la función usará dicho valor, pero en las siguientes llamadas sin especificar un valor, se recupera el contenido que había por defecto, incluidas las modificaciones ya realizadas al parámetro mutable. Es decir, el valor por defecto que adopta un parámetro es un único objeto que puede ser modificado en distintas llamadas a la función. Examinemos el resultado de añadir estas líneas al código anterior y volvamos a ejecutar el programa:

```
print(apuntar('Jorgito', []))
print(apuntar('Juanito'))
```

Ahora el resultado sería:

```
['Juan']
['Juan', 'Ana']
['Juan', 'Ana', 'Salud']
['Jorgito']
['Juan', 'Ana', 'Salud', 'Juanito']
```

La línea 8 genera una salida con la cadena `'Jorgito'` como único valor. La línea 9 invoca a `apuntar`, de nuevo, sin indicar valor para `miembros`, por lo que dicho parámetro recupera el valor por defecto anterior. Es importante recordar esta forma de entender los valores por defecto para parámetros de tipo mutable, porque así evitaremos efectos inesperados.

Paso de valores por clave

Hay otra cuestión relacionada con los parámetros. Cuando invocamos a una función, los argumentos son asignados a los parámetros por el orden indicado en la cabecera. Una función definida como `def f(a, b, c)` se podrá invocar `f(1, 5, 7)` y los valores de `a`, `b` y `c` serán 1, 5 y 7 respectivamente. Esto es un «paso por posición», pero podemos hacer un «paso por clave» como sigue: `f(a=1, b=5, c=7)`.

En el paso por clave especificamos el identificador del parámetro y, con una asignación, el valor asociado. Esto tiene dos ventajas: la primera es que al invocar la función podemos interpretar mejor los argumentos, como ocurre con `apuntar(nombre='María', miembros=['Lucía', 'Felipe'])`;segundo, permite cambiar el orden de los argumentos, por ejemplo `f(b=5, c=7, a=1)`, lo cual es equivalente a las propuestas anteriores.

Es posible combinar el paso por orden con el paso por clave, pero debemos tener en cuenta algunas reglas, sobre todo en relación con los valores por defecto. Imaginemos la función siguiente:

```
def reservar(destino, precio=1000):
    print('Ha reservado un viaje a %s por %d euros' % (destino, precio))
```

Las siguientes llamadas serían válidas:

```
reservar('Sevilla')                            # 1 argumento por posición
reservar('Sevilla', 500)                       # 2 argumentos por posición
reservar('Sevilla', precio=800)                # 1 por posición y 1 por clave
reservar(destino='París')                      # 1 por clave
reservar(destino='Londres', precio=900)        # 2 por clave
```

Y las siguientes, inválidas:

```
reservar()                                     # obligatorio un valor para destino
reservar('New York', destino='Japón')          # doble valor para mismo argumento
reservar(destino='Jaén', 300)                  # no se admite paso por posición
                                               #    precedido de paso por clave
```

Python ofrece una sintaxis de la cabecera de la función para forzar el paso por clave al invocarla. Esto se logra introduciendo un asterisco (*) antes de la lista de parámetros cuyos argumentos serán especificados por clave obligatoriamente:

```
def funcion(param, *, a, b):
```

Los parámetros `a` y `b` siempre deberán pasarse por clave: `funcion(5, a=7, b=23)`, por ejemplo.

Funciones como parámetro

Hasta ahora, los valores de los argumentos han sido siempre de tipo mutable (como las listas) o de tipo inmutable, (como los números y las cadenas). Además de pasar «valores» al llamar a una función, también es posible pasar otra función como argumento. Pensemos que el nombre de una función no es sino el identificador de un objeto de tipo función. Como objeto, puede ser asignado a otra variable. Veamos un ejemplo:

```
1 def repite(s, n=3):
2     return s * n
3
4 print(repite('venga '))
5 f = repite
6 print(f('vamos '))
```

La línea 5 muestra la asignación de la función `repite` a un nuevo identificador `f`. Como ese identificador referencia el mismo objeto función que `repite`, podemos invocarla desde `f`, tal y como hace la línea 6. Tenemos, por tanto, una misma función con dos identificadores distintos.

Es posible indicar una función como argumento gracias a esto. Imaginemos dos posibles funciones para comparar pares de valores: `mayor()` y `menor()`. Podemos recorrer una lista de enteros extrayendo el valor mayor o el menor según la función de comparación que usemos:

```
def extrae(valores, comp):
    a = valores[0]
    for x in valores[1:]:
        if comp(x, a):
            a = x
    return a

def mayor(a, b):
    return a > b

def menor(a, b):
    return a < b

print(extrae([2, 3, 6, 8, 10], mayor))
print(extrae([2, 3, 6, 8, 10], menor))
```

La función `extrae` acepta dos parámetros: el primero es una lista de números y el segundo una función para comparar dos números. En `extrae` se recorre la lista de números para extraer aquel valor que cumpla la condición `comp()` sobre el resto de valores de la lista. La línea 2 inicializa el valor de referencia a al primer valor en la lista. La línea 4 muestra cómo se compara el valor actual de referencia `a` con cada valor `x` del resto de la lista. En función del resultado de dicha comparación, a través de la función pasada como parámetro y representada por `comp`, se actualiza o no el valor de referencia, el cual será finalmente devuelto como resultado de la función.

La función predefinida sorted()[4] y el método de listas sort() son ejemplos de funciones que permiten a otras funciones como parámetros. Esto posibilita ordenar los elementos utilizando la función indicada por el parámetro key para determinar qué aspecto de cada elemento debe compararse. Veamos un código de ejemplo con ambas funciones:

```
1  def nombre(e):
2      return e['nombre']
3
4  def edad(e):
5      return e['edad']
6
7  l = [{'nombre': 'Pili', 'edad': 12}, {'nombre': 'Mili', 'edad':14},
    {'nombre': 'Beorn', 'edad': 300}]
8
9  print(sorted(l, key=nombre))
10 print(sorted(l, key=edad))
11 print(l)
12 l.sort(key=edad)
13 print(l)
```

En el ejemplo anterior las funciones `nombre()` y `edad()` se usan para determinar en base a qué se realizará la ordenación de los elementos de la lista. La línea 9 ordena los elementos de la lista por nombre, y en la línea 10 se ordenan por edad. También podemos ver en el resultado de ejecutar este programa cómo en la línea 12 se modifica la lista en sí, al usar un método del objeto lista, quedando ordenada por edad.

Parámetros indefinidos

Algunas funciones aceptan un número indeterminado de argumentos. Un ejemplo es la función print() que admite tantos argumentos como queramos, mostrando los valores pasados separados por espacios como una única cadena:

4. La diferencia entre ambas es que sorted() es capaz de ordenar cualquier iterable (lista, tupla o cadena, entre otros) y, además, no modifica el iterable original, sino que devuelve una copia ordenada del mismo. En cambio, sort() se aplica sobre una lista y sí modifica a esta.

```
In [1]: nombre = 'Charo'

In [2]: edad = 15

In [3]: print(nombre, 'tiene', edad, 'años')
Charo tiene 15 años

In [4]: print('Hola', nombre)
Hola Charo
```

En Python, esto se denomina «lista de argumentos arbitraria» y permite usar tuplas o diccionarios a la hora de pasar los argumentos de una función. Para que nuestra función pueda ser invocada con un número indefinido de argumentos precedemos el parámetro con un asterisco (*) y dicho parámetro será interpretado como una tupla con los argumentos, o lo precedemos de doble asterisco (**) y el parámetro será interpretado como un diccionario que contendrá los pares <clave, valor> de un número arbitrario de argumentos pasados por clave. Ilustremos todo esto con un ejemplo:

```
def reserva(origen, destino, *viajeros, **detalles):
    print(f'Se ha reservado el vuelo de {origen} a {destino} para:')
    for viajero in viajeros:
        print(viajero)
    print('Con los siguientes detalles:')
    for k in detalles:
        print(k, ':', detalles[k])

reserva('Granada', 'México', 'Pedro', 'Juani', 'Luisa',
        comida='vegana', asientos='ventanilla', precio=350)
```

En el ejemplo anterior, los dos primeros argumentos `'Granada'` y `'México'` se mapean de forma directa a los parámetros `origen` y `destino`. Después, los argumentos sin clave `'Pedro'`, `'Juani'` y `'Luisa'` (podríamos añadir más) se agrupan todos bajo una tupla en el parámetro `viajeros`. El resto de argumentos, pasados por clave, se trasladan al parámetro `detalles` como un diccionario. El proceso de extraer de los parámetros `viajeros` y `detalles` los argumentos se denomina «desempaquetar» los argumentos.

El resultado de ejecutar este código es el texto siguiente:

```
Se ha reservado el vuelo de Granada a México para:
Pedro
Juani
Luisa
Con los siguientes detalles:
comida : vegana
asientos : ventanilla
precio : 350
```

Por tanto, gracias al asterisco y el doble asterisco, una función puede recibir un número arbitrario de argumentos. También es posible pasar directamente los argumentos como tuplas o diccionarios al llamar a una función, incluso cuando los parámetros esperados son bien definidos. He aquí un ejemplo:

```
def colores(paredes, techo, suelo):
    print('El color de las paredes es', paredes)
    print('El color del techo es', techo)
    print('El color del suelo es', suelo)

estilo1 = ('blanco', 'blanco', 'nogal')
colores(*estilo1)

estilo2 = {'paredes': 'naranja', 'techo': 'gris', 'suelo': 'negro'}
colores(**estilo2)
```

Este formato de llamada a la función usando asterisco y doble asterisco permite «empaquetar argume ntos» como tupla o como diccionario. En este caso el número no puede ser arbitrario. La tupla debe contener tantos elementos como argumentos obligatorios espera la función. A su vez, el diccionario debe usar como claves los identificadores de los parámetros esperados, es decir, las claves deben ser iguales a los nombres usados para los parámetros.

Salida de la función

Una función toma unos parámetros de entrada, realiza un procesamiento y finaliza su ejecución cuando llega a la última instrucción o cuando se alcanza un punto de retorno. Cuando cualquiera de estas dos situaciones se produce, se dice que «se sale de la función» y se regresa a la línea donde fue invocada. El punto de retorno puede o no devolver un valor como resultado de la función. Cuando la función devuelve un valor, la llamada original de la función es reemplazada por el valor generado. Así, `print(suma(4,5))` es reemplazado por `print(9)` antes de invocar a la función print(). Una función puede tener varios puntos de retorno. Existen dos instrucciones en Python para los puntos de retorno: return y yield. Veamos un ejemplo con return.

```
1 def mayor(a,b):
2     if a > b:
3         return a
4     return b
```

Esta sencilla función devuelve el mayor de dos valores. Observa que no es necesario un else, pues la línea 4 solo se alcanza si no se cumple que a sea mayor que b ya que, de cumplirse, la función finaliza devolviendo el valor a en la línea 3. Al abandonar una función con return se destruye la tabla de símbolos y se borran los valores, los parámetros y las variables locales a la función. Cuando usamos return, se abandona la función devolviendo el valor indicado. Este valor puede ser simple (un entero, un booleano, un real o una cadena, por ejemplo) o complejo (una tupla, una lista, un diccionario...). Así, es posible devolver múltiples valores usando tuplas:

```
def doble_y_mitad(x):
    return x*2, x/2

doble, mitad = doble_y_mitad(4)
```

Otra instrucción para devolver un valor es usando **yield** en lugar de **return**. La diferencia entre ambas es que **yield** retorna un valor, pero no destruye el estado actual de los parámetros y variables de la función. La siguiente llamada a la función continuará la ejecución después de la última instrucción **yield** ejecutada.

```
1  def primos(limite):
2      for x in range(limite):
3          primo = True
4          for y in range(2,x):
5              if x % y == 0:
6                  primo = False
7          if primo:
8              yield x
9
10 print(primos(100))
11
12 for p in primos(100):
13     print(p)
```

Gracias a esto, Python posibilita la creación de funciones denominadas «generadores». Estas funciones no producen una lista completa de valores, sino que los van generando uno a uno. El código anterior mostrará en la línea 10 un texto que indica que se ha creado un generador, pero no muestra los números primos. Para ello debemos usar la función como si de un iterador se tratase (líneas 12 y 13), tal y como hacemos con **range()**, que es otra función generador.

Anidación

La anidación hace referencia tanto a la declaración de una función dentro del cuerpo de otra, como a la llamada a una función a partir de los resultados de otra. Veamos ambas técnicas.

Definir una función dentro de otra es una técnica fundamental en la estrategia «divide y vencerás». La usaremos cuando definir una función fuera de otra no tiene sentido, es decir, cuando la función interna solo va a ser utilizada por la función externa. Una función interna solo es visible en el ámbito de la función que la aloja, pero no en el ámbito externo a la función anfitrión.

```
def comprueba(items):

```

```
3      def desechar(item):
4          print('El ítem', item, 'no es válido')
5
6      for i,x in enumerate(items):
7          if x > 100:
8              desechar(i)
9
10 comprueba([96, 98, 102, 99])
```

La función desechar es interna a comprueba, por lo que solo puede ser llamada desde el interior de la segunda. Si intentamos invocar la función desechar justo después de la línea 10, Python generará un error NameError, al no considerar definida la función.

Podemos anidar tantas funciones como queramos y, además, a la profundidad que deseemos. De esta manera, una función puede tener varias funciones internas (también denominadas «locales») y estas, a su vez, otras funciones. Algunos lenguajes no permiten esto, pero Python sí. Una excesiva anidación puede hacer difícil de entender nuestro código; haz uso de esta técnica de programación de manera razonable.

También llamamos «anidar» a las llamadas a funciones con otras llamadas a funciones como argumentos. Por ejemplo: `suma(5, producto(7, 8), mayor(range(10)))` es una llamada a la función `suma()` con tres argumentos. El segundo argumento es el resultado de llamar a la función `producto()` y el tercer argumento el resultado de llamar a la función `mayor()` la cual, a su vez, invoca a `range()`. De nuevo, es preferible asignar los resultados a variables previamente si con esto conseguimos un código más legible.

Programación funcional

Tanto la programación estructurada como la modular son «paradigmas» de programación. Ya hemos mencionado este concepto con anterioridad. Existen muchos paradigmas en la programación, los cuales definen distintos estilos y estrategias a la hora de resolver un problema mediante un código en un lenguaje determinado combinando los componentes que este proporciona. Los paradigmas no son excluyentes y son una forma de diseñar la solución. La programación orientada a objetos que veremos más adelante es otro ejemplo de paradigma en la programación. Pero no profundizaremos mucho en este concepto, nuestra intención al introducirlo es que tomes consciencia de él y explores otras maneras de programar.

La programación «funcional» es un subparadigma de programación dentro de la programación «declarativa». A diferencia de la programación «imperativa», la programación declarativa resuelve un problema mediante declaraciones y expresiones, en lugar de mediante instrucciones. La programación funcional, en concreto, reduce la codificación a la declaración de funciones y llamadas a estas. Está basada en un formalismo matemático denominado «lambda cálculo» e incorpora otros conceptos como «funciones de primer orden», «funciones puras», «funciones de alto orden», «recursividad», etc. Solo veremos algunos elementos, como las funciones lambda, la recursividad y algunas funciones de alto orden importantes como map(), reduce() y filter().

NOTA:

Una función de alto orden es aquella que acepta otras funciones como argumentos o puede devolver, como resultado, otra función. Todo esto es posible en Python.

Función lambda

Una función lambda es una función anónima, sin identificador, que puede declararse *in situ*. Dado que podemos usar funciones como argumentos y asignarlas a variables, la notación que posibilita la creación de funciones lambda es muy práctica en muchos casos.

Usaremos funciones lambda cuando debamos especificar una función cuyo valor de retorno se base en una expresión simple. La sintaxis de una función lambda es la siguiente:

lambda <lista de parámetros>: <expresión de retorno>

Aquí tenemos algunas funciones lambda de ejemplo:

```
lambda x: x**2          # devuelve el cuadrado del argumento
lambda x, y: x + y        # devuelve la suma de los argumentos
lambda x: x[0]          # devuelve el primer componente del argumento
lambda x, y: x if x > y else y  # devuelve el mayor de los argumentos
```

Podemos asignar estas expresiones a variables, lo cual las convierte en identificadores válidos de función:

```
suma = lambda x, y: x + y
print(suma(4, 7))
```

También es posible usar estas funciones anónimas como argumentos en la llamada a otras funciones. Por ejemplo, en una llamada a sorted() o list.sort() podemos usar una función lambda como argumento para el parámetro key:

```
In [1]: dista = [('Madrid', 331), ('Córdoba', 117), ('Barcelona', 798)]

In [2]: sorted(dista, key=lambda x: x[1])
Out[2]: [('Córdoba', 117), ('Madrid', 331), ('Barcelona', 798)]
```

Por último, si queremos devolver como resultado de una función a otra función podemos usar cualquier función conocida en el ámbito de la función que realiza el retorno o usar una función lambda:

```
1  def comparaciones(tipo):
2
3      def mayor(a, b):
4          if a > b:
5              return a
6          return b
7
8      if tipo == 'mayor':
9          return mayor
10
11     if tipo == 'menor':
12         return lambda x, y: x if x < y else y
13
14 f = comparaciones('mayor')
15 print(f(10, 7))
16 f = comparaciones('menor')
17 print(f(10, 7))
```

Vemos cómo en la línea 9 devolvemos el identificador de una función anidada y, en cambio, en la línea 12 hemos optado por devolver una función anónima. Las líneas 14 y 16 ilustran la asignación de una función a una variable que se convierte en identificador de la función retornada.

ADVERTENCIA:

Aquí no estamos dando un nuevo nombre a la función comparaciones(), sino dando un identificador a la función que devuelve la llamada a comparaciones().

Recursividad

Dentro de la programación funcional, la recursividad ofrece una alternativa a las iteraciones basadas en bucles como **for** o **while**. Una función recursiva es una función que se llama a sí misma. Un ejemplo típico sería el cálculo del factorial:

$$n! = \begin{cases} (n^* (n - 1)\,! & si\ n > 0 \\ 1 & si\ n = 0 \end{cases}$$

El factorial de 4, escrito 4!, resulta de calcular el producto de 4 por el factorial de 3. A su vez, el factorial de 3 resulta de calcular el producto de 3 por el factorial de 2... y así sucesivamente hasta llegar a 0, cuyo factorial es 1. El resultado es 4*3*2*1*1. La implementación recursiva del factorial en Python sería como sigue:

```
def factorial(x):
    if x == 0:
```

```
        return 1
    return x * factorial(x-1)
```

Como puede observarse, en la función existe un «caso base» que no implica más recursividad. Toda función recursiva debe contemplar al menos un caso base, pues de lo contrario las llamadas recursivas podrían no acabar nunca.

Diseñar una solución usando funciones recursivas es sencillo en algunos casos, y complejo en otros. Dependerá de nuestra destreza y experiencia en la programación. Las funciones recursivas pagan un precio en cuanto a recursos, pues cada llamada supone una tabla de símbolos adicional en lo alto de la pila de tablas de símbolos y, si la recursión es muy profunda, podríamos llegar a quedarnos sin memoria para dicha pila, lo que se conoce como «desbordamiento de pila» o *stack overflow* en inglés. De aquí recoge su nombre una de las webs para resolver dudas de programación más populares: www.stackoverflow.com.

En general, optaremos por usar bucles siempre que podamos diseñar una solución elegante sin necesidad de utilizar la recursividad.

Operaciones con map, reduce y filter

Existen tres funciones que nos resultarán muy prácticas cuando trabajemos con contenedores e iteradores. Estas funciones facilitan ciertas operaciones básicas y habituales sobre colecciones iterables de datos, como eliminar elementos que no cumplan cierta condición, calcular un resultado a partir de los datos contenidos o aplicar una transformación a cada elemento. Vamos a verlas con ejemplos de uso:

filter(condicion, iterable)

Esta función devuelve un iterador sobre aquellos elementos en el iterable que cumplan la condición indicada por la función pasada como primer argumento. Esa función puede ser una función definida o una función lambda. El iterable puede ser un generador o un contenedor.

```
In [1]: list(filter(lambda x: x % 2 == 0, range(10)))
Out[1]: [0, 2, 4, 6, 8]
```

La función filter devuelve un generador, por lo que hemos usado el constructor list() para obtener una lista final.

map(f, iterable1, iterable2, ...)

Genera un iterable donde cada elemento es el resultado de aplicar la función f() sobre los elementos de los iterables, de tal manera que el primer elemento corresponde a f() aplicada sobre los primeros elementos de cada iterable: `f(iterable1[0], iterable2[0],...)`; el segundo elemento corresponde a f() aplicada sobre los segundos elementos, y así sucesivamente hasta la finalización de alguno de los iterables.

```
In [1]: def repite(m, n):
   ...:     return m*n
   ...:

In [2]: list(map(repite, ['hola ', 'vamos ', 'venga '], range(1,4)))
Out[2]: ['hola ', 'vamos vamos ', 'venga venga venga ']
```

Observa que el primer elemento es equivalente a `'hola ' * 1`, el segundo a `'vamos ' * 2` y el tercero a `'venga ' * 3`.

reduce(f, iterable, [inicial])

Esta función no es una función predefinida, lo cual implica importar antes la biblioteca **functools** para su uso. La función **reduce()** aplica de forma acumulativa la función f() sobre los elementos del iterable. El acumulador puede inicializarse con un tercer argumento opcional. El resultado es el valor final del acumulador. En el ejemplo, las dos variaciones para calcular **a** y **b** producen el mismo resultado, es decir, la línea 5 equivale al código de las líneas 7, 8 y 9.

```
1  from functools import reduce
2
3  lista = [6, 3, 7, 8, 2, 4]
4
5  a = reduce(lambda x, y: x+y, lista)
6
7  b = lista[0]
8  for x in lista[1:]:
9      b = b + x
10
11 print(a == b)
```

ADVERTENCIA:

Con fines pedagógicos, los nombres de los parámetros no corresponden con los de los prototipos de las funciones. Si quieres pasar un argumento por clave, consulta los identificadores de los parámetros en el manual de referencia de Python.

Funciones predefinidas

Hasta ahora hemos utilizado algunas funciones ya proporcionadas por Python de manera directa, por lo que es posible invocarlas desde nuestro código sin necesidad de importar biblioteca alguna. Dejamos aquí el listado de todas las funciones predefinidas:[5]

abs()	delattr()	hash()	memoryview()	set()
all()	dict()	help()	min()	setattr()
any()	dir()	hex()	next()	slice()
ascii()	divmod()	id()	object()	sorted()
bin()	enumerate()	input()	oct()	staticmethod()
bool()	eval()	int()	open()	str()
breakpoint()	exec()	isinstance()	ord()	sum()
bytearray()	filter()	issubclass()	pow()	super()
bytes()	float()	iter()	print()	tuple()
callable()	format()	len()	property()	type()
chr()	frozenset()	list()	range()	vars()
classmethod()	getattr()	locals()	repr()	zip()
compile()	globals()	map()	reversed()	__import__()
complex()	hasattr()	max()	round()	

Entre estas funciones podemos identificar generadores como list(), set() o tuple() entre otros; también funciones matemáticas básicas como abs() o round(); funciones sobre iteradores como map(), len(), sum(), min() o max(), y algunas más que dan versatilidad y mayor poder expresivo al lenguaje Python.

Ejercicios propuestos

Aquí te proponemos poner a prueba los conocimientos adquiridos. Intenta realizar los siguientes ejercicios. Encontrarás la solución al final del libro, en el Apéndice E.

1. El siguiente código tiene una función cifrar() que toma una cadena, letra a letra, obtiene su código ASCII y le suma un valor, para convertirla de nuevo en un carácter y generar una cadena cifrada. Esto se conoce como «método de encriptación César». Implementa la función descifrar para que el código principal funcione correctamente:

```
def cifrar(mensaje):
    desp = 4
    cif = "".join([chr(ord(c)+desp) for c in mensaje])
```

5. Puedes encontrar la descripción de cada una de ellas en docs.python.org/3.7/library/functions.html.

```
    return cif

### implementa aquí la función descifrar

mensaje = "tomate"
print('Original:', mensaje)
cifrado = cifrar(mensaje)
print('Cifrado:', cifrado)
descifrado = descifrar(cifrado)
print('Descifrado:', descifrado)
```

2. El siguiente código implementa parcialmente el «algoritmo de la burbuja» para ordenar los elementos en una lista. Añade una función anidada en ordenar(), denominada intercambia(), que acepte como parámetros tres argumentos: una lista y dos valores de posición. La función debe modificar la lista intercambiando los valores de esas posiciones.

```
def ordenar(l):
    ### Implementa aquí la función intercambia()

    for i in range(len(l)-1,1,-1):
        for j in range(i):
            if l[j] > l[j+1]:
                intercambia(l, j, j+1)


l = [7, 3, 9, 5, 4, 2, 8, 10]
ordenar(l)
print(l)
```

3. Dada esta cabecera de la función `def nuevo_pedido(producto, precio, descuento=0)`, determina cuáles son llamadas válidas entre las propuestas:

   a. `nuevo_pedido('probeta', 5, 0.25)`
   b. `nuevo_pedido()`
   c. `nuevo_pedido('libro')`
   d. `nuevo_pedido('lupa', 12)`
   e. `nuevo_pedido(producto='pinzas', 10)`
   f. `nuevo_pedido(producto='láser', precio=25)`
   g. `nuevo_pedido(producto='telescopio', descuento=0.2, precio=25)`
   h. `pedido = ('laptop', 1200, 0.6)`
   i. `nuevo_pedido(pedido)`
   j. `pedido = {'producto': 'calculadora', 'valor': 19.99, 'descuento': 0}`
   k. `nuevo_pedido(**pedido)`

4. Calcula la suma de los elementos de una lista de manera recursiva. Considera que la suma de los elementos de una lista es igual al valor del primer elemento más la suma de los elementos restantes.

5. Escribe, usando una función lambda y la función `map()`, una línea de código que cambie a mayúscula la primera letra de cada elemento en la lista siguiente: `['stark', 'lannister', 'bolton', 'greyjoy', 'targaryen']`.

Resumen

Hemos aprendido a definir nuestras propias funciones en Python. Este lenguaje ofrece gran flexibilidad para esto, posibilitando su documentación: llamadas por clave, por orden, con tuplas, con diccionarios, un número indefinido de argumentos o el paso de funciones, entre otras ventajas. También permite el uso de técnicas como la anidación, la recursividad o las funciones anónimas. Existen cuestiones no reflejadas en este libro, como los decoradores, las recursiones cruzadas o las clausuras, también soportadas en Python. Pero esa es otra historia que debe ser contada en otro momento.

Las funciones permiten estructurar mejor nuestro código, fragmentándolo en unidades menores que pueden invocarse tantas veces como sea necesario. Más adelante aprenderemos cómo construir nuestros propios módulos, organizando en ellos las funciones que declaremos para su reutilización en futuras implementaciones.

16 Módulos

En este capítulo aprenderás:

- Qué es un módulo.
- Cómo crear un módulo propio.
- Cómo importar y acceder a un módulo.
- Cómo ejecutar un módulo como un script.

Introducción

Cuando trabajamos con el intérprete de Python, todo el código introducido en él desaparece al cerrarlo. Para escribir programas, es mejor crear archivos con el editor. Esto permite ejecutarlos y utilizar su contenido siempre que lo deseemos, sin perder el código. Un módulo es un archivo con extensión .py donde se pueden definir funciones, clases y variables y también puede contener código ejecutable (en este caso solemos llamarlo *script*). Los módulos son muy útiles porque permiten escribir código una sola vez y aprovecharlo en diferentes programas, sin necesidad de escribirlo nuevamente en cada uno de ellos. Podemos utilizar módulos de la librería estándar de Python, de terceros o incluso crear nuestros propios módulos, como veremos en este capítulo.

Python cuenta con una gran biblioteca de módulos. A lo largo del libro ya hemos utilizado algunos de los módulos incorporados por defecto, como el módulo re, el cual nos permite trabajar con expresiones regulares. Piensa en el trabajo que supondría escribir el código de algunos de sus métodos en cada programa que quisiera usarlos. Para saber qué módulos tenemos instalados solo tenemos que ejecutar en la terminal de IPython el siguiente comando y obtendremos como resultado una lista con todos ellos (puede llevar un tiempo generar dicha lista).

```
In [1]: help('modules')
```

Creación de un módulo propio

En Python la creación de módulos es bastante sencilla. Supongamos que queremos crear un módulo para calcular el número de vocales y consonantes presentes en un texto. Escribiremos el código en nuestro editor de Spyder y lo guardaremos con extensión .py. El nombre elegido es muy importante, ya que será el nombre del módulo, el cual usaremos para poder importarlo. En nuestro caso, le hemos puesto el nombre cuentaletras.py, para reflejar así su propósito. Podemos usar este módulo como un programa o importarlo para acceder a sus métodos. Si lo utilizamos como un programa, se ejecutará la parte definida tras la sentencia if __name__ == "__main__":, mientras que si lo importamos como módulo, ese código no se ejecutará, sino que podremos acceder a sus métodos desde el script que lo importa.

```
#!/usr/bin/python3
#-*- coding: utf-8 -*-

"""Módulo para contar las vocales y consonantes de una cadena"""

__author__ = "Arturo y Salud"
__copyright__ = "Curso de programación Python"
__credits__ = "Arturo y Salud"
__license__ = "GPL"
```

```
10 __version__ = "1.0"
11 __email__ = "libropython@gmail.com"
12 __status__ = "Development"
13
14 import re
15
16 def contar_vocales(texto):
17     """Calcula el total de vocales que tiene un texto"""
18     return len(re.findall("[aeiouáéíóúü]", texto, re.IGNORECASE))
19
20 def contar_consonantes(texto):
21     """Calcula el total de consonantes que tiene un texto"""
22     return len(re.findall("[bcdfghjklmnñpqrstvwxyz]", texto, re.IGNORECASE))
23
24 if __name__ == "__main__":
25     cadena = input("Escribe una cadena: ")
26     vocales = contar_vocales(cadena)
27     consonantes = contar_consonantes(cadena)
28     print("La cadena", cadena, "tiene", vocales, "vocales y", consonantes, "consonantes.")
```

El texto que hemos definido entre comillas triples, en la línea 4, actúa como documentación del módulo y se asigna a la variable doc del módulo (cuentaletras.__doc__). De la misma forma, en las líneas 17 y 21 hemos definido la documentación de las funciones contar_vocales() y contar_consonantes() respectivamente. Para acceder a estas descripciones, lo haremos de la siguiente forma: cuentaletras.contar_vocales.__doc__ y cuentaletras.contar_consonantes.__doc__.

Importación y acceso a un módulo

Como ya hemos comentado, podemos utilizar módulos de la librería estándar de Python, de terceros o incluso nuestros propios módulos. Para usar módulos de terceros, es decir, módulos que no vienen instalados en Python por defecto, primero tenemos que instalarlos. Para ello, desde el menú principal de nuestro sistema operativo, abriremos la aplicación «Anaconda prompt», una terminal donde podremos escribir el siguiente comando para instalar módulos externos:

```
conda install nombre_modulo
```

NOTA:

Otra aplicación de instalación es pip, presente en la mayoría de distribuciones de Python.

Cuando nos pregunte el sistema si queremos instalar el módulo, debemos decirle que sí introduciendo el carácter y. Una vez que disponemos en nuestro sistema de los módulos con los que vamos a trabajar, es necesario importarlos para que sus clases, métodos, variables y constantes sean reconocibles en el espacio de nombres del programa que pretende usarlos. La **forma básica de importación** de un módulo es la siguiente:

```
import nombre_modulo
```

Por ejemplo, probemos a importar el módulo **math**, que nos permite realizar operaciones matemáticas, y el módulo que hemos creado nosotros, **cuentaletras**.

```
In [1]: import math
```

```
In [2]: import cuentaletras
```

ADVERTENCIA:

Como puedes ver, ambos módulos se importan de la misma forma, pero para poder importar un módulo propio es necesario que se encuentre en el directorio desde donde lo estamos llamando, o bien en una ruta incluida en el PATH del sistema o en la variable de entorno PYTHONPATH. Esto es lo que se conoce como «ruta de búsqueda de los módulos».

Con esta forma de importación podemos acceder a todos los elementos del módulo de la siguiente manera:

```
nombre_modulo.componente
```

Existen dos funciones bastante útiles para explorar la información de un módulo, las funciones **dir()** y **help()**. La función **dir()** permite ver cuáles son los componentes de un módulo, mientras que la función **help()** permite leer información más detallada del módulo o de alguno de sus componentes.

```
In [3]: dir(math)
Out[3]:
['__doc__',
'__loader__',
'__name__',
'__package__',
'__spec__',
'acos',
'acosh',
...
'cos',
'cosh',
...
'sin',
...]

In [4]: help(math.sin)
Help on built-in function sin in module math:

sin(x, /)
Return the sine of x (measured in radians).

In [5]: dir(cuentaletras)
Out[5]:
['__author__',
...
'__doc__',
'__email__',
'__file__',
'__license__',
'__loader__',
```

```
...
'contar_consonantes',
'contar_vocales',
're']

In [6]: help(cuentaletras.contar_vocales)
Help on function contar_vocales in module cuentaletras:

contar_vocales(texto)
Calcula el total de vocales que tiene un texto
```

Como puedes observar, la documentación añadida al módulo y sus funciones es la considerada por help(). También es posible importar un módulo con un nombre diferente al que tiene. Para ello lo renombramos haciendo uso de la palabra reservada as:

```
import nombre_modulo as nuevo_nombre
```

Esta forma de importación puede ser útil en muchos casos. Por ejemplo, para importar un módulo con una forma abreviada cuando su nombre es demasiado largo, o para utilizar un nombre con el que nos sintamos más cómodos y lo identifiquemos mejor. Supongamos que queremos importar el módulo que hemos creado, cuentaletras, pero que su nombre nos resulta demasiado largo para escribirlo cada vez que lo usemos. Podemos importarlo con una forma abreviada de la siguiente manera:

```
In [1]: import cuentaletras as cl
```

Ahora, si queremos acceder a la documentación del módulo o a algunas de sus funciones, utilizaremos la forma abreviada definida:

```
nuevo_nombre.componente
```

Veamos un ejemplo en el que accedemos a la documentación del módulo cuentaletras con su forma abreviada cl y en el que hacemos uso de sus dos funciones:

```
In [2]: cl.__doc__
Out[2]: 'Módulo que permite contar las vocales y consonantes de una cadena'

In [3]: cl.contar_vocales.__doc__
Out[3]: 'Calcula el total de vocales que tiene un texto'

In [4]: cl.contar_vocales("Python")
Out[4]: 1

In [5]: cl.contar_consonantes.__doc__
Out[5]: 'Calcula el total de consonantes que tiene un texto'

In [6]: cl.contar_consonantes("Python")
Out[6]: 5
```

Por otro lado, si solo vamos a utilizar determinados componentes de un módulo, es posible importar solo los componentes que se van a usar de la siguiente manera:

```
from nombre_modulo import componente/s
```

Con esta forma de importación podemos acceder al componente directamente por su nombre:

```
componente
```

Podemos importar un solo componente, como en el caso mostrado en `In [1]`, donde importamos la función contar_vocales del módulo cuentaletras; o varios componentes separados por comas, como hacemos en `In[2]`, donde importamos las funciones seno (sin) y coseno (cos) del módulo math. Esta posibilidad de importación selectiva ahorra recursos al intérprete, que mantiene más reducidas las tablas de símbolos donde Python almacena todos los identificadores.

```
In [1]: from cuentaletras import contar_vocales
   ...:

In [2]: from math import sin, cos

In [3]: contar_vocales("Programación")
Out[3]: 5

In [4]: sin(90)
Out[4]: 0.8939966636005579

In [5]: cos(180)
Out[5]: -0.5984600690578581
```

Al igual que para los módulos, existe una forma de renombrar los componentes con la palabra reservada as:

```
from nombre_modulo import componente as nuevo_nombre_componente
```

Si queremos renombrar más de un componente del mismo módulo, tenemos que hacerlo en dos líneas independientes, de lo contrario, obtendremos un error, como podemos ver en el siguiente ejemplo:

```
In [1]: from math import sin,cos as seno,coseno
Traceback (most recent call last):

File "<ipython-input-1-4437b54e5c5c>", line 1, in <module>
from math import sin,cos as seno,coseno

ImportError: cannot import name 'coseno' from 'math' (unknown location)

In [2]: from math import sin as seno

In [3]: from math import cos as coseno
```

Por último, existe otra forma de importación que permite importar todas las funciones del módulo especificado, y es la siguiente:

```
from nombre_modulo import *
```

Quizás te preguntes: ¿Pero esto no lo permitía ya la forma de importación básica? La respuesta es sí, pero hay una diferencia, y esta se encuentra en la forma de uso de los componentes del módulo. Con la forma de importación básica import nombre_modulo, para acceder a los componentes del módulo, teníamos que hacerlo de la siguiente manera nombre_modulo.componente, es decir, anteponiendo el identificador del módulo a cada recurso obtenido del mismo. Sin embargo, si importamos todas las funciones del módulo con from nombre_modulo import *, podemos utilizar directamente los componentes del módulo simplemente usando su nombre componente, sin anteponer nada. La elección de uno u otro sistema dependerá de las posibles colisiones de identificadores que pudieran producirse (el segundo sobrescribiría los nombres del primero), o de la preferencia de mostrar el origen de cada método o función a usar. Observa la diferencia en la forma de acceso a las funciones del módulo math, importado con la forma básica, y a las funciones del módulo cuentaletras, importado con la última forma de importación propuesta:

```
In [1]: import math

In [2]: from cuentaletras import *

In [3]: math.factorial(4)
Out[3]: 24

In [4]: contar_consonantes("Lenguaje")
Out[4]: 4
```

Ejecución de un módulo propio como un script

Como ya hemos observado, cuando creamos nuestros propios módulos podemos importarlos para utilizar los métodos definidos en ellos. Esto no es lo único que podemos hacer. También podemos usarlos como *scripts*. Para esto, es necesario haber incluido al final del módulo definido la sentencia if __name__ == "__main__": y el código que ejecutar después de la misma. Si retomamos el módulo creado en este capítulo, cuentaletras.py, las últimas líneas que hemos escrito en él son las siguientes:

```
if __name__ == "__main__":
    cadena = input("Escribe una cadena: ")
    vocales = contar_vocales(cadena)
    consonantes = contar_consonantes(cadena)
    print("La cadena", cadena, "tiene", vocales, "vocales y", consonantes, "consonantes.")
```

Para ejecutar este módulo como *script* podemos hacerlo desde la terminal de IPython, utilizando el comando run cuentaletras.py:

```
In [1]: run cuentaletras.py

Escribe una cadena: "Curso de programación Python"
La cadena "Curso de programación Python" tiene 9 vocales y 16 consonantes.
```

En ocasiones es útil enriquecer nuestro módulo con código de ejemplo que ilustre el uso de sus funcionalidades.

Ejercicios propuestos

Intenta realizar los siguientes ejercicios. Encontrarás la solución al final del libro, en el Apéndice E.

1. Crea un programa que imprima por pantalla todos los componentes del módulo re terminados en `ch`.
2. Indica cuáles de las formas que aparecen a continuación de importación y uso son incorrectas. Justifícalo.
   a. `from math import sqrt`
      `math.sqrt(3)`
   b. `from cuentaletras import contar_vocales`
   c. `from math import sqrt, pow as raiz, potencia`
3. Crea el módulo cadenas con una función concatenar(cadena1, cadena2) que realice la concatenación de dos cadenas y con una función dividir(cadena, separador) que separe una cadena en subcadenas a partir del carácter separador indicado. Crea un script ejercicio3.py que importe el módulo anterior y que utilizando sus funciones concatene las cadenas `'coche,'  ,'moto,'` y `'bicicleta'` y, una vez concatenadas las tres palabras, el script deberá dividir la cadena utilizando el carácter coma «,» antes de mostrar las palabras.

Resumen

Los módulos son una herramienta imprescindible en el desarrollo de programas con Python. Este lenguaje ya incorpora por defecto módulos como re o math, que permiten trabajar con expresiones regulares y realizar operaciones matemáticas, respectivamente. También podemos instalar y usar en nuestros programas módulos de terceros, e incluso podemos crear nuestros propios módulos. Esto resulta de gran utilidad ya que nos permite escribir código una sola vez y reutilizarlo en diferentes programas. Si además escribimos código ejecutable en nuestro módulo, podremos ejecutarlo como un *script*.

Además de para reutilizar código, la programación modular sugiere la organización de nuestro programa en varios archivos con un contenido determinado por criterios claros. Por ejemplo, es habitual tener un módulo para el código principal de lanzamiento de la aplicación; otro con la interfaz; otro con las instrucciones que entrañen acceso a bases de datos, etc. Esta subdivisión de las distintas tareas que realiza nuestro programa facilita los desarrollos y las mejoras posteriores. Y, por supuesto, no olvides nunca documentar bien tus módulos, tanto a nivel de módulo como de cada función o clase en él definidas.

17

Clases y objetos

En este capítulo aprenderás:

- Los conceptos de clase, objeto, instancia, atributo y método.
- Cómo crear tus propias clases y generar con ellas tus propios objetos.
- A proteger los datos que maneja cada objeto usando mecanismos de encapsulación.
- La reutilización de código gracias a la herencia.
- Cómo aprovechar el polimorfismo y la sobrecarga de operadores.

Introducción

Llegamos a uno de los capítulos finales del libro. Puede resultar extraño introducir ahora la programación orientada a objetos (POO) cuando a lo largo de este curso hemos reiterado la idea de que «todo en Python es un objeto» y, de hecho, ya hemos utilizado objetos y métodos en buena parte del código implementado. Este capítulo te ayudará a aclarar algunas de las dudas acumuladas en los anteriores.

La programación orientada a objetos es un paradigma de programación, es decir, un estilo y técnica de programación, que va más allá de la propia implementación. Iniciado en los años 60, con el mítico lenguaje Simula 67, este paradigma se fundamenta en el concepto de «objeto», el cual puede contener tanto datos, bajo la forma de campos denominados «atributos», como código para su manipulación, bajo la forma de procedimientos y funciones, denominados «métodos». Gracias a esto, podemos agruparlo todo bajo un solo tipo de dato (la «clase» de objeto), lo cual facilita la modularidad y la reusabilidad del código.

Esto tiene una fuerte implicación en el diseño de soluciones informáticas; metodologías de ingeniería del software, como UML, están basadas en la programación orientada a objetos. De hecho, son varios los diagramas que componen el diseño de un software basado en objetos, como los diagramas de clases, los diagramas de secuencia, diagramas de objetos, diagramas de estado…

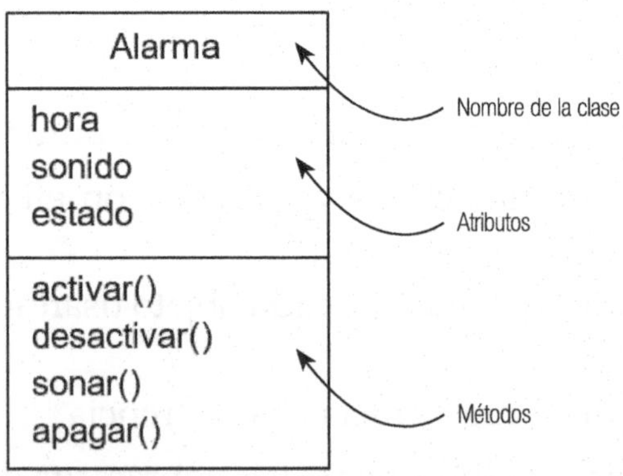

Figura 17.1. Diagrama de una clase con sus atributos y métodos.

La figura anterior muestra una clase «Alarma» con sus métodos y atributos. De manera similar a como lo hacemos en nuestro teléfono, podemos crear tantas alarmas como queramos. Cada una de ellas sería una «instancia» de esta clase, bajo la forma de un objeto. La práctica totalidad de los lenguajes modernos soportan la programación orientada a objetos: C++, Java, C#, Javascript, PHP... y por supuesto, Python. Los cuatro principios fundamentales de este paradigma son los siguientes:

1. **Abstracción de datos**. Algo que hacemos de forma natural en nuestra comprensión del mundo es la abstracción de información concreta a conceptos o clases. Por ejemplo, el concepto de «coche» nos evoca una idea de vehículo con cuatro ruedas, un volante, con motor... Nuestro coche es una «instancia» concreta de ese concepto, y diferente a otros coches, pero somos capaces de asociar determinadas propiedades o características a dicho concepto por encima de detalles específicos. Esta capacidad de abstraer un concepto es fundamental para el desarrollo del lenguaje humano y, por supuesto, tan buena idea ha sido trasladada al mundo de la programación. En POO, denominamos «clase» al concepto abstracto y «objeto» a la realización de dicho concepto. Tu vehículo privado es concreto, puedes conducirlo, es un objeto (una instancia) de la clase «coche».
2. **Encapsulación**. Cada tipo de objeto contienen una información propia y puede ser manipulado de una forma particular. Un coche se puede conducir y tiene una presión determinada en sus ruedas, un color, un nivel concreto de gasolina, etc. Con un GPS podemos obtener nuestras coordenadas de posición y las baterías tendrán una carga determinada. Un perro ladra, tiene un peso, una edad. Todos estos atributos y «métodos» quedan «encapsulados» dentro del objeto, y son accesibles solo a través de un objeto determinado. La ventaja es que no necesitamos tener, por ejemplo, una lista con nombres, otra con edades, otra con pesos... sino una lista de objetos y cada uno encierra, es decir, encapsula, su propia información.
3. **Herencia**. Algunas clases pueden especializar a otras. Para esto, la clase especializada «hereda» las propiedades de la clase más general, denominada «superclase». Por ejemplo, las clases Coche y Camión pueden heredar de la clase Vehículo, tal y como muestra el diagrama de clases de más abajo. Esto es una forma de reutilizar el código, al poder resumir aquellas propiedades comunes entre varias clases en una clase superior. Python soporta «herencia múltiple», por lo que una clase puede definirse como subclase de varias clases de las que heredaría todas sus propiedades (atributos y métodos) a la vez.
4. **Polimorfismo**. Un cuadrado puede dibujarse, un círculo también, como puede dibujarse cualquier otra forma. Cuadrado y Círculo serían subclases de Forma. La superclase Forma implementa un método dibujar(), y tanto la subclase Cuadrado como la subclase Círculo redefinen este método a su caso particular. Así, una función podría aceptar como parámetro un objeto de tipo Forma e invocar el método dibujar() sin saber si el argumento pasado es un círculo o un cuadrado. Cada objeto conoce su nivel de especialización y la

implementación concreta de sus métodos. Esta capacidad de usar métodos de superclase en el código pero que, en tiempo de ejecución, se resuelvan a métodos de subclases, se denomina «polimorfismo»: una misma variable puede adoptar distintas formas.

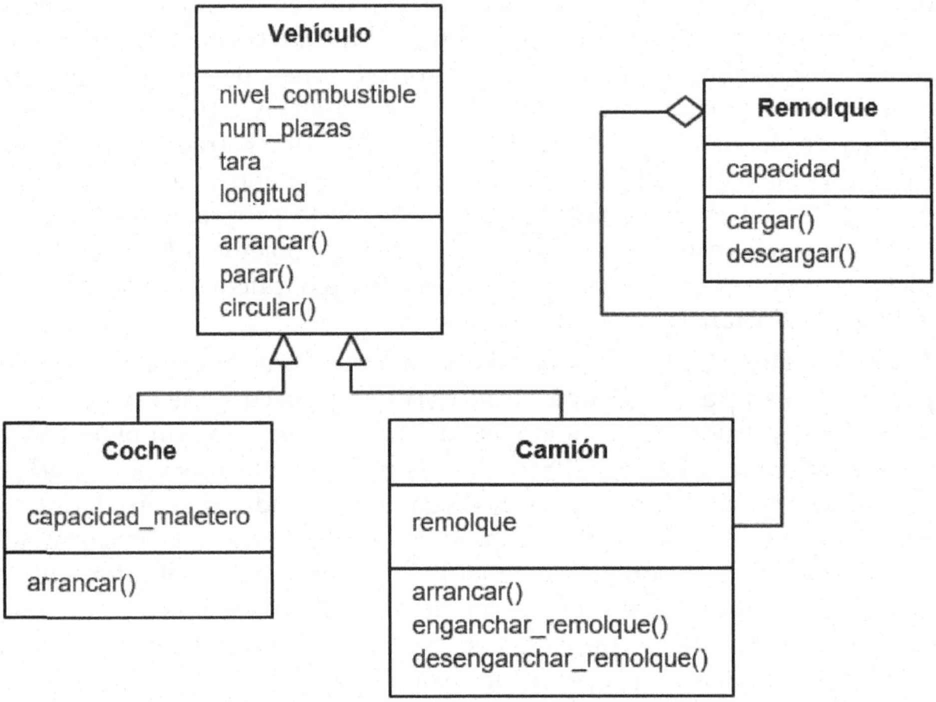

Figura 17.2. Un ejemplo de diagrama de clases donde Camión y Coche heredan de Vehículo. Camión contiene, como atributo «agregado», un objeto de la clase Remolque.

Clases, instancias, objetos y métodos

Una clase es como un tipo abstracto para los objetos que, además de almacenar valores denominados atributos, tiene asociados una serie de funciones que llamamos métodos. Una instancia de una clase es lo mismo que decir un objeto de esa clase. Instanciar una clase hace referencia a la creación de un objeto que pertenece a esa clase.

En Python, los tipos de datos son clases y cualquier literal o variable de alguno de estos tipos es un objeto que instancia a la clase del tipo. Por ejemplo: `a = 2344` equivale a instanciar la clase PyLongObject asignando a un atributo interno el valor 2344. Esto es lo que ocurre a bajo nivel, pero nosotros podemos considerar que la variable a es de tipo int. Podemos conocer el tipo de cualquier variable, es decir, la clase que instancia, con la función type(), y el identificador del objeto instanciado con la función id():

```
In [1]: a = 34

In [2]: type(a), id(a)
Out[2]: (int, 140737289566064)
```

Para conocer todos los métodos y atributos de una clase podemos usar la función dir() tanto sobre un objeto como sobre la clase. Prueba `dir(a)` y `dir(int)` en la terminal interactiva en Spyder. También podríamos instanciar un objeto de la clase int usando el constructor int() que genera un objeto de tipo entero con valor 1. Un **constructor** es una función que permite crear instancias de una clase. El siguiente código crea un objeto de tipo real e invoca el método hex() para obtener su representación hexadecimal.

```
a = 234.634736  # creamos un objeto real
a.hex()         # el método hex() genera la representación hexadecimal
```

NOTA:

Los números pueden representarse con distintas codificaciones y bases. Los humanos solemos utilizar la base 10, es decir, notación decimal, y los ordenadores (internamente) usan la base 2, es decir, notación binaria. La base determina la cantidad de dígitos disponibles para representar el número.

Definición de una clase

Podemos definir nuestras propias clases e indicar si heredan de otras, cuáles son sus atributos internos y cuáles sus métodos. Una vez definida la clase, es posible crear objetos a partir de esta. Para crear una clase basta con agrupar atributos y métodos en el cuerpo de un bloque class. Veamos un ejemplo donde implementamos un dispositivo conectado a la red. Este dispositivo tiene asociada una dirección de red (una IP) y puede estar apagado o encendido.

```
class Dispositivo:
    """ Clase dispositivo, para objetos conectados a la red """

    def __init__(self, IP):
        """ Constructor """
        self.IP = IP             # Atributo con valor definido
        self.encendido = False # Atributo con valor por defecto

    def __del__(self):
        """ Destructor """
```

```
11          print("Destruyendo dispositivo en", self.IP)
12
13      def encender(self):
14          """ Enciende el dispositivo """
15          self.encendido = True
16
17      def apagar(self):
18          """ Apaga el dispositivo """
19          self.encendido = False
20
21      def estado(self):
22          """ Muestra en pantalla el estado del dispositivo """
23          mensaje = f"IP: {self.IP}\n"
24          if self.encendido:
25              mensaje += 'Estado: encendido'
26          else:
27              mensaje += 'Estado: apagado'
28          return mensaje
```

Examinemos el código anterior, donde creamos una nueva clase **Dispositivo**. En la primera línea iniciamos la declaración de la nueva clase. En la línea 2 añadimos un comentario para explicar en qué consiste esta clase. La longitud del comentario es arbitraria, como ocurre con los comentarios de funciones y métodos. Las líneas 4 a 7 definen el constructor de la clase. Este método es el que se invoca al crear un objeto, es decir, al instanciar la clase. No es necesario especificar siempre un constructor para cada clase. Definiremos un constructor cuando queramos que se inicialicen ciertos atributos o se ejecuten determinadas instrucciones al crear objetos de la clase. El identificador de este método empieza y termina por dos guiones bajos «__». Existen en Python nombres de métodos predefinidos para los cuales podemos modificar su comportamiento, pero no su identificador. En Python, el método __init__() siempre define el constructor. Este constructor toma como parámetro una dirección IP por lo que, al crear un nuevo objeto, indicaremos su dirección. En la línea 7 definimos el atributo **encendido** con el valor por defecto **False**, para representar que el dispositivo está inicialmente apagado.

NOTA:

Estamos implementando una solución que maneje dispositivos conectados a nuestra red doméstica: bombillas inteligentes, teléfonos, televisores... Cada uno de estos dispositivos tiene una «dirección de red» consistente en cuatro números de 0 a 255 separados por puntos. Esto es lo que se denomina una «dirección IP», por ejemplo: '192.168.34.101', por lo que usaremos un atributo de tipo cadena de caracteres.

El siguiente método tiene otro identificador predefinido __del__() y define el destructor de la clase. Cuando el recolector de basura de Python elimina un objeto o cuando nuestro código expresamente lo hace usando la sentencia **del**, se invoca automáticamente al destructor. Un destructor se encarga de liberar todos los recursos que mantiene el objeto. Si nuestro objeto tuviera listas, diccionarios, archivos abiertos, etc. como atributos, al eliminarlo deberíamos incluir en el destructor la destrucción de dichos contenedores y el cierre de los archivos abiertos, por ejemplo.

Las siguientes líneas definen los métodos encender(), apagar() y estado(), que son «métodos públicos» de nuestra clase. Un método público es aquel que puede invocarse por cualquier instancia de la clase, es decir, desde el código donde se haya creado un objeto de dicha clase. Un método privado solo puede invocarse desde el código de otros métodos de la clase, es decir, en el ámbito de la clase. Explicaremos todo esto mejor cuando tratemos la encapsulación.

Instanciación

Ya hemos definido una clase, por lo que podemos comenzar a crear objetos de tipo Dispositivo. Para ello basta con invocar el nombre de la clase e indicar, entre paréntesis, los argumentos que espera el constructor (de ser necesario). Si introducimos el código anterior en Spyder y lo ejecutamos, podremos ir a la terminal interactiva y crear un dispositivo:

```
In [1]: tv = Dispositivo('4.6.2.3')    # creamos el objeto

In [2]: tv.encendido                   # accedemos a un atributo
Out[2]: False

In [3]: tv.IP                          # accedemos a otro atributo
Out[3]: '4.6.2.3'

In [4]: tv.encender()                  # invocamos un método

In [5]: tv.encendido                   # accedemos al atributo
Out[5]: True

In [6]: print(tv.estado())             # invocamos un método
IP: 4.6.2.3
Estado: encendido
```

La primera línea crea un nuevo objeto de la clase Dispositivo, con la dirección IP `'4.6.2.3'`. Las siguientes dos interacciones acceden a los atributos del objeto. Podemos ver cómo, tras invocar el método encender(), el atributo encendido del objeto se modifica. Podemos crear más dispositivos y cada uno mantendrá sus propios valores de atributos.

```
In [7]: bombilla = Dispositivo('4.6.2.5')

In [8]: print(bombilla.estado())
```

```
IP: 4.6.2.5
Estado: apagado
```

Si creamos un dispositivo con el mismo identificar, es decir, volvemos a asignar a las variables `tv` o `bombilla` la creación de un nuevo objeto `Dispositivo`, veremos que se invoca el destructor. Esto es lógico, pues al asignar a un identificador de un objeto previo un nuevo objeto, el anterior puede ser liberado. También podemos destruir el objeto con **del**.

```
In [9]: bombilla = Dispositivo('4.6.2.20')
Destruyendo dispositivo en 4.6.2.5

In [10]: del tv
Destruyendo dispositivo en 4.6.2.3
```

Encapsulación

Observa cómo todos los métodos de la clase incorporan **self** como primer parámetro. Este identificador es una referencia directa al objeto cuyo método estamos invocando. Dicho parámetro no debe especificarse en la llamada al método, es decir, no hace falta pasarlo como argumento, como habrás podido comprobar al invocar en el código anterior el método **estado()** del objeto **tv** con la instrucción **tv.estado()**. Esta es la forma que tiene Python de forzar lo que se denomina un «método de objeto» frente a un «método de clase». Abordaremos esto más adelante.

El parámetro **self** posibilita la encapsulación de nuestro código: los métodos acceden a los atributos del objeto que invoca el método. Otras clases pueden tener los mismos identificadores para sus métodos sin que eso suponga un problema. Podríamos, por ejemplo, definir una clase **Vehículo** que contuviera también un método **encender()** sin que eso origine colisión alguna entre identificadores. Gracias a la encapsulación, podemos hacer un código más reusable y modular ya que cada clase tiene sus propias responsabilidades sin necesidad de preocuparnos por el comportamiento de otras clases al diseñar sus métodos y atributos.

Métodos y atributos privados

Las clases pueden aislar incluso más sus métodos y atributos, impidiendo acceder a ellos desde un objeto. Podemos tener atributos y métodos «privados» que solo son visibles en el ámbito de la clase, es decir, desde el código interno que constituye el cuerpo de la clase. Para definir un atributo o método privado basta con preceder el identificador con dos guiones bajos, tal y como ocurre con los prototipos de los métodos constructor y destructor. Nuestro dispositivo dispone de dos métodos para encender y apagar. Si queremos que el valor del atributo encendido solo se modifique a través de estos métodos, podemos hacerlo privado anteponiendo «__» allí donde aparece (y terminando en, como mucho, un guion bajo al final).

```
class Dispositivo:
    """ Clase dispositivo, para objetos conectados a la red """

    def __init__(self, IP):
        """ Constructor """
        # Atributo con valor definido al crear el objeto
        self.IP = IP
        # Atributo privado con valor por defecto
        self.__encendido = False

    def __del__(self):
        """ Destructor """
        print("Destruyendo dispositivo en", self.IP)

    def encender(self):
        """ Enciende el dispositivo """
        self.__encendido = True

    def apagar(self):
        """ Apaga el dispositivo """
        self.__encendido = False

    def estado(self):
        """Genera una cadena con el estado actual del dispositivo """
        mensaje = f"IP: {self.IP}\n"
        if self.__encendido:
            mensaje += 'Estado: encendido'
        else:
            mensaje += 'Estado: apagado'
```

Ahora, si intentamos acceder al atributo __encendido desde un objeto, Python generará un error:

```
In [1]: tv = Dispositivo('23.2.1.4')

In [2]: tv.__encendido
Traceback (most recent call last):

  File "<ipython-input-90-2f9422004cf1>", line 1, in <module>
    tv.__encendido

AttributeError: 'Dispositivo' object has no attribute '__encendido'
```

Todos aquellos métodos y atributos precedidos por doble guion bajo son privados, el resto son públicos y sí son accesibles:

```
In [3]: tv.IP
Out[3]: '23.2.1.4'
```

El atributo __encendido queda encerrado dentro del objeto y solo puede ser modificado a través de sus métodos. Esto permite controlar en todo momento los valores que puede tomar. Por ejemplo, evitamos que se asigne un tipo distinto al booleano.

Veamos otro ejemplo. Una clase Television podría tener un atributo interno __canal de tipo entero y con rango de valor entre 0 y 54, por ejemplo. Con nuestro mando a distancia podemos pasar al canal siguiente o al anterior, y con el teclado numérico indicar directamente un número de canal.

```
class Televisor():

    def __init__(self):
        self.__canal = 0            # atributo privado
        self.__num_canales = 55    # atributo privado

    def __ajusta_canal(self, canal):
        self.__canal = canal % self.__num_canales

    def siguiente_canal(self):
        self.__ajusta_canal(self.__canal + 1)

    def anterior_canal(self):
        self.__ajusta_canal(self.__canal - 1)

    def cambia_canal(self, canal):
        if canal > self.__num_canales:
            self.__canal = self.__num_canales - 1
        elif canal < 0:
            self.__canal = 0
        else:
            self.__canal = canal

    def canal_actual(self):
        return self.__canal
```

Aquí tenemos dos atributos privados, `__canal` y `__num_canales`, y un método privado, `__ajusta_canal()` que gracias al uso del operador módulo «%» permite que al subir o bajar de canal nos mantengamos en un ciclo de 0 a 54, es decir, el siguiente canal al 54 es el 0 y el anterior al 0 es el 54. Si ejecutamos este código, ya podemos usar nuestro televisor:

```
In [1]: tv = Televisor()

In [2]: tv.canal_actual()
Out[2]: 0

In [3]: tv.anterior_canal()

In [4]: tv.canal_actual()
```

```
Out[4]: 54

In [5]: tv.cambia_canal(8)

In [6]: tv.canal_actual()
Out[6]: 8

In [7]: tv.siguiente_canal()

In [8]: tv.canal_actual()
Out[8]: 9

In [9]: tv.cambia_canal(94)

In [10]: tv.canal_actual()
Out[10]: 54
```

Gracias a la encapsulación, quien utilice nuestro objeto solo puede operar con los canales a través de los métodos públicos proporcionados, evitando así comportamientos extraños como asignar una cadena al valor del canal, establecer un canal con valor real, o indicar un canal fuera del rango posible.

Decoradores para atributos encapsulados

Sería más sencillo si pudiéramos acceder directamente al atributo canal y operar con él, al tiempo que controlamos sus posibles valores para mantenerlos dentro del rango 0-54. Existe una forma de crear atributos «virtuales» mediante tres «decoradores» especiales: @property, @<atributo>.setter y @<atributo>.deleter. Vamos a modificar nuestra clase Televisor para entender el uso y efecto de estos decoradores. Crearemos tres métodos anteponiendo estos decoradores a sus cabeceras y usando como identificador para los tres el nombre deseado para la propiedad virtual. Un ejemplo es la mejor forma de entender esto:

```
class Televisor():

    def __init__(self):
        self.__canal = 0
        self.__num_canales = 55

    @property
    def canal(self):
        return self.__canal

    @canal.setter
    def canal(self, valor):
        self.__canal = valor
        if self.__canal == self.__num_canales:
            self.__canal = 0
        elif self.__canal == -1:
            self.__canal = self.__num_canales - 1
```

```
        elif self.__canal > self.__num_canales:
            self.__canal = self.__num_canales - 1
        elif self.__canal < 0:
            self.__canal = 0

    @canal.deleter
    def canal(self):
        del self.__canal
```

NOTA:

Un decorador es un modificador de un método o función que «envuelve» el código de dicho método con instrucciones adicionales. Lamentablemente, como ocurre con otros aspectos avanzados del lenguaje Python, su explicación queda más allá de los contenidos de este libro.

La ventaja de esto es que podemos usar `.canal` como una propiedad sin más, con operaciones como las siguientes:

```
In [1]: tv = Televisor()

In [2]: tv.canal
Out[2]: 0

In [3]: tv.canal += 1

In [4]: tv.canal
Out[4]: 1

In [5]: tv.canal -= 1

In [6]: tv.canal
Out[6]: 0

In [7]: tv.canal -= 1

In [8]: tv.canal
Out[8]: 54

In [9]: tv.canal = 34

In [10]: tv.canal
Out[10]: 34

In [11]: tv.canal = 343

In [12]: tv.canal
Out[12]: 54
```

El resultado de usar estos decoradores es el de simular un atributo público llamado `.canal` al que tenemos acceso y que podemos modificar directamente con asignaciones. Esto es bastante más legible comparado con el uso de métodos con distinto nombre de la versión anterior. Mágico ¿no te parece?

Métodos predefinidos

Al definir una clase, Python añade una serie de métodos de manera automática. Estos métodos predefinidos son los que se invocan cuando se utilizan sentencias y funciones predefinidas como str(), entre otras, y comparadores como >, <, <=, >= o ==. Para conocer el total de funciones y métodos de un objeto o clase podemos invocar la función dir() usando como parámetro un identificador de clase u objeto. Prueba esto en la terminal interactiva y verás que genera la lista de métodos predefinidos privados junto con los atributos y los métodos definidos por nosotros.

```
In [13]: dir(tv)
Out[13]: ...
```

Entre esos métodos, está __str__(), el cual vamos a redefinir en nuestra clase Televisor añadiendo el siguiente código al final:

```
    def __str__(self):
        """ Devuelve una descripción del televisor """
        return f"Televisor en canal {self.__canal} de {self.__num_canales} posibles"
```

Ahora, al usar el objeto como una cadena, el método __str__() es invocado de forma transparente:

```
In [1]: tv = Televisor()

In [2]: print(tv)
Televisor en canal 0 de 55 posibles
```

De igual forma podemos redefinir métodos como __eq__() y __ne__(), que son los usados para comparar dos objetos con los operadores == y != respectivamente. A esta posibilidad de asociar métodos a operadores se le conoce como «sobrecarga de operadores» y es algo habitual en la programación orientada a objetos, pues aumenta la expresividad de nuestro código.

Atributos y métodos de clase y de objeto

Cuando un atributo solo existe para un objeto creado, es decir, se establece a partir de una asignación a un campo de self, decimos que es un «atributo de objeto», pues es necesario que exista un objeto para realizar dicha asignación. Si el atributo es accesible directamente desde la clase, sin necesidad de instanciarla, decimos que es un «atributo de clase». Implementemos una clase Perro con dos atributos, un atributo especie y un atributo nombre. Observa el código siguiente. El atributo especie es un atributo de clase, mientras que nombre lo es de objeto.

```
class Perro():

    especie = "Canis lupus"

    def __init__(self, nombre):
        self.nombre = nombre

    def traer_palo(self):
        print(self.nombre, "trae el palo")
```

Por tanto, al instanciar un objeto ambos atributos se convierten en atributos de objeto, son accesibles y modificables (pues son públicos al no tener el prefijo «__»). Sin embargo, el valor del atributo especie está disponible a nivel de clase, sin ser necesario disponer de un objeto para conocer su valor.

```
In [1]: p = Perro('Canela')

In [2]: p.especie                  # atributo de clase
Out[2]: 'Canis lupus'

In [3]: p.nombre                   # atributo de objeto
Out[3]: 'Canela'

In [4]: p.traer_palo()
Canela trae el palo

In [5]: Perro.especie              # atributo de clase
Out[5]: 'Canis lupus'
```

Podemos modificar el valor de p.especie y esto destruirá el atributo de clase y generará un nuevo atributo, pero esta vez de objeto, por lo que Perro.especie mantendrá el valor '`Canis lupus`'. Si modificamos en tiempo de ejecución el valor de un atributo de clase, los objetos que no hayan modificado ese atributo de clase compartirán el nuevo valor:

```
In [6]: p2 = Perro('Chusco')

In [7]: Perro.especie = 'Canis lupus familiaris'

In [8]: p.especie
Out[8]: 'Canis lupus familiaris'

In [9]: p2.especie
Out[9]: 'Canis lupus familiaris'
```

De igual forma, los métodos también pueden ser de clase o de objeto. La única diferencia entre ambos es que en un método de clase prescinde del parámetro

self, al no ser necesario invocarlo desde instancia alguna. Añadamos el siguiente método a nuestra clase **Perro** al final:

```
    def ladrar():
        print("¡guau!")
```

Un método de clase solo puede ser invocado desde la clase, nunca desde un objeto:

```
In [10]: p.ladrar()
Traceback (most recent call last):

  File "<ipython-input-79-f1047cb2779c>", line 1, in <module>
    p.ladrar()

TypeError: ladrar() takes 0 positional arguments but 1 was given


In [11]: Perro.ladrar()
¡guau!
```

Generalmente, los métodos de clase se utilizan para definir funciones relacionadas con la clase, pero que no afectan a ningún objeto concreto. Por ejemplo, la clase **Dispositivo** podría definir un método de clase **enciende_dispositivos(lista_dispositivos)** que encendiera todos los dispositivos de la lista.

Herencia

La herencia permite definir nuevas clases a partir de clases existentes. A la clase de la que se hereda se le denomina «clase madre» o «superclase». A la clase que hereda se le denomina «clase hija» o «subclase». La clase hija «hereda» todas las propiedades de la clase madre y nos permite redefinir métodos y atributos o añadir nuevos. La ventaja fundamental que aporta el mecanismo de herencia a la programación es la capacidad de reutilizar el código. Así, un conjunto de clases que compartan atributos y métodos pueden heredar de una superclase donde se definan esos métodos y atributos. El código siguiente implementa una clase **Tableta** que hereda de la superclase **Dispositivo**:

```
class Tableta(Dispositivo):

    def __init__(self, IP):
        super().__init__(IP)
        self.__bateria = 0

    def cargar(self):
        self.__bateria = 100

    def encender(self):
        if self.__bateria > 0:
```

```
12              super().encender()
13
14      def __str__(self):
15          mensaje = super().estado()
16          mensaje += f"\nBatería: {self.__bateria}"
17          return mensaje
```

Hay algunas cosas que aclarar sobre este código. La línea 1 define a la nueva clase Tableta e indica entre paréntesis la clase Dispositivo, de quien hereda. La línea 4 llama primero al constructor de la superclase, es decir, el método __init__() de Dispositivo. Esto se logra con la función predefinida super(), que da acceso directo a la superclase. Así, antes de inicializar los atributos de Tableta, se inicializan los de Dispositivo. Recuerda que __encendido es un atributo privado de Dispositivo, por lo que, aunque Tableta herede de Dispositivo, no tiene acceso a dicho atributo. Las líneas 10 a 12 redefinen el método encender(), permitiendo el encendido solo si hay carga en la batería. Una vez realizada la comprobación de carga, invocamos al método encender() de la superclase.

Por último, aprovechando lo aprendido, hemos redefinido el método especial __str__() que permite interpretar el objeto como una cadena de texto allí donde se utilice con ese fin, como por ejemplo al llamar a print() usando el objeto como argumento.

Nuestra clase ya está lista para ser usada:

```
In [1]: t = Tableta('1.1.1.2')

In [2]: print(t)
IP: 1.1.1.2
Estado: apagado
Batería: 0

In [3]: t.encender()

In [4]: print(t)
IP: 1.1.1.2
Estado: apagado
Batería: 0

In [5]: t.cargar()

In [6]: t.encender()

In [7]: print(t)
IP: 1.1.1.2
Estado: encendido
Batería: 100
```

Como puedes observar, gracias a la herencia es posible crear clases muy variadas, que aprovechen las funcionalidades de otras clases. La encapsulación garantizará que cada objeto manipule solo los datos que le conciernen y la herencia evitará la repetición de código en clases que compartan funcionalidades. Dominarás la programación orientada a objetos a través de la práctica.

Son numerosos los aspectos asociados a la programación orientada a objetos en Python no recogidos en este capítulo. Existen libros enteros exclusivamente dedicados a este tema. No dudes en seguir aprendiendo de otras fuentes y obras para profundizar en las posibilidades que Python nos ofrece como lenguaje fuertemente orientado a objetos. No obstante, con lo aprendido aquí, estás preparado para afrontar con solvencia la construcción de programas en Python usando este paradigma de programación.

TRUCO:

Te recomendamos diseñar antes de programar y, sin duda, «refactorizar» tu código cuando eso te lleve a una solución más clara y reusable. Por refactorizar se entiende la tarea de reescribir y modificar el código cuando consideramos que algo podría haberse programado mejor. No hablamos de refactorizar cuando estamos añadiendo nuevas funcionalidades, sino cuando estamos reescribiendo nuestro programa para lograr una solución más elegante.

Ejercicios propuestos

Te animamos a resolver los siguientes ejercicios, cuya solución encontrarás en el Apéndice E.

1. Añade una propiedad modelo a la clase Televisor. Modifica el constructor para que su valor se establezca al crear el objeto pasando una cadena de caracteres. Sobrecarga los operadores == y != a través de los métodos especiales __eq__() y __ne__() para que dos objetos de tipo Televisor se consideren iguales si son el mismo modelo o distintos en caso contrario. El comportamiento esperado debería ser como sigue:

```
In [1]: tv1 = Televisor("Samsung")

In [2]: tv2 = Televisor("Philips")

In [3]: tv3 = Televisor("Samsung")

In [4]: tv1 == tv2
Out[4]: False

In [5]: tv1 == tv3
Out[5]: True
```

2. Añade un método de clase a Dispositivo que encienda todos los dispositivos de una lista dada. El prototipo del método sería enciende_dispositivos (lista_dispositivos).

3. El código siguiente implementa cuatro clases diferentes. Las clases **Habas** y **Tomatera** heredan de la clase **Planta**, que deja sin implementar los métodos **regar()** y **crecer()** para que cada subclase detalle el suyo. La clase **Huerto** contiene una lista donde se van agregando las plantas hasta un máximo de 10. Una planta recibe una unidad de agua cada vez que se riega, y el crecimiento dependerá de la cantidad de agua y crecimiento específico de cada planta. La tomatera crece 3 cm y las habas crecen 5 cm por cada unidad de agua que acumulen. Tras crecer, agotan el agua. El número de frutos que producen depende de la altura alcanzada y se implementa en los métodos **recolectar()**. La tomatera, a partir de 20 cm de altura, produce un fruto por cada 10 cm. de altura. Las habas, a partir de 10 cm de altura, un fruto por cada 5 cm de altura. El código principal crea cinco plantas y las planta en el huerto. En cada iteración del bucle simulamos un periodo en el que regamos, dejamos crecer y recolectamos. Fíjate que el huerto no sabe qué tipo de planta concreta riega o crece. El polimorfismo se encarga de ejecutar el método correcto según el tipo de objeto.

```
class Planta:
    """ Clase Planta, con atributos básicos """

    def __init__(self, nombre):
        self.nombre = nombre
        self.altura = 0
        self.agua = 0

    def regar(self):
        self.agua += 1

    def crecer(self):
        """ Crecimiento en una semana """
        pass

    def recolectar(self):
        """ Lista de frutos que produce """
        pass

    def __str__(self):
        return f"{self.nombre} ({self.altura} cm.)"

class Tomatera(Planta):

    def __init__(self):
        super().__init__('Tomatera')

    def crecer(self):
        self.altura += self.agua*3
        self.agua = 0

    def recolectar(self):
        if self.altura > 20:
```

```
                return ['tomate'] * int(self.altura/10)
            return []

class Habas(Planta):

    def __init__(self):
        super().__init__('Habas')

    def crecer(self):
        self.altura += self.agua*5
        self.agua = 0

    def recolectar(self):
        if self.altura > 10:
            return ['habas'] * int(self.altura/5)
        return []

class Huerto:
    """ Clase Huerto, contiene plantas """

    __max_plantas = 10

    def __init__(self):
        self.__plantas = []

    def plantar(self, planta):
        if len(self.__plantas) >= self.__max_plantas:
            print("No queda suelo disponible")
        else:
            self.__plantas.append(planta)

    def regar(self):
        for m in self.__plantas:
            m.regar()

    def crecer(self):
        for m in self.__plantas:
            m.crecer()

    def recolectar(self):
        cosecha = []
        for m in self.__plantas:
            cosecha += m.recolectar()
        return cosecha

    def __str__(self):
        msj = f"Hay {len(self.__plantas)} en el huerto:\n"
        for p in self.__plantas:
            msj += str(p) + "\n"
        return msj

if __name__ == "__main__":
    tomatera1 = Tomatera()
    tomatera2 = Tomatera()
    tomatera3 = Tomatera()
    habas1 = Habas()
```

```
    habas2 = Habas()

    huerto = Huerto()
    huerto.plantar(tomatera1)
    huerto.plantar(tomatera2)
    huerto.plantar(tomatera3)
    huerto.plantar(habas1)
    huerto.plantar(habas2)

    for i in range(15):      # cada iteración es una semana
        huerto.regar()
        huerto.crecer()
        print(huerto.recolectar())
```

Estudia el código anterior y responde a las siguientes preguntas. Recuerda que puedes usar print(huerto) para conocer el tamaño de las plantas.

a. ¿Qué ocurre si invocamos tomatera1.regar() dentro del bucle? ¿Los objetos dentro del objeto huerto pueden, por tanto, modificarse independientemente?
b. ¿Qué ocurre si añadimos líneas adicionales de huerto.regar()?
c. ¿Podemos acceder a la primera planta del huerto con huerto.__plantas[0]?
d. ¿Podemos acceder a tomatera1.altura?
e. Implementa un método de clase en Huerto llamado resumen(cosecha) que muestre cuántos frutos de cada tipo se han recolectado tomando como argumento el resultado de huerto.recolectar().

Resumen

La programación orientada a objetos es inherente a Python. Una clase define un nuevo tipo de dato que contiene no solo atributos como campos con valores determinados, sino también métodos para su manipulación. Un objeto es una instancia de una clase, es decir, una variable que se crea con una clase dada como tipo. Para la creación de objetos, la clase puede definir un constructor, que inicializa el objeto. Gracias a la encapsulación es posible garantizar que cada objeto modifica sus datos y no los de otros objetos. También controla el acceso a los datos internos de un objeto mediante un mecanismo de protección basado en la naturaleza pública o privada de cada atributo o método. La herencia permite reutilizar código entre clases, hacer nuestros programas más modulares y nuestro código más legible.

La programación orientada a objetos condiciona todo nuestro estilo de programación y es un paradigma deseable en la mayoría de los casos. Dominar este estilo nos convertirá en mejores programadores y nos permitirá desarrollar soluciones elegantes, capaces de construir programas cada vez más ambiciosos en complejidad y tamaño.

18 Errores, pruebas y validación de datos

En este capítulo aprenderás:

- Qué son los errores de sintaxis y las excepciones.
- Cómo se gestionan y controlan las excepciones.
- Cómo se realizan pruebas y validación de los datos.

Introducción

`while True print('Probando errores')` o `15 * (3/0)` son ejemplos de instrucciones inválidas que dan lugar a distintos tipos de errores en Python. El primero de ellos es un error de sintaxis, faltan dos puntos después de `True`; mientras que el segundo es un error en tiempo de ejecución debido a una división por cero. Los errores de sintaxis y los errores en tiempo de ejecución se abordan de forma distinta en este lenguaje de programación, y es fundamental prevenirlos y tratarlos al escribir cualquier programa.

Desde los inicios de los lenguajes de programación, la gestión de errores ha sido uno de los asuntos más difíciles. Es tan complicado diseñar un buen esquema de gestión de errores que muchos lenguajes simplemente lo ignoran. En este capítulo abordaremos cómo detectarlos, corregirlos y gestionarlos con Python.

Errores de sintaxis

Este tipo de errores, conocidos también como errores sintácticos o del intérprete de Python, son comunes cuando nos iniciamos con un lenguaje de programación, y más aún si hemos programado previamente en otros lenguajes. Se deben al desconocimiento u olvido de las reglas léxicas que establece Python, y que el intérprete detectará antes de lanzar la ejecución del programa. Se trata, por lo tanto, de expresiones mal formadas. Los lenguajes compilados como C realizan un análisis del código para producir un archivo ejecutable, lo que permite detectar este tipo de errores antes de ejecutar el programa. En el caso de los lenguajes interpretados, como es el caso de Python, al no existir dicha fase previa, no tenemos la oportunidad de detectar esos errores. El intérprete acepta nuestro código con la incertidumbre de su corrección, aunque será consciente de ello nada más leer el programa, es decir, al lanzarlo y antes de ejecutar cada una de sus instrucciones.

El intérprete de Python procesa línea a línea cada instrucción, y si detecta algún error de sintaxis parará su proceso, mostrando una pequeña flecha en el lugar donde el error haya sido detectado. Por ejemplo, en la instrucción mostrada en la introducción de este capítulo faltan dos puntos justo después de `True`, por lo que el intérprete de Python mostrará lo siguiente:

```
In [1]: while True print('Probando errores')
  File "<ipython-input-1-b14e22e5b79d>", line 1
    while True print('Probando errores')
                   ^
SyntaxError: invalid syntax
```

Es de gran ayuda que nos indique el lugar donde ha detectado el error y que, además, nos facilite información sobre el mismo. En este caso está indicando que la sintaxis desde el `print` no es correcta, para que nos demos cuenta del error cometido al no poner los dos puntos.

En un mensaje de error de sintaxis distinguimos dos partes:

- La ruta del error: en el ejemplo anterior, todas las líneas menos la última.
- La descripción del error: en el ejemplo anterior, la última línea.

Los errores de sintaxis normalmente son fáciles de corregir, pero en ocasiones un error que se desencadena en un punto puede venir de otro punto y esa ruta del error (o *traceback*) va en orden descendente desde el punto en el cual el error se desencadenó, pasando por varios puntos intermedios (si los hay), hasta el punto donde el error ocurrió. En la práctica, esto quiere decir que si en la línea donde se indica el error no encontramos nada, tendremos que revisar las instrucciones anteriores hasta encontrarlo.

Excepciones

Una excepción es un error lógico que se produce en tiempo de ejecución. En este caso, la sintaxis de las instrucciones es correcta y, por este motivo, el intérprete de Python no parará ni mostrará error alguno al lanzar el programa, pero en el momento de ejecutarse se detendrá y mostrará un error. Es lo que se denomina «error en tiempo de ejecución».

Las excepciones van asociadas a distintos tipos, y ese mismo tipo es el que se muestra en el mensaje de error. Además de esta información, también se muestran detalles que indican la causa del error. Todo esto te permitirá disponer de información suficiente para encontrar el fallo y solucionarlo o gestionarlo. Algunos ejemplos de excepciones son los siguientes:

- ZeroDivisionError: division by zero
- NameError: name 'zzzzzzz' is not defined
- TypeError: can only concatenate str (not "int") to str

Veamos un ejemplo, aunque posteriormente explicaremos en detalle los distintos tipos de excepciones:

```
In [2]: '6' + 17

Traceback (most recent call last):

  File "<ipython-input-2-d2b23a1db757>", line 1, in <module>
    '6' + 17

TypeError: can only concatenate str (not "int") to str
```

En este caso intentamos concatenar una cadena '6' con un valor entero 17. Aunque sintácticamente está bien construida la instrucción, el intérprete de Python nos dará un error, indicativo de que la línea 1 tiene un error de tipo, representado por TypeError, y concretamente indicará que solo puede concatenar cadenas, no una cadena y un entero. Para poder concatenar una cadena y un entero, como vimos en el capítulo de cadenas, es necesario hacer un *casting* sobre el entero para convertirlo previamente en cadena.

Dentro de las excepciones podemos hacer una distinción entre las que genera el intérprete (predefinidas y que veremos en el siguiente apartado) y las definidas por el usuario (que examinaremos en un apartado posterior). Cuando ocurre una excepción, la ejecución se detiene, a no ser que la gestionemos. Algunos fallos o paradas de un programa debido a una excepción no son fáciles de encontrar, aunque la información del error nos dará detalles de lo que está pasando. Veamos otro ejemplo:

```
In [3]: print(hola)
Traceback (most recent call last):

  File "<ipython-input-3-30de09973e79>", line 1, in <module>
    print(hola)

NameError: name 'hola' is not defined
```

¿Qué ocurre en este caso? Se nos ha olvidado poner las comillas en la cadena de texto "hola". Ah, vale, y ¿por qué el intérprete de Python no ha parado por error de sintaxis? Porque también podríamos haber definido una variable llamada hola que almacenera una cadena de caracteres. Observa que el error indicado por la excepción no es la falta de las comillas de la cadena de texto, sino que no ha encontrado la variable hola. En este momento tendríamos que pensar cuál era el objetivo de esa instrucción y darnos cuenta de que no queríamos mostrar el valor de una variable, sino mostrar la cadena de texto, y entonces tendríamos que añadir las comillas.

Tipos de excepciones

Python tiene una serie de excepciones predefinidas, divididas en excepciones base y excepciones específicas. Las excepciones base son más genéricas y agrupan los distintos tipos más específicos, lo que te permitirá realizar un tratamiento más general en tus programas. Por el contrario, las excepciones específicas ofrecen mayor detalle del error producido. A continuación, presentamos las excepciones base de Python y las excepciones específicas que se agrupan bajo cada una de ellas:

ArithmeticError: se produce cuando hay algún fallo en un cálculo numérico. Es la clase base para las excepciones FloatingPointError, OverflowError y ZeroDivisionError.

- FloatingPointError: error en un cálculo en coma flotante.
- OverflowError: resultado de una operación aritmética demasiado grande para mostrarla.
- ZeroDivisionError: división o módulo por cero.

```
In [1]: result = 21/0
Traceback (most recent call last):
File "<ipython-input-1-db521f45dc10>", line 1, in <module>
result = 21/0

ZeroDivisionError: division by zero
```

AssertionError: tiene lugar cuando falla una llamada assert (se explicará con detalle más adelante).

```
In [2]: assert 3 == 5
Traceback (most recent call last):

File "<ipython-input-2-fc63f1fabf9f>", line 1, in <module>
assert 3 == 5

AssertionError
```

KeyBoardInterrupt: ocurre cuando el usuario interrumpe la ejecución del programa, generalmente presionando Ctrl+C.

```
In [3]: while True: print("Python")
Python
Python
Python
PythonTraceback (most recent call last):

File "<ipython-input-3-933792a6c34c>", line 1, in <module>
while True: print("Python")

...

KeyboardInterrupt
```

StopIteration: se lanza cuando un iterador no tiene más elementos sobre los que iterar.

StopAsyncIteration: se utiliza cuando un iterador asíncrono no tiene más elementos sobre los que iterar.

```
In [4]: lista = [1, 2]

In [5]: iterador = iter(lista)

In [6]: print(next(iterador))
```

```
1

In [7]: print(next(iterador))
2

In [8]: print(next(iterador))
Traceback (most recent call last):

File "<ipython-input-8-b6621ec8281d>", line 1, in <module>
print(next(iterador))

StopIteration
```

AttributeError: se produce cuando la referencia a un atributo o una asignación fallan.

```
In [9]: cadena = "Programación en Python"

In [10]: cadena.get(i)
Traceback (most recent call last):

File "<ipython-input-10-071fcd804ad6>", line 1, in <module>
cadena.get(i)

AttributeError: 'str' object has no attribute 'get'
```

BufferError: ocurre cuando no se puede realizar una operación relacionada con el búfer. Suele ocurrir cuando intentamos modificar el tamaño de un búfer que tiene una vista asociada. Aquí tienes un ejemplo usando la biblioteca io, muy útil para el manejo de flujos (*streams*) de datos.

```
In [1]: import io

In [2]: buffer = io.BytesIO(b'Contenido')

In [3]: view = buffer.getbuffer()

In [4]: buffer.seek(0, 2)
Out[5]: 9

In [6]: buffer.write(b's')
Traceback (most recent call last):

  File "<ipython-input-25-15e6cca02c43>", line 1, in <module>
    buffer.write(b's')

BufferError: Existing exports of data: object cannot be re-sized
```

EOFError: se lanza cuando la función input() no puede leer más datos. Imaginemos el siguiente script, nombrado `prueba.py`, que demanda de manera indefinida datos a la entrada estándar. Cuando dichos datos se agoten, se producirá un error EOFError.

```
while True:
    d = input()
```

NameError: se produce cuando un identificador no se encuentra en el espacio de nombres local o global (tablas de símbolos). Es la clase base de la excepción UnboundLocalError.

- UnboundLocalError: referencia a una variable local en una función o método que no tiene asignado ningún valor.

```
In [1]: print(valor)
Traceback (most recent call last):

File "<ipython-input-1-c8af920ee1dc>", line 1, in <module>
print(valor)

NameError: name 'valor' is not defined
```

OSError: ocurre cuando se produce un error relacionado con el sistema, como fallos en una operación de entrada/salida, archivos no encontrados, etc. Es la clase base de las excepciones BlockingIOError, ChildProcessError, ConnectionError, FileExistsError, FileNotFoundError, InterruptedError, IsADirectoryError, PermissionError, ProcessLookupError y TimeoutError.

- BlockingIOError: operación bloqueada en un objeto.
- ChildProcessError: operación con fallo en un proceso hijo.
- ConnectionError: problemas relacionados con la conexión. Es la clase base para las excepciones BrokenPipeError, ConnectionAbortedError, ConnectionRefusedError y ConnectionResetError.[1]
- FileExistsError: error al intentar crear un archivo o directorio ya existente.
- FileNotFoundError: archivo o directorio no existente.
- InterruptedError: llamada del sistema interrumpida por una señal entrante.
- IsADirectoryError: ocurre cuando se intenta realizar una operación de archivo en un directorio.
- PermissionError: operación sin los permisos de acceso necesarios.
- ProcessLookupError: proceso no existente.
- TimeoutError: tiempo de espera excedido.

```
In [1]: f = open("fichero.txt", "r")
Traceback (most recent call last):

File "<ipython-input-1-06ebcb062524>", line 1, in <module>

f = open("fichero.txt", "r")

FileNotFoundError: [Errno 2] No such file or directory: 'fichero.txt'
```

1. Para más información sobre estas excepciones te recomendamos visitar la documentación oficial en https://docs.python.org/3/library/exceptions.html.

Esto solo es posible probarlo usando tuberías (hablaremos sobre ella capítulo final):

```
(base) C:\Users\Arturo\src>echo ejemplo_texto.txt | python prueba.py
Traceback (most recent call last):
  File "prueba.py", line 2, in <module>
      d = input()
EOFError: EOF when reading a line
```

ImportError: tiene lugar cuando hay problemas al cargar un módulo o c no se encuentra. Es la clase base de la excepción **ModuleNotFoundError**.

- **ModuleNotFoundError**: no se encuentra el módulo importado.

```
In [1]: import mat
Traceback (most recent call last):

File "<ipython-input-1-ec12953e5dcd>", line 1, in <module>
import mat

ModuleNotFoundError: No module named 'mat'
```

LookupError: se produce cuando el índice de una secuencia está fuera del posible o cuando la clave especificada no se encuentra en el diccionario. clase base de las excepciones **IndexError** y **KeyError**.

- **IndexError**: se produce cuando el índice de una secuencia está fuera de r
- **KeyError**: se produce cuando la clave especificada no se encuentra en el diccio

```
In [1]: diccionario = {1:"rojo", 2:"verde"}

In [2]: diccionario[3]
Traceback (most recent call last):

File "<ipython-input-2-cde839803908>", line 1, in <module>
diccionario[3]

KeyError: 3
```

MemoryError: tiene lugar cuando una operación se queda sin memoria, puede ser rescatada borrando algunos objetos. Esto es lo que ocurre cua intentamos leer un archivo XML demasiado grande:

```
Traceback (most recent call last):
  File "<pyshell#0>", line 1, in <module>
    openfile('archivo__60GB.xml')
  File "C:\Users\Arturo\src\test.py", line 7, in openfile
    contents = F.read()
  File "C:\Python37\lib\codecs.py", line 666, in read
    return self.reader.read(size)
  File "C:\Python37\lib\codecs.py", line 466, in read
    newdata = self.stream.read()
MemoryError
```

ReferenceError: tiene lugar cuando se utiliza un proxy de referencia débil.

SyntaxError: ocurre cuando se produce un error de sintaxis. Es la clase base de la excepción IndentationError

- IndentationError: sangría incorrecta.

```
In [1]: print("Probando...)
File "<ipython-input-1-f135a6e65454>", line 1
print("Probando...)
^
SyntaxError: EOL while scanning string literal
```

SystemError: tiene lugar cuando el intérprete encuentra un error interno. Suelen ser errores producidos a bajo nivel, en bibliotecas compiladas en C.

TypeError: se produce cuando una función u operación se aplica a un objeto de tipo incorrecto.

```
In [1]: 4 + "c"
Traceback (most recent call last):

File "<ipython-input-1-5cd6e16fde2a>", line 1, in <module>
4 + "c"

TypeError: unsupported operand type(s) for +: 'int' and 'str'
```

ValueError: se lanza cuando una función recibe un argumento de un tipo correcto, pero con un valor incorrecto. Es la clase base de la excepción UnicodeError.

- UnicodeError: error de codificación/decodificación relacionado con Unicode. Es la clase base de las excepciones UnicodeDecodeError, UnicodeEncodeError y UnicodeTranslateError.

```
In [1]: print(int("casa"))
Traceback (most recent call last):

File "<ipython-input-1-e12ce865b114>", line 1, in <module>
print(int("casa"))

ValueError: invalid literal for int() with base 10: 'casa'
```

RuntimeError: se lanza cuando el error generado no entra en ninguna categoría. Es la clase base de las excepciones NotImplementedError y RecursionError.

- NotImplementedError: método o función no implementado.
- RecursionError: profundidad máxima de recursión excedida.

```
In [1]: d = {'a': 1, 'b': 2}

In [2]: for k in d:
   ...:     d['c'] = k
   ...:
```

```
Traceback (most recent call last):

  File "<ipython-input-2-bc03ff6afce4>", line 1, in <module>
    for k in d:

RuntimeError: dictionary changed size during iteration
```

Warning: aparece para mostrar una advertencia. Las advertencias se utilizan cuando se produce una situación de alerta en el programa que no merece la ruptura en su ejecución, pero sí su notificación. Por tanto, no excepciones en sentido estricto. Este tipo de eventos es gestionado por la biblioteca warnings. Warning Es la clase base de las advertencias: DeprecationWarning, PendingDeprecationWarning, RuntimeWarning, SyntaxWarning, UserWarning, FutureWarning, ImportWarning, UnicodeWarning, BytesWarning y ResourceWarning.

- DeprecationWarning: clase base para advertencias relacionadas con características obsoletas.
- PendingDeprecationWarning: clase base para advertencias sobre características que se espera que sean obsoletas en un futuro.
- RuntimeWarning: clase base para advertencias en tiempo de ejecución.
- SyntaxWarning: clase base para advertencias sobre sintaxis.
- UserWarning: clase base para advertencias generadas por código del programador.
- FutureWarning: clase base para advertencias sobre cambios que pueden ocurrir en el futuro.
- ImportWarning: clase base para advertencias sobre posibles errores en importación de módulos.
- UnicodeWarning: clase base para advertencias relacionadas con Unicode.
- BytesWarning: clase base para advertencias relacionadas con los objetos bytes y bytearray.
- ResourceWarning: clase base para advertencias sobre el uso de recursos.

Veamos ahora cómo controlar estas excepciones.

Gestión de excepciones

La gestión o manejo de excepciones es una técnica de programación para controlar los errores producidos durante la ejecución de una aplicación. Se controlan de una forma parecida a una sentencia condicional. Si no se produce una excepción (general o específica), que sería el caso normal, la aplicación continúa con las siguientes instrucciones y, si se produce una, se ejecutarán las instrucciones indicadas por el desarrollador para su tratamiento, que pueden continuar la aplicación o detenerla, dependiendo de cada caso. La gestión de excepciones con Python comienza con una estructura de palabras reservadas, de la siguiente forma:

```
try:
   [instrucciones]
except <tipo de la excepción>:
   [instrucciones si ocurre esa excepción]
```

En esta gestión de excepciones el tipo de la excepción puede ser genérico o específico. En el apartado anterior hemos mostrado las diferentes excepciones ofrecidas por Python actualmente (versión 3.7.3). Lo mejor para controlar y gestionar lo ocurrido es hacerlo de la manera más específica posible, escribiendo varias cláusulas **except** para el mismo **try**, de modo que cada una gestione un tipo distinto de excepción. Esto es recomendable porque así haremos una gestión más precisa de los casos de error detectados.

```
try:
   [instrucciones]
except <tipo de la excepción 1>:
   [instrucciones si ocurre esa excepción 1]
except <tipo de la excepción 2>:
   [instrucciones si ocurre esa excepción 2]
…
```

También podemos escribir un **except** con varios tipos de excepción, si tras esas excepciones queremos ejecutar el mismo código.

```
try:
   [instrucciones]
except <tipo de la excepción 1, tipo de la excepción 2,…>:
   [instrucciones si ocurre esa excepción 1, esa excepción 2,…]
```

La sentencia **try…except** tiene un bloque **else** opcional, que puede estar presente o no. Cuando está presente, siempre se escribe tras el último bloque **except**. Este bloque **else** se utiliza para ejecutar instrucciones determinadas cuando no se produce ninguna excepción.

```
try:
   [instrucciones]
except <tipo de la excepción>:
   [instrucciones si ocurre esa excepción]
else:
   [instrucciones si no ocurre ninguna excepción]
```

Por último, en algunas situaciones será necesario realizar operaciones, independientemente de que haya ocurrido una excepción o no. En ese caso, utilizaríamos el bloque **finally** de la siguiente forma:

```
try:
   [instrucciones]
```

```
except <tipo de la excepción>:
  [instrucciones si ocurre esa excepción]
else:
  [instrucciones si no ocurre ninguna excepción]
finally:
  [instrucciones ocurran o no excepciones]
```

El diagrama de flujo de la figura 18.1 muestra un esquema completo de la gestión de excepciones con try, la cual funciona de la siguiente manera:

1. Se ejecuta el bloque de instrucciones try.
    a. Si no ocurre ninguna excepción, termina la ejecución de ese bloque y se continúa con el paso 2.
    b. Si ocurre una excepción durante la ejecución, no se ejecuta ninguna instrucción siguiente de ese bloque try y se pasa a los except.
        b.1. Si la excepción coincide con alguno de los tipos definidos en except, entonces se ejecuta ese bloque de instrucciones y se continúa con el paso 3.
        b.2. Si la excepción no coincide con ninguno de los tipos definidos, la aplicación finaliza y muestra un error general con el tipo de excepción que ha ocurrido, pero antes se realiza el paso 3.
2. Si no ocurre ninguna excepción y tenemos bloque else, se ejecutan las instrucciones de este bloque y se continúa con el paso 3.
3. Se ejecutan las instrucciones del bloque finally, si este existe, tanto si ocurre una excepción como si no ocurre ninguna.

Veamos un ejemplo completo para comprender mejor estos conceptos. En el bloque de instrucciones try realizamos la apertura de un archivo en modo escritura, mostramos un mensaje por pantalla y realizamos una división que guardamos en la variable `resultado`. Contemplamos dos posibles excepciones, una para errores de entrada/salida (IOError) y otra para una división por cero (ZeroDivisionError). En el bloque de instrucciones else indicamos aquellas que deben ejecutarse si no ocurre ninguna excepción. Si no se ha lanzado ninguna excepción, se mostrará el resultado de la división por pantalla y se escribirá en el fichero. Por último, en finally indicamos aquellas instrucciones que deseamos ejecutar siempre, como es el caso de comprobar si el archivo está cerrado, y así evitar posibles pérdidas de datos y liberar recursos del sistema.

```
try:
    archivo = open("resultado.txt", "w")
    print("Archivo resultado.txt abierto.")
    resultado = 15 * (3/0)
except IOError:
    # Instrucciones si ocurre la excepción IOError
    print("Error de entrada/salida.")
except ZeroDivisionError:
    # Instrucciones si ocurre la excepción ZeroDivisionError
```

```
10         print("Error división por cero.")
11     else:
12         # Instrucciones si no ocurre ninguna excepción
13         print("El resultado de la división es", resultado)
14         archivo.write(resultado)
15     finally:
16         # Instrucciones si ocurren o no ocurren excepciones
17         if not(archivo.closed):
18             archivo.close()
19             print("Archivo resultado.txt cerrado.")
```

Si ejecutamos el código del programa, obtendremos el siguiente resultado:

```
Archivo resultado.txt abierto.
Error división por cero.
Archivo resultado.txt cerrado.
```

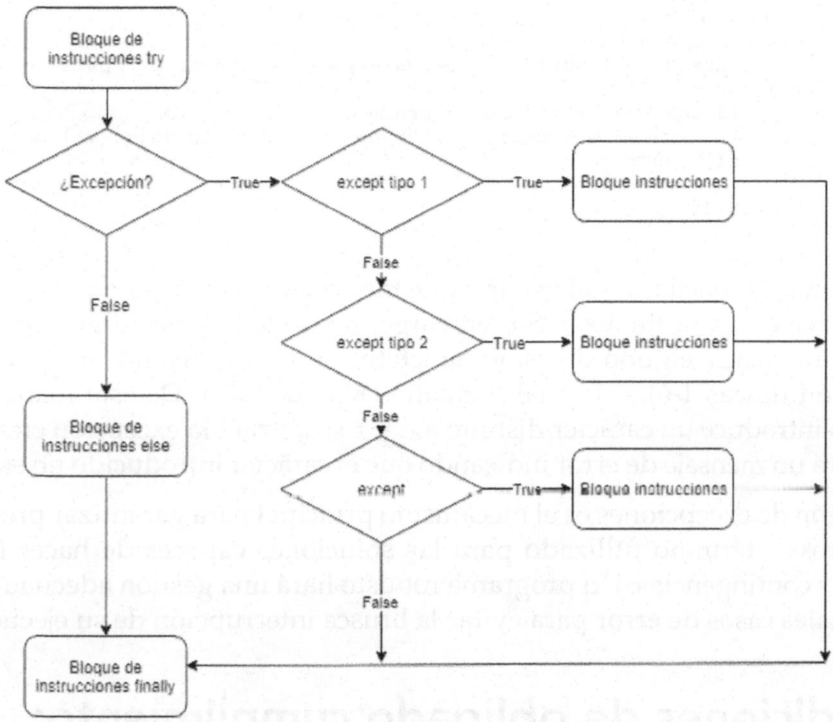

Figura 18.1. Gestión de excepciones.

Como puedes observar, ha tenido lugar un error debido a una división por cero, pero este ha sido controlado y se ha ejecutado la instrucción de la línea 10 que informa del error producido. Además, gracias al bloque finally, se ha podido cerrar el fichero, a pesar de la excepción lanzada. Prueba a eliminar las líneas 5-7 y verás que no se ejecutan las instrucciones del bloque else, pero sí las del bloque finally, aunque no se capture la excepción de la división por cero. Al no capturar esta excepción, el programa finalizará mostrando un error general con el tipo de excepción que ha ocurrido.

Llegados a este punto quizás te preguntes: ¿puedo crear y lanzar mis propias excepciones? La respuesta es sí. Para ello tienes que crear una clase que herede de Exception o de cualquiera de sus hijas y lanzar la excepción con la palabra reservada raise.

```
1 class MiExcepcion(Exception):
2     def __init__(self, valor):
3         self.valor = valor
4
5     def __str__(self):
6         return "Error: " + str(self.valor)
7
8 try:
9     fin = False
10    while not fin:
11        entrada = input("Introduzca c para continuar o f para
   finalizar:")
12        if entrada != "f" and entrada != "c":
13            raise MiExcepcion(entrada + " no es un valor válido.")
14        elif entrada == "f":
15            fin = True
16 except MiExcepcion as e:
17    print (e)
```

En el ejemplo, solicitamos al usuario que introduzca el carácter `c` para continuar o el carácter `f` para finalizar. Sin embargo, no podemos asegurar que siempre vaya a introducir alguno de estos caracteres. Por ello, creamos nuestra propia excepción (líneas 1-6), a la cual llamamos MiExcepcion. De esta manera, si el usuario introduce un carácter distinto a `c` y `f` se lanzará la excepción creada y se mostrará un mensaje de error indicando que el carácter introducido no es válido.

La gestión de excepciones es el mecanismo principal para garantizar programas «robustos», término utilizado para las soluciones capaces de hacer frente a diversas contingencias. Un programa robusto hará una gestión adecuada de los potenciales casos de error para evitar la brusca interrupción de su ejecución.

Condiciones de obligado cumplimiento: validación de datos con assert

Python facilita una forma de establecer condiciones de obligado cumplimiento, es decir, condiciones que debe cumplir un objeto o, de lo contrario, se producirá una excepción. Es como una especie de «red de seguridad» ante posibles fallos del programador. La instrucción assert añade controles para la depuración de un programa. Nos permite expresar una condición que ha de ser cierta siempre, y que de no serlo interrumpirá el programa, generando una excepción que controlar, llamada **AssertionError**. La forma de llamar a esta expresión es la siguiente:

```
assert <condición booleana>
```

TRUCO:

Esta instrucción es muy útil, pues evita tener que definir excepciones específicas para cada condición previsible pero indeseada.

En caso de que la expresión booleana sea verdadera, **assert** no hace nada. En caso de que sea falsa, dispara una excepción. Veamos un ejemplo para entenderlo. Definamos una lista con diez elementos. A continuación, mediante un bucle vamos eliminando elementos, uno a uno, desde el final de la lista. Establecemos la condición de que dicha lista tenga al menos tres elementos para que no se produzca la excepción. Cuando haya menos de tres elementos y se intente borrar de nuevo, se producirá la excepción **AssertionError**.

```
try:
    # Definimos una lista con 10 elementos
    lista = [1, 2, 3, 4, 5, 6, 7, 8, 9, 10]
    # Mostramos la lista
    print(lista)
    # Bucle infinito hasta error
    while True:
        print('Elemento a borrar', lista[-1])
        # La lista debe tener al menos 3 elementos
        assert len(lista) > 2
        # Borramos el último elemento de la lista
        lista.pop()
        # Mostramos la lista después del borrado
        print(lista)
# Excepción para assert
except AssertionError:
   print('Error al intentar borrar un elemento  ')
   print('La lista debe contener al menos 3 elementos')
```

Un detalle importante es que assert debe utilizarse para capturar condiciones que no deberían ocurrir jamás y, si ocurren, deberían considerarse un error de programación. Este tipo de comprobaciones cae dentro de una categoría de pruebas de validación denominada «pruebas de caja blanca», pues establecemos puntos de control en el interior de nuestros programas.

Test unitarios

En programación, las pruebas o test unitarios son una forma de comprobar el correcto funcionamiento de una unidad de código. Son pruebas que debe superar el código para verificar su correcto funcionamiento.

Test unitarios con assert

La instrucción **assert** permite llevar a cabo estas pruebas. Si el resultado de la condición booleana es **True**, el resultado del test es positivo, mientras que si es **False**, se generará una excepción **AssertionError** indicando cuál es la prueba que ha fallado.

```
assert <condición booleana>
```

Supongamos que hemos definido una función **fib()** para calcular los números de la sucesión de Fibonacci[2]. Para comprobar que funciona correctamente podemos escribir algunos test con la función **assert**, tal y como se muestra en las líneas 8, 11 y 14.

```
1 def fib(num):
2     if num <= 2:
3         return num
4     else:
5         return fib(num-1) + fib(num-2)  # llamada recursiva
6
7 resultado = fib(0)
8 assert resultado == 0
9
10  resultado = fib(1)
11  assert resultado == 1
12
13  resultado = fib(2)
14  assert resultado == 1
```

La función pasa correctamente los test de las líneas 8 y 11, pero en el caso del test de la línea 14 salta una excepción:

```
File "ejemplo_test_unitario_assert.py", line 14, in <module>
    assert resultado == 1

AssertionError
```

Esto nos indica que existe algún error en la función definida para calcular los números de la sucesión de Fibonacci, concretamente al pasar como parámetro el valor 2. Si repasamos la función, veremos que efectivamente hemos cometido un error. En la línea 2, la condición establecida debería ser menor estricto. Si realizamos este cambio y volvemos a pasar los test comprobaremos que ya sí funciona correctamente y pasa todos los test.

```
1 def fib(num):
2     if num < 2:
3         return num
4     else:
5         return fib(num-1) + fib(num-2)
6
```

2. En la sucesión de Fibonacci cada elemento es el igual a la suma de los dos anteriores, empezando la serie con los valores 0 y 1.

```
resultado = fib(0)
assert resultado == 0

resultado = fib(1)
assert resultado == 1

resultado = fib(2)
assert resultado == 1
```

Test unitarios con unittest

El uso de **assert** para comprobar nuestro código es una solución muy rudimentaria, pues el programa parará en cuanto una de las condiciones no se satisfaga. Esto obliga a ir corrigiendo cada problema antes de continuar con el resto de comprobaciones. Existen soluciones más sofisticadas para la elaboración de pruebas de unidad. La biblioteca **unittest** ofrece utilidades para la construcción de pruebas de unidad como automatización, desactivación y configuración de test, entre otras funcionalidades. Observa el siguiente código:

```
import unittest

def tokenizar(texto):
    return texto.split()

class MiTest(unittest.TestCase):

    def test_espacios(self):
        self.assertEqual(len(tokenizar('uno dos tres')), 3)
    def test_punto(self):
        self.assertEqual(len(tokenizar('uno.dos tres')), 3)
    def test_coma(self):
        self.assertEqual(len(tokenizar('uno dos,tres')), 3)

if __name__ == '__main__':
    unittest.main()
```

Vamos a comprobar el funcionamiento de la función **tokenizar()**. Con este fin definimos la clase **MiTest**, que hereda de **TestCase**, lo que nos permite usar el método **assertEqual()** (entre otras muchas modalidades de comprobación). Cada método de una subclase **TestCase** es un test que contiene una o varias comprobaciones. En nuestro caso tenemos tres test en los que comprobamos que se separan bien las palabras por espacios y por signos de puntuación. Al ejecutar los test de unidad sobre nuestro código, obtendremos un informe completo de los mismos. El resultado es el siguiente:

```
F.F
======================================================================
FAIL: test_coma (__main__.Test)
----------------------------------------------------------------------
Traceback (most recent call last):
  File "C:/Users/Arturo/src/18_01.py", line 20, in test_coma
    self.assertEqual(len(tokenizar('uno dos,tres')), 3)
```

```
AssertionError: 2 != 3

======================================================================
FAIL: test_punto (__main__.Test)
----------------------------------------------------------------------
Traceback (most recent call last):
  File "C:/Users/Arturo/src/18_01.py", line 18, in test_punto
    self.assertEqual(len(tokenizar('uno.dos tres')), 3)
AssertionError: 2 != 3

----------------------------------------------------------------------
Ran 3 tests in 0.015s

FAILED (failures=2)
```

La batería de test (*test case*) ha fallado. En concreto, se ha detectado fallo en dos test. El informe facilitado permite localizar las comprobaciones no satisfechas de manera precisa. Nuestra función no es capaz de separar palabras unidas por signos de puntuación como el punto o la coma.

La elaboración de test de unidad en nuestras aplicaciones es algo ya habitual en la mayoría de proyectos de desarrollo profesionales y facilita la gestión y control de los cambios que realizamos en el código, ayudando a detectar de manera temprana errores introducidos por cambios en nuevas versiones.

Ejercicios propuestos

Intenta realizar los siguientes ejercicios. Encontrarás la solución al final del libro, en el Apéndice E.

1. Escribe un programa que reciba como entrada una lista con varios elementos de tipo entero, y el último elemento de tipo cadena de caracteres. Recorre todos los elementos de esa lista y calcula el número factorial de cada elemento (con el método math.factorial()), mostrando el resultado por consola si no se produce ninguna excepción. Captura las excepciones convenientes y muestra un mensaje final, indicando el valor que se ha procesado.
2. Crea una excepción propia para gestionar la detección de una cadena inferior a dos caracteres en una lista de nombres. Escribe un programa que haga uso de esa excepción para evitar mostrarla por pantalla. Por ejemplo, dada la lista:

   ```
   nombres = ['Turing', 'Feynman', '', 'Tintin', 'G']
   ```

   La salida debería ser:

   ```
   Turing
   Feynman
   Tintin
   ```

3. Realiza pruebas unitarias utilizando **assert** para comprobar si la siguiente función calcula correctamente el factorial de un número. En caso de que haya algún error, indica cuál sería la solución correcta.

```
def factorial(num):
    if num == 0 or num==2:
        return 1
    return num * factorial(num-1)
```

4. La función siguiente **formatea_nombre()** pasa a mayúsculas la primera letra de cada componente de un nombre completo. Por ejemplo, la cadena `"antonio flores"` pasaría a ser `"Antonio Flores "`.

```
def formatea_nombre(nombre):
    return " ".join([x[0].upper() + x[1:] for x in nombre.split()])
```

Añade comprobaciones para los casos siguientes:

`'theon greyjoy'` debería convertirse en `'Theon Greyjoy'`
`'antonio muñoz molina'` debería convertirse en `'Antonio Muñoz Molina'`
`'ursula k. le guin'` debería convertirse en `'Ursula K. Le Guin'`
`'calderón de la barca'` debería convertirse en `'Calderón de la Barca'`
`'alberto vázquez-figueroa'` debería convertirse en `'Alberto Vázquez-Figueroa'`

¿Puedes detectar, usando la biblioteca **unittest**, en qué casos la función **formatea_nombre()** no funciona correctamente?

Resumen

Los errores en programación, tanto en la sintaxis como en tiempo de ejecución, resultan inevitables, y su control y gestión son básicos para un buen desarrollador. Python supervisa los errores de sintaxis y muestra información para su corrección, pero también permite gestionar los que se puedan producir durante la ejecución de la aplicación, llamados excepciones. Con una correcta gestión de excepciones, y utilizando comandos como **assert** para realizar una validación de datos y pruebas unitarias, nuestras aplicaciones estarán libres de errores y serán más robustas. El uso de bibliotecas como **unittest** para la creación de test de unidad posibilita validar nuestro código mediante una serie de comprobaciones que se ejecutan de manera ininterrumpida y generan un informe completo sobre el resultado de la evaluación de todos los casos posibles que hayamos considerado.

Hacemos nuestra la frase de Lao Tse en su *Tao Te Ching*: «Anticipa lo difícil gestionando lo fácil». Una buena gestión de errores en nuestros programas nos evitará más de un quebradero de cabeza.

19 Interfaces gráficas de usuario

En este capítulo aprenderás:

- Qué es una interfaz gráfica de usuario.
- Los conceptos básicos en la construcción de interfaces de usuario.
- Cómo crear una interfaz gráfica usando Tk y Ttk.
- A crear una aplicación completa.

Introducción

Cuando de trabajar con un ordenador se trata, estamos acostumbrados a encender el equipo, esperar la carga del sistema operativo, hacer doble clic en el icono de la aplicación que vamos a usar y ver aparecer ante nuestros ojos una o varias ventanas con menús, botones, iconos, campos de entrada de datos y áreas de edición, estas últimas a modo de lienzo para un nuevo dibujo o una hoja en blanco sobre la que escribir. Estos y otros elementos conforman la «interfaz gráfica de usuario» de la aplicación. Una interfaz gráfica de usuario (GUI por sus siglas en inglés *Graphic User Interface*) es simplemente un conjunto de elementos visuales con los que interactuar de forma variada para lograr el acceso y la manipulación de datos, tales como una imagen, un archivo, o una tabla de números. Esa interacción se ha ido normalizando con el paso del tiempo y, aunque cambiemos de aplicación o incluso de sistema operativo, la mayoría de los componentes de una interfaz gráfica nos resultan familiares: un menú principal con menús secundarios y opciones habituales como «abrir archivo», «guardar», «buscar»; una barra de herramientas con iconos, paneles con información sobre el objeto que estamos editando, ventanas de diálogo que solicitan información concreta o permiten configurar aspectos del comportamiento de una operación, etc.

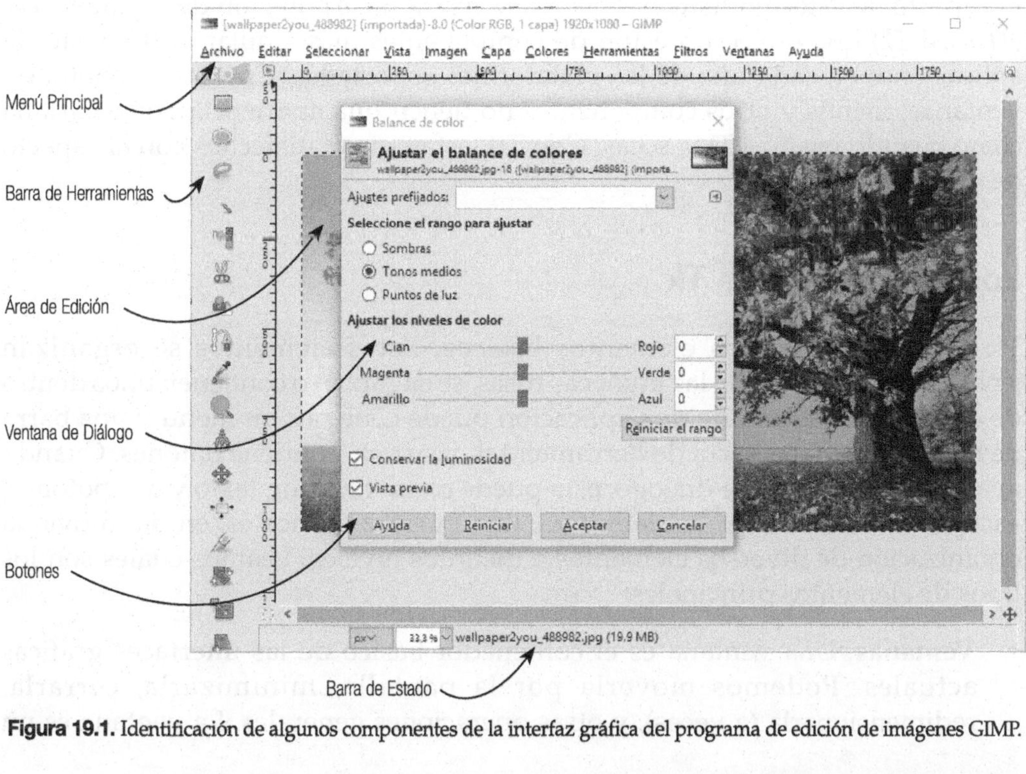

Figura 19.1. Identificación de algunos componentes de la interfaz gráfica del programa de edición de imágenes GIMP.

Python ofrece bibliotecas para la construcción de interfaces gráficas que proporcionan los bloques básicos con los cuales crear soluciones completas y profesionales. Visitemos una de estas bibliotecas, Tkinter, y construyamos una aplicación simple para aprender su uso. Este capítulo no es un manual exhaustivo de Tkinter, solo una introducción a las posibilidades que ofrece como herramienta para la creación de interfaces de usuario. Existen otras alternativas, como wxWidgets, PyJamas o PyQT, pero Tkinter viene integrado «de serie» en Python y es lo suficientemente potente como para merecer nuestra atención.

TkInter y Ttk

La biblioteca Tkinter (por *Tk interface*) permite acceder a las funcionalidades del sistema Tk desde Python. Tk es anterior a Python, gratuito, abierto y multiplataforma; ofrece un conjunto de componentes gráficos para la construcción de interfaces de usuario. Aunque Tk no es parte de Python, se encuentra disponible en la mayoría de los sistemas UNIX, Windows y también puede instalarse en Mac OS X. Los componentes con los que construimos una interfaz en Tk se denominan *widgets*.

El aspecto de estos widgets ha mejorado con la incorporación del paquete Ttk (*Themed Tk*) que ofrece un estilo de componentes más similar al del resto de aplicaciones en cada una de las plataformas soportadas. Con Ttk los botones, ventanas, menús y otros componentes no tienen una apariencia tan espartana como cuando usamos Tk a secas. Con Ttk estaremos satisfechos con el aspecto de nuestra aplicación.

Los elementos de Tk

Tk proporciona varios elementos básicos. Estos elementos se organizan jerárquicamente, y como las muñecas rusas, se engarzan o contienen unos dentro de otros. Una ventana de una aplicación puede contener un menú y una barra de herramientas. La barra de herramientas, a su vez, contiene botones. Cuando aparece una ventana de diálogo, esta puede consistir en un texto y dos botones: «aceptar» y «cancelar». En definitiva, una interfaz gráfica es, en definitiva, la organización de diversos elementos a distintos niveles. Veamos cuáles son los tipos de elementos principales:

- **Ventanas**. Una ventana es el contenedor básico de las interfaces gráficas actuales. Podemos moverla por la pantalla, minimizarla, cerrarla, redimensionarla (a veces), y otras operaciones generales. La ventana es un espacio rectangular dentro del cual se enmarca el resto de elementos de la interfaz de una aplicación, que puede mostrar otras ventanas (como las de diálogo). La ventana principal es la que se encuentra en el nivel más alto de la jerarquía de componentes, ya que el resto están contenidos en ella.

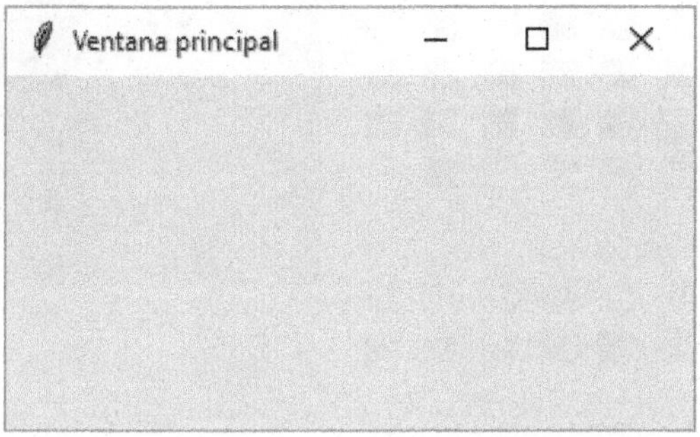

Figura 19.2. Una ventana sin componentes adicionales.

- **Marcos**. Un marco (*frame*) es un espacio rectangular dentro de una ventana donde ubicar otros elementos, incluso otros marcos. Existen tres formas de organizar los elementos en un marco: por apilación (*pack*), por rejilla (*grid*) y por posición absoluta (*place*)[1]. No podemos ver los marcos, pero sí podemos ver los componentes que estos contienen.
- **Widgets básicos**. Son los bloques de construcción básicos que constituyen los botones, campos de entrada, etiquetas, barras de desplazamiento, menús, separadores y así hasta 18 bloques de construcción diferentes con los que componer una interfaz gráfica.

Figura 19.3. Una ventana con seis componentes: un Checkbutton, una etiqueta con el texto «CheckButton», un Radiobutton, una etiqueta con el texto «RadioButton», una entrada de texto y un botón.

- **Widgets complejos**. Son como widgets que integran otros widgets básicos para interacciones habituales como seleccionar un archivo, un color o pedir una confirmación al usuario. Nos simplifican estas interacciones proporcionándonos ventanas de diálogo ya preparadas que, a modo de función, devuelven la opción del usuario como resultado de su invocación.

1. La página www.python-course.eu/tkinter_layout_management.php ofrece ejemplos de uso de pack y frame bastante claros.

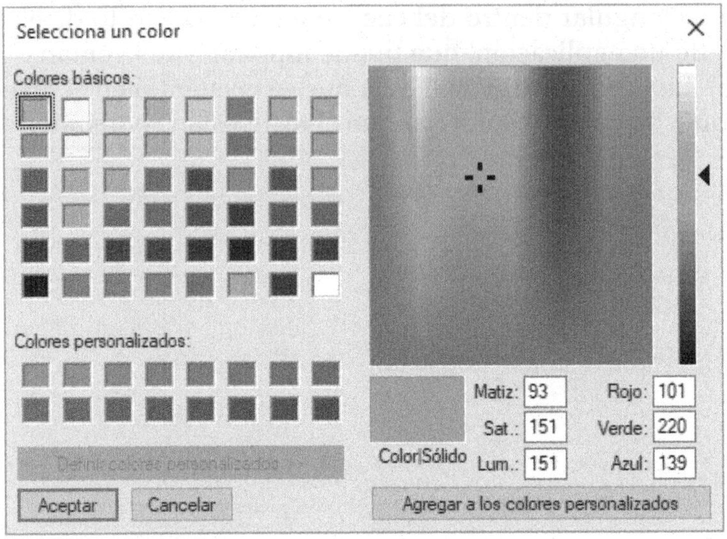

Figura 19.4. El widget colorchooser de Tkinter.

NOTA:

Una «ventana de diálogo» (también llamada «pop-up window») es una ventana que aparece en un momento dado para preguntar al usuario por una acción concreta, como elegir un color, seleccionar un archivo, decidir entre un conjunto finito de opciones, confirmar una operación, pedir una contraseña, etc.

Con Tk no podremos hacer interfaces demasiado avanzadas, pero sí cubre con solvencia la mayoría de las necesidades de cualquier aplicación media. Además, la biblioteca de temas de Tk, denominada Ttk, mejora la apariencia visual de los elementos de Tk, dando a nuestras aplicaciones un resultado similar al de otras aplicaciones profesionales. También viene integrada en la distribución básica de Anaconda y en la mayoría de distribuciones de Python existentes.

Esta es la lista de componentes básicos de Tk, también reimplementados varios de ellos con el mismo nombre en Ttk:

Button	Label	Notebook	Separator
Canvas	Labelframe	Panedwindow	Sizegrip
Checkbutton	Listbox	Progressbar	Spinbox
Combobox	Menu	Radiobutton	Text
Entry	Menubutton	Scale	Tk_Optionmenu
Frame	Message	Scrollbar	Treeview

En cuanto a los componentes complejos, son los siguientes:

- tk_chooseColor: ventana de diálogo para elegir un color.
- tk_chooseDirectory: ventana de diálogo para seleccionar un directorio.
- tk_dialog: ventana de diálogo que espera una respuesta del usuario.
- tk_getOpenFile: ventana de diálogo para abrir un archivo.
- tk_getSaveFile: ventana de diálogo para guardar un archivo.
- tk_messageBox: ventana de diálogo que muestra un mensaje y espera una respuesta del usuario.
- tk_popup: ventana que muestra un menú emergente.

La mejor forma de aprender sobre los componentes de Tk y Ttk es con un ejemplo práctico. Es hora de encender el ordenador.

Nuestra primera interfaz gráfica

En este capítulo implementaremos una aplicación que haga lo siguiente: a partir de una dirección web, bajará el contenido de una página de Internet y contará las palabras en la misma. Mostrará en pantalla el contenido de la página en texto plano, es decir, sin los códigos de formato HTML propios de una página web. También mostrará una tabla con las veinte palabras más frecuentes en la página y el número de veces que esas palabras aparecen en el texto. Para lograr estos objetivos necesitaremos dos bibliotecas adicionales: requests y html2text. La primera viene incluida en la distribución de Anaconda y se encarga de la descarga de la página a través del protocolo HTTP a partir de su URL.

NOTA:

Los elementos básicos de la World Wide Web son tres: HTML (formato de páginas con enlaces a otras páginas), URL (el formato de las direcciones de las páginas en Internet) y HTTP (el protocolo de comunicación entre un navegador web y un servidor web).

Instalación de bibliotecas adicionales

Nuestra aplicación descargará una página web y la mostrará como texto «plano», es decir, sin usar gráficos, ni tipos de letra diferente, ni estilos. Todas las páginas web están escritas en un formato conocido como HTML (*Hyper-Text Markup Language*), que establece una serie de marcas para indicar un enlace a otra página, un encabezado, una tabla, etc. Haremos uso de la biblioteca html2text para traducir el HTML a texto legible. Desde el menú principal de nuestro sistema operativo, abriremos la aplicación «Anaconda prompt», la cual nos facilitará una terminal donde escribir la siguiente orden:

```
pip install html2text
```

Esta orden descargará la biblioteca html2text desde los repositorios de Anaconda y la instalará en nuestro equipo, dejándola disponible para ser importada en nuestros programas. Es la forma más rápida para instalar cualquier otra biblioteca adicional que no venga por defecto en la distribución de Python instalada en nuestro sistema. Desde la aplicación «Anaconda Navigator» también podemos gestionar las bibliotecas en la sección «Environments». Es posible buscar en la web de Anaconda paquetes no disponibles en el repositorio principal y añadir nuevos repositorios (denominados «canales») desde los que obtener las bibliotecas necesarias para nuestros proyectos.

Diseño de la aplicación

Ya tenemos todo lo necesario para desarrollar nuestra aplicación: las tecnologías y los requisitos de la aplicación. Nuestras tecnologías son el lenguaje Python, sus bibliotecas requests, html2text, tkinter y ttk, y un entorno de desarrollo (Spyder). Ya sabes qué hay que hacer y disponemos de las herramientas para construir la solución. ¿Falta algo más? ¡Claro que sí! Recuerda los pasos en la construcción de aplicaciones. Es importante definir cómo construiremos nuestra solución. Nos hemos olvidado del diseño. Diseñemos tanto los módulos como el aspecto que tendrá la interfaz de la aplicación para conocer los componentes necesarios y su organización en una ventana.

Identificamos dos funciones necesarias para llevar a cabo la lógica del programa:

- descargar_pagina(url): Función para descarga páginas de la web a partir de una dirección dada y convertirlas a texto plano.
- contar_palabras(texto): Función para generar una lista de palabras con sus frecuencias de aparición a partir del texto anterior.

Ubicaremos ambas funciones en un archivo aparte denominado webfrec.py. El programa principal importará dicho módulo para disponer de estas funciones. Con esto logramos separar la interfaz del código relativo al procesamiento de los datos.

Ahora es el momento de diseñar la interfaz. Recomendamos dibujar a mano nuestra interfaz (nada como la conexión «mano-cerebro» en el proceso creativo), aunque existen herramientas para dibujar con más calidad un «borrador» de la aplicación. Estos borradores con el aspecto deseado de la ventana y sus componentes también se denominan *mockups*. He aquí el nuestro:

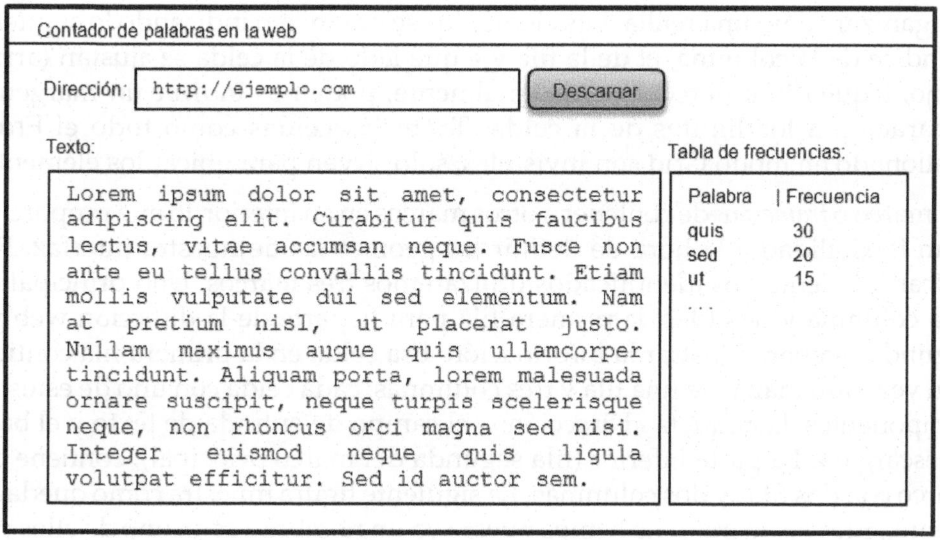

Figura 19.5. Mockup de nuestra aplicación.

El usuario introducirá una dirección web válida en el campo «Dirección». Al pulsar Enter o hacer clic en el botón Descargar se completarán las áreas inferiores con el contenido de la página y la tabla con las veinte palabras más frecuentes. Podremos repetir el proceso tantas veces como queramos. La aplicación finalizará cuando se cierre la ventana principal.

Distinguimos los siguientes componentes:

1. Una ventana principal titulada «Contador de palabras en la web».
2. Una etiqueta con el texto «Dirección:».
3. Una entrada de texto.
4. Un botón con el texto «Descargar».
5. Una etiqueta con el texto «Texto:».
6. Otra etiqueta con el texto «Tabla de frecuencias:».
7. Un cuadro de texto con el contenido de la página web analizada.
8. Una tabla con dos columnas donde se muestran las palabras que aparecen en la página y sus frecuencias.

Además, si queremos organizar los elementos como se muestra más arriba, debemos determinar la estrategia de posicionamiento. Para ello debemos crear un Frame, es decir, un espacio rectangular donde ubicar los componentes. Para la ubicación, hemos optado por el gestor de apariencia (*layout manager*) Grid (también existen otro como Pack y Place). Este gestor permite tratar el espacio a organizar como una rejilla. Los elementos se organizan indicando lo siguiente: el índice de la columna, el de la fila y a qué lado de la celda se ajustan (arriba, abajo, izquierda o derecha). Adicionalmente, podemos indicar un margen de separación a los límites de la celda. Tanto las celdas como todo el Frame gestionado en modo Grid son invisibles, solo sirven para ubicar los elementos.

Un marco o *frame* puede contener a otros marcos en su interior, lo que proporciona gran flexibilidad a la hora de definir las geometrías de nuestra interfaz. Para ubicar los elementos identificados utilizaremos tres marcos. Uno principal con una columna y dos filas: la primera fila para la parte de la dirección web y la segunda fila para mostrar la información. Esa celda en la primera fila contiene, a su vez, otro marco de una fila y tres columnas; cada celda con uno de estos tres componentes: la etiqueta «Dirección:», el campo de entrada de texto y el botón «Descargar». La parte inferior (fila segunda del marco principal), contiene otro marco con dos filas y dos columnas. La siguiente figura muestra cómo quedarían organizados los marcos. Le hemos puesto ya un nombre a cada uno de ellos para que puedas localizarlos en el código que veremos más adelante.

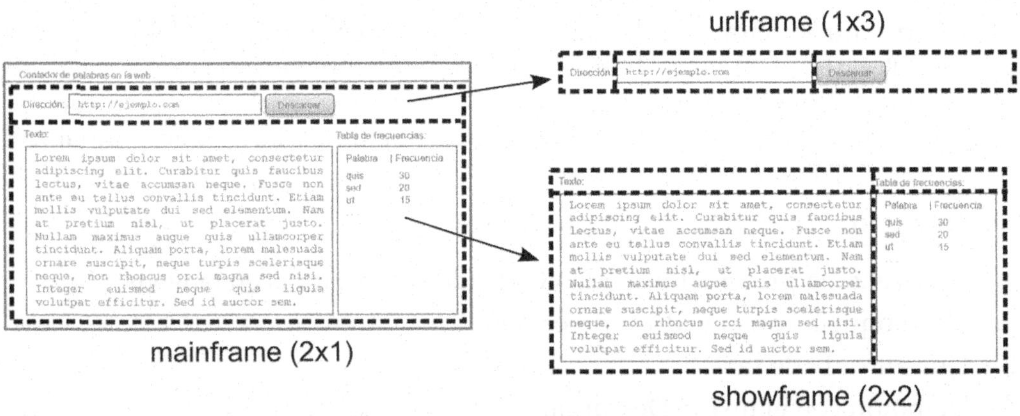

Figura 19.6. Organización de los marcos donde se ubican los componentes.

Una vez expuesta esta organización, se evidencia la estructura jerárquica de todos estos elementos, desde la ventana principal (que llamaremos root) hasta los *widgets* concretos como los botones o los textos. Esta estructura jerárquica quedaría como refleja la figura 19.7.

Hemos completado el diseño. Ya estamos preparados para implementar la solución en Python.

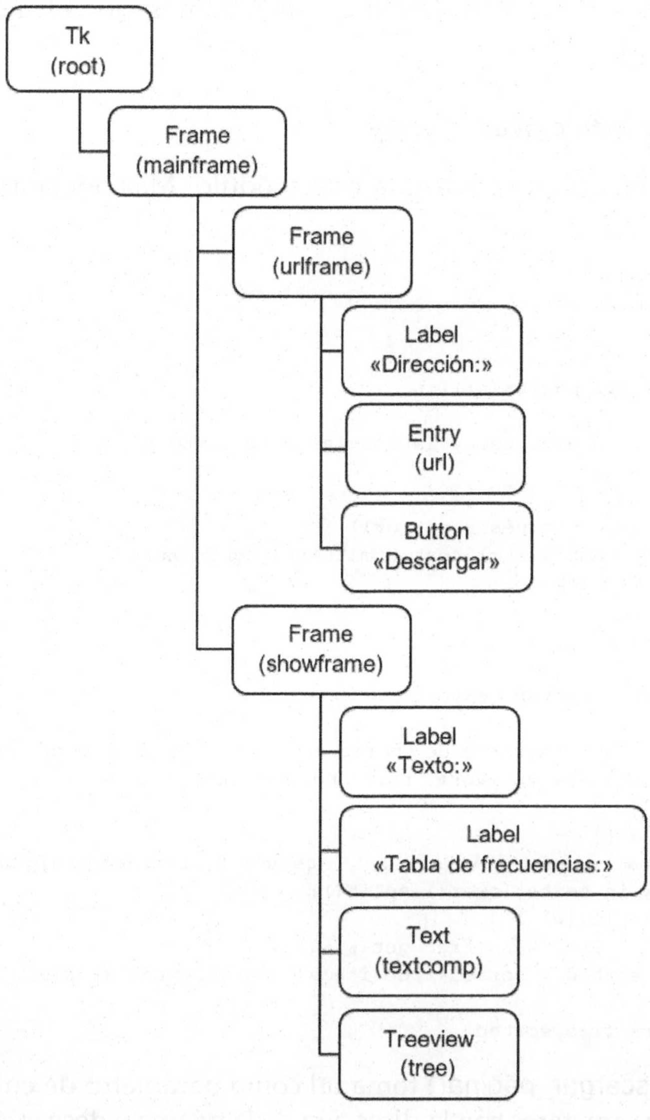

Figura 19.7. Organización jerárquica de los componentes de Tk para nuestra interfaz.

Implementación

Escribiremos nuestro programa organizando el código en dos módulos: un programa principal donde esté toda la interfaz, y un módulo donde implementaremos las funciones descargar_pagina() y contar_palabras(). Pasemos a mostrar el código de cada uno de estos módulos y explicar qué realizamos fragmento a fragmento. Empecemos por el módulo con las funciones comentadas.

Código del módulo webfrec.py

Este sería el código que conforma este módulo. Más adelante explicaremos su contenido.

```
1  import requests
2  import html2text
3  import re
4
5  def descargar_pagina(url):
6      """
7      Lee una página web y la convierte en texto plano.
8      """
9      try:
10         page = requests.get(url)
11         content = html2text.html2text(page.text)
12     except Exception:
13         pass
14     return content
15
16 def contar_palabras(texto):
17     """
18     Calcula la frecuencia de aparicion de cada palabra en un texto y genera una
19     lista de pares (palabra, frecuencia) ordenada de mayor a menor frecuencia.
20     """
21     frec = {}
22     texto = re.sub('[^\w\s]+', '', texto) # eliminamos signos de puntuación
23     for w in texto.lower().split():
24         if len(w) > 3:
25             frec[w] = frec.get(w, 0) + 1
26     frec_sorted = sorted(frec.items(), key=lambda x: x[1], reverse=True)
27
28     return frec_sorted
```

La función descargar_pagina() toma url como parámetro de entrada, que será una cadena de caracteres con la dirección de la página a descargar (por ejemplo http://es.wikipedia.org). La línea 10 hace uso de la biblioteca requests para descargar el contenido de la página, y la 11 utiliza html2text para convertir el contenido HTML en texto plano (sin caracteres extraños, estilos o marcas HTML). Estas dos líneas están enmarcadas en un bloque try para evitar que posibles errores en el proceso de descarga, como una dirección incorrecta o falta de conexión, provoquen una excepción que aborte la ejecución de la aplicación. Podríamos mejorar el código mostrando una ventana de diálogo que informara de la excepción de manera amable al usuario, con un mensaje como «Se ha producido un error. Por favor, compruebe que la dirección es válida y que dispone de conexión a Internet», pero vamos a dejarlo como un ejercicio voluntario. La función finaliza devolviendo el texto de la página.

La siguiente función, contar_palabras(), toma un texto como entrada. El diccionario frec se inicializa en la línea 21 y será la estructura que utilicemos para contar la aparición de cada palabra en el texto. En cada entrada del diccionario, la clave será la palabra y el valor almacenado su frecuencia. El texto, gracias al uso de expresiones regulares, elimina todo aquello que no sea un carácter alfanumérico, es decir, todo lo que no sea una letra o un número (clase predefinida representada por \w) o un carácter de espacio (clase predefinida representada por \s). Una vez filtrado el texto, el bucle recorre una lista generada a partir del mismo, tras pasarlo a minúsculas con el método lower() y luego convertido en una lista de palabras fragmentando el texto en cada espacio gracias al método split().

Observa que en la línea 24 solo actualizamos el contador de cada palabra si la palabra tiene una longitud superior a tres caracteres. Esto es para evitar de una manera burda la presencia de palabras de alta frecuencia como artículos («el», «la», «una»...), preposiciones («a», «con», «en», «de»...) o conjunciones («y», «o», «u», «e»...).

La línea 26 ordena una lista generada a partir del diccionario gracias al método items(). Este método devuelve una lista de tuplas «clave, valor». El parámetro key sirve a sorted para disponer de una función que extraiga de cada elemento el valor a partir del cual realizar la ordenación. Para ello hemos usado una función anónima que devuelva el segundo elemento de cada tupla (que es la frecuencia). Finalmente, el parámetro reverse indica que el orden sea de mayor a menor.

Código del programa principal

Pasemos al código del programa principal, donde se define nuestra interfaz. Vamos a introducir el código poco a poco y mostraremos el código completo al final.

```
from tkinter import *
import tkinter.ttk as ttk
from webfrec import *

max_frec = 20 # número máximo de palabras a mostrar en la tabla de frecuencias

def descargar(*args):
    """ Esta función se invoca al pulsar en el botón 'Descargar' """
    text = descargar_pagina(url.get())
    textcomp.replace(1.0, END, text)
```

```
    frec_items = contar_palabras(text)
    for entry in tree.get_children():
        tree.delete(entry)
    for k,v in frec_items[:max_frec]:
        tree.insert("", "end", values=(k, v))

```

El programa comienza importando los recursos necesarios: la biblioteca tkinter, la biblioteca Ttk (tkinter.ttk) y el módulo webfrec donde definimos las funciones descargar_pagina() y contar_palabras(). En la línea max_frec definimos una variable donde establecemos el número máximo de entradas a mostrar en la tabla de frecuencias. Después se define la función descargar(). Esta función será la que enlazaremos al evento de hacer clic en el botón «Descargar». En esta función llamamos a descargar_pagina() pasando como argumento url.get(). El objeto url es un objeto que crearemos más adelante y que instancia la clase Entry (como veremos más adelante), para la entrada de texto con la dirección de la página a descargar. El método get() da acceso al contenido introducido por el usuario en esa entrada. Una vez obtenido el contenido de la página, este se pasa al componente textcomp, un objeto de tipo Text instanciado más adelante donde mostramos el contenido de la página al usuario. El primer argumento, «1.0» indica «primera línea, primer carácter» y el segundo, «END» marca el final del texto actualmente mostrado por el objeto de tipo Text. Estos dos argumentos indican la posición de inicio y fin del texto que será reemplazado por el contenido del tercer argumento. Con esto, actualizamos el texto mostrando el contenido limpio de la página descargada.

```
root = Tk()
root.title("Contador de palabras en la web")

```

Estas líneas crean la aplicación Tk generando un nuevo objeto root de la clase Tk, al invocar al constructor de la clase. El método title() establece el título de la ventana principal.

```
# Marco principal
mainframe = ttk.Frame(root, padding="5 5 5 5")
mainframe.grid(column=0, row=0, sticky=(W, N, E, S))

```

Creamos el marco principal, al que llamamos mainframe. Su componente padre es root, es decir, este marco está contenido en la ventana principal. Con el parámetro padding indicamos el margen de separación del marco a los bordes de la ventana. Los valores se dan como cuatro valores enteros, cuya unidad son *pixels* (puntos en la pantalla) y con el orden siguiente: lado izquierdo, lado superior, lado derecho y lado inferior. Aquí vemos cómo queremos un valor de 5 para todos los márgenes. En este caso habría bastado con un único valor "5".

NOTA:

Los «eventos» son fundamentales en la construcción de interfaces gráficas. Un evento es todo suceso que pueda desencadenar alguna reacción por parte del programa. Las interfaces están en un bucle infinito esperando eventos del usuario, como el clic de un botón, una introducción de texto, la pulsación de una tecla, entre otras posibles interacciones. Ese bucle infinito solo se rompe cuando cerramos o salimos de la aplicación (o se produce un error no gestionado adecuadamente).

La línea 23 ubica el marco usando una estrategia basada en rejilla (*grid*). El marco mainframe solo contiene una celda y ajusta su tamaño a los cuatro bordes (parámetro sticky), representados como las direcciones en una brújula: W por oeste (izquierda), N por Norte (arriba), E por Este (derecha) y S por Sur (abajo). El marco principal se expande así para ocupar todo el tamaño de la ventana dejando solo un margen de 5 puntos. El tamaño de la ventana principal, en nuestro ejemplo, dependerá del resto de componentes a ubicar. Pasemos a crear otro marco para posicionar los elementos superiores.

```
25 #
26 # Marco para dirección web y botón de descarga
27 #
28 urlframe = ttk.Frame(mainframe)
29 urlframe.grid(column=1, row=1, sticky=W, pady="5 0")
30
```

En el código anterior crea el marco urlframe y lo ubica en la primera fila, primera columna de su componente padre, mainframe. Vamos a añadir elementos a urlframe.

```
31 # Etiqueta
32 ttk.Label(urlframe, text="Dirección:").grid(column=1, row=1, sticky=W)
33
```

Observa que la línea 32 crea una etiqueta (clase Label), pero no la asigna a ninguna variable, y aplica inmediatamente el método grid() sobre el objeto creado. Esto es válido, pues no necesitamos un identificador para este objeto ya que no vamos a referenciarlo posteriormente. Añadamos el campo de entrada para la dirección de la página a descargar:

```
34 # Campo de dirección web
35 url = StringVar()
```

```
36 urlentry = ttk.Entry(urlframe, width=83, textvariable=url)
37 urlentry.grid(column=2, row=1, sticky=W, padx="5 0")
38
```

Fíjate en la línea 35. Aquí creamos una variable llamada url que es un objeto de tipo StringVar. Esta variable la vamos a asociar con el valor introducido en un campo de texto (clase Entry) a través del parámetro textvariable de su constructor. De hecho, el objeto url es muy necesario en la función descargar(), pues es el dato de entrada más importante en nuestra aplicación. La función descargar() puede obtener la dirección introducida por el usuario con una llamada a url.get() (línea 9 del programa). El objeto urlentry representa ese campo de texto, el lugar donde escribiremos la dirección de una página. Este campo de entrada tiene una longitud de 83 caracteres. El método grid(), como ya podrás imaginar, sitúa dicha entrada en la primera fila y segunda columna del marco padre. Se ajusta a la izquierda, para pegarlo a la etiqueta anterior, y se distancia 5 puntos de esta. El último elemento de urlframe es el botón con el texto «Descargar».

```
39 # Botón de descarga
40 button = ttk.Button(urlframe, text="Descargar", command=descargar)
41 button.grid(column=3, row=1, sticky=W, padx="5 0")
42
```

Tk ofrece la clase Button para este componente. El parámetro text es fácil de entender (es el texto que aparecerá sobre el botón), pero el parámetro más interesante es command. Este parámetro acepta una función como argumento, y es la que se llamará cuando se haga clic sobre el botón. Esa función es, como puedes imaginar, la función descargar() implementada más arriba. De nuevo, ubicamos con grid() el componente, en esta ocasión en la tercera columna. Ya podemos crear los elementos inferiores.

```
43 #
44 # Marco para mostrar datos de la página
45 #
46 showframe = ttk.Frame(mainframe)
47 showframe.grid(column=1, row=2, pady="5 0")
48
```

Creamos un nuevo marco hijo del principal. Este marco está en la segunda fila, por lo que queda situado debajo de todos los elementos anteriores. Los elementos dentro de showframe, se organizan en dos filas y dos columnas. La primera fila solo contiene dos etiquetas: «Texto:» y «Tabla de frecuencias:», que se crean como sigue:

```
49 ttk.Label(showframe, text="Texto:").grid(column=1, row=1, sticky=W)
50 ttk.Label(showframe, text="Tabla de frecuencias:").grid(column=2, row=1,
     sticky=W)
51
```

La segunda fila contiene el cuadro de texto donde se muestra el contenido de la página web, y una tabla donde presentamos las palabras más frecuentes con sus respectivas frecuencias. Para el primero usaremos la clase Text que, a diferencia de Entry, puede manejar texto con varias líneas. Llamaremos a este objeto textcomp.

```
52 # Lienzo de texto donde mostrar contenido
53 content = StringVar()
54 textcomp = Text(showframe, width=80, height=26)
55 textcomp.grid(column=1, row=2, sticky=W)
56
```

Para la tabla de frecuencias optamos por un objeto de la clase Treeview de Ttk. Este componente está pensado para mostrar árboles de información con datos tabulados por cada rama u hoja. Sin entrar en más detalles, este componente es el que se usa, por ejemplo, cuando vemos la estructura jerárquica de carpetas en el panel izquierdo del explorador de archivos del sistema operativo. Pero es suficiente para nuestro propósito.

En el constructor usamos max_frec como argumento para indicar el número de filas de la tabla. El último argumento columns es una tupla con los identificadores de las columnas segunda y tercera. La primera columna es siempre un elemento del árbol. En nuestro árbol solo hay un elemento, el raíz. Además, no queremos mostrarlo, por lo que dicho elemento (identificado por «#0») lo ocultaremos tal y como hace la línea 60.

Establecemos para esto un valor 0 tanto para width, que es la anchura inicial de la columna, como para minwidth, que es la anchura mínima de la columna si se intentara redimensionar el marco contenedor showframe. Las líneas 64 y 65 establecen los textos en la cabecera de la tabla. El parámetro anchor indica la alineación del texto en la cabecera (W en este caso, para alinear a la izquierda).

```
57 # Tabla donde se muestran las palabras más frecuentes
58 tree = ttk.Treeview(showframe, height=max_frec, columns=("pal", "frec"))
59 tree.grid(column=2 , row=2, sticky=(W, N), padx="5 0")
60 tree.column("#0", width=0, minwidth=0, stretch=NO)
61 tree.column("pal", width=100, minwidth=100, stretch=NO)
62 tree.column("frec", width=70, minwidth=70, stretch=NO)
63 tree.heading("pal", text="Palabra",anchor=W)
64 tree.heading("frec", text="Frecuencia",anchor=W)
65
```

Estamos cerca de completar nuestra aplicación. Solo nos quedan unos ajustes finales. En el código siguiente, usamos el método focus() de urlentry para que el cursor del usuario esté ubicado en el campo de entrada de la dirección nada más arrancar la aplicación, para escribir así directamente sin tener que hacer clic sobre dicho campo. También vamos a permitir que, en lugar de tener que hacer clic sobre el botón «Descargar» tras introducir la dirección, el usuario pueda pulsar la tecla Enter y esto también desencadene la misma acción, en este caso llamar a la función descargar(). Finalmente, bloqueamos la posibilidad de redimensionar la ventana principal con la instrucción de la línea 69.

La última línea lanza la aplicación iniciando un bucle infinito a la espera de interacción por parte del usuario.

```
66 # Configuración final
67 urlentry.focus()
68 root.bind('<Return>', descargar)
69 root.resizable(width=False, height=False)
70 root.mainloop()  # se lanza la interfaz
```

Programa principal completo

Aquí tienes todo el código del programa principal para que puedas verlo al completo. Hemos resaltado los widgets de Tk/Ttk utilizados:

```
from tkinter import *
import tkinter.ttk as ttk
from webfrec import *

max_frec = 20

def descargar(*args):
    """ Esta función se invoca al pulsar en el botón 'Descargar' """
    text = descargar_pagina(url.get())
    textcomp.replace(1.0, END, text)

    frec_items = contar_palabras(text)
    for entry in tree.get_children():
        tree.delete(entry)
    for k,v in frec_items[:max_frec]:
        tree.insert("", "end", values=(k, v))

root = Tk()
root.title("Analizador de páginas web")

# Marco principal
mainframe = ttk.Frame(root, padding="5 5 5 5")
mainframe.grid(column=0, row=0, sticky=(N, W, E, S))

#
# Marco para dirección web y botón de descarga
#
urlframe = ttk.Frame(mainframe)
urlframe.grid(column=1, row=1, sticky=W, pady="5 0")

# Etiqueta
```

```
ttk.Label(urlframe, text="Dirección:").grid(column=1, row=1, sticky=W)

# Campo de dirección web
url = StringVar()
urlentry = ttk.Entry(urlframe, width=83, textvariable=url)
urlentry.grid(column=2, row=1, sticky=W, padx="5 0")

# Botón de descarga
button = ttk.Button(urlframe, text="Descargar", command=descargar)
button.grid(column=3, row=1, sticky=W, padx="5 0")

#
# Marco para mostrar datos de la página
#
showframe = ttk.Frame(mainframe)
showframe.grid(column=1, row=2, pady="5 0")

ttk.Label(showframe, text="Texto:").grid(column=1, row=1, sticky=W)
ttk.Label(showframe, text="Tabla de frecuencias:").grid(column=2, row=1, sticky=W)

# Lienzo de texto donde mostrar contenido
content = StringVar()
textcomp = Text(showframe, width=80, height=26)
textcomp.grid(column=1, row=2, sticky=W)

# Tabla donde se muestran las palabras más frecuentes
tree = ttk.Treeview(showframe, height=max_frec, columns=("pal", "frec"))
tree.grid(column=2, row=2, sticky=(W, N), padx="5 0")
tree.column("#0", width=0, minwidth=0, stretch=NO)
tree.column("pal", width=100, minwidth=100, stretch=NO)
tree.column("frec", width=70, minwidth=70, stretch=NO)
tree.heading("pal", text="Palabra",anchor=W)
tree.heading("frec", text="Frecuencia",anchor=W)

# Configuración final
urlentry.focus()
root.bind('<Return>', descargar)
root.resizable(width=False, height=False)
root.mainloop()
```

Como puedes ver, en pocas líneas de código hemos construido una aplicación completa con interfaz gráfica de usuario, acceso a información en la web, procesamiento de los datos y presentación de resultados calculados. Este simple pero completo ejemplo al final del libro sirve para demostrar las posibilidades de Python para construir soluciones válidas, poniendo en práctica varias de las lecciones aprendidas a lo largo del curso: tipos de datos complejos (listas, tuplas, cadenas y diccionarios), bucles, definición y uso de funciones, creación de módulos, importación de bibliotecas, clases y objetos, expresiones regulares... y finalmente, interfaces gráficas. Este es el aspecto final de nuestra aplicación:

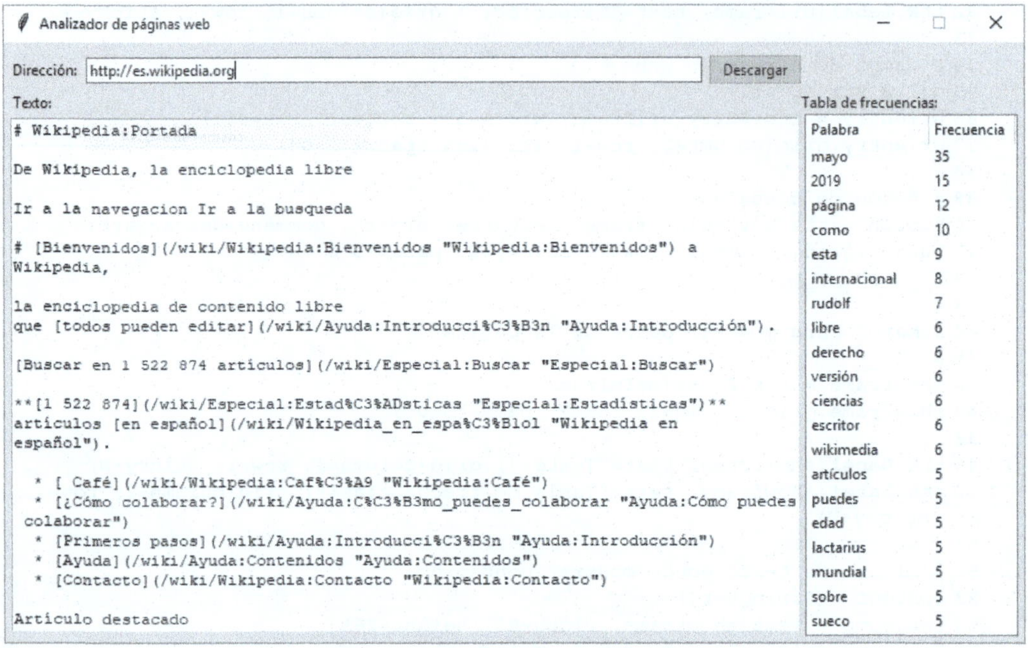

Figura 19.8. La aplicación en ejecución.

Ejercicios propuestos

Mejora la aplicación con los cambios propuestos en estos dos ejercicios. Encontrarás el código que los resuelve en el Apéndice E «Soluciones a los ejercicios».

1. Añade una barra de desplazamiento al componente que muestra el contenido de la página, para que podamos usar el ratón para mover texto dentro de dicho componente. Necesitarás considerar una columna adicional en showframe. El componente de Tk necesario es ttk.scrollbar y acepta un parámetro command que debe ser textcomp.yview para que, al mover la barra, Tk sepa qué objeto debe ser desplazado (en este caso, a lo largo del eje Y del componente de texto textcomp). Y viceversa, cuando se desplace el texto con el cursor, la barra debe situarse en el lugar adecuado. Para ello asignaremos a la clave 'yscrollcommand' de textcomp el método set() de la barra de desplazamiento, así este será invocado cuando el contenido cambie de posición.
2. Añade un botón junto a «Descargar» que se llame «Contar», asociando al mismo el proceso de generar las entradas en la tabla de frecuencias. Así, al hacer clic en «Descargar» solo mostraremos el contenido de la página en el componente textcomp, mientras que al hacer clic en «Contar», actualizaremos la tabla de frecuencias en base al contenido de textcomp. El programa debe

permitir que peguemos un texto directamente en **textcomp** y calcular sobre el mismo la tabla de frecuencias, ampliando así las funcionalidades de nuestra aplicación.

Resumen

En este capítulo hemos implementado nuestra primera aplicación con interfaz gráfica de usuario. Para lograrlo hemos utilizado las bibliotecas Tk y Ttk, que proporcionan diversos elementos gráficos con los que componer la interfaz. Hemos visto algunos de estos componentes, y cómo, según el componente, posibilitamos la introducción de datos por parte del usuario, la invocación de una acción, o mostrar información en pantalla. Para construir una interfaz debemos diseñar correctamente una jerarquía de bloques, identificando marcos, ubicaciones en rejillas, ajustes y márgenes entre otros aspectos visuales. Un correcto diseño dará como resultado una interfaz intuitiva, capaz de mejorar la experiencia del usuario en el uso de nuestra aplicación. También se ha propuesto una implementación modular, separando el código relativo a la interfaz del código orientado al procesamiento de los datos. Este último ejercicio de programación guiado nos ha servido también para integrar múltiples conocimientos aprendidos en capítulos anteriores con el objetivo de desarrollar una solución con una utilidad determinada.

Puedes considerarte todo un programador, pero recuerda: ¡siempre podemos aprender algo más!

20 Seguir aprendiendo

En este capítulo aprenderás:

- El uso de bytearray como estructura para almacenar datos binarios.
- Cuándo un programa se considera una aplicación.
- Cómo crear tus propios scripts.
- A generar entornos virtuales para aislar tus programas en Python y satisfacer sus dependencias.
- Cómo ejecutar otras aplicaciones desde Python.
- Sobre otros recursos para proseguir tu formación.

Introducción

Si has llegado hasta aquí tras recorrer los capítulos anteriores, tienes ya una sólida base para seguir creciendo en el mundo de la programación. Hemos intentado ser didácticos, proporcionar ejemplos prácticos y cercanos. No obstante, discúlpanos si algo te resultó engorroso o confuso. Tus sugerencias serán bienvenidas, aunque nos quedan algunos flecos por amarrar antes de considerar completado el curso.

En este último capítulo queremos completar el contenido del libro con aspectos relevantes en la programación con Python, como la preparación de nuestros desarrollos en Python para su ejecución en distintas plataformas, o su combinación con otros lenguajes de programación. Dedicaremos la última parte a proporcionar referencias a materiales con los que podrás resolver tus dudas o ampliar tus conocimientos.

A pesar del contenido de las próximas páginas, seguirán existiendo temas por cubrir muy importantes en el mundo de la programación de ordenadores que pueden ser planteados desde Python, como el acceso a bases de datos, comunicación con programas en sistemas distribuidos, programación concurrente y paralela, análisis avanzado de datos y programación científica, programación de pruebas de unidad, programación asíncrona, construcción de soluciones de inteligencia artificial, API y SDK sobre diversos servicios, y un largo etcétera. Sobre estos y otros aspectos existe material de referencia abundante, aunque no siempre en español. Es muy probable que cualquier problema planteado ya haya sido resuelto por alguien antes que tú, por lo que la búsqueda de módulos, código o fragmentos de código en diversas fuentes pueden ayudar a acelerar el proceso de construcción de nuestra aplicación. Comentamos algunas de estas fuentes al final del capítulo.

A día de hoy, la programación está fuertemente basada en el conocimiento de la comunidad, y ya no tanto en la sabiduría del programador solitario.

Trabajar con datos binarios

Cuando introdujimos las cadenas en el capítulo 11, nos dejamos en el tintero un tipo de dato muy útil para trabajar no solo con textos, sino con cualquier contenido «binario». Las cadenas almacenan caracteres visibles que pueden mostrarse en pantalla o imprimirse en papel, los valores numéricos nos permiten realizar cálculos matemáticos y los booleanos, operaciones lógicas, pero... ¿cómo se almacena un sonido o una imagen en el ordenador? Existe información que no puede representarse ni, por supuesto, ser manipulada, con los tipos de datos que hemos visto hasta ahora. De hecho, los programas «compilados» también se almacenan como una secuencia de bits. En definitiva, todos los datos se representan como ceros y unos en un ordenador. Los reales, los enteros, las cadenas, todos se traducen a secuencias de «bits».

Un bit es la unidad mínima de información de un ordenador. Un byte tiene 8 bits, y cada bit puede tomar un valor entre dos posibles: 0 o 1. Un ordenador de 64 bits puede manejar datos de ese tamaño y tenerlos localizados en distintas posiciones de memoria. Cuanto mayor es el número de bits que un ordenador puede manejar, mayor es el volumen de los datos que puede procesar y, por ende, es mayor su capacidad de representar tipos diferentes, entre otras ventajas.

El tamaño mínimo que puede tener un dato es un byte (8 bits), y para manejarlos sin importar «qué representa» (un entero, un real, etc.), Python ofrece el tipo básico bytearray o «vector de bytes». Un vector de bytes es similar a las cadenas de caracteres, pues almacena una secuencia de bytes, cuyos valores son (si se interpretan como un entero) de 0 a 255. Las operaciones sobre ellos también son muy similares a las de las cadenas de caracteres, pero existe una diferencia fundamental: son mutables. En una cadena no es posible reemplazar un carácter a partir de su posición; en los vectores de bytes, sí.

Esta capacidad de modificar secuencias de bytes sin tener que generar una secuencia nueva proporciona grandes ventajas en cuanto a rendimiento al manejar información de tamaño considerable. Un vector de bytes puede crearse a partir de una cadena, una lista y otros datos. En el siguiente ejemplo, generamos una cadena en formato binario y creamos un vector de bytes a partir de esta para, posteriormente, modificar parte de la cadena. Esta operación de asignación sobre una porción del vector sería imposible con cadenas:

```
vb = bytearray(b"Soy una cadena de caracteres")
vb[6:] = b" vector de bytes"
print(vb)
```

En el siguiente ejemplo implementaremos un sistema sencillo de encriptación basado en realizar una operación XOR byte a byte sobre una clave que consiste en un entero entre 0 y 255 (es decir, un byte). Observa cómo en la línea 8 convertimos el texto a ofuscar indicando la codificación a usar (UTF-8 en este caso) de manera que también los textos Unicode puedan ser admitidos. Sin esto, el carácter «é» no podría representarse en bytearray. La función enc_sim() toma el vector de bytes y un valor como clave y realiza una operación XOR sobre cada byte del mensaje. Lo interesante de la operación XOR es que, si volvemos a aplicarla con el mismo valor de bits, obtenemos el valor original. Conseguimos con esto que la función enc_sim() sirva para encriptar y desencriptar, lo que se conoce como «cifrado simétrico».

```
def enc_sim(msj, key=7):
    enc = bytearray()
    for b in msj:
        c = b ^ key
        enc.append(c)
    return enc

msj = bytearray("Me van a encriptar, olé", "utf-8")
msj = enc_sim(msj)
print(msj)
msj = enc_sim(msj)
print(msj.decode("utf-8"))
```

Los vectores de bytes son también muy útiles en el procesamiento de flujos de bytes, como se hace habitualmente en *streaming* de vídeo y sonido. Su capacidad para modificar cualquier byte de la secuencia y para almacenar cualquier tipo de información resulta muy conveniente en múltiples situaciones.

NOTA:

Hemos incluido un apéndice dedicado a explicar en qué consiste Unicode.

Scripts y aplicaciones

Un archivo con código Python puede ser ejecutado directamente si tenemos el intérprete instalado en nuestro sistema. En entornos Windows, al hacer doble clic sobre el archivo, se ejecutará un núcleo de Python de manera transparente, el cual leerá y acatará línea a línea lo que el programa indique. Podemos, por tanto, tener tantas aplicaciones de Python corriendo al mismo tiempo como deseemos, siempre que dispongamos de memoria en el sistema.

NOTA:

Un núcleo de Python es un intérprete de Python ejecutándose en la memoria del ordenador que acepta instrucciones del lenguaje Python. Cada núcleo mantiene su tabla de símbolos, las bibliotecas que se importen, el estado de las variables, etc. Aplicaciones diferentes, al ejecutarse, lo hacen con núcleos independientes.

El concepto de script

A los programas sencillos, fácilmente adaptables, escritos con lenguajes interpretados y pensados para resolver tareas concretas donde pueda haber interacción con otros programas del sistema, se les denomina *scripts* o «guiones». El origen de estos pequeños programas es el de juntar en un único archivo varias órdenes dirigidas al sistema para automatizar determinadas tareas, como realizar una copia de seguridad, comprobar el estado de un recurso o ejecutar un mismo procesamiento sobre un conjunto de archivos, entre otras posibilidades. Por ello, también han recibido el nombre de «archivos de procesamiento por lotes» o «archivos *batch*». Por su capacidad expresiva y versatilidad, Python es una herramienta adecuada para escribir *scripts*. Pero un guion en lenguaje Python no deja de ser un pequeño programa. La frontera entre un *script* y una aplicación no es siempre nítida, ya que solo depende del tamaño y la complejidad del programa.

Ejecutando un programa escrito en Python

¿Recuerdas la aplicación con interfaz gráfica que implementamos en el capítulo anterior? Abre con el explorador de archivos la carpeta en la que está el archivo .py con el código de dicha aplicación. Sin necesidad de usar Spyder, haz doble clic sobre el archivo y verás que la aplicación se abre ante tus ojos, lista para ser usada. Puede que tarde unos instantes en aparecer, pero si cierras y vuelves a abrirla (otra vez doble clic sobre el archivo) verás que las siguientes veces la apertura es más rápida. Esto se debe a que cuando ejecutamos por primera vez una aplicación escrita en Python, su código es traducido a un código intermedio más próximo al lenguaje que entiende nuestra máquina. Dicho código queda alojado en la carpeta __pycache__, la cual se crea automáticamente en el mismo directorio donde se encuentra el programa. Puedes echar un vistazo a esa carpeta y verás que el módulo webfrec está ahí presente, en un formato «precompilado» para la versión de Python instalada en tu sistema.

NOTA:

Ya vimos esto al principio del libro. Es igual a la acción de otros lenguajes interpretados, como Java, que generan un bytecode como versión más optimizada de nuestros programas.

Como hemos indicado, cada doble clic implica lanzar un núcleo de Python independiente, es decir, es posible abrir la aplicación tantas veces como queramos y tendremos instancias diferentes de la misma en ejecución. Seguro que habréis observado un efecto indeseado en forma de una ventana negra que queda detrás de nuestra aplicación. Esa ventana es, precisamente, el núcleo o intérprete de Python que está ejecutando nuestro programa. Para evitar este efecto indeseado en los entornos Windows, la solución es simple: renombra la extensión de tu programa de .py a .pyw. Esa «w» final evita la aparición de la venta del intérprete, pues le indica a Python que quede oculto. Así de simple.

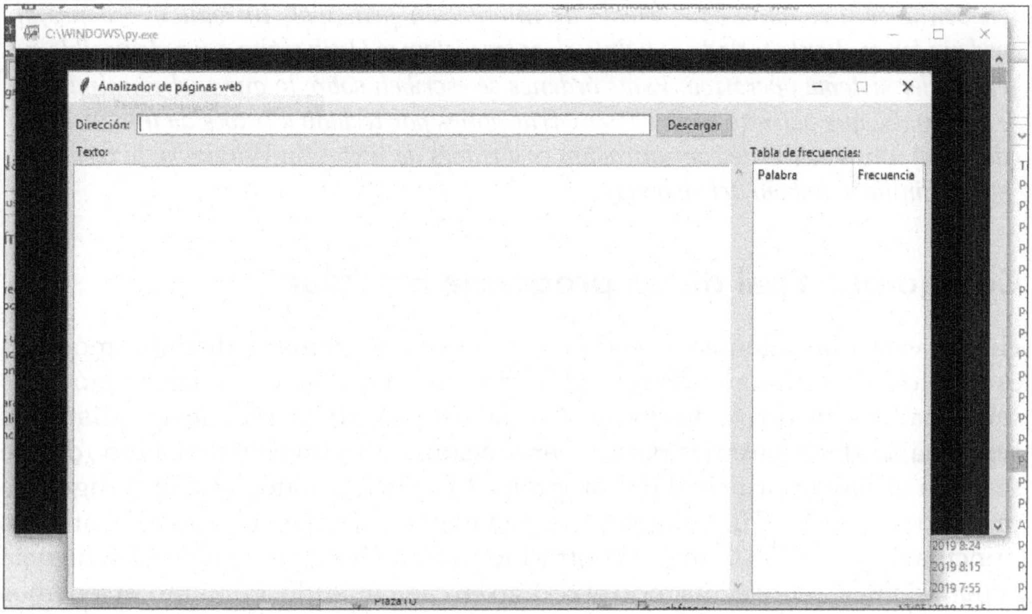

Figura 20.1. La aplicación en ejecución, con la ignominiosa ventana del intérprete afeando nuestro trabajo detrás de la brillante interfaz que habíamos implementado.

En entornos diferentes a Windows esto no sucede. Para entornos UNIX, como aquellos basados en GNU/Linux, solo tienes que hacer lo siguiente:

1. Especifica en la primera línea del archivo que deseas convertir en una aplicación ejecutable la ruta al intérprete de Python. El contenido de esta línea varía según la ubicación de Python en nuestra instalación, pero suele ser como sigue:

   ```
   #!/usr/bin/env python
   ```

2. Ahora, activa el bit de ejecución de ese archivo. Puedes hacerlo desde una terminal o desde el gestor de archivos, editando las propiedades del archivo .py en cuestión. Si lo haces desde una terminal, debes introducir la orden siguiente:

   ```
   chmod +x miaplicacion.py
   ```

Con esto, ya puedes invocar la aplicación, bien con un doble clic desde nuestro entorno gráfico o desde la terminal de la siguiente forma:

```
$ ./miaplicacion.py
```

NOTA:

En nuestros días, los sistemas operativos con interfaz gráfica organizan la información en ventanas y el ratón es el medio de interacción principal. Introducir órdenes al ordenador mediante teclado es habitual en los sistemas Unix y sigue siendo posible en cualquier sistema operativo. Estas órdenes se escriben sobre lo que se denomina una «terminal», que permite recibir las instrucciones por teclado a través de una interfaz donde el único medio de comunicación es a través de texto. En Windows, la terminal se denomina «símbolo del sistema».

Código principal de un programa modular

Hemos visto que organizar el código de nuestro programa en distintos módulos es una forma interesante de estructurarlo, pues permite disponer de módulos reutilizables en otros desarrollos y facilita la ubicación de las distintas funcionalidades necesarias para hacer funcionar nuestra solución. Pero ¿dónde se ubica el código principal del programa? Es decir, ¿dónde está el código que primero se ejecuta? Cuando Python carga un módulo, bien porque es el archivo principal o porque este importa otro módulo mediante el uso de la sentencia import, el intérprete ejecuta todo el código en cada módulo. Por tanto, si tenemos un módulo que define funciones, pero también contiene líneas sueltas de código, estas se ejecutarán al realizar la importación.

Para mantener un control de lo que el intérprete de Python va a ejecutar usaremos la variable global __name__. Esta variable adquiere, para cada archivo que Python lee, el valor `"__main__"` si es el archivo que inicia la ejecución, o bien el nombre del módulo cuando el archivo se lee para cumplir una instrucción import. Por eso, si queremos que ciertas instrucciones se ejecuten solo si el archivo es invocado como programa principal, entonces ubicaremos esas instrucciones dentro del cuerpo de la condición siguiente, preferentemente al final del archivo:

```
if __name__ == "__main__":
    # Aquí vienen las instrucciones
    # cuando el archivo es el programa principal
```

Esto es interesante, porque nos permite tener código con ejemplos de uso de nuestros módulos, por ejemplo, pero garantiza que no se ejecutará cuando esos archivos se importen desde otros programas.

Gestión de los argumentos en el script

Si eres usuario habitual de un terminal del sistema en cualquier entorno Windows, Unix o Mac OS X, sabrás que las aplicaciones que ejecutamos pueden aceptar parámetros, de la misma forma que lo hacen las funciones que implementamos. Parámetros habituales en los programas de Unix son --help, para obtener información de cómo usar el programa, o --verbose, para mostrar mensajes informativos en la terminal a medida que se ejecuta el programa. Estos parámetros pueden aceptar argumentos o no. Por ejemplo, la orden head siguiente muestra las primeras 10 líneas de un archivo en Unix:

```
sistema $ head -n 10 elquijote.txt
El ingenioso hidalgo don Quijote de la Mancha


TASA

Yo, Juan Gallo de Andrada, escribano de Cámara del Rey nuestro señor, de los
que residen en su Consejo, certifico y doy fe que, habiendo visto por los
señores dél un libro intitulado El ingenioso hidalgo de la Mancha, compuesto
por Miguel de Cervantes Saavedra, tasaron cada pliego del dicho libro a tres
maravedís y medio; el cual tiene ochenta y tres pliegos, que al dicho precio
monta el dicho libro docientos y noventa maravedís y medio,
```

El programa head acepta un parámetro –n cuyo argumento es el número de líneas a leer del archivo que se indica como último argumento (elquijote.txt). Nuestros programas de Python pueden aceptar también parámetros y argumentos. Veamos cómo.

NOTA:

Puedes descargar una versión en texto plano completa de El Quijote desde este enlace del proyecto Gutenberg: www.gutenberg.org/cache/epub/2000/pg2000.txt.

La biblioteca sys es una biblioteca estándar de Python y ofrece varias funcionalidades muy útiles para interactuar con el sistema, como la navegación por el sistema de archivos y directorios, el acceso a variables del sistema y a los parámetros y argumentos usados al invocar el programa. En concreto, el objeto que más nos interesa en sys es el objeto argv, que es un vector con los argumentos de la aplicación. Una aplicación sencilla que hace uso de sus argumentos con algunos ejemplos de invocación sería la siguiente, para aplicar una operación de suma o producto sobre los valores pasados:

```
import sys
import functools

def ayuda():
    print("Uso: opera <operación> valor1 valor2 valor3...")
    print("<operación> puede ser 'suma' o 'producto'")
    exit()
```

```
8
9  if __name__ == "__main__":
10     resultado = 0
11     try:
12         if len(sys.argv) < 3:
13             ayuda()
14         else:
15             valores = [int(x) for x in sys.argv[2:]]
16             if sys.argv[1] == "suma":
17                 resultado = sum(valores)
18             elif sys.argv[1] == "producto":
19                 resultado = functools.reduce(lambda x, y: x*y, valores)
20             else:
21                 print("Operación inválida")
22                 ayuda()
23     except ValueError:
24         print("Dato inválido")
25         ayuda()
26     print(sys.argv[1], ':', resultado)
```

Observa el código del programa principal a partir de la línea 10. El programa recoge tres posibles situaciones excepcionales ante las cuales muestra un mensaje de error, presenta un breve texto con instrucciones de uso y, por último, cierra la aplicación con la instrucción **exit()**:

1. Que el número de argumentos sea insuficiente (comprobación en la línea 12). La variable **sys.argv** es una lista con todos los argumentos indicados al invocar el script, siendo el valor **sys.argv[0]** el que contiene el propio nombre del programa.
2. Es posible que el usuario indique como valores a sumar argumentos inválidos que no se correspondan con número enteros, como una letra o un signo de puntuación, por ejemplo. Esta situación y otras deben gestionarse adecuadamente. Para evitar un error, hemos enmarcado las operaciones dentro de un bloque **try**.
3. Finalmente, es posible que la operación a realizar no sea ni suma ni producto (línea 20), por lo que también mostramos un mensaje y luego la ayuda.

Podríamos invocar este programa con las siguientes llamadas desde una terminal:

```
$ opera.py suma 1 2 4
suma : 7

$ opera.py producto 5 2 1
producto : 10
```

El uso de **sys.argv** es la forma más básica para manejar posibles argumentos de entrada a nuestros programas. Existen bibliotecas más sofisticadas que merecen ser conocidas. Una de ellas es el módulo **getopt**, con el que resulta sencillo montar la gestión de parámetros en un *script* aunque esa es otra historia que debe ser contada en otro momento.

Entornos virtuales

Cada programa de Python que ejecutemos lo hará, como ya hemos visto, desde su propio intérprete o, como también se denomina, «núcleo». Los programas en Python suelen hacer un uso intensivo de bibliotecas, las cuales, a su vez, también pueden ser dependientes de otros módulos. Un gran número de las bibliotecas más relevantes de Python son bibliotecas «compiladas», es decir, desarrolladas en otros lenguajes, principalmente C, y traducidas a código máquina. Gracias a esto, la ejecución de sus funcionalidades logra mejor rendimiento. En nuestra evolución como programadores de Python, iremos conociendo más bibliotecas interesantes y haciendo uso de ellas en nuestras creaciones. Una biblioteca no deja de ser un proyecto en continuo cambio, realizado por un grupo de desarrolladores dentro de la gran familia que es la comunidad de desarrolladores de Python. Esto quiere decir que esa biblioteca presentará distintas versiones a lo largo del tiempo y, en cada versión, sus dependencias pueden variar, bien porque se añade una nueva dependencia (al comenzar a usar una biblioteca no utilizada antes), o bien porque las dependencias que ya tenía hayan actualizado sus propias versiones.

El resultado de todo este proceso es un galimatías de dependencias entre versiones que puede llevar fácilmente a romper la compatibilidad entre módulos. Afortunadamente, sistemas de gestión de bibliotecas como pip o conda se encargan de supervisar los procesos de instalación garantizando la coherencia entre versiones y la satisfacción de las dependencias. Pero es posible que nos encontremos con la necesidad de trabajar con una versión determinada de una biblioteca inviable en nuestra configuración actual de «paquetes» de Python. De hecho, es común tener incluso varias versiones del intérprete instaladas en el sistema, ya que algunas aplicaciones siguen haciendo uso de versiones de Python 2.

Pero el problema no queda ahí. Al instalar bibliotecas adicionales porque las encuentro necesarias para mi aplicación, estoy creando nuevas dependencias para dicha aplicación. Si esa aplicación quiero distribuirla, es decir, compartirla con otros usuarios o vendérsela, esos usuarios deberán preparar su sistema con la misma configuración de dependencias que yo usé para programar mi solución. Estamos, por tanto, obligando a que los sistemas que alojen determinada aplicación en Python satisfagan decenas de potenciales dependencias. Esto no es raro, cuando instalamos cualquier aplicación ya vemos en el proceso la cantidad de archivos que es necesario copiar en nuestro sistema.

NOTA:

En la gestión de software, un «paquete» hace referencia a la forma en que se distribuyen aplicaciones y bibliotecas desde los repositorios de software. El paquete contiene información sobre los módulos que incorpora, pero también sobre las dependencias necesarias para garantizar que, una vez instalado, el programa o los programas incluidos en el mismo podrán utilizarse sin problemas.

Afortunadamente, Python ofrece una solución para este escenario: los entornos virtuales. Un entorno virtual es un directorio donde creamos un ecosistema de Python completo, y en el que instalamos o desinstalamos paquetes sin afectar al sistema anfitrión, es decir, a nuestro sistema principal. Este entorno queda, de esta forma, aislado del resto del sistema y de otros posibles entornos (podemos crear tantos como queramos). Así, en una misma máquina, es posible la coexistencia de distintas versiones de bibliotecas o, incluso, del propio intérprete de Python. Para disponer de esta funcionalidad, instalaremos el paquete virtualenv desde la terminal «Anaconda Prompt» escribiendo `pip install virtualenv`.

```
(base) C:\Users\Arturo>pip install virtualenv
Collecting virtualenv
  Downloading https://files.pythonhosted.org/packages/ca/ee/8375c01412abe6ff46
2ec80970e6bb1c4308724d4366d7519627c98691ab/virtualenv-16.6.0-py2.py3-none-any.
whl (2.0MB)
    100% |                    | 2.0MB 1.3MB/s
Installing collected packages: virtualenv
Successfully installed virtualenv-16.6.0
```

La aplicación Anaconda Navigator también permite la creación de entornos desde su interfaz, pero creemos más conveniente bajar a este nivel para comprender mejor qué está pasando. Una vez instalado virtualenv, y permaneciendo en la terminal, ya podemos usarlo para crear nuestro primer entorno virtual con esta sencilla orden: virtualenv <nombre_entorno> donde <nombre_entorno> es como queremos denominar al nuevo entorno. En el ejemplo, le hemos llamado «mientorno»:

```
(base) C:\Users\Arturo>virtualenv mientorno
Using base prefix 'c:\\users\\arturo sendero\\anaconda3'
  No LICENSE.txt / LICENSE found in source
New python executable in C:\Users\ARTURO~1\MIENTO~1\Scripts\python.exe
Installing setuptools, pip, wheel...
done.
```

Ya tenemos listo nuestro propio ecosistema. Verás que se ha creado un directorio con el nombre de tu entorno y que contiene todo lo necesario para crear una versión aislada del sistema. Para trabajar con el nuevo entorno debemos «entrar» en él. Para lograrlo, ejecutamos la siguiente orden: <nombre_entorno>\

`Scripts\activate` (las barras invertidas en el caso de Windows, en el caso de Unix usaremos « / »).

```
(base) C:\Users\Arturo>mientorno\Scripts\activate

(MIENTO~1) (base) C:\Users\Arturo>
```

Una vez dentro, cualquier instalación o desinstalación de paquetes realizada solo afectará al entorno donde nos encontramos, no al sistema anfitrión, es decir, no afectará a nuestra instalación general de Python. Por tanto, es posible usar pip aquí con tranquilidad.

Si queremos abandonar el entorno, bastará con invocar la orden `deactivate`:

```
(MIENTO~1) (base) C:\Users\Arturo Sendero>deactivate
(base) C:\Users\Arturo Sendero>
```

Por último, para que un programa de Python sea ejecutado dentro de un entorno sin necesidad de entrar en él, bastará con invocarlo usando el intérprete contenido en el entorno:

```
(base) C:\Users\Arturo>mientorno\Scripts\python.exe src\opera.py
```

En el caso de entornos Unix, la notación cambia ligeramente. El directorio Scripts se denomina bin y el intérprete no lleva la extensión .exe, entre otras diferencias menores. Aquí tenemos todo el proceso desde un terminal de GNU/Linux:

```
amontejo@asimov:~> virtualenv mientorno
New python executable in /home/amontejo/mientorno/bin/python
Installing setuptools, pip, wheel...
done.
amontejo@asimov:~> source mientorno/bin/activate
(mientorno) amontejo@asimov:~> deactivate
amontejo@asimov:~> mientorno/bin/python src/opera.py
```

El paquete virtualenv ofrece muchas posibilidades, como la definición de guiones de arranque que facilitan la creación de entornos virtuales con instalación automática de dependencias. La web oficial del proyecto contiene manuales y guías para seguir ahondando en sus funcionalidades: https://virtualenv.pypa.io.

Python y su interacción con otros lenguajes

Python ha sido considerado por muchos desarrolladores como un «gran director de orquesta» gracias a su capacidad para comunicarse con el sistema, ejecutar otros programas y procesar su contenido. Esto, sumado a la posibilidad de integrar código de otros lenguajes, le ha valido un reconocimiento merecido, como si de una navaja suiza de la programación se tratase.

Figura 20.2. ¿Python o Igor Stravinsky?[1]

Ejecución de programas desde Python

Como ya hemos vistos, los programas de ordenador pueden aceptar parámetros y argumentos. También leer información de un archivo o tomar los datos desde la «entrada estándar» y volcar los resultados en otros archivos o en la «salida estándar». La entrada estándar es un flujo de entrada de información al programa que no procede de un archivo. La salida estándar va directamente a la terminal (cuando invocamos a print() estamos escribiendo en la salida estándar). Es posible conectar la salida estándar de un programa con la entrada estándar de otro. A esto se le denomina «tuberías» y es muy útil. Observa el siguiente ejemplo, para una terminal de tipo Bash (habitual en entornos Unix):

```
amontejo@asimov:~$ cat pg2000.txt | tr " " "\n" | sort | uniq -c | sort -nr |
head
  18240 que
  16634 de
  14708 y
   9245 la
   8906 a
   7400 en
   7309 el
```

1. Stravinsky Igor 1929 by F Man. Germany (cropped).jpg. Fuente: Wikimedia Commons.

```
5256 no
4309 se
```

La orden cat lee todo el contenido del archivo pg2000.txt (que contiene el texto completo de El Quijote) y lo vuelca a la salida estándar. De no ser por el carácter « | » (que se denomina *pipe* o «tubería»), cat habría mostrado todo el texto en pantalla. Gracias a la tubería, la orden siguiente tr recibe en su entrada estándar la salida estándar de la orden anterior, y reemplaza cada espacio del texto por un salto de línea, para volcar ese resultado a la salida estándar. Con esto logramos tener un término por línea. De nuevo, dicha salida es pasada a otra orden, en este caso la orden sort, que ordena alfanuméricamente todas las líneas. El resultado es tomado por uniq –c que cuenta el número de apariciones de líneas consecutivas iguales.

Después de eso, el siguiente sort ordena numéricamente (parámetro -n) la salida de uniq de mayor a menor (parámetro -c). Finalmente, head nos muestra las primeras líneas del flujo que recibe como entrada desde la orden anterior. Con esto, en una sola línea de terminal, hemos logrado descubrir las palabras más frecuentes en la obra de Miguel de Cervantes.

Ya vimos en el capítulo dedicado a archivos que la salida y la entrada estándar de un programa Python se tratan como la lectura desde un archivo representando por sys.stdin, y como la escritura usando print(). Resulta posible invocar a programas externos desde Python, alimentándolos con datos hacia su entrada estándar y recogiendo el resultado que generen en su salida estándar. Pero empecemos por algo sencillo. Vamos a invocar el bloc de notas de Windows desde un programa en Python. Introduzcamos lo siguiente en la terminal interactiva de Spyder.

```
In [1]: import os

In [2]: os.system("notepad.exe")
Out[2]: 0
```

Veremos aparecer el bloc de notas y quedar el intérprete en espera. Cuando cerremos la aplicación, el intérprete regresará mostrando 0 en la salida, que indica que se ha completado la ejecución de la aplicación satisfactoriamente. Podemos indicar que abra un archivo determinado, pues el programa notepad.exe acepta como argumento la ruta del archivo a editar.

```
In [3]: os.system("notepad.exe" + " elquijote.txt")
```

Pero os.system es muy limitado, pues no permite indicar entrada estándar ni recoger la salida estándar. Solo nos devuelve el estado de finalización del programa. Python cuenta con un módulo más completo y adecuado para la ejecución de programas externos: subprocess. Veamos un ejemplo en el que invocamos todos los programas del ejemplo anterior para contar las palabras, pero desde Python:

```
1  from subprocess import *
2
3  p1 = Popen(["cat", "elquijote.txt"], stdout=PIPE)
4  p2 = Popen(["tr", '" "', '"\n"'], stdin=p1.stdout, stdout=PIPE)
5  p3 = Popen(["sort"], stdin=p2.stdout, stdout=PIPE)
6  p4 = Popen(["uniq", "-c"], stdin=p3.stdout, stdout=PIPE)
7  p5 = Popen(["sort", "-rn"], stdin=p4.stdout, stdout=PIPE)
8  p6 = Popen(["head", "-n 10"], stdin=p5.stdout, stdout=PIPE)
9  p1.stdout.close()
10 output = p6.communicate()[0].decode('utf-8')
11 print(output)
```

Este programa sería válido sobre entornos Unix, como GNU/Linux. En él hemos recreado la secuencia de órdenes encadenadas con tuberías vista anteriormente. Las líneas 3 a 8 crean los procesos de llamada a cada orden, efectuando el encadenamiento al establecer el parámetro stdin con la salida estándar del proceso anterior. La línea 9 cierra la salida del primer proceso, lo que garantiza la ejecución de todo el encadenamiento. El método communicate() genera una tupla con dos valores, la salida estándar y la salida de error. Nos quedamos, gracias al índice 0, con la salida estándar que, al ser una cadena de bytes, debemos codificar (en este caso a UTF-8) antes de guardarla en output. Finalmente, mostramos el resultado del encadenamiento.

Este ejemplo puede parecer inútil, ya que podríamos haber implementado todo esto directamente en Python, pero muestra la capacidad de trabajar con programas externos y mantener el control sobre sus entradas y salidas. Cualquier otro programa, sin importar su complejidad o el lenguaje usado para su implementación, puede ser invocado desde Python de igual forma.

Integración de Python con otros lenguajes

Python ofrece varias alternativas para interactuar con código en lenguajes diferentes. Aunque son numerosas esas alternativas, destacamos dos que consideramos de verdadera utilidad. La primera consiste en usar desde Python las funciones de bibliotecas desarrolladas en lenguaje C/C++ o Java. La segunda, en implementar en otros lenguajes bibliotecas importables en Python.

Gracias a distintas herramientas y bibliotecas, podemos construir «envoltorios» (más conocidos como *wrappers*) de soluciones programadas y compiladas para otros lenguajes y crear código compatible con Python. Te recomendamos, si es de tu interés, que sigas leyendo sobre esto en la dirección wiki.python.org/moin/

IntegratingPythonWithOtherLanguages. No obstante, es fácil encontrar un *wrapper* para Python de la gran mayoría de bibliotecas de cierto calado o popularidad. Solo hace falta buscar un poco en Internet.

Recursos para continuar aprendiendo

Como programador de Python, eres afortunado si dispones de conexión a Internet. Al ser un proyecto libre, la documentación sobre este lenguaje es profusa. Aunque existe material en español, la lengua dominante es el inglés, por lo que algo de destreza en esta lengua te ayudará a continuar tu aprendizaje o resolver tus dudas.

Vamos a listar aquí algunos de los recursos *online* que consideramos más relevantes, como direcciones de referencia en el uso de este lenguaje de programación, pero antes de eso, debemos distinguir entre todos estos tipos de documentos:

- ***Quick-start guides*** o «guías de inicio rápido». Estos documentos ofrecen, de manera guiada, los pasos a seguir para empezar a trabajar con una tecnología determinada en el menor tiempo posible. Son recomendables para probar algo sobre nuestro equipo y, a partir de ahí, seguir aprendiendo o profundizando.
- **Tutoriales**. El tutorial es como un curso guiado, dividido en temas, con ejemplos prácticos que demuestran cada aspecto de la tecnología de manera didáctica y progresiva. Son la manera más adecuada para avanzar en el aprendizaje.
- **Manual de referencia**. Un manual de referencia es un documento que recoge de manera organizada todos los aspectos de una tecnología. En el caso de una biblioteca, el manual de referencia muestra, función a función, su prototipo, utilidad, descripción de parámetros, resultado esperado y, en ocasiones, ejemplos de uso. Son un documento muy interesante para acudir a ellos cuando tenemos dudas en el uso de alguna clase, función o método proporcionados por esa biblioteca.

NOTA:

Cuando nos referimos a «tecnología» hacemos referencia a un lenguaje, una biblioteca, una funcionalidad, una herramienta o cualquier otro recurso tecnológico.

A estos tres clásicos formatos se han añadido otros formatos nuevos. Hoy en día es común encontrar proyectos en repositorios de código abierto, como GitHub, donde los desarrolladores cuelgan varios ejemplos de uso, bien documentados, que podemos descargar y usar. Sirven, en ocasiones, como punto de partida para nuestros propios desarrollos, o para «jugar» con ese código y evaluar las posibilidades que la tecnología ofrece, explorando así su viabilidad según nuestros intereses. Te facilitamos aquí una selección de direcciones donde encontrar información sobre Python y, así, continuar tu aprendizaje.

python.org

Sitio oficial de Python. Desde aquí podemos tanto descargar el lenguaje, como acceder a su documentación o participar en la comunidad de desarrolladores. Actualmente no existe versión en español.

Ofrece un tutorial muy exhaustivo y manuales de referencia, tanto sobre el propio lenguaje como de su extensa biblioteca estándar. También contiene otros documentos como recetarios (*howto*), guías de instalación y uso, etc.

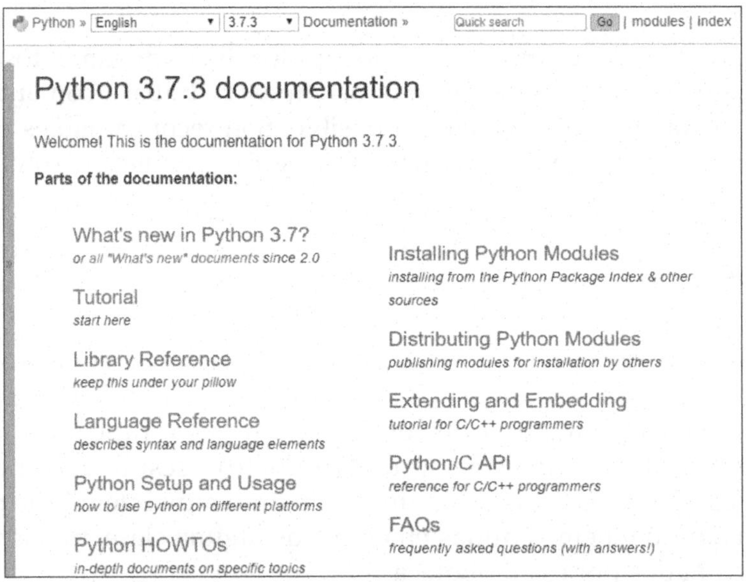

Figura 20.3. La página principal de documentación oficial del lenguaje Python.

wiki.python.org/moin/BeginnersGuide

Guías para principiantes. La wiki[2] oficial de Python sirve para recoger las direcciones de otros recursos didácticos sobre el lenguaje que no son oficiales.

2. Una wiki es una web cuyas páginas pueden ser editadas por una comunidad de usuarios. Wikipedia es otro ejemplo de estos tipos de sitios web.

En esta página puedes encontrar enlaces a varias guías para principiantes. Lo interesante de esta página es que recoge guías adaptadas al perfil de cada usuario. Así, podemos encontrar una guía del principiante en Python pero con perfil matemático, otra para quien ya es programador, otra para quien nunca ha programado...

Sin duda, un lugar que merece ser explorado por quienes se inician en el lenguaje. Incluye también cuestionarios de evaluación para poner a prueba tus conocimientos.

wiki.python.org/moin/FrontPage

Página inicial de la wiki oficial de Python. Incluye la referencia anterior junto con enlaces a otras webs, libros, foros para resolver dudas y material adicional en constante actualización. Desde esta página puedes llegar a auténticas joyas de conocimiento y aprendizaje. Otra de sus páginas, wiki.python.org/moin/SpanishLanguage, lista varios enlaces a material en español. Si no te sientes cómodo con el inglés, seguro que te resultará una compilación fundamental de documentos con los que acrecentar tus conocimientos y resolver tus dudas.

stackoverflow.com

Desarrolladores de todo el mundo conforman la comunidad de *Stackoverflow*. Lo que empezó siendo un pequeño foro para resolver dudas de programación, se ha convertido en una de las fuentes principales del programador moderno para atacar rápidamente las dudas o problemas a los que se enfrenta. Desde cómo ordenar un diccionario hasta cuestiones sobre la mejor metodología nos dan una idea de la amplitud de planteamientos que son motivo de discusión en esta web imprescindible. Solo sobre Python hay más de un millón de hilos.

www.tutorialspoint.com/python

Tutorial online de Python completo y sencillo, aunque solo en inglés. Con poca verborrea, es bastante claro y directo en sus explicaciones y puede ser adecuado para acudir allí a refrescar cualquier aspecto.

github.com

Este sitio comenzó siendo un portal abierto para proyectos gestionados con Git hasta convertirse en el repositorio fundamental para compartir código fuente a escala global. Registrarse es gratuito y guardar nuestro código en un sistema de control de versiones[3] como Git es recomendable, sobre todo cuando nuestros proyectos comienzan a crecer. No solo tenemos grandes proyectos como Pandas, Telegram o Tensorflow, sino cientos de pequeños fragmentos de código y ejemplos de uso en casi cualquier lenguaje. Revisando los proyectos más activos podemos hacernos una idea de qué tecnologías despiertan interés. Un lugar digno de tu tiempo para ser explorado y explotado.

www.coursera.org

Esta web de educación a distancia aloja cursos oficiales de distintos centros de formación, entre los que podemos contar universidades de gran renombre como las americanas Stanford o Princeton, o el Imperial College de Londres. También empresas y organizaciones como Google o IBM ofrecen cursos a través de esta plataforma. Si quieres ahondar en algún tema de la mano de los mejores, en un formato de curso con temas, ejercicios, evaluaciones y diploma final, esta web es un buen lugar donde dejarse guiar.

Como puedes comprobar, no es esta una lista exhaustiva de recursos, pero sí son buenas recomendaciones por las que seguir tu camino. Cualquier búsqueda en la web te proporcionará cientos de enlaces para investigar. Tal vez encuentres páginas más valiosas que estas, aunque desde nuestra experiencia, esta selección es completa y recomendable.

Conclusiones

Hemos llegado al final del libro, pero no de tu camino en el estudio del lenguaje de programación Python, una herramienta en constante evolución y expansión que te permite crear tus propias soluciones informáticas sobre multitud de plataformas de manera rápida y sencilla. Las bibliotecas de Python no dejan de aumentar en número y funcionalidades. La comunidad de desarrolladores en este lenguaje es activa y creciente. Ya eres uno más entre ellos y esperamos que este libro haya servido para entrar con solidez en el ecosistema de una tecnología libre, potente… ilusionante.

3. Un sistema de control de versiones permite mantener un control sobre nuestros programas a medida que estos van cambiando y creciendo en el proceso de desarrollo. Soluciones como Git o Subversion almacenan copias del código y registran los cambios sobre el mismo por parte de los distintos programadores involucrados en su desarrollo. Soluciones web como Gitlab o Github ofrecen, además, un lugar donde gestionar los proyectos, repartir tareas o publicar documentación, entre otras herramientas.

Ahora deberás enfocar la continuación de tu formación en función de tus objetivos como programador. Existen bibliotecas de Python tan amplias que solo ellas generan libros completos. Tienes una buena selección de ellas en uno de los apéndices. Tu perfil y necesidades deberían orientar el curso de tu evolución como programador. No es lo mismo construir soluciones de inteligencia artificial que programar dispositivos para el control de aparatos. El primero requiere bibliotecas muy especializadas que no pueden ser abordadas sin una buena formación teórica previa. El segundo requiere decidir sobre tecnologías concretas y disponer de algún hardware determinado. Tal vez tu mirada se dirige a la enseñanza, por lo que buscarás y recopilarás ejemplos prácticos que demuestren la validez de los contenidos que impartir. O a lo mejor estás pensando en el procesamiento de datos geoespaciales, para trabajar con imágenes satelitales, modelos del terreno o datos de telemetría.

Sean cuales sean tus motivaciones, dedica un tiempo a recopilar recursos y a evaluar alternativas, pues el número de herramientas disponibles para Python es vasto, y en su inmensidad coexisten tanto grandes y consolidados proyectos como módulos inestables y obsoletos. Te recomendamos optar por aquellos con una comunidad de desarrolladores mayor, más activa y con números de versión altos, alejados de fases iniciales.

Hemos intentado proporcionarte una visión inicial del lenguaje, pero no por ello incompleta o poco rigurosa. Consideramos que ciertos conocimientos son imprescindibles para dar solidez a tu formación, así que discúlpanos si has encontrado largas explicaciones y poco código. De código está el mundo lleno, de buenos consejos, no tanto. En esta obra que ahora finalizas, hemos volcado nuestra experiencia como docentes y como programadores habituales de este lenguaje, con el cual nuestro trabajo es más fácil y, por qué no decirlo, divertido.

Deseamos haberte transmitido la magia de la programación y que, al encender un ordenador, sientas que abres la puerta a un taller infinito donde crear y construir tus sueños.

Apéndices

Apéndice A. La biblioteca estándar

El núcleo del lenguaje de programación Python consiste en un reducido número de palabras clave. El resto de funcionalidades llegan al intérprete a través de bibliotecas. La principal biblioteca es la biblioteca estándar, que viene incluida en cualquier distribución que instalemos en nuestro equipo, por lo que siempre la tendremos disponible.

NOTA:

Tienes el manual de referencia completo disponible en docs.python.org/3/library.

La biblioteca estándar ofrece todos los tipos y funciones de serie de Python descritos en este libro (todos los tipos de datos simples y complejos y las funciones básicas). El corazón de Python define clases internas de alto nivel que son concretadas en la biblioteca estándar. No hace falta importar nada, es decir, no es necesario usar `import` para utilizar esas funciones y datos básicos. La biblioteca estándar siempre está cargada en cada núcleo de Python, aunque contiene submódulos que sí debemos cargar para funcionalidades más específicas, como trabajar con funciones matemáticas (`import math`) o expresiones regulares (`import re`), entre otras muchas.

La base de la biblioteca estándar y buena parte de sus módulos están escritos en lenguaje C, por lo que al instalar Python en nuestro sistema tenemos una biblioteca optimizada para nuestro equipo, con código compilado al lenguaje máquina nativo del ordenador y del sistema operativo. Esto aporta un buen rendimiento en las funciones más habituales. Otros módulos, en cambio, no están compilados y son interpretados, pero se incluyen en la biblioteca estándar porque garantizan la portabilidad de nuestros programas y ofrecen recursos muy útiles para el programador, como funciones y clases para trabajar con fechas, texto, gestión de archivos, persistencia de datos, interacción con el sistema operativo, protocolos de Internet...

Varios de estos módulos son utilizados por otros módulos de Python y, aunque es probable que no entiendas de qué va cada biblioteca, te dejamos aquí una traducción de su descripción breve. Es posible que algún día busques en esta lista alguna herramienta de utilidad cuando conozcas en qué consisten HTTP, XML, RPC y otras muchas tecnologías habituales en el mundo de la programación. Dado que el interés de este apéndice es el de servir de referencia para la búsqueda de módulos que proporcionen determinadas utilidades, hemos descartado componentes de la biblioteca estándar como las funciones básicas que ya vimos en el capítulo 15, las constantes básicas, los tipos básicos, las excepciones y otros elementos nucleares. Este apéndice es únicamente un listado de estas funcionalidades, cuyos detalles puedes encontrar en el enlace facilitado en la nota.

- **Servicios de procesamiento de texto**
  - string: operaciones de cadenas de caracteres comunes.
  - re: expresiones regulares.
  - difflib: herramientas para calcular diferencias (deltas).
  - textwrap: ajuste de texto a longitud de línea.
  - unicodedata: base de datos Unicode.
  - stringprep: preparación de cadenas para Internet.
  - readline: interfaz GNU *readline.*
  - rlcompleter: función complementaria para GNU *readline.*
- **Servicios para datos binarios**
  - struct: interpretación de bytes como datos binarios empaquetados.
  - codecs: registro de codificadores y clases base.
- **Tipos de datos**
  - datetime: tipos básicos para fecha y hora.
  - calendar: funciones sobre calendarios.
  - collections: distintos tipos de contenedores.
  - collections.abc: clase abstracta base para contenedores.
  - heapq: Algoritmo *Heap queue.*
  - bisect: algoritmo de bisección de vector.
  - array: vectores de números eficientes.
  - weakref: referencias débiles.
  - types: creación de tipos dinámicos y nombres para tipos básicos.
  - copy: operaciones de copia superficial y profunda.
  - pprint: impresión mejorada de datos.
  - reprlib: alternativa a la implementación de repr().
  - enum: soporte para enumeraciones.
- **Módulos numéricos y matemáticos**
  - numbers: clases base abstractas numéricas.
  - math: funciones matemáticas.
  - cmath: funciones matemáticas para números complejos.
  - decimal: aritmética de coma flotante y fija para decimales.
  - fractions: números racionales (fracciones).
  - random: generación de números pseudo-aleatorios.
  - statistics: funciones matemáticas estadísticas.

- **Módulos de programación funcional**
  - itertools: funciones de creación de iteraciones eficientes.
  - functools: funciones de alto nivel y operaciones sobre objetos invocables.
  - operator: operadores estándar como funciones.
- **Acceso a archivos y directorios**
  - pathlib: rutas del sistema de archivos orientadas a objetos.
  - os.path: manipulaciones comunes sobre rutas.
  - fileinput: iteración sobre líneas desde múltiples flujos de entrada.
  - stat: interpretación de resultados de stat().
  - filecmp: comparaciones entre archivos y directorios.
  - tempfile: generación de archivos y directorios temporales.
  - glob: patrones de expansión de rutas al estilo Unix.
  - fnmatch: búsqueda de patrones de nombres de archivo Unix.
  - linecache: acceso aleatorio a líneas de texto.
  - shutil: operaciones sobre archivos de alto nivel.
  - macpath: funciones de manipulación de archivos para Mac OS 9.
- **Persistencia de datos**
  - pickle: serialización de objetos de Python.
  - copyreg: funciones de ayuda para pickle.
  - shelve: persistencia de objetos de Python.
  - marshal: serialización de objetos internos de Python.
  - dbm: interfaces a bases de datos Unix.
  - sqlite3: interfaz para bases de datos SQLite.
- **Archivado y compresión de datos**
  - zlib: compresión compatible con gzip.
  - gzip: soporte para archivos gzip.
  - bz2: compresión compatible con bzip2.
  - lzma: compresión con el algoritmo LZMA.
  - zipfile: operaciones con archivos ZIP.
  - tarfile: lectura y escritura de archivos tar.
- **Formatos de archivo**
  - csv: lectura y escritura de archivos CSV
  - configparser: lector de ficheros de configuración
  - netrc: procesador de archivos netrc.
  - xdrlib: codificación y decodificación de datos XDR.
  - plistlib: generación y lectura de archivos .plist de Mac OS X.

- **Utilidades de criptografía**
  - hashlib: *hashes* seguros y procesamiento de mensajes.
  - hmac: funciones resumen por clave para autenticación de mensajes.
  - secrets: generador seguro de números aleatorios para contraseñas.
- **Utilidades de trabajo con el Sistema operativo**
  - os: interfaces variadas con el sistema operativo.
  - io: herramientas básicas de trabajo con flujos.
  - time: acceso al reloj y conversiones de tiempo.
  - argparse: analizador para opciones de línea de órdenes, argumentos y subórdenes.
  - getopt: analizador de estilo C para opciones de línea de órdenes.
  - logging: herramientas para registros de actividad en Python.
  - logging.config: configuración de registros de actividad.
  - logging.handlers: gestores de registros de actividad.
  - getpass: entrada de contraseñas portable.
  - curses: gestión de terminales para pantallas basadas en caracteres.
  - curses.textpad: *widget* de entrada de texto para programas basados en curses.
  - curses.ascii: Utilidades para caracteres ASCII.
  - curses.panel: Extensión para apilación de panels en curses.
  - platform: Acceso a los datos de identificación de plataforma subyacentes.
  - errno: Sistema de símbolos del estándar errno.
  - ctypes: biblioteca de funciones foráneas de C para Python.
  - contextvars: variables de contexto.
- **Ejecución concurrente**
  - threading: Paralelismo basado en hilos.
  - multiprocessing: Paralelismo basado en procesos.
  - concurrent.futures: Lanzamiento de tareas en paralelo.
  - subprocess: Gestión de subprocesos.
  - sched: Planificador de eventos.
  - queue: Clase cola sincronizada.
  - _thread: API de hilos a bajo nivel.
- **Redes y comunicación entre procesos**
  - asyncio: E/S asíncrona
  - socket: interfaz de red a bajo nivel.
  - ssl: *wrapper* TLS/SSL para objetos *socket*.
  - select: espera de finalización de E/S.

- selectors: multiplexado de E/S a alto nivel.
- asyncore: gestor de *sockets* asíncrono.
- asynchat: gestor de orden/respuesta en *sockets* asíncronos.
- signal: gestores de eventos asíncronos.
- mmap: soporte para archivos mapeados en memoria.

- **Internet Data Handling**
  - email: biblioteca para la gestión de *email* y MIME.
  - json: codificador y decodificador de JSON.
  - mailcap: gestión de archivos de Mailcap.
  - mailbox: gestión de buzones en varios formatos.
  - mimetypes: mapeo de nombres de archivos a tipos MIME.
  - base64: codificación de datos en Base16, Base32, Base64, Base85.
  - binhex: codificación y decodificación de archivos binhex4.
  - binascii: conversión entre binario y ASCII.
  - quopri: codificación y decodificación de datos entrecomillados MIME.
  - uu: codificación y decodificación de archivos *uuencode.*

- **Procesamiento de HTML**
  - html: manipulación de archivos HTML.
  - html.parser: analizador sencillo para HTML y XHTML.
  - html.entities: definiciones de entidades principales de HTML.

- **Procesamiento de XML**
  - xml.etree.ElementTree: API *ElementTree* para XML
  - xml.dom: API del Modelo de Objetos de Documentos (*Document Object Model*, DOM).
  - xml.dom.minidom: implementación mínima de DOM.
  - xml.dom.pulldom: soporte para la construcción de árboles parciales en DOM.
  - xml.sax: soporte para analizadores de SAX2.
  - xml.sax.handler: clases base para gestores de SAX.
  - xml.sax.saxutils: utilidades para SAX.
  - xml.sax.xmlreader: interfaz para analizadores XML.
  - xml.parsers.expat: análisis rápido de XML con *Expat*.

- **Protocolos de Internet**
  - webbrowser: controlador de navegadores web.
  - cgi: soporte para la interfaz CGI (*Common Gateway Interface*).

- cgitb: gestor de *scripts* para CGI.
- wsgiref: implementación de referencia y utilidades para WSGI.
- urllib: módulos de gestión de URL.
- urllib.request: biblioteca extensible para apertura de direcciones URL.
- urllib.response: clases para respuesta usadas por *urllib*.
- urllib.parse: análisis de URL en sus componentes.
- urllib.error: clases de *Exception* emitidas por *urllib.request*.
- urllib.robotparser: analizador para archivos *robots.txt*.
- http: módulos HTTP.
- http.client: protocolo de cliente HTTP.
- ftplib: protocolo de cliente FTP.
- poplib: protocolo de cliente POP3.
- imaplib: protocolo de cliente IMAP4.
- nntplib: protocolo de cliente NNTP.
- smtplib: protocolo de cliente SMTP.
- smtpd: servidor SMTP.
- telnetlib: cliente Telnet.
- uuid: objetos UUID según especificación RFC 4122.
- socketserver: marco para servidores de red.
- http.server: servidores HTTP.
- http.cookies: gestión de estados HTTP.
- http.cookiejar: gestor de cookies para clientes HTTP.
- xmlrpc: módulos cliente y servidor para XML-RPC.
- xmlrpc.client: acceso cliente para XML-RPC.
- xmlrpc.server: servidores básicos para XML-RPC.
- ipaddress: manipulación de direcciones IPv4/IPv6.

- **Utilidades multimedia**
  - audioop: manipulación de datos de audio en bruto.
  - aifc: lectura y escritura de archivos AIFF y AIFC.
  - sunau: lectura y escritura de archivos Sun AU.
  - wave: lectura y escritura de archivos WAV.
  - chunk: lectura de datos en bloques para IFF.
  - colorsys: conversión entre sistemas de color.
  - imghdr: determinación del tipo de archivo imagen.
  - sndhdr: determinación del tipo de archivo de sonido.
  - ossaudiodev: acceso a dispositivos de audio compatibles con OSS.

- **Internacionalización (soporte de aplicaciones en varios idiomas)**
  - gettext: utilidades para internacionalización multilingüe.
  - locale: otras utilidades de internacionalización.
- **Marcos de desarrollo**
  - turtle: gráficos *Turtle.*
  - cmd: soporte para intérpretes de líneas de órdenes.
  - shlex: análisis léxico sencillo.
- **Interfaces gráficas de usuario con Tk**
  - tkinter: interfaz de Python a Tcl/Tk.
  - tkinter.ttk: *widgets* tematizados de Tk.
  - tkinter.tix: *widgets* extendidos para Tk.
  - tkinter.scrolledtext: widget para textos con barra de desplazamiento.
- **Herramientas de desarrollo**
  - typing: soporte para ayuda en escritura.
  - pydoc: generación de documentación y sistema *online.*
  - doctest: ejemplos de pruebas interactivas para Python.
  - unittest: marco de pruebas de unidad.
  - unittest.mock: biblioteca de objetos borrador.
  - 2to3: traducción automática de Python 2 a Python 3.
  - test: pruebas de regresión para Python.
  - test.support: utilidades para los paquetes de pruebas de Python.
  - test.support.script_helper: utilidades para la ejecución de pruebas.
- **Depuración y análisis**
  - bdb: marco para depuración.
  - faulthandler: volcado de la traza de ejecución de Python.
  - pdb: el depurador de Python.
  - timeit: medición del tiempo de ejecución para pequeños bloques de código.
  - trace: trazado de la ejecución de Python.
  - tracemalloc: trazado de reservas de memoria.
- **Empaquetado y distribución de software**
  - distutils: instalación y construcción de módulos de Python.
  - ensurepip: calzador del instalador *pip.*
  - venv: creación de entornos virtuales.
  - zipapp: gestión de archivos zip de Python ejecutables.

- **Utilidades de ejecución de Python**
  - sys: funciones y parámetros específicos del sistema.
  - sysconfig: acceso a la información de configuración de Python.
  - builtins: objetos básicos de serie.
  - __main__: entorno de *script* de alto nivel.
  - warnings: control de avisos.
  - dataclasses: clases para datos
  - contextlib: utilidad para contextos de instrucciones con with.
  - abc: clases abstractas base.
  - atexit: gestores de salida del programa.
  - traceback: muestra o recupera una traza de retorno de llamadas (*stack traceback*).
  - __future__: definiciones de la instrucción future.
  - gc: interfaz del recolector de basura de Python.
  - inspect: inspección de objetos en vivo.
  - site: «gancho» de configuración específica de un lugar.
- **Intérpretes de Python personalizables**
  - code: intérprete de clases base.
  - codeop: compilador de código Pyhton.
- **Importación de módulos**
  - zipimport: importación de módulos desde archivos Zip.
  - pkgutil: utilidad para construcción de paquetes.
  - modulefinder: identificación de módulos usados por un *script*.
  - runpy: localización y ejecución de módulos.
  - importlib: implementación de import.
- **Utilidades del lenguaje Python**
  - parser: acceso a los árboles de análisis de Python.
  - ast: árboles de sintaxis abstractos.
  - symtable: acceso a las tablas de símbolos del compilador.
  - symbol: constantes usadas en los árboles de análisis de Python.
  - token: más constantes usadas en los árboles de análisis de Python.
  - keyword: pruebas para palabras clave de Python.
  - tokenize: tokenizador para código fuente Python.
  - tabnanny: detección de sangrado ambiguo.
  - pyclbr: soporte para la navegación de módulos en Python.
  - py_compile: compilación de archivos fuente en Python.

- compileall: compilación en *bytecode* de bibliotecas para Python.
- dis: des-ensamblador para *bytecode* de Python.
- pickletools: herramientas para desarrolladores del módulo *pickle.*

- **Utilidades varias**
  - formatter: formateado genérico de salida.
- **Utilidades específicas para MS Windows**
  - msilib: lectura y escritura de archivos de instalación de Microsoft.
  - msvcrt: rutinas útiles para ejecuciones MS VC++.
  - winreg: acceso al registro de Windows.
  - winsound: interfaz de sonido para Windows.
- **Utilidades específicas para Unix**
  - posix: llamadas al sistema más comunes de POSIX.
  - pwd: la base de datos de contraseñas.
  - spwd: la base de datos de contraseñas ocultas.
  - grp: la base de datos de grupos.
  - crypt: función para comprobar contraseñas Unix.
  - termios: control *tty* al estilo POSIX.
  - tty: funciones de control de terminales.
  - pty: utilidades para pseudo-terminales.
  - fcntl: llamas al sistema *fcntl* y *ioctl.*
  - pipes: interfaz a las tuberías del intérprete de órdenes.
  - resource: información de uso de recursos del sistema.
  - nis: interfaz a las páginas amarillas NIS de sistemas Sun.
  - syslog: rutinas de la biblioteca *syslog* de Unix (registro de actividad del sistema).

Apéndice B. Las bibliotecas más relevantes

Introducción

Tal vez una de las claves del éxito de Python no sea tanto su lenguaje, sino la amplia variedad de bibliotecas y herramientas que se ponen a disposición del programador para construir soluciones a problemas complejos con pocas líneas de código. Por tanto, hemos considerado imprescindible hacer una visita pausada y guiada a algunos de estos magníficos recursos.

Este apéndice un tanto especial presenta una selección de 31 bibliotecas para Python. Existen cientos de ellas, y su relevancia dependerá de tu ámbito de interés, por lo que no pretendemos que las tomes como de obligado uso, sino más bien como una recomendación desde nuestra experiencia. Hemos agrupado las bibliotecas según temáticas principales y, precisamente, ámbitos de aplicación. Con el fin de ayudarte a valorar la conveniencia de estas bibliotecas, se detalla la siguiente información para cada una de ellas:

1. La web oficial del proyecto donde se desarrolla la biblioteca. En esa dirección puedes encontrar, habitualmente, guías completas de instalación, el manual de referencia, un tutorial de introducción y ejemplos de uso.
2. La instrucción para instalarla desde Anaconda Prompt. Suponemos que has instalado la versión de Anaconda recomendada para el curso desarrollado en este libro, por lo que te indicamos cómo añadir a tu sistema cada una de las bibliotecas revisadas. Algunas de ellas ya vienen incluidas en la distribución base.
3. Una descripción de su propósito, donde se explica su utilidad y orientación, entre otra información que hemos considerado oportuna.
4. Código de ejemplo que haga uso de alguna funcionalidad de la biblioteca y sirva para hacernos una idea de su utilidad, a modo de demostración.

Por supuesto, el código de muestra no es un código exhaustivo, pues estos paquetes incorporan una gran cantidad de utilidades. Además, en unas pocas ocasiones este código no es directamente trasladable a Spyder, pues puede ser parte de un programa mayor.

Su inclusión es con fines meramente pedagógicos. Algunos de estos ejemplos están extraídos de los manuales o tutoriales oficiales de cada biblioteca, adaptados al español o con algunas variantes para acercarlos al lector; otros (la mayoría) son de cosecha propia. En cualquier caso, sirven para descubrir el potencial que encierran.

Análisis de datos

El análisis de datos engloba a todas las actividades de procesado, estudio y modelado de datos procedentes de ámbitos muy diversos. El analista de datos es capaz de digerir grandes cantidades de información para describir su distribución y predecir posibles valores futuros. Por ejemplo, dentro del análisis de datos está la construcción de sistemas para el diagnóstico de enfermedades a partir de indicadores biométricos de los pacientes, o el cálculo del riesgo de rotura de una máquina a partir de los datos recogidos por distintos sensores.

NumPy

www.numpy.org. *(Incluido en la distribución base de Anaconda)*

Esta es una veterana biblioteca básica para computación científica en Python. Todas las demás propuestas en el dominio de análisis de datos se basan en ella. Proporciona vectores multidimensionales y operaciones algebraicas sobre los mismos, lo que es fundamental para implementaciones de cálculos propios del álgebra lineal (productos, sumas, descomposiciones, etc. sobre matrices).

```
import numpy as np

print('Primer array:')
a = np.arange(9, dtype = np.float_).reshape(3,3)
print(a)
print('\n')

print('Segundo array:')
b = np.array([10,10,10])
print(b)
print('\n')

print('Suma dos arrays:')
print(np.add(a,b))
print('\n')

print('Resta dos arrays:')
print(np.subtract(a,b))
print('\n')

print('Multiplica dos arrays:')
print(np.multiply(a,b))
print('\n')

print('Dividie dos arrays:')
print(np.divide(a,b))
```

El resultado es:

```
Primer array:
[[0. 1. 2.]
```

```
 [3. 4. 5.]
 [6. 7. 8.]]

Segundo array:
[10 10 10]

Suma dos arrays:
[[10. 11. 12.]
 [13. 14. 15.]
 [16. 17. 18.]]

Resta dos arrays:
[[-10.  -9.  -8.]
 [ -7.  -6.  -5.]
 [ -4.  -3.  -2.]]

Multiplica dos arrays:
[[ 0. 10. 20.]
 [30. 40. 50.]
 [60. 70. 80.]]

Dividie dos arrays:
[[0.  0.1 0.2]
 [0.3 0.4 0.5]
 [0.6 0.7 0.8]]
```

SymPy

www.sympy.org. *(Incluido en la distribución base de Anaconda)*

SymPy otorga a nuestros programas la capacidad de trabajar con cálculo simbólico. Con cálculo numérico trabajamos con datos concretos, por ejemplo, la raíz cuadrada de 8 es 2.8284271… con muchos decimales. Con cálculo simbólico nos quedamos con la representación simbólica, es decir, la raíz cuadrada de 8 es sqrt(8) y esa representación se combina simbólicamente con el resto de operadores y operandos, resolviendo el cálculo al final sin la pérdida de precisión que conllevan los cálculos parciales.

```
from sympy import *

# polinomio
x, y = symbols('x y')
expr = x + 2*y
print("Polinomio:", expr)

# resolución de una integral
expr = exp(x)*sin(x) + exp(x)*cos(x)
sol = integrate(expr, x)
print("Solución integral:", sol)
```

Resultado:

```
Polinomio: x + 2*y
Solución integral: exp(x)*sin(x)
```

Pandas

pandas.pydata.org. *(Incluido en la distribución base de Anaconda)*

Pandas es una biblioteca orientada a facilitar la gestión de colecciones de datos y su análisis. Permite trabajar con muchos formatos de tablas y almacenar en dichas tablas tipos heterogéneos.

Ofrece varias estructuras de datos para organizar nuestra información y un nutrido conjunto de utilidades para su análisis. Como todos los proyectos aquí presentados, Pandas cuenta con una activa comunidad de desarrolladores que han hecho de Pandas la herramienta imprescindible para gestionar nuestros datos, reestructurarlos, fusionarlos y explorarlos. Añade, además, la capacidad innata de trabajar con series temporales. Una biblioteca imprescindible para quienes buscan el poder de control de MatLab.

```
In [1]: import numpy as np

In [2]: import pandas as pd

In [3]: fechas = pd.date_range('20190101', periods=6)

In [4]: fechas
Out[4]:
DatetimeIndex(['2019-01-01', '2019-01-02', '2019-01-03', '2019-01-04', '2019-
01-05', '2019-01-06'], dtype='datetime64[ns]', freq='D')

In [5]: df = pd.DataFrame(np.random.randn(6, 4), index=dates,
columns=list('ABCD'))

In [6]: df
Out[6]:
                   A         B         C         D
2019-01-01 -0.293108 -0.628653  1.821424 -0.193635
2019-01-02 -1.802775 -0.280388 -1.203208  0.254632
2019-01-03 -0.080899 -0.124015  2.692746  0.256980
2019-01-04  1.344119 -0.007785 -0.243696 -1.324733
2019-01-05  0.903022  1.228896  0.268169  0.578895
2019-01-06 -0.296574 -0.723490 -0.613233  0.433495

In [7]: df.describe()
Out[7]:
              A         B         C         D
count  6.000000  6.000000  6.000000  6.000000
mean  -0.037703 -0.089239  0.453700  0.000939
std    1.099453  0.703577  1.502562  0.699474
min   -1.802775 -0.723490 -1.203208 -1.324733
25%   -0.295707 -0.541586 -0.520849 -0.081568
50%   -0.187004 -0.202201  0.012236  0.255806
75%    0.657041 -0.036843  1.433110  0.389366
max    1.344119  1.228896  2.692746  0.578895
```

Matplotlib

matplotlib.org. *(Incluido en la distribución base de Anaconda)*

Esta biblioteca proporciona diversos módulos para la creación de gráficas de gran calidad en dos dimensiones. Es posible generar nubes de puntos, histogramas, espectros de fuerza y diagramas de barras, entre otros tipos. Con solo algunas líneas de código podremos ver cómo son nuestros datos visualmente y analizarlos a través de las variadas herramientas que proporciona Matplotlib.

```
import numpy as np
import matplotlib.pyplot as plt

np.random.seed(19680801)

fig, ax = plt.subplots()
for color in ['tab:blue', 'tab:orange', 'tab:green']:
    n = 750
    x, y = np.random.rand(2, n)
    scale = 200.0 * np.random.rand(n)
    ax.scatter(x, y, c=color, s=scale, label=color,
               alpha=0.3, edgecolors='none')

ax.legend()
ax.grid(True)

plt.show()
```

Resultado:

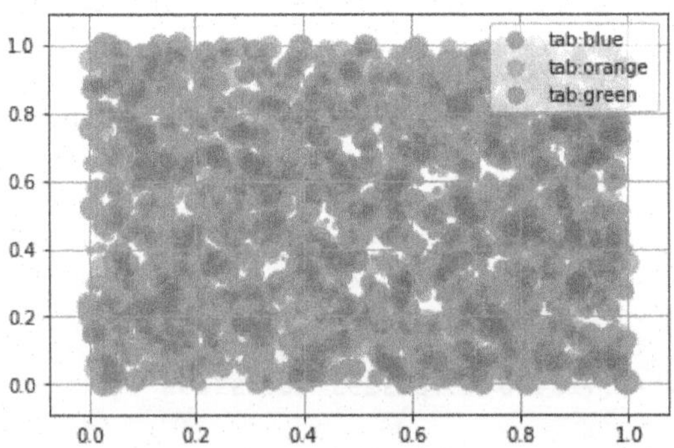

Figura B.1. Nube de puntos generada con la biblioteca Matplotlib.

SciPy

www.scipy.org. *(Incluido en la distribución base de Anaconda)*

SciPy es un paquete que agrupa las bibliotecas anteriores y algunas otras, además de proporcionar rutinas para integración numérica, resolución de ecuaciones diferenciales, optimización y trabajo con matrices dispersas. Este paquete está especialmente diseñado para trabajar con él a través de la interfaz interactiva de IPython.

```
import numpy as np
from scipy import special, optimize
import matplotlib.pyplot as plt

f = lambda x: -special.jv(3, x)
sol = optimize.minimize(f, 1.0)
x = np.linspace(0, 10, 5000)
plt.plot(x, special.jv(3, x), '-', sol.x, -sol.fun, 'o')
plt.savefig('plot.tif', dpi=96)
```

Este código generará la siguiente imagen:

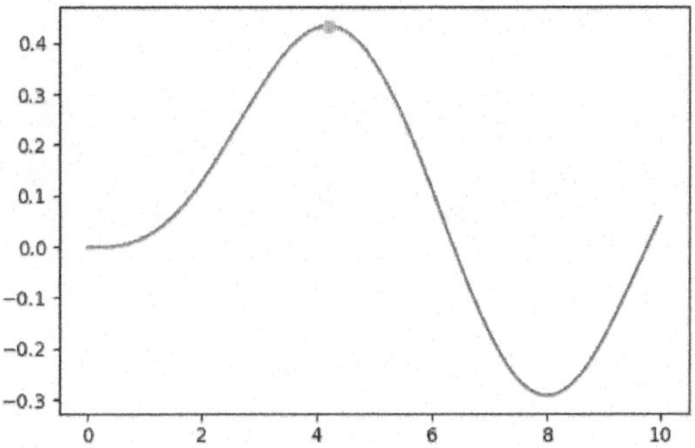

Figura B.2. Visualización de una gráfica simple de Scipy con Matplotlib.

Bokeh

bokeh.pydata.org. *(Incluido en la distribución base de Anaconda)*

Es una biblioteca de visualización de gráficas matemáticas. Está basada en matplotlib, pero es más avanzada, pues sus gráficas son interactivas y con más posibilidades. Está especialmente preparada para trabajar con datos en tiempo real (*streams*) y ofrece un amplio abanico de tipos de visualizaciones posibles.

```
from bokeh.plotting import figure, output_file, show

# preparamos los datos
x = [1, 2, 3, 4, 5]
y = [6, 7, 2, 3, 5]

# la visualización irá a un archivo HTML
output_file("lineas.html")

# creamos la gráfica
p = figure(title="ejemplo simple", x_axis_label='x', y_axis_label='y')

# dibujamos una línea con los datos
```

```
p.line(x, y, legend="Temp.", line_width=2)

# lanzamos el navegador para ver e interactuar con la gráfica
show(p)
```

Al ejecutar el código anterior, se abrirá un navegador con la gráfica en cuestión:

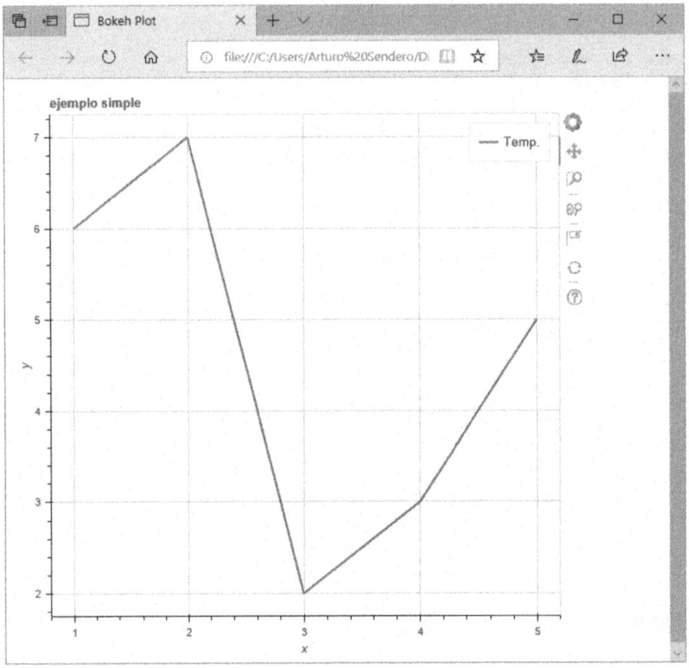

Figura B.3. Gráfica interactiva generada con la biblioteca Bokeh.

NetworkX

networkx.github.io. *(Incluido en la distribución base de Anaconda)*

Esta biblioteca es una completa caja de herramientas para el estudio de grafos. Un grafo es una red de nodos interconectados. Con un grafo podemos representar una red social, las relaciones comerciales entre empresas o las dependencias entre palabras. La sociometría aplica el análisis de grafos para comprender las propiedades que una red social presenta a partir de su estructura: su densidad, el grado de conexión de un nodo, la centralidad... todas estas medidas resultan útiles para saber, por ejemplo, quién es el individuo más influyente en Twitter o cómo se propaga una enfermedad.

```
import matplotlib.pyplot as plt
import networkx as nx

# Creamos un grafo aleatorio
```

```
G = nx.fast_gnp_random_graph(10, 0.5)

# Calculamos el grado de cada nodo
d = dict(nx.degree(G))
sizes = [v * 100 for v in d.values()]

# Calculamos agrupamientos
c = nx.clustering(G)
colors = [c[n] for n in G]

# Mostramos el grafo, con tamaño de nodo proporcional al grado
# y color según agrupamiento
nx.draw(G, nodelist=d.keys(), cmap=plt.get_cmap('viridis'), node_
  color=colors, node_size=sizes, with_labels=True)
plt.show()
```

El resultado es el siguiente:

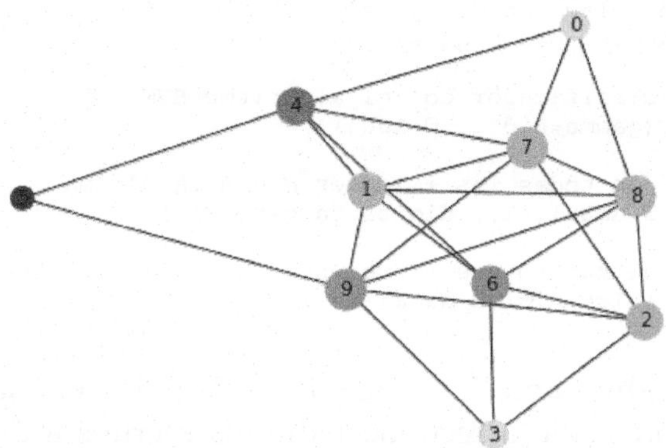

Figura B.4. Grafo generado con la biblioteca NetworkX.

Inteligencia Artificial

Los algoritmos de aprendizaje automático son capaces de generar modelos matemáticos a partir de datos de entrada a los que se les asocian datos de salida esperados, de tal forma que pueden, a partir de nuevos datos de entrada, predecir unos datos de salida estimados. Esto es muy útil en sistemas de reconocimiento de huella dactilar, clasificadores de imágenes, traducción automática del lenguaje y una larga lista de aplicaciones. Gracias a la potencia de cálculo de las máquinas actuales, el volumen de datos disponible y el descubrimiento de nuevos algoritmos de aprendizaje, la inteligencia artificial se ha convertido en un área muy activa y demandada. Python se siente cómodo en este ámbito, y ofrece multitud de herramientas para crear nuestras propias soluciones de inteligencia artificial. Os dejamos aquí algunas de las bibliotecas más utilizadas en aprendizaje automático y, dentro de esta área, en redes neuronales profundas.

Scikit-learn

scikit-learn.org. *(Incluido en la distribución base de Anaconda)*

Scikit-learn ofrece numerosas herramientas para minería de datos y análisis de datos. Está construida sobre NumPy, SciPy y matplotlib. Ofrece funcionalidades variadas para afrontar problemas como la clasificación automática, la regresión, el agrupamiento, la reducción de características, la selección de modelos o el pre-procesado de datos. El siguiente ejemplo toma una colección de imágenes de dígitos escritos a mano y de los cuales se conoce el dígito pretendido. Con ellos se genera un modelo que sirve para reconocer, sobre una imagen no usada en el entrenamiento (por tanto, desconocida para el sistema), el dígito al que correspondería.

```
from sklearn import datasets, svm

# cargamos la colección de datos
digits = datasets.load_digits()

# creamos un clasificador con el algoritmo SVM
clf = svm.SVC(gamma=0.001, C=100.)

# entrenamos con todas las imágenes menos la última
clf.fit(digits.data[:-1], digits.target[:-1])

# predecimos el número que representa la última imagen
pred = clf.predict(digits.data[-1:])
print(pred)
```

Si ejecutamos el código anterior la salida es `[8]`, lo cual supone que nuestra máquina habrá aprendido a reconocer dígitos escritos a mano y es capaz de predecir que la imagen siguiente representa el número 8:

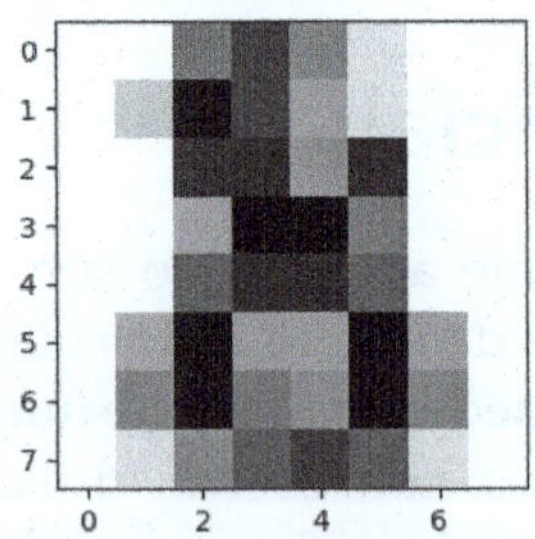

Figura B.5. Imagen generada con la biblioteca Scikit-learn.

Keras

keras.io. `conda install keras`

Keras ofrece una interfaz de programación de redes neuronales a alto nivel capaz de ejecutarse sobre tecnologías como TensorFlow, CNTK, o Theano. Su objetivo es posibilitar la construcción de experimentos de manera sencilla y rápida. Es una gran ayuda para los arquitectos de redes neuronales profundas que no deseen bajar al nivel exigido por TensoFlow y prefieran trabajar con capas predeterminadas. Su activa comunidad de desarrolladores mantiene la biblioteca preparada para los algoritmos más novedosos.

```
from keras.models import Sequential
from keras.layers import Dense

# nuestra red neuronal apilará capas de manera secuencial
model = Sequential()

# añadimos una capa densa, con activación ReLU y 64  neuronas
model.add(Dense(units=64, activation='relu', input_dim=100))

# capa final para clasificación multiclase sobre 10 categorías
model.add(Dense(units=10, activation='softmax'))

# compilamos el modelo
model.compile(loss='categorical_crossentropy',
              optimizer='sgd',
              metrics=['accuracy'])

# entrenamos con ejemplos de entrenamiento ya etiquetados
model.fit(x_train, y_train, epochs=5, batch_size=32)

# ya podemos clasificar nuevos ejemplos
classes = model.predict(x_test, batch_size=128)
```

Tensorflow

www.tensorflow.org. `conda install tensorflow` *(ya queda instalada si instalamos Keras)*

Esta biblioteca es un *wrapper* a la biblioteca base de TensorFlow, una biblioteca de código abierto liderada por Google para la implementación de sistemas de aprendizaje automático, especialmente los basados en «grafos de computación» cuyos parámetros se optimizan mediante técnicas de gradiente. TensorFlow es la principal herramienta del desarrollador de redes neuronales que busca arquitecturas novedosas que no encajan en las facilitadas por otras bibliotecas de más alto nivel como Keras. Si alguna vez tienes un coche autónomo, es muy probable que TensorFlow esté siendo utilizado para dar forma a la inteligencia artificial de tu vehículo.

```
import tensorflow as tf

# cargamos la colección MNIST de dígitos escritos a mano
mnist = tf.keras.datasets.mnist

(x_train, y_train),(x_test, y_test) = mnist.load_data()
x_train, x_test = x_train / 255.0, x_test / 255.0

```

```
# definimos la red
model = tf.keras.models.Sequential([
  tf.keras.layers.Flatten(input_shape=(28, 28)),
  tf.keras.layers.Dense(128, activation='relu'),
  tf.keras.layers.Dropout(0.2),
  tf.keras.layers.Dense(10, activation='softmax')
])

# compilamos la red y establecemos método de aprendizaje
model.compile(optimizer='adam',
              loss='sparse_categorical_crossentropy',
              metrics=['accuracy'])

# ajustamos la red don datos de entrenamiento
model.fit(x_train, y_train, epochs=5)

# evaluamos la red con datos de test
model.evaluate(x_test, y_test)
```

Interfaces gráficas

Hemos dedicado un capítulo completo a examinar los conceptos básicos en la creación de interfaces gráficas de usuario. En dicho capítulo hemos hecho uso de las bibliotecas Tk y Ttk, pero existen otras bibliotecas muy interesantes que pueden ayudar a elaborar interfaces con aspecto profesional y más variedad de componentes. Las bibliotecas que aquí se presentan son también *wrappers* sobre bibliotecas en C, compiladas y de buen rendimiento, presentes en diversas plataformas Windows, Unix y OSX.

wxPython

www.wxpython.org. `conda install wxPython`

wxPython es un conjunto de herramientas para la implementación de interfaces gráficas de usuario multi-plataforma. Es un *wrapper* de la biblioteca wxWidgets, implementada en C++. Genera interfaces de gran calidad y permite el uso de aplicaciones como wxGlade que facilitan la construcción visual de las interfaces, generando automáticamente el código. La figura B.6 muestra una sesión de trabajo con wxGlade.

Y este es el código fuente generado automáticamente por la aplicación de composición visual wxGlade, con la que hemos diseñado la interfaz sin escribir una sola línea de código:

```
import wx

# begin wxGlade: dependencies
# end wxGlade

```

```
# begin wxGlade: extracode
# end wxGlade

class MyFrame(wx.Frame):
    def __init__(self, *args, **kwds):
        # begin wxGlade: MyFrame.__init__
        kwds["style"] = kwds.get("style", 0) | wx.DEFAULT_FRAME_STYLE
        wx.Frame.__init__(self, *args, **kwds)
        self.SetSize((493, 310))
        self.text_ctrl_1 = wx.TextCtrl(self, wx.ID_ANY, "")
        self.button_1 = wx.Button(self, wx.ID_ANY, "Descargar")
        self.text_ctrl_2 = wx.TextCtrl(self, wx.ID_ANY, "", style=wx.TE_MULTILINE)
        self.list_ctrl_1 = wx.ListCtrl(self, wx.ID_ANY, style=wx.LC_HRULES | wx.LC_REPORT | wx.LC_VRULES)

        self.__set_properties()
        self.__do_layout()
        # end wxGlade

    def __set_properties(self):
        # begin wxGlade: MyFrame.__set_properties
        self.SetTitle("Contador de palabras")
        self.text_ctrl_1.SetMinSize((240, 23))
        self.text_ctrl_2.SetMinSize((300, 200))
        self.list_ctrl_1.AppendColumn("Palabra", format=wx.LIST_FORMAT_LEFT, width=-1)
        self.list_ctrl_1.AppendColumn("Frecuencia", format=wx.LIST_FORMAT_LEFT, width=-1)
        # end wxGlade

    def __do_layout(self):
        # begin wxGlade: MyFrame.__do_layout
        sizer_1 = wx.WrapSizer(wx.VERTICAL)
        grid_sizer_2 = wx.FlexGridSizer(2, 2, 3, 1)
        grid_sizer_1 = wx.FlexGridSizer(1, 3, 0, 0)
        label_1 = wx.StaticText(self, wx.ID_ANY, u"Dirección:")
        grid_sizer_1.Add(label_1, 0, wx.ALIGN_CENTER | wx.ALL | wx.FIXED_MINSIZE, 5)
        grid_sizer_1.Add(self.text_ctrl_1, 0, wx.ALIGN_CENTER | wx.LEFT | wx.RIGHT, 5)
        grid_sizer_1.Add(self.button_1, 0, 0, 0)
      sizer_1.Add(grid_sizer_1, 1, wx.ALIGN_CENTER_HORIZONTAL | wx.EXPAND, 2)
      label_2 = wx.StaticText(self, wx.ID_ANY, "Texto:", style=wx.ALIGN_LEFT)
        grid_sizer_2.Add(label_2, 0, wx.TOP, 0)
        label_3 = wx.StaticText(self, wx.ID_ANY, "Tabla de frecuencias")
        grid_sizer_2.Add(label_3, 0, 0, 0)
        grid_sizer_2.Add(self.text_ctrl_2, 0, wx.ALL | wx.EXPAND, 2)
        grid_sizer_2.Add(self.list_ctrl_1, 1, wx.ALL | wx.EXPAND, 2)
        sizer_1.Add(grid_sizer_2, 1, wx.ALL | wx.EXPAND, 2)
        self.SetSizer(sizer_1)
        self.Layout()
        # end wxGlade

# end of class MyFrame

class MyApp(wx.App):
    def OnInit(self):
        self.frame = MyFrame(None, wx.ID_ANY, "")
        self.SetTopWindow(self.frame)
```

```
        self.frame.Show()
        return True

# end of class MyApp

if __name__ == "__main__":
    app = MyApp(0)
    app.MainLoop()
```

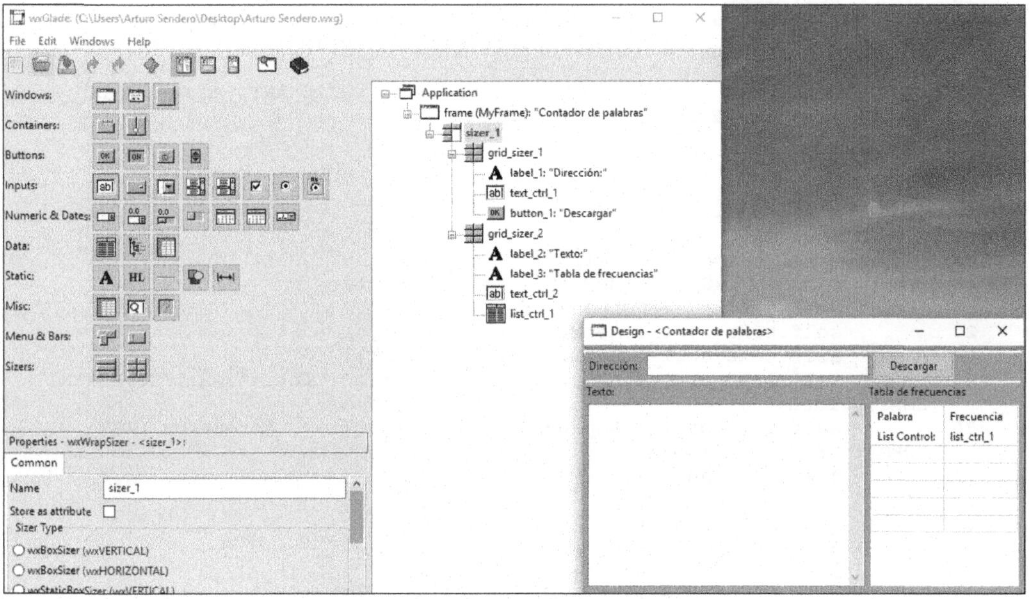

Figura B.6. Sesión de trabajo con wxGlade.

Cuyo resultado aparece en la figura B.7 (seguro que te resulta familiar):

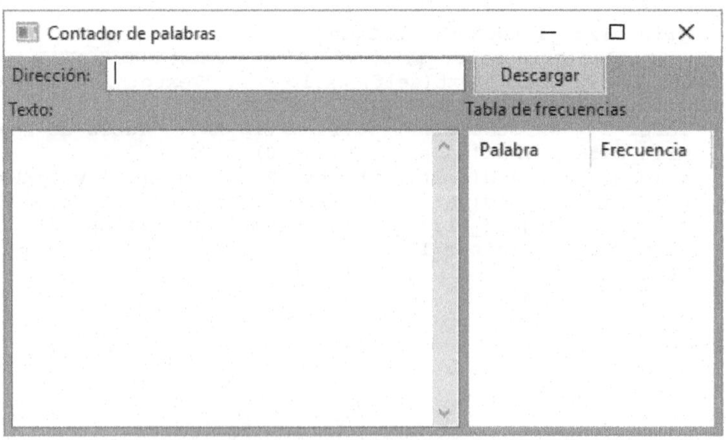

Figura B.7. Interfaz generada con wxGlade.

PyQT

www.riverbankcomputing.com/software/pyqt. `conda install -c conda-forge pyqt`

QT es un conjunto de tecnologías industriales y profesionales, aunque liberan bibliotecas escritas en C++ como software de código abierto parcial. Es altamente portable y podemos encontrar interfaces elaboradas con QT en Windows, Mac OS X, Linux, iOS o Android. Existe una versión comercial de PyQT. También facilitan un diseñador visual para organizar y ubicar los componentes de la interfaz de nuestra aplicación a golpe de ratón. Este es el aspecto de QT Designer, que también es capaz de generar automáticamente el código para PyQT:

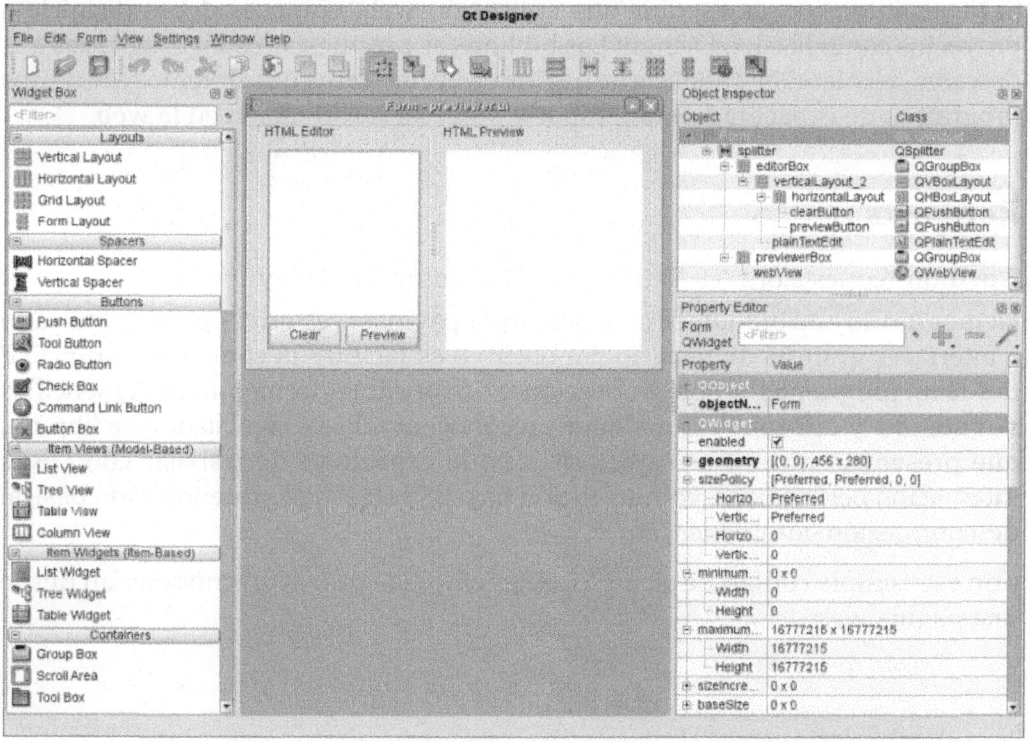

Figura B.8. Interfaz de QT Designer.

TRUCO:

Anaconda mantiene distintos repositorios (a los que denomina «canales») para ofrecer gran cantidad de módulos a través de su distribución de Python. Cuando queramos instalar un paquete contenido en otro repositorio de Anaconda, basta con indicar el canal usando el parámetro –c.

PyGObject

pygobject.readthedocs.io. `conda install -c conda-forge pygobject`

PyGObject envuelve las bibliotecas basadas en GObject, como GTK y otras. Esta biblioteca ha reemplazado a PyGTK y es más ambiciosa en su planteamiento. PyGObject permite crear interfaces de usuario que encajan con el aspecto del escritorio GNOME. La interfaz de Anaconda Navigator está, de hecho, construida sobre PyGObject.

Tecnologías web

Si tienes intención de escribir una aplicación web, entonces debes dirigirte a proyectos como Flask o Django. Las bibliotecas propuestas están orientadas a la descarga, recolección y análisis de páginas web, de forma que dotemos a nuestros programas de capacidad para recabar y procesar información en la web.

Requests

2.python-requests.org/es/latest/. `conda install wxPython`

Hemos usado esta biblioteca para descargar páginas web en el capítulo dedicado a interfaces gráficas de usuario. Su objetivo es facilitar la comunicación HTTP desde un programa Python proporcionando funciones tremendamente sencillas de entender y utilizar. Personalmente reconocemos la excelencia de esta librería, que presenta, entre otras características, la capacidad de trabajar con URLs internacionales, cookies, comunicación bajo SSL (HTTPS), autenticación básica, descompresión automática, etc.

Con este simple código de ejemplo, obtenemos las *cookies* que nos envían desde una página web:

```
import requests

url = 'https://github.com'
r = requests.get(url)
for c in r.cookies.items():
    print(c[0], ":", c[1])
```

Resultado:

```
logged_in : no
_gh_sess :
```

SnF3Qm9aN0lyWGIzN21hWWxkdHdGdlhFT2E3YnJudlRxdjNudmZVc0RIZTRtdmZzTFQrWVAxSU1xKyt
sVzRsa1YwVWNQOWgyUk9tNEVnem9oejRxVi9TZXFPamppM09ZQXhiRURHY1JraFBrU1ViNFp4SnhyeTV
FbVdpL0g0RGR4d1dtK2hFdkhSU285ZWhGQzQ4ZW0vckZ6M2FIdUt3RGRIZkJIbHhxcmlGRXdibmI3Zn

```
JoQ0tGQVBZSzBRUHlJWVFtb2E3T25Kb1BlYVM3bWFHVENtdz09LS02NERRY2JTbXd2UjRETmFSeHlqU
nZnPT0%3D--534fe71a4d4fdee40bbcf4115f4bcb8fef1ce0d4
has_recent_activity : 1
```

Scrapy

scrapy.org. `conda install scrapy`

Scrapy es una biblioteca orientada a captura y recopilación de páginas web. Con Scrapy es muy sencillo implementar tus propias arañas web y también la extracción de datos estructurados desde el HTML de las páginas. Esto último es útil si estás interesado en minería de datos, procesamiento de la información o la creación de un registro histórico de contenidos web.

Este ejemplo proporcionado por la web oficial construye en pocas líneas una araña web capaz de recuperar de manera autónoma contenidos de una web de citas célebres (guarda este código en un archivo llamado spider.py y pruébalo):

```
import scrapy

class QuotesSpider(scrapy.Spider):
    name = 'quotes'
    start_urls = [
        'http://quotes.toscrape.com/tag/humor/',
    ]

    def parse(self, response):
        for quote in response.css('div.quote'):
            yield {
                'text': quote.css('span.text::text').get(),
                'author': quote.xpath('span/small/text()').get(),
            }

        next_page = response.css('li.next a::attr("href")').get()
        if next_page is not None:
            yield response.follow(next_page, self.parse)
```

Para lanzar la araña debes ejecutar lo siguiente desde Anaconda Prompt:

```
$ scrapy runspider spider.py
```

Y el programa empezará a capturar información de la web mostrando el resultado en la terminal.

BeautifulSoup

www.crummy.com/software/BeautifulSoup/. *(Incluido en la distribución base de Anaconda)*

Al igual que Scrapy, provee de utilidades para extraer información desde páginas web pero, a diferencia de este, no proporciona herramientas de recolección de páginas. No obstante, es potente en la tarea de extracción y muy robusta en el análisis de los contenidos. En combinación con Requests, podemos llegar a crear scripts muy interesantes. El siguiente ejemplo se conecta a la página de la AEMET, busca un elemento en su página y extrae el contenido relativo a la probabilidad de precipitación actual:

```
from bs4 import BeautifulSoup
import requests

pagina = requests.get("http://www.aemet.es/es/eltiempo/prediccion/
  municipios/jaen-id23050")
soup = BeautifulSoup(pagina.text, 'html.parser')
prob = soup.find(attrs={'id': 'tabla_prediccion'}).find_all("tr")[3].
  find_all("td")[1].get_text()
print("La probabilidad de precipitación en Jaén hoy es del", prob)
```

El resultado nos indica que hoy podremos salir a pasear tranquilamente sin paraguas:

```
La probabilidad de precipitación en Jaén hoy es del 0%
```

Selenium

selenium-python.readthedocs.io. `conda install -c conda-forge selenium`

¿Recuerdas los tests de unidad con unittest para automatizar la validación de nuestros programas? Pues Selenium permite hacer eso mismo, pero con aplicaciones web. Con Selenium podemos escribir test para evaluar el comportamiento de una aplicación web simulando una interacción con las páginas y realizando las comprobaciones que estimemos oportunas. Es un paquete imprescindible para pruebas *end-to-end*. La simulación se realiza mediante *drivers* que permiten emular la interacción con un usuario desde navegadores como Firefox, Chrome, Internet Explorer u Opera.

```
from selenium import webdriver
from selenium.webdriver.common.keys import Keys

driver = webdriver.Firefox()
driver.get("http://www.python.org")
assert "Python" in driver.title
elem = driver.find_element_by_name("q")
elem.clear()
elem.send_keys("pycon")
elem.send_keys(Keys.RETURN)
assert "No results found." not in driver.page_source
driver.close()
```

Redes

Las información que intercambian los ordenadores en una red, ya sea local (la de tu casa) o externa (Internet) puede también ser analizada usando Python.

Twisted

twistedmatrix.com. *(Incluido en la distribución base de Anaconda)*

Twisted proporciona un conjunto de herramientas para la «programación dirigida por eventos». Tiene soporte para varias arquitecturas (TCP, UDP, SSL/TLS, IP Multicast, Unix domain sockets), un amplio repertorio de protocolos (incluidos HTTP, XMPP, NNTP, IMAP, SSH, IRC, FTP), y otras funcionalidades más. Con Twisted, los desarrolladores pueden escribir pequeñas rutinas de gestión de eventos ya predefinidos para realizar tareas complejas.

El siguiente código de ejemplo lanza un servidor web básico. Si este código te genera un error, es posible que sea debido a que Twisted aún no está completamente migrado a Python 3.

```
from twisted.web import server, resource
from twisted.internet import reactor, endpoints

class Counter(resource.Resource):
    isLeaf = True
    numberRequests = 0

    def render_GET(self, request):
        self.numberRequests += 1
        request.setHeader(b"content-type", b"text/plain")
        content = u"I am request #{}\n".format(self.numberRequests)
        return content.encode("ascii")

endpoints.serverFromString(reactor, "tcp:8080").listen(server.Site(Counter()))
reactor.run()
```

Scapy

scapy.net

```
conda install -c pdrops scapy    (para Linux/OSX)
conda install -c draikes scapy   (para Windows)
```

Esta biblioteca permite enviar, espiar, diseccionar y construir paquetes de red, por lo que puede utilizarse para construir aplicaciones para probar, escanear e, incluso, atacar redes. Su plataforma ideal es Linux y, a pesar de la existencia de numerosas herramientas para el análisis del tráfico en la red, con Scapy tenemos una libertad absoluta para interactuar con dicho tráfico.

En el siguiente ejemplo construimos programáticamente una petición *ping* de una máquina a otra.

```
from scapy.all import *

paquete = IP()                    # Creamos una cabecera IP
paquete.src = '192.168.1.25'      # Dirección de origen
paquete.dst = '192.168.1.100'     # Dirección de destino
```

```
icmp = ICMP()                           # Creamos una cabecera ICMP
icmp.type=8                             # Tipo de la cabecera (8, para ping)
icmp.code=0                             # Código en la cabecera (0, ping)
send(paquete/icmp)                      # Enviamos el paquete ping
```

Procesamiento del lenguaje natural

Por procesamiento del lenguaje natural se conoce a la rama de la Inteligencia Artificial que trabaja por que los ordenadores sean capaces de entender el lenguaje humano a todos los niveles: comprensión, generación, análisis, diálogo, etc. Python es también muy utilizado en este ámbito y, dado que la mayoría de la información que manejamos no está estructurada (es decir, es texto en lenguaje natural), disponer de herramientas que faciliten su procesamiento puede resultar tremendamente útil en tareas como analizar las opiniones en Twitter, buscar información en textos, identificar el autor de una obra en base a su estilo, clasificar el idioma en que están escritos diversos documentos, y un largo etcétera. Veamos algunas bibliotecas útiles para estas tareas.

NLTK

www.nltk.org. *(Incluido en la distribución base de Anaconda)*

NLTK es la biblioteca más veterana de Python para el procesamiento de textos en lenguaje natural. Proporciona, además de un sinfín de herramientas, un nutrido conjunto de recursos como modelos de sintaxis entrenados sobre distintos idiomas, listas de palabras vacías también para varios idiomas o corpus de experimentación. NLTK es muy amplia y una joya que hace las delicias de los interesados en lingüística computacional.

Para probar este ejemplo usando un texto en español, debemos primero descargar algunos recursos adicionales usando las siguientes instrucciones en la terminal de IPython:

```
In [1]: import nltk

In [2]: nltk.download('cess_esp')

In [3]: nltk.download('punkt)
```

Ya puedes probar este código, el cual etiqueta cada palabra con su categoría gramatical (puede que el entrenamiento del etiquetador lleve un tiempo):

```
from nltk.corpus import cess_esp as cess
from nltk import UnigramTagger as ut

# Leemos un corpus etiquetado en español
cess_sents = cess.tagged_sents()

```

```
# Entrenamos el etiquetador
uni_tag = ut(cess_sents)

texto = """Tanto conocimiento me asombra, Sir Bedevere. Explicadme de nuevo cómo puede evitarse un cataclismo con la vejiga de una oveja"""

tokens = nltk.word_tokenize(texto)
print(tokens)
tagged = uni_tag.tag(tokens)
print(tagged[0:6])
```

El resultado es el siguiente:

```
['Tanto', 'conocimiento', 'me', 'asombra', ',', 'Sir', 'Bedevere', '.',
'Explicadme', 'de', 'nuevo', 'cómo', 'puede', 'evitarse', 'un', 'cataclismo',
'con', 'la', 'vejiga', 'de', 'una', 'oveja']

[('Tanto', 'rg'),
 ('conocimiento', 'ncms000'),
 ('me', 'pp1cs000'),
 ('asombra', None),
 (',', 'Fc'),
 ('Sir', None),
 ('Bedevere', None),
 ('.', 'Fp'),
 ('Explicadme', None),
 ('de', 'sps00'),
 ('nuevo', 'aq0ms0'),
 ('cómo', 'pt000000'),
 ('puede', 'vmip3s0'),
 ('evitarse', None),
 ('un', 'di0ms0'),
 ('cataclismo', None),
 ('con', 'sps00'),
 ('la', 'da0fs0'),
 ('vejiga', None),
 ('de', 'sps00'),
 ('una', 'di0fs0'),
 ('oveja', None)]
```

TextBlob

textblob.readthedocs.io/en/dev/. `conda install -c conda-forge textblob`
TextBlob simplifica el trabajo del análisis de textos en lenguaje natural ofreciendo funciones sencillas. Está construido sobre las bibliotecas NLTK y pattern. Permite analizar sentimientos, corregir palabras mal escritas, lematizar, clasificar, etiquetar, traducir… pero solo para inglés, francés y alemán.

```
from textblob import TextBlob

text = ''
The titular threat of The Blob has always struck me as the
ultimate movie monster: an insatiably hungry, amoeba-like mass
able to penetratevirtually any safeguard, capable of--as a doomed
doctor chillingly describes it--"assimilating flesh on contact.
Snide comparisons to gelatin be damned, it's a concept with the
```

```
most devastating of potential consequences, not unlike the grey
goo scenario proposed by technological theorists fearful of
artificial intelligence run rampant.
'''

blob = TextBlob(text)
print("Etiquetas: ", blob.tags)
print("Sintagmas nominales:", blob.noun_phrases)
print("Polaridad:")
for sentence in blob.sentences:
    print(sentence, " = ", sentence.sentiment.polarity)
```

Spacy

spacy.io. `conda install -c conda-forge spacy`

Plataforma para procesamiento del lenguaje natural orientada a soluciones industriales. Potente y optimizada, permite incluso trabajar con modelos de redes neuronales profundas. Incluye modelos del lenguaje para 18 idiomas diferentes, entre ellos español. Veamos, por tanto, cómo funciona para encontrar la categoría gramatical de las palabras de una oración (*part-of-speech*) en el caso de un texto en español:

```
import spacy

texto = """Tanto conocimiento me asombra, Sir Bedevere. Explicadme de
  nuevo cómo puede evitarse un cataclismo con la vejiga de una oveja"""
nlp = spacy.load('es_core_news_sm')
doc = nlp(texto)
for token in doc:
    print(token.text, token.pos_, token.dep_)
```

El resultado es bastante bueno:

```
Tanto ADV advmod
conocimiento NOUN nsubj
me PRON obj
asombra VERB ROOT
, PUNCT punct
Sir PROPN nsubj
Bedevere PROPN flat
. PUNCT punct
Explicadme PROPN ROOT
de ADP case
nuevo ADJ amod
cómo PRON obl
puede AUX aux
evitarse VERB ccomp
un DET det
cataclismo NOUN nsubj
con ADP case
la DET det
vejiga NOUN nmod
de ADP case
una DET det
oveja NOUN nmod
```

Gensim

radimrehurek.com/gensim/. `conda install -c conda-forge genism`

Gensim es una biblioteca originalmente implementada para el modelado de temas. Por modelado de temas se entiende el descubrimiento automático de distintas temáticas en una colección de textos. Dichas temáticas quedan representadas por sus palabras más características. Para ello se realiza un análisis estadístico y probabilístico denominado LDA. Además de otros algoritmos para el modelado de temas, Gensim ofrece también herramientas interesantes como el trabajo con vectores de palabras (*word embeddings*) y otras técnicas avanzadas para la representación y modelado de textos.

El siguiente ejemplo construye un modelo matemático de vectores de palabras entrenado a partir de un volcado completo de la Wikipedia en español:

```
from gensim.corpora import WikiCorpus
from gensim.models.word2vec import  Word2Vec
from gensim.utils import deaccent

# Leemos el volcado descargado de Wikipedia
corpus = WikiCorpus('eswiki-latest-pages-articles.xml.bz2',
  dictionary=False)

# Quitamos tildes
texts = [deaccent(t) for t in corpus.get_texts()]

# Definimos el algoritmo a utilizar y sus hiperparámetros
model = Word2Vec(size=400, window=5, min count=5)

# Generamos el vocabulario
model.build_vocab(texts)

# Entrenamos el modelo
model.train(texts, chunksize=500)

# Lo guardamos en disco para su uso posterior
model.save('eswikipedia_w2v_model')
```

Videojuegos

Nosotros no recomendaríamos Python como plataforma para la creación de videojuegos profesionales, pero sí que es un entorno amigable para introducirse en los fundamentos de este tipo de programas, porque los videojuegos no dejan de ser programas. Te presentamos aquí dos bibliotecas interesantes y extendidas, con las que puedes comenzar a dar tus primeros pasos en la creación de juegos de ordenador o de consola, porque las consolas no dejan de ser ordenadores, aunque de propósito específico. En resumen, si quieres llegar a ser desarrollador de videojuegos para consolas, aprende a programar ordenadores. ¿Por qué no empezar con Python?

La programación de juegos es también una técnica muy utilizada para el diseño de experimentos en psicología o de la creación de aplicaciones pedagógicas. En estos últimos casos, las dos bibliotecas que te indicamos a continuación pueden ayudarte a lograr tus objetivos con no demasiado esfuerzo.

Pygame

www.pygame.org. `conda install -c CogSci pygame`

La biblioteca Pygame es un proyecto de software libre para facilitar la creación de aplicaciones multimedia, como los juegos en dos dimensiones. El proyecto cuenta con una amplia y animada comunidad que trabaja colaborativamente para producir nuevas versiones y compartir proyectos desarrollados con Pygame, de forma que puedes alimentarte con el trabajo de otros programadores y aprender de sus obras. La propia biblioteca ya incorpora varios juegos de ejemplo que puedes probar. En la figura B.9 aparece una captura del juego Dynamtie, desarrollado con Pygame.

Figura B.9. Captura del juego Dynamite desarrollado con la biblioteca Pygame.

Con Pygame podrás crear gráficos (*sprites*) y animarlos, definir interacciones con el usuario, eventos, etc. Existe una biblioteca construida con Pygame, Pygame Zero, que es incluso más rápida y sencilla para construir juegos y que está orientada principalmente al ámbito educativo.

```
import pygame
import pygame.sprite.Sprite as Sprite

class SimpleAnimation(Sprite):
    """ Clase para animar mediante la composición de varias imágenes """

    def __init__(self, frames):
```

```
        Sprite.__init__(self)
        self.frames = frames    # los "frames" de la animación
        self.current = 0        # índice del frame actual
        self.image = frames[0]  # imagen (frame) por defecto
        self.rect = self.image.get_rect()    # límites del sprite
        self.playing = 0

    def update(self, *args):
        if self.playing:    # animar si el juego está en marcha
            self.current += 1
            if self.current == len(self.frames):
                self.current = 0
            self.image = self.frames[self.current]
            # solo es necesario si el tamaño del frame cambia
            self.rect = self.image.get_rect(center=self.rect.center)
```

Pyglet

pyglet.readthedocs.io. `conda install -c conda-forge pyglet`

Pyglet es otra biblioteca multi-plataforma para la creación de videojuegos. Soporta el uso de ventanas, palancas de juego, eventos, gráficos OpenGL, carga de imágenes, vídeos, sonidos y música. En el siguiente ejemplo mostramos un código sencillo para detectar eventos del teclado:

```
from pyglet.window import key

@window.event
def on_key_press(symbol, modifiers):
    if symbol == key.A:
        print('The "A" key was pressed.')
    elif symbol == key.LEFT:
        print('The left arrow key was pressed.')
    elif symbol == key.ENTER:
        print('The enter key was pressed.')
```

Bases de datos

Las bases de datos son sistemas de almacenamiento de información muy eficientes. Estas aplicaciones se encargan de guardar datos en archivos utilizando algoritmos y estructuras de datos convenientes para una búsqueda y recuperación rápida de la información. Existen programas muy consolidados para almacenar nuestros datos, como Oracle o MySQL. A estos programas se les denomina «gestores de bases de datos» y podemos conectarnos a ellos para, usando un lenguaje de consulta determinado, realizar operaciones de lectura, recuperación, búsqueda, modificación, adición y borrado de los datos que contienen.

La organización de los datos más extendida y tradicional es la de las bases de datos «relacionales», donde los registros son agrupados en distintas tablas y relacionados mediante referencias. Este tipo de bases de datos dará respuesta al

90 % de tus necesidades de almacenamiento y persistencia de información. Pero en ocasiones nos interesa poder guardar datos no en tablas, sino de manera más flexible (árboles, grafos...). En ese caso, optaremos por otros gestores de bases de datos.

Python dispone de multitud de bibliotecas para el acceso a bases de datos desde nuestros programas. Vamos a presentar aquí dos: una sobre una base de datos relacional y otra sobre una base de datos no relacional.

SQLAlchemy

www.sqlalchemy.org. `conda install -c conda-forge sqlalchemy`

SQLAlchemy proporciona herramientas para SQL (el lenguaje de consulta por excelencia en bases de datos relacionales) y para la implementación de Mapeadores Relacionales de Objetos, que permiten abstraer la estructura de una base de datos y manipularla como si de colecciones de objetos se tratase. Muchas empresas usan SQLAlchemy en sus sistemas, como Reddit o Dropbox.

```
from sqlalchemy import Column, DateTime, String, Integer, ForeignKey, func
from sqlalchemy.orm import relationship, backref
from sqlalchemy.ext.declarative import declarative_base

##
## Definición y creación de la base de datos
##
Base = declarative_base()

class Departamento(Base):
    # tabla
    __tablename__ = 'departamento'

    #columnas
    id = Column(Integer, primary_key=True)
    nombre = Column(String)

class Empleado(Base):
    # tabla
    __tablename__ = 'empleado'

    # columnas
    id = Column(Integer, primary_key=True)
    nombre = Column(String)
    fecha_alta = Column(DateTime, default=func.now())
    departamento_id = Column(Integer, ForeignKey('departamento.id'))

    # cada empleado está relacionado con un departamento
    departamento = relationship(
        Departamento,
        backref=backref('empleados',
                        uselist=True,
                        cascade='delete,all'))
##
```

```
## Creación del gestor de base de datos tipo SQLite
##
from sqlalchemy import create_engine
motor = create_engine('sqlite:///miempresa.sqlite')

# Creamos un gestor de conexiones (sesión)
from sqlalchemy.orm import sessionmaker
sesion = sessionmaker()
sesion.configure(bind=motor)
Base.metadata.create_all(motor)

##
## Ejemplos de trabajo con la base de datos anterior
##
d = Departamento(name="Informática")
empl = Empleado(name="Alan Turing", departamento=d)
s = sesion()
s.add(d)
s.add(empl)
s.commit()
resultado = s.query(Empleado).all()
print(resultado)
s.delete(d)
s.commit()
resultado = s.query(Empleado).all()
print(resultado)
```

PyMongo

api.mongodb.com/python/current/.

`conda install -c conda-forge pymongo`

PyMongo permite el acceso al gestor de bases de datos MongoDB, un gestor de bases de datos no relacionales. MongoDB guarda los datos en un formato de colecciones de valores identificados por claves, como si de un diccionario se tratase. Este tipo de bases de datos son preferibles en entornos donde existan pocas relaciones entre los datos y colecciones de rápido crecimiento, sin perder eficiencia en la recuperación de datos. Servicios como Twitter o Facebook hacen un uso intensivo de este tipo de bases de datos.

```
from pymongo import MongoClient
import datetime

# definimos los parámetros de conexión al servidor MongoDB
client = MongoClient('mongodb://localhost:27017/')

# abrimos la base de datos "hoteles"
db = client.hoteles

# accedemos a la colección "opiniones"
empleados = db.opiniones

# creamos una nueva opinión
opinion = {"autor": "Perico Martos",
           "texto": "Un lugar fantástico para disfrutar en familia.",
```

```
            "hotel": "Parador nacional",
            "lugar": "Cazalla de la Sierra",
            "creacion": datetime.datetime.utcnow()}

# la añadimos a la colección y obtenemos el ID asignado
opinion_id = opiniones.insert_one(opinion).inserted_id
```

Otras bibliotecas y herramientas

Para finalizar este extenso apéndice no hemos querido dejar fuera algunas opciones difíciles de encajar en los ámbitos anteriores. No obstante, constituyen herramientas y bibliotecas muy conocidas y utilizados por los desarrolladores experimentados de Python.

Nose

nose.readthedocs.io/en/latest/. *(Incluido en la distribución base de Anaconda)*

Nose, más que una biblioteca, es una herramienta que simplifica la implementación y ejecución de pruebas de unidad sobre nuestro código, como vimos con **unittest**. A diferencia de este módulo, con Nose no es necesario derivar clases ni importar biblioteca alguna. Podemos introducir las comprobaciones en el código de las pruebas directamente. Luego basta con lanzar esas pruebas usando la utilidad **nosetests**.

```
ejemplos = [('Juan', 23), ('María', 56), ('Darío', 7)]

def mayor_edad(a, b):
    if a[1] > b[1]:
        return a
    return b

def mayor_nombre(a, b):
    if len(a[0]) > len(b[0]):
        return a
    return b

def test_mayor_edad():
    assert mayor_edad(ejemplos[0], ejemplos[1]) == ejemplos[1]

def test_mayor_nombre():
    assert mayor_nombre(ejemplos[0], ejemplos[2]) == ejemplos[2]
```

Si el script anterior está en un archivo denominado pruebas.py, podemos lanzar las pruebas desde la terminal y obtener el informe como sigue:

```
> nosetests -v pruebas.py
pruebas.test_mayor_edad ... ok
pruebas.test_mayor_nombre ... ok

----------------------------------------------------------------------
Ran 2 tests in 0.000s

OK
```

Pillow

python-pillow.org. `conda install -c conda-forge pillow`

Pillow es un *fork* de la biblioteca de utilidades para el procesamiento de imágenes PIL (Python Image Library). Con Pillow podemos leer archivos de imágenes en múltiples formatos (JPEG, PNG, TIFF...), y escalar, rotar, cambiar colores, aplicar filtros o crear miniaturas a partir de ellas, entre otras de las muchas operaciones típicas que podríamos encontrar en un programa de tratamiento de imágenes.

NOTA:

Un fork es un proyecto de desarrollo que surge a partir del código fuente de otro proyecto, de forma que puede modificarlo y mejorarlo. Es la libertad que brinda el software de código abierto.

Este sencillo script lee un archivo de imagen y genera una miniatura (thumbnail en inglés) de 128x128 píxeles.

```
import os, sys
from PIL import Image

for infile in sys.argv[1:]:
    outfile = os.path.splitext(infile)[0] + ".thumbnail"
    if infile != outfile:
        try:
            im = Image.open(infile)
            im.thumbnail((128, 128))
            im.save(outfile, "JPEG")
        except IOError:
            print("no se pudo crear la miniatura para", infile)
```

pywin32

github.com/mhammond/pywin32.
`conda install -c conda-forge pywin32`

Este veterano proyecto ofrece una API de Python para acceder a extensiones de Windows. Es, por tanto, otro *wrapper* o envoltorio de las herramientas ofrecidas a través de la conocida Win32 API .

Esta API permite controlar una basta cantidad de propiedades y funcionalidades de un entorno Windows: el registro del sistema, la configuración del escritorio, la creación y gestión de ventanas, etc. En el ejemplo siguiente puedes ver cómo desde Python somos capaces de cambiar la imagen de fondo del escritorio:

```
import ctypes
import win32con

```

```
def setWallpaperWithCtypes(path):
    cs = ctypes.c_buffer(path)
    ok = ctypes.windll.user32.SystemParametersInfoA(win32con.SPI_SETDESKWALLPAPER, 0, cs, 0)

if __name__ == "__main__":
    path = b'C:\Users\Arturo\Pictures\WallPapers\paisaje.jpg'
    setWallpaperWithCtypes(path)
```

NOTA:

Puedes consultar esta amplia interfaz de programación ofrecida por Windows en este enlace: docs.microsoft.com/en-us/windows/desktop/apiindex/api-index-portal.

Resumen

Esperamos que en la cuidada selección propuesta en estas páginas encuentres algunas joyas que engarzar en tu coronación como «pythonista». Tras conocer algunos de los potentes recursos a tu alcance en repositorios abiertos, entenderás por qué Python es algo más que un lenguaje de programación. Recuerda que estas bibliotecas son solo algunas de las numerosas herramientas disponibles para el programador de Python. Encontrarás bibliotecas para casi todo: programación de sistemas de control, gestión de datos espaciales y geográficos, lectura y escritura de casi cualquier tipo de formato de archivo, análisis estadístico, análisis de la señal, simulación de circuitos, conexión con servicios en la web, adquisición de datos desde Twitter, programación de gestores de diálogo para Alexa o Google Home y así hasta aburrirnos. Aunque estamos seguros de que, ahora que ya conoces Python, no volverás a aburrirte nunca más. Python otorga un gran poder; úsalo de manera responsable y crea soluciones que ayuden a otros.

Apéndice C. Otros entornos de desarrollo

Como ya explicamos en el capítulo 4, un «entorno de desarrollo integrado», también conocido como *IDE* por sus siglas en inglés, es un programa consistente en un editor de texto, un compilador o intérprete, y un depurador. Se trata de un elemento diseñado para facilitar el proceso de escritura de un programa. A lo largo del libro hemos trabajado con el *IDE* Spyder, un entorno diseñado explícitamente para la programación en Python. Sin embargo, no es el único entorno de desarrollo que puedes utilizar. Existe una gran cantidad de entornos que permiten trabajar con Python y en este apéndice nos centraremos en explicar una selección de los más populares: Jupyter Notebook, Jupyter Lab, VS Code, Notepad++ y Atom.

Jupyter Notebook

Jupyter Notebook es un entorno de trabajo con el que podrás escribir código en Python de una forma dinámica ya que, entre otras opciones, permite integrar en un mismo documento tantos bloques de código como desees, así como imágenes e incluso gráficas. El lenguaje por defecto para Jupyter Notebook es Python. Como detalle debemos mencionar que, tal y como ocurre con otros entornos de características similares, es posible trabajar con otros lenguajes instalando los *kernels* correspondientes.

Jupyter Notebook es una evolución de la terminal interactiva IPython, y por ello su funcionamiento es muy similar. La idea es poder escribir un documento que permita introducir texto con formato (con una sintaxis conocida como *Markdown*), código y el resultado sobre la salida estándar de la ejecución de este. Todo esto se organiza mediante «celdas» que pueden ser ejecutadas de manera independiente. La interfaz de Jupyter Notebook es web, por lo que lanza un servidor a un puerto determinado al cual conectarnos con nuestro navegador favorito. Esto tiene la ventaja de poder lanzarlo en un servidor y trabajar remotamente.

Si echas la vista atrás, concretamente al capítulo 4, recordarás que una de las herramientas que comentábamos que se había instalado con Anaconda era precisamente Jupyter Notebook.

Se trata de una aplicación web de código abierto con la que podrás crear y compartir documentos que contienen código en vivo, es decir, que cualquier modificación del código que realices en un momento dado, con tan solo guardar este código, se verán sus efectos en tu navegador sin necesidad de tener que detener el programa, compilar y volver a ejecutar.

Si accedes a ella, podrás ver que en tu navegador se ha abierto una ventana como la de la figura C.2.

Desde aquí puedes crear y acceder a los cuadernos desarrollados con Jupyter Notebook. Así es como se conocen los archivos creados con esta herramienta, los cuales diferenciarás por su extensión *.ipynb*. Para crear un nuevo cuaderno debes pulsar en la pestaña **New** que aparece a la derecha de la ventana y seleccionar **Python 3**.

Se abrirá una nueva pestaña donde podrás crear tu cuaderno. Como puedes observar, la interfaz es bastante sencilla. Tiene una barra de herramientas con distintas opciones para controlar la edición, descargar el cuaderno en diferentes formatos, entre otras operaciones. Cuando creamos un cuaderno nuevo, este solo contiene una celda vacía (In[ ]). Las celdas son el principal elemento de los cuadernos de Python, ya que en ellas escribirás y ejecutarás tus líneas de código. Además, como ya hemos comentado, también podrás incluir texto e imágenes.

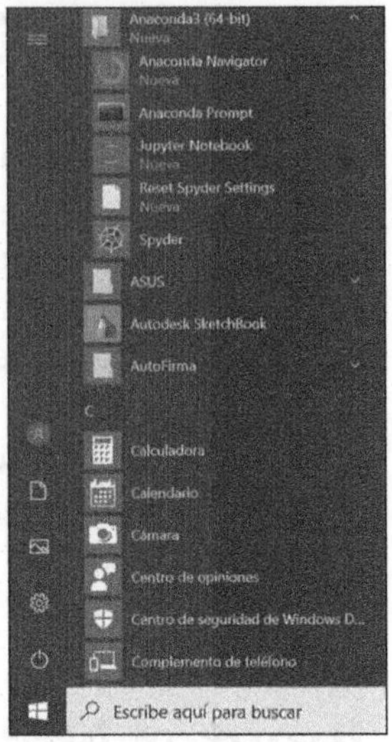

Figura C.1. Herramientas instaladas con Anaconda.

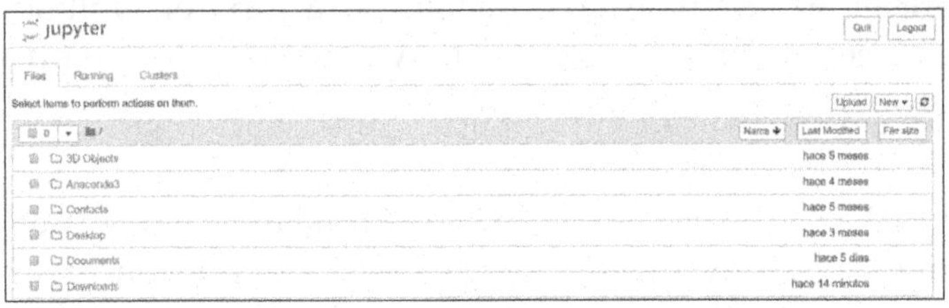

Figura C.2. Ventana principal de Jupyter Notebook.

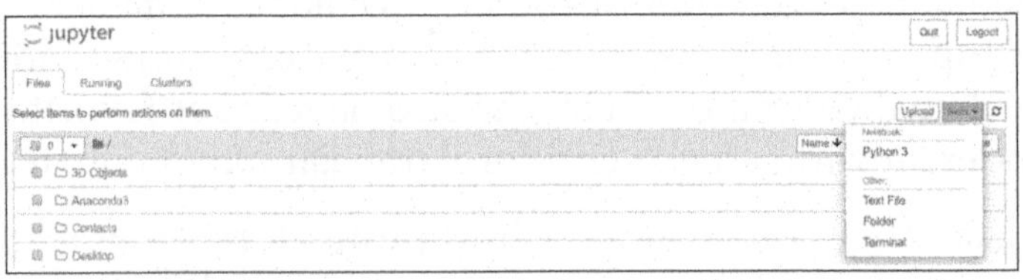

Figura C.3. Crear nuevo cuaderno en Jupyter Notebook.

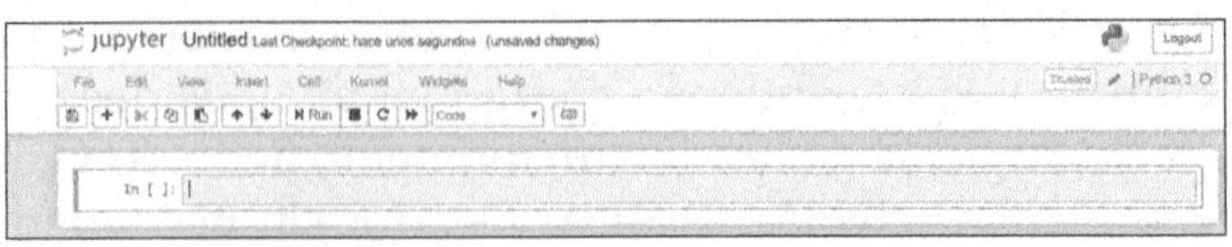

Figura C.4. Cuaderno de Jupyter Notebook.

El tipo de contenido de cada celda podrás definirlo eligiendo entre las distintas opciones que se ofrecen en el desplegable de la barra de herramientas, tal y como se muestra en la figura C.5.

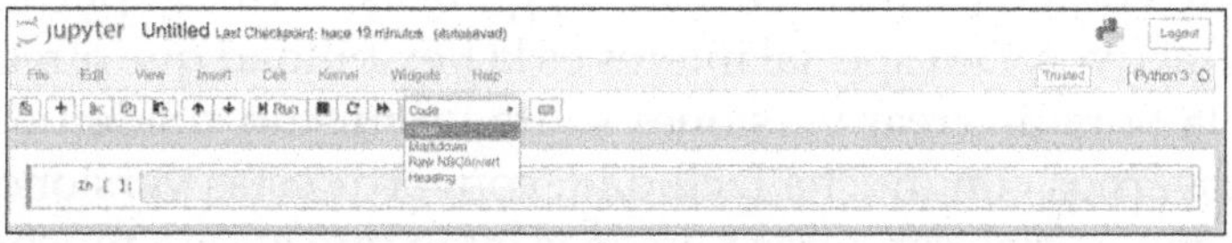

Figura C.5. Tipos de celdas en Jupyter Notebook.

Para escribir código deberás seleccionar la opción **Code**, para escribir texto plano o enriquecido con el lenguaje *Markdown* deberás elegir **Markdown**, para convertir la celda a un formato específico como HTML o LaTex deberás utilizar la opción **Raw NBConvert** y para escribir títulos de diversos tamaños deberás seleccionar **Heading**.

NOTA:

Markdown es un lenguaje de marcado de texto que ofrece múltiples posibilidades para formatear texto, escribir listas, tablas, incluir imágenes, etc. Existe una gran cantidad de tutoriales y manuales en los que podrás consultar información sobre este lenguaje.

Jupyter Notebook se ha hecho muy popular en determinadas comunidades. La posibilidad de escribir «apuntes» con código ejecutable lo hace ideal en entornos de investigación, para el desarrollo de experimentos, y en entornos educativos, donde la combinación de texto, multimedia y código facilita la creación de materiales para el aprendizaje. Hay muchos *notebooks* disponibles en la red para descargar, probar y aprender de ellos. Encontrarás más información sobre esta herramienta en su web oficial: jupyter.org/.

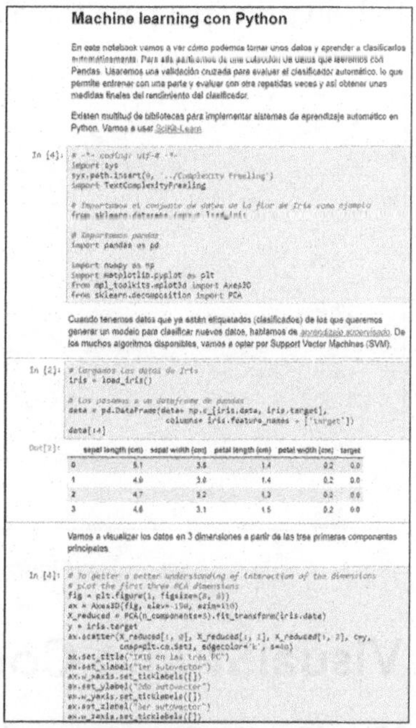

Figura C.6. Ejemplo de un cuaderno de Jupyter Notebook.

JupyterLab

JupyterLab es una mezcla bastante eficiente de Jupyter Notebook y Spyder. Se trata de una aplicación web que te ofrecerá la oportunidad de trabajar de una forma muy cómoda gracias a diferentes características, como la posibilidad de ejecución de varias terminales en paralelo, la edición de código con resaltado e incluso un sistema de visualización embebida. Al igual que ocurría con Jupyter Notebook, hablamos de un IDE formado por un conjunto de celdas donde podemos escribir nuestro código fuente, ecuaciones, gráficas, textos explicativos e incluso controles interactivos. De especial interés es la flexibilidad que ofrece JupyterLab, sobre todo a la hora de crear versiones sobre un mismo cuaderno sobre las que podremos movernos con mucha facilidad, convertir estas versiones a diferentes formatos y compartirlas con otras personas, algo que ayuda mucho en tareas de trabajo colaborativo. Debemos entender JupyterLab como una aplicación web que corre a su vez sobre una arquitectura cliente-servidor clásica. Esa peculiaridad es la que ofrece toda esa potencia a un IDE como este y que nos permite editar y ejecutar los cuadernos y otros tipos de archivos desde un navegador web compatible, como pueden ser las últimas versiones de Safari, Chrome o Firefox. JupyterLab viene instalado por defecto en las últimas versiones de Anaconda. Para iniciarlo, abre la terminal «Anaconda prompt» y escribe la siguiente orden:

```
jupyter lab
```

Automáticamente se abrirá una ventana en tu navegador como la de la figura C.7, con una interfaz en la que se pueden distinguir tres elementos: una barra de menú superior con las acciones disponibles, una barra lateral izquierda con los elementos más usados (archivos, órdenes, ejecutar terminales...) y un área de trabajo principal para trabajar con los cuadernos y consolas.

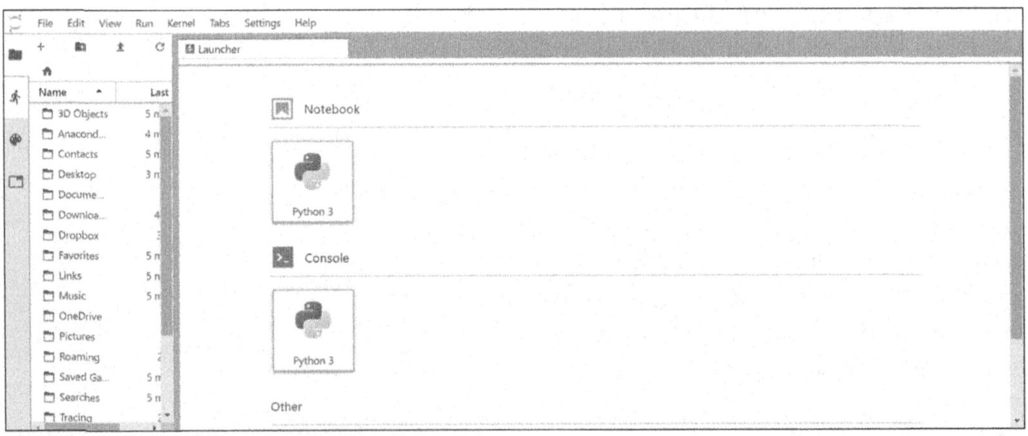

Figura C.7. Ventana principal de JupyterLab.

VisualStudio Code

VisualStudio Code es un editor de código que, con el paso del tiempo, se está convirtiendo en uno de los más populares en el mundo de la programación, gracias a diferentes características como su rapidez, ligereza y, ante todo, su facilidad de uso. Como detalle, comentarte que VisualStudio Code es un editor de código que ha sido desarrollado por Microsoft y que está disponible para Windows, Linux y Mac OS X. Se trata de un IDE muy básico, aunque con la funcionalidad completa que se le presupone. En caso de que quieras mejorar sus características, siempre puedes instalar nuevos complementos (la mayoría gratuitos) y disponibles a través de un repositorio central. Puedes instalarlo desde la aplicación Anaconda Navigator que viene con la distribución base de Anaconda. Tras instalarlo, si lo ejecutas, podrás ver una interfaz como la que aparece en la figura C.8.

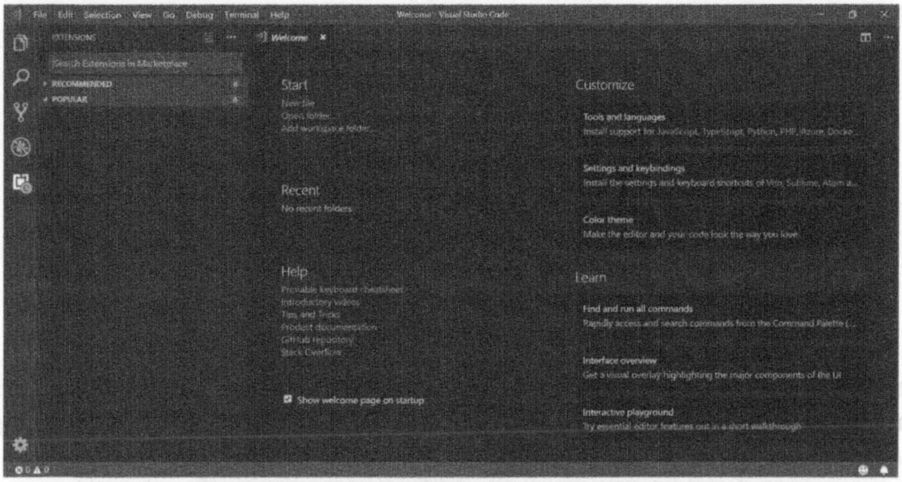

Figura C.8. Ventana principal de VisualStudio Code.

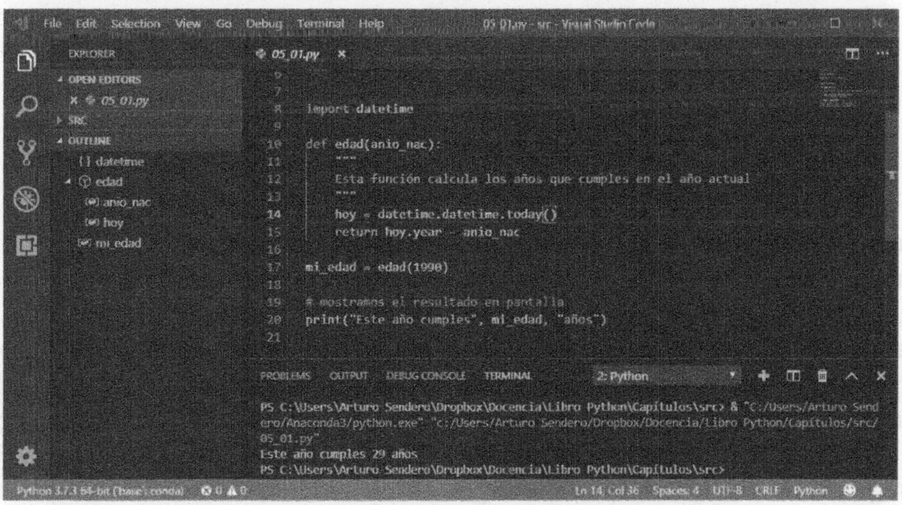

Figura C.9. Edición de código Python en VisualStudio Code.

La versión de VisualStudio Code distribuida a través de Anaconda incorpora todos los complementos necesarios para trabajar con Python. Puedes abrir ahora tus archivos de Python y ejecutarlos pulsando con el botón derecho del ratón sobre el área de edición y seleccionando la opción **Run Python File in Terminal**.

Notepad++

Muchos somos los usuarios que utilizamos Notepad++ como un mero editor de texto debido a su parecido con el Bloc de Notas olvidando que, además de para esta funcionalidad, ofrece capacidad para editar código fuente escrito en diferentes lenguajes de programación, como puede ser Python.

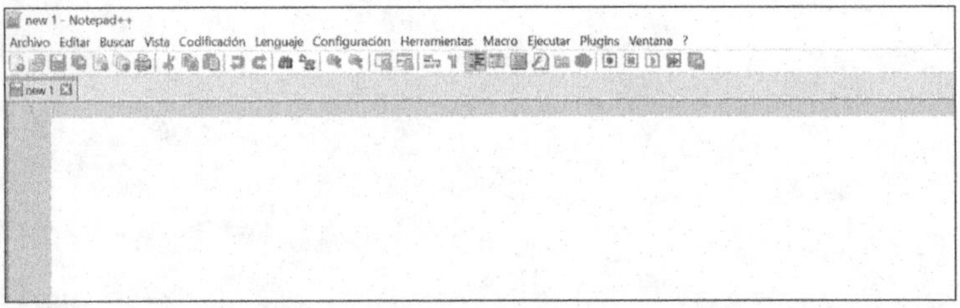

Figura C.10. Ventana principal de NotePad++.

Es un editor muy ligero y rápido que no debería faltar en tu sistema. Si no lo tienes instalado, puedes descargarlo desde su página oficial **notepad-plus-plus.org**.

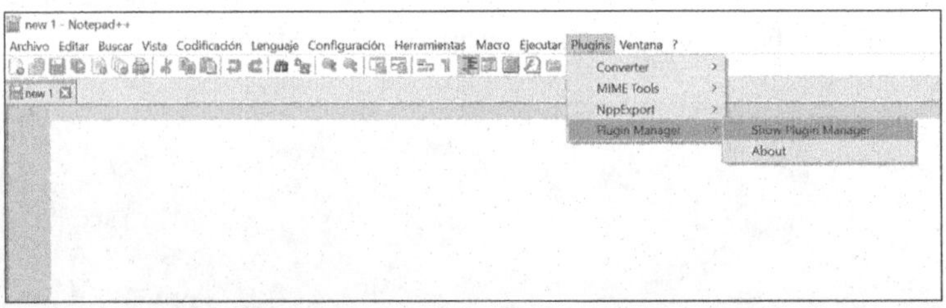

Figura C.11. Gestor de complementos de NotePad++.

Para trabajar en Python con Notepad++ debemos instalar un complemento externo, como el complemento Python Script, aunque también existen otros en el mercado. Este cometido se puede llevar a cabo de diferentes maneras, bien instalándolo de forma manual y externa a Notepad++ o bien desde el gestor de complementos, algo que realizará toda la labor de instalación y compatibilidad con nuestra versión de Notepad++ de forma transparente. Para iniciar el gestor de complementos debes hacer clic en **Plugins>Plugin Manager>Show Plugin Manager**. Una vez iniciado el gestor de complementos, busca el complemento **Python Script**, selecciónalo y pulsa **Install**.

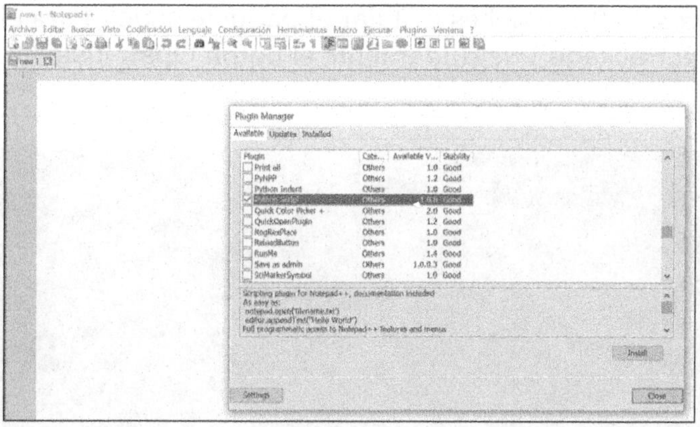

Figura C.12. Instalación del complemento Python Script de NotePad++.

Atom

Al igual que ocurre con los editores Visual Studio Code y Notepad++, Atom es un editor de propósito general, es decir, por defecto no viene configurado para trabajar con Python a no ser que descarguemos una versión específica que ya venga configurada para tal efecto. En cualquier caso, lo cierto es que no resulta nada difícil descargar una versión básica y, sobre esta, ir añadiendo las extensiones que necesitemos, así como la configuración que se adapte a nuestras necesidades y que nos permita trabajar de forma cómoda. Precisamente, una de las principales ventajas de Atom es la facilidad con la que podemos personalizarlo. Este IDE se caracteriza porque la mayoría de los paquetes que acabaremos utilizando tienen licencias de software libre. Se trata de un entorno cuyo mantenimiento y evolución se debe a la comunidad que hay tras el mismo. Si no tienes instalado este editor en tu sistema, puedes descargarlo accediendo a su página oficial atom.io. Una vez instalado, si lo ejecutas, verás una imagen como la figura C.13.

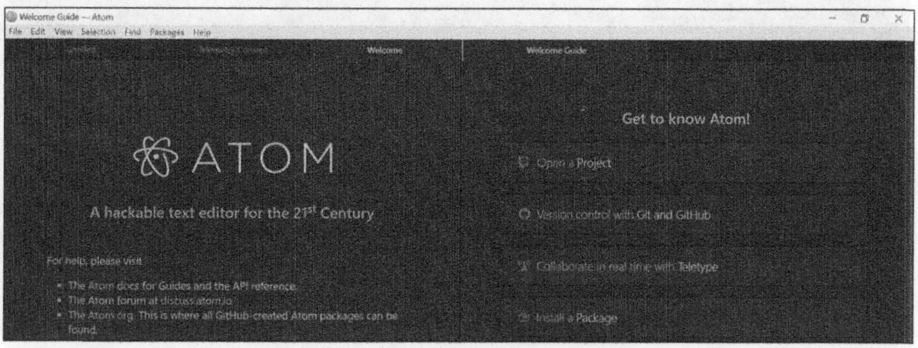

Figura C.13. Ventana principal de Atom.

Para trabajar con Python, debes instalar el paquete **script**. Para ello, pulsa en la opción **Install a Package** y seguidamente el botón **Open Installer**.

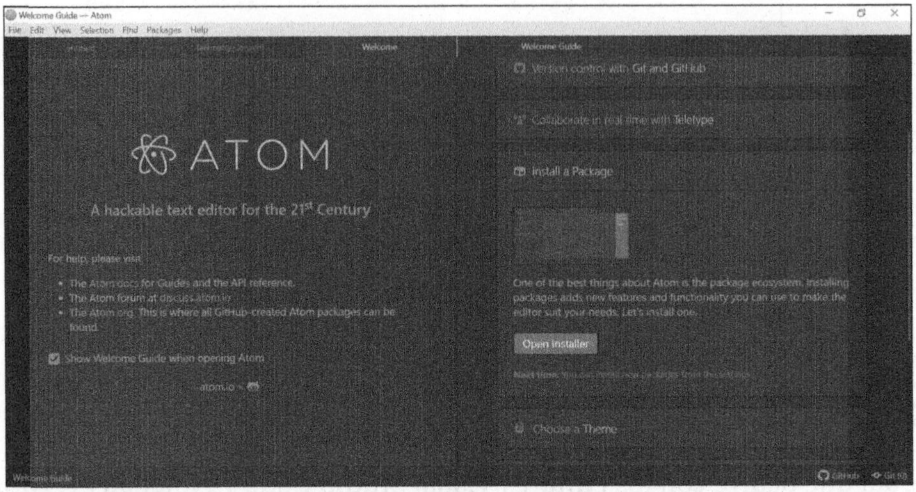

Figura C.14. Instalador de paquetes de Atom.

Se abrirá el instalador de paquetes de Atom. En la barra de búsqueda del mismo deberás escribir **script**, que es el nombre del paquete a instalar, y pulsar el botón **Install** correspondiente a dicho paquete.

Ahora ya podrás escribir código Python en este editor y ejecutarlo utilizando la combinación de teclas **Ctrl + Shift + b** en Windows y Linux o **cmd + i** en OSX.

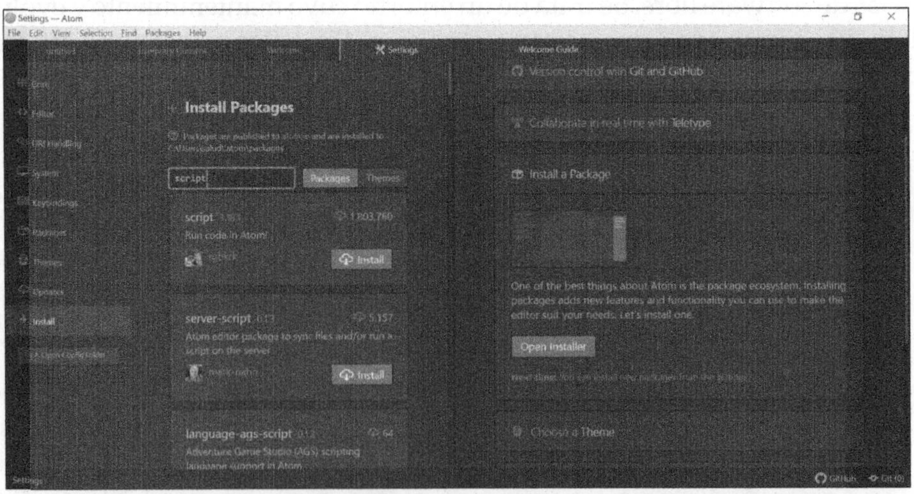

Figura C.15. Instalación del paquete **script** de Atom.

Apéndice D. Entendiendo Unicode

Introducción

Unicode[1] es una especificación para representar cualquier carácter usado en el lenguaje humano y asignar a cada uno de ellos un código. Esta especificación está elaborada por un consorcio internacional del que forman parte organismos y empresas como Google, Apple, Facebook, Microsoft, IBM y otros.

¿Para qué necesitamos Unicode? Vayamos poco a poco.

Los ordenadores solo son capaces de procesar números. Para almacenar letras y otros caracteres, se le asigna un número a cada uno de ellos. Antes de Unicode había diversos sistemas de representación numérica, denominados «codificaciones»; ASCII es un ejemplo de una de estas codificaciones. El problema venía por la falta de consenso entre las distintas codificaciones y la limitación de estas para representar los símbolos utilizados por diferentes idiomas. Unicode establece un consenso, al proporcionar una representación numérica para casi cualquier símbolo posible y ampliar los símbolos cubiertos por esta codificación en cada nueva versión. El estándar Unicode asigna un número único a cada carácter, sin importar la plataforma, dispositivo, aplicación o idioma utilizado.

Puntos de código

Al número utilizado para representar un carácter se le denomina «punto de código», y es un entero entre 0 y 0x10FFFF (en base hexadecimal). Esto significa que pueden representarse sobre 1,1 millones de caracteres diferentes, de los que aproximadamente 110 mil ya han sido asignados. La documentación oficial de Python suele utilizar una notación para indicar un punto de código de Unicode. Por ejemplo, U+265E significa el carácter Unicode 0x265E (en hexadecimal, 9.822 en decimal). Aquí te mostramos algunos ejemplos:

```
0061    'a'; LETRA A MINÚSCULA
0062    'b'; LETRA B MINÚSCULA
0063    'c'; LETRA C MINÚSCULA
...
007B    '{'; APERTURA DE LLAVES
...
2167    'VII': NÚMERO ROMANO OCHO
2168    'IX': NÚMERO ROMANO NUEVE
...
265E    '♞': CABALLO DE AJEDREZ NEGRO
```

1. www.unicode.org.

```
265F     '♟': PEÓN DE AJEDREZ NEGRO
...
1F600    '😀': CARA SONRIENTE
1F609    '😉': CARA CON GUIÑO
```

Los puntos de código de Unicode se almacenan en memoria como «unidades de código», que traducen los puntos de código a secuencias de 8 bits (1 byte). Esta traducción da lugar a varias formas de representar esos bytes en memoria. El formato de codificación más usado es UTF-8 (*Unicode Transformation Format as 8-bits*), pero existen más como UTF-16 o UTF-EBCDIC, entre otros. La popularidad de UTF-8 obedece a varias razones, entre ellas a su compatibilidad con ASCII, ser muy compacto o a su validez para varias operaciones de trabajo con cadenas con sistemas tradicionales.

Unicode en Python

En Python 3 (y a diferencia de Python 2), toda cadena de caracteres es representada internamente usando Unicode. Para nuestros archivos de código fuente, la codificación por defecto es UTF-8, por lo que podemos escribir en ellos con cualquier carácter. Gracias a esto podemos usar tildes y otros caracteres fuera de ASCII en los identificadores, textos y los comentarios de nuestros programas en Python. Todas las funciones de trabajo con cadenas soportan Unicode. Pero cuidado, esto no siempre es así con bibliotecas externas, por lo que pueden surgir errores desde las mismas si no son capaces de entender nuestras cadenas en Unicode.

Para introducir caracteres literales de Unicode directamente en Python, podemos usar la secuencia de escape \u, a la que le seguirán inmediatamente los cuatro dígitos hexadecimales del punto de código correspondiente. La secuencia de escape es similar, pero espera ocho dígitos en lugar de cuatro. Fíjate en esta interacción con IPython:

```
In [1]: s = "a\xac\u1234\u20ac\U00008000"

In [2]: s
Out[2]: 'a¬ሴ€耀'

In [3]: [ord(c) for c in s]
Out[3]: [97, 172, 4660, 8364, 32768]
```

Hemos creado una cadena con una letra a seguida de cuatro símbolos en Unicode, representados con secuencias de escape de dos, cuatro, cuatro y ocho dígitos hexadecimales. Ahora, la cadena contiene los caracteres Unicode, tal y como muestra la salida en `Out [2]`. Podemos, usando la función **ord()**, generar el valor decimal de los puntos de código de cada carácter de la cadena.

Codificación en distintos formatos

Toda cadena en Python es representada internamente en Unicode. Para volcar esa cadena a un archivo o leer contenido desde un archivo, debemos definir el formado de codificación origen o destino respectivamente. En lectura, a este proceso se le llamada «decodificar» y en escritura se le llama «codificar». Es posible volcar en pantalla una cadena Unicode codificada en el formato que queremos utilizando el método **encode()**.

```
In [4]: s.encode('utf-8')
Out[4]: b'a\xc2\xac\xe1\x88\xb4\xe2\x82\xac\xe8\x80\x80'
```

¿Qué ocurre si intentamos codificar en ASCII una cadena con caracteres Unicode? Pues que es imposible hacerlo si los puntos de código no están por debajo del valor 127. Por tanto, el intérprete generará un error:

```
In [5]: s.encode('ascii')
Traceback (most recent call last):

  File "<ipython-input-5-532f2946fbcf>", line 1, in <module>
    s.encode('ascii')

UnicodeEncodeError: 'ascii' codec can't encode characters in position 1-4:
ordinal not in range(128)
```

El método **encode()** ofrece un segundo parámetro con el que especificar distintas variantes de tratamiento de los caracteres no ASCII. Aquí puedes ver unos ejemplos:

```
In [6]: s.encode('ascii', 'ignore')
Out[6]: b'a'

In [7]: s.encode('ascii', 'replace')
Out[7]: b'a????'

In [8]: s.encode('ascii', 'xmlcharrefreplace')
Out[8]: b'a&#172;&#4660;&#8364;&#32768;'

In [9]: s.encode('ascii', 'backslashreplace')
Out[9]: b'a\\xac\\u1234\\u20ac\\u8000'

In [10]: s.encode('ascii', 'namereplace')
Out[10]: b'a\\N{NOT SIGN}\\N{ETHIOPIC SYLLABLE SEE}\\N{EURO SIGN}\\N{CJK
UNIFIED IDEOGRAPH-8000}'
```

Comparación de cadenas

Uno de los quebraderos de cabeza más habituales en el trabajo con cadenas en Unicode es la ambigüedad que este estándar introduce, al permitir representar el mismo carácter de varias formas diferentes. Por ejemplo, el carácter «ê» se puede representar con el punto de código U+00EA o como dos puntos de código consecutivos, uno que representa el carácter «e» y otro para el acento circunflejo: U+0065 U+0302.

En ambos casos, el sistema muestra el mismo símbolo, pero en un caso la cadena tiene un carácter y en otro caso la cadena está formada por dos caracteres:

```
In [1]: s = '\u00ea'

In [2]: s
Out[2]: 'ê'

In [3]: s2 = '\u0065\u0302'

In [4]: s2
Out[4]: 'ê'

In [5]: len(s)
Out[5]: 1

In [6]: len(s2)
Out[6]: 2

In [7]: s == s2
Out[7]: False
```

¿Cómo resolvemos el problema? La solución es normalizar ambas representaciones. Para ello disponemos del módulo unicodedata y su función normalize():

```
In [8]: import unicodedata

In [9]: def NFD(cadena):
   ...:     return unicodedata.normalize('NFD', cadena)
   ...:

In [10]: NFD(s) == NFD(s2)
Out[10]: True
```

Expresiones regulares y Unicode

El comportamiento del motor de detección de expresiones regulares cambia la interpretación de los patrones especiales, según estemos trabajando con cadenas de bytes o cadenas de caracteres. Por ejemplo, el patrón \d+ representa cualquier secuencia de dígitos numéricos [0-9] si ese patrón se ha indicado en bytes, o cualquier carácter en la categoría Nd (Numeric Digit) si se indica como cadena. Observa este ejemplo:

```
In [1]: import re

In [2]: p = re.compile(r'\d+')

In [3]: s = "Ahí vienen \u0e55\u0e57 57 elefantes"

In [4]: s
Out[4]: 'Ahí vienen ๕๗ 57 elefantes'

In [5]: p.findall(s)
Out[5]: [' ๕๗', '57']

In [6]: p = re.compile(r'\d+', re.ASCII)

In [7]: p.findall(s)
Out[7]: ['57']
```

Los caracteres «๕๗» representan el número 57 con símbolos Thai. El uso del modificador re.ASCII restringe la interpretación del metacarácter \d a los dígitos [0-9]. Tienes más información de cómo se interpretan los metacaracteres en Unicode aquí: docs.python.org/3/library/re.html#regular-expression-syntax.

Lectura y escritura en archivos

Podemos establecer el formato de codificación de origen para interpretar correctamente el contenido de un archivo a leer a través del parámetro encoding en el momento de abrir el archivo con open():

```
with open('archivo_unicode.txt', encoding='utf-8') as f:
    for linea in f:
        print(repr(linea))
```

El comportamiento de la lectura que tiene lugar en la línea equivale a una lectura de todos los bytes de la línea y a su posterior decodificación mediante bytes.decode() utilizando el formato de codificación indicado (UTF-8 en este ejemplo).

De igual forma, la escritura puede realizarse especificando la codificación deseada a utilizar en el archivo de destino:

```
with open('nuevo.txt', 'w', encoding='utf-8') as f:
    f.write(s)
```

Que se comporta como una escritura ASCII tradicional usando str.encode().

Apéndice E. Soluciones a los ejercicios

En este apéndice encontrarás las soluciones a los ejercicios propuestos a lo largo del libro, agrupadas por capítulos. Las soluciones correspondientes a ejercicios de escritura de código son solo nuestra propuesta, puede que encuentres otro código que te lleve también a una solución válida.

Capítulo 6. Operadores

1. Mi coche gasta 5,5 litros cada 100 km y mi trabajo se encuentra a 15 kilómetros de casa. ¿Cuánto me gastaré en gasolina en 20 días laborables si el precio es de 1,12 €/l?

   Solución: 36,96 €

```
In [1]: distancia = 2*15*20
In [2]: litros = distancia/100*5.5
In [3]: gasto = litros * 1.12
In [4]: gasto
Out[4]: 36.96
```

2. En enero del año actual tenía una cuenta con 3000 €. Si cobro 1100 € mensuales y tengo unos gastos fijos al mes de 435 €, ¿a cuánto ascienden mis gastos extra mensuales si a final de año mi cuenta tiene un total de 6000 €?

   Solución: 415 €

```
In [1]: saldo_inicial = 3000
In [2]: salario_mensual = 1100
In [3]: gastos_fijos_mensuales = 435
In [4]: saldo_final = 6000
In [5]: gastos_extra = saldo_inicial + salario_mensual*12 - gastos_fijos_
   mensuales*12 - saldo_final
In [6]: gastos_extra_mensuales = gastos_extra/12
In [7]: gastos_extra_mensuales
Out[7]: 415.0
```

3. Tengo 50 € para comprar una camisa. Si la camisa cuesta 35 € y tiene un descuento del 10 %, ¿cuánto dinero tendré después de comprar la camisa?

   Solución: 18,5 €

```
In [1]: efectivo_inicial = 50
```

```
In [2]: precio_camisa = 35

In [3]: descuento = 10

In [4]: precio_final_camisa = precio_camisa - (precio_
  camisa*descuento/100)

In [5]: efectivo_final = efectivo_inicial - precio_final_camisa

In [6]: efectivo_final
Out[6]: 18.5
```

Capítulo 7. Variables y tipos de datos

1. Indica cuáles de los siguientes son identificadores válidos en Python:

`1erMiembro`	inválido	`libre?`	inválido	`año_nac`	válido
`SegundoMiembro`	válido	`puerta.abierta`	inválido	`$saldo$`	inválido
`coche_1`	válido	`cámara4`	válido	`import`	inválido

2. ¿Qué tipo de dato usarías para almacenar los siguientes literales?

`-.28934`	float	`[3,5,4]`	list	`0.05j`	comp
`23412354.0`	int	`(-34,534)`	tuple	`['ja', 'je', 'ji', 2]`	list
`-5463`	int	`{'c', 'z', 'j'}`	set	`'bienvenido'`	str
`12e5`	float	`45.1+3.65j`	comp	`'38 kg.'`	str

3. Indica qué valores aparecerían en pantalla al ejecutar el siguiente código:

```
def calcula():
    a = b*2
    c = 23
    print(a*c)
b = 5
a = 8
c = 10
print(a)
print(b)
print(c)
calcula()
print(a*c)
```

Solución:

Los valores que se mostrarían son:

```
8
5
10
230
80
```

Capítulo 8. Control del flujo

1. Observa cómo las dos versiones para el cálculo del factorial, con **while** y **for**, modifican la variable **a**. Esto no siempre es deseable, pues el calcular un valor a partir de una variable no debería hacer perder el valor original de la misma. Reescribe ambos programas para evitar esto.

   Solución: basta con crear una variable adicional.

```
a = 5
acc = a
for f in range(2, a):
    acc = acc*f
print(acc)
```

2. Escribe un programa que itere sobre la lista de nombres `['Pedro', 'Pablo', 'Judas', 'Juan']`. Dentro del bucle, comprobará si el nombre es 'Judas'. De ser así, el programa debería escribir en pantalla el nombre junto con el texto 'es el culpable', si no, debería escribir el nombre junto con el texto 'es inocente'. El resultado esperado es:

```
Pedro es inocente
Pablo es inocente
Judas es el culpable
Juan es inocente
```

   Solución:

```
l = ['Pedro', 'Pablo', 'Judas', 'Juan']
for n in l:
    if n == 'Judas':
        print (n, 'es el culpable')
    else:
        print (n, 'es inocente')
```

3. Modifica el código para el cálculo de un número primo usando la anidación de bucles para obtener de forma automática número primos menores a 1 000. Aprovecha la opción de usar **else** para mostrar solo los números primos.

   Solución:

```
for num in range(1000):
    for div in range(2, num):
        if num % div == 0:
            break
    else:
        print(num)
```

Capítulo 9. Entrada y salida estándar

1. Escribe un programa que pida al usuario su edad y la de su mejor amigo. El programa mostrará en pantalla quién es el mayor de los dos.

Solución:

```
edad_usuario = int(input("Introduce tu edad: "))
edad_mejor_amigo = int(input("Introduce la edad de tu mejor amigo: "))

if edad_usuario > edad_mejor_amigo:
    print("Tú eres mayor que tu amigo.")
elif edad_usuario < edad_mejor_amigo:
    print("Tu mejor amigo es mayor que tú.")
else:
    print("Tu mejor amigo y tú tenéis la misma edad.")
```

2. Realiza un programa que pida un número entero al usuario y muestre los cinco números siguientes justificados a la derecha.

Solución:

```
numero = int(input("Introduce un número entero: "))
print("Los 5 números siguientes son: ")
justificacion = numero + 5
for i in range(5):
    numero += 1
    print(str(numero).rjust(justificacion))
```

3. Escribe un programa que calcule el área de un rectángulo a partir de la base y altura especificadas por el usuario mediante teclado. Muestra la salida utilizando los siguientes métodos:
   a. Paso de valores como parámetros.
   b. Concatenación de cadenas de texto.
   c. Operador %.
   d. Función str.format().
   e. F-strings.

Solución:

```
print("Programa para calcular el área de un rectángulo.")
base = float(input("Introduce la base: "))
altura = float(input("Introduce la altura: "))
area = base * altura

# Salida con paso de valores como parámetros
print("El área del rectángulo de base ", base, " y altura ", altura, " es: ", area)

# Salida mediante concatenación de cadenas de texto
print("El área del rectángulo de base " + str(base) + " y altura " + str(altura) + " es: " + str(area))


# Salida utilizndo el operador %
print("El área del rectángulo de base %.2f y altura %.2f es: %.2f" % (base, altura, area))

# Salida empleando la función str.format()
print("El área del rectángulo de base {0} y altura {1} es: {2}".format(base, altura, area))

# Salida utilizando F-strings
print(f"El área del rectángulo de base {base} y altura {altura} es: {area}")
```

Capítulo 10. Listas, tuplas y conjuntos

1. Indica el resultado de ejecutar las siguientes expresiones o líneas de código. No copies este código y lo ejecutes en Spyder, intenta razonar sobre el mismo y comprueba tu resultado con las soluciones al final del libro.

   Solución:

`list(range(10, 2, -3))`	`[10, 7, 4]`

`l = []`
`for i in range(4):`
`    l.append(list(range(i)))`
`print(l)`
	`[[],`
	` [0],`
	` [0, 1],`
	` [0, 1, 2]]`

`max(list(range(10,21,2)))`	`20`
`min(list(range(10,21,2)))`	`5`
`'abc' * 2`	`'abcabcabc'`
`tuple(zip([-2, 4, 0], [7, 6, 5], 'bla'))`	`((-2, 7, 'b'), (4, 6, 'l'), (0, 5, 'a'))`
`list(enumerate('abc', 3))`	`[(-2, 'a'), (-1, 'b'), (0, 'c')]`
`'abracadabra'.count('a')`	`5`

2. Escribe, usando comprensión de listas, cómo generar una lista con los números pares comprendidos entre 0 y 99 en una sola línea de código.

   Solución:

```
[x for x in range(100) if x % 2 == 0]
```

3. El siguiente código es de un programa que calcula el mes más lluvioso a partir del registro mensual en litros. Debes completar este código sustituyendo los comentarios en negrita con las operaciones sobre listas adecuadas para una correcta ejecución del programa.

```
lluvia_mensual = [65, 70, 87, 62, 44, 14, 5, 5, 24, 50, 57, 69]
meses = ['enero', 'febrero', 'marzo', 'abril', 'mayo', 'junio', 'julio',
  'agosto', 'septiembre', 'octubre', 'noviembre', 'diciembre']
max_lluvia = # calcula aquí el máximo valor de lluvia registrada
mes_max = # obtén el índice del mes correspondiente
print('El mes más lluvioso ha sido', meses[mes_max], 'con', max_lluvia, 'litros')
```

   Solución:

```
lluvia_mensual = [65, 70, 87, 62, 44, 14, 5, 5, 24, 50, 57, 69]
meses = ['enero', 'febrero', 'marzo', 'abril', 'mayo', 'junio', 'julio',
  'octubre', 'noviembre', 'diciembre']
max_lluvia = max(lluvia_mensual)
mes_max = lluvia_mensual.index(max_lluvia)
print('El mes más lluvioso ha sido', meses[mes_max], 'con', max_lluvia, 'litros')
```

Capítulo 11. Cadenas

1. Escribe un programa que lea una cadena escrita por teclado y compruebe si el primer y el último carácter son iguales. Si son iguales, mostrará un mensaje

con el número total de caracteres de la cadena distintos a dicho carácter. En caso contrario, mostrará un mensaje con el número total de caracteres de la cadena iguales al carácter inicial y al carácter final (sin incluirlos).

Solución:

```
# Solicitamos una cadena por teclado y la almacenamos
cadena = input("Escriba una cadena de caracteres: ")
# Pasamos la cadena a minúscula
cadena = cadena.lower()

# Si el carácter inicial es igual al final
if cadena[0] == cadena[-1]:
    # Calculamos el número de caracteres distintos a ellos
    caracteres_distintos = len(cadena) - cadena.count(cadena[0])
    # Creamos una cadena con el mensaje a imprimir
    mensaje = f"La cadena introducida tiene {caracteres_distintos} caracteres distintos a los caracteres inicial y final."
else: # Si el carácter inicial es distinto al final
    # Calculamos el número de caracteres iguales al carácter inicial (sin incluirlo)
    caracteres_iguales_inicio = cadena.count(cadena[0])-1
    # Calculamos el número de caracteres iguales al carácter final (sin incluirlo)
    caracteres_iguales_fin = cadena.count(cadena[-1])-1
    # Calculamos el número de caracteres iguales al carácter inicial y al final (sin incluirlos)
    total_caracteres_iguales = caracteres_iguales_inicio + caracteres_iguales_fin
    # Creamos una cadena con el mensaje a imprimir
    mensaje = f"La cadena introducida tiene {total_caracteres_iguales} caracteres iguales a los caracteres inicial y final."
# Imprimimos por pantalla el mensaje adecuado
print(mensaje)
```

2. Utiliza los métodos split() y join() para sustituir el nombre de la cadena "`Mi nombre es Paula`" por tu nombre.

   Solución:

```
# Cadena a modificar
cadena = "Mi nombre es Paula"
# Las cadenas son inmutables y no se pueden modificar
# Las listas sí son mutables
# Generamos una lista resultante de dividir la cadena por espacios
lista_cadenas = cadena.split()
# Modificamos el cuarto elemento por nuestro nombre
lista_cadenas[3] = "Pepita"
# Utilizamos el método join para unir las cadenas de la lista utilizando espacios
cadena = " ".join(lista_cadenas)
# Mostramos la cadena
print(cadena)
```

3. Las siguientes cadenas formateadas tienen errores. Realiza las correcciones necesarias para que sean válidas y pruébalas en la terminal de IPython.

```
"No me canso de %s."%("aprender", "Python")

format("Estoy deseando empezar el capítulo %d", 12)

accion = "formatear"
f"Ya sé {s} cadenas en Python" % accion
```

Solución:

```
"No me canso de %s."%("aprender Python")

"Estoy deseando empezar el capítulo {0}".format(12)

accion = "formatear"
f"Ya sé {accion} cadenas en Python"
```

Capítulo 12. Expresiones regulares

1. Escribe un programa que permita comprobar si las fechas de una lista son válidas o no. Para que una fecha sea válida deberá tener la estructura dd/mm/aaaa, es decir, dos dígitos para el día, dos para el mes y 4 para el año. Además, aaaa deberá ser un valor comprendido entre 1900 y 2019.

   Solución:

```
import re

# ^patron$ coincide con la cadena exacta patrón
# '28/10/1985' coincide con patrón
# 'El día 28/10/1985' no coincide con patrón puesto que la cadena completa no es una fecha, sino que la fecha forma parte de ella

regex_fecha_valida = re.compile(
        '''
        ^                               # Metacarácter ^ para asegurar que la fecha aparece al principio de la cadena
        (0[1-9]|[12][0-9]|3[01])        # Día en formato dd
        /                               # Barra /
        (0[1-9]|1[012])                 # Mes en formato mm
        /                               # Barra /
        (19\d\d|20[0-1][0-9])           # Año en formato aaaa comprendido entre 1900 y 2000
        $                               # Metacarácter $ para asegurar que la fecha aparece al final de la cadena
        '''
        ,
        re.X)

lista_fechas = ['22/03/1985', '0y/12/2000', '15/04/0985', '12/08/2019']

for fecha in lista_fechas:
    if re.search(regex_fecha_valida, fecha): #Si la fecha cumple el patrón
        print(fecha, "es una fecha válida.")
    else:
        print(fecha, "no es una fecha válida.")
```

2. Escribe una expresión regular que permita extraer todas las palabras que terminen en os o as o sus equivalentes en mayúscula usando banderas.

   Solución:

```
import re

```

```
regex_palabras_terminadas_os_as = re.compile(r'\w*os|\w*as', re.I)

cad = "TodOS los días estoy deseando leer un nuevo capítulo del libro."

lista_palabras_terminadas_os_as = re.findall(regex_palabras_terminadas_
  os_as, cad)

print(lista_palabras_terminadas_os_as)
```

3. Escribe un programa para reemplazar por `teléfono` los números de teléfono de los clientes de una compañía que aparezcan en un texto. Los números de teléfono de los clientes tienen el formato xxx-xxx-xxx (ej. 640-321-895).
Solución:

```
import re

#\d{3} indica que deben aparecer 3 números seguidos
regex_telefono = re.compile(r'\d{3}-\d{3}-\d{3}')

texto = '''
Cliente: Antonio Martínez - Contacto: 678-376-290\n
Cliente: María Pérez - Contacto: 654-910-243\n
Cliente: Sara Merino - Contacto: 696-973-510\n
'''

texto_reemplazado = re.sub(regex_telefono, "teléfono", texto)

print(texto_reemplazado)
```

Capítulo 13. Diccionarios

El siguiente programa lee valores del teclado para crear una colección de contactos bajo la forma de lista de diccionarios. Solo cuando se introducen valores no vacíos, se almacenan en el diccionario.

El número total de contactos es indefinido y depende del usuario, al que se le pregunta si desea introducir más contactos después de cada uno de ellos.

```
# estos son los datos que vamos a solicitar para cada contacto
campos = ('nombre', 'apellidos', 'email', 'teléfono')

# esta lista contendrá todos los contactos
contactos = []

# inicialimos la variable 'seguir'
seguir = 's'

# mientras el valor de seguir sea 's' o 'S' introducimos contactos
while seguir in ('s', 'S'):

    # este diccionario almacena los valores de un contacto
    contacto = {}

    # con este bucle preguntamos campo a campo
    for campo in campos:
```

```
        valor = input(campo + ': ')

        # si el usuario introduce algo, se almacena
        if len(valor) > 0:
            contacto[campo] = valor

    # añadimos el contacto a la lista
    contactos.append(contacto)

    # preguntamos si seguimos añadiendo contactos
    seguir = input('¿Introducir otro contacto? s/n:')

# mostramos todos los contactos
for contacto in contactos:

    for k, v in contacto.items():
        print(k + ': ' + v)

    # mostramos esto para facilitar la lectura
    print('------')
```

Prueba este código en Spyder copiándolo en la parte izquierda del editor, donde pueden introducirse las líneas de un programa que se desea ejecutar. Luego, ejecútalo presionando F5 e introduce los valores que pide el programa desde la terminal de IPython. Puedes pulsar Enter si no quieres indicar valor alguno para un campo. También puedes encontrar el código de este programa en la web de recursos de este libro. Cuando seas capaz de ejecutarlo, añade las siguientes funcionalidades al programa:

1. Aumenta el programa con el código necesario para calcular y mostrar el número total de contactos almacenados y cuántos de ellos disponen de correo electrónico.
   Solución 1:

   ```
   contador = 0
   for contacto in contactos:
       if 'email' in contacto:
           contador += 1
   print(len(contactos), 'contactos en total')
   print(contador, 'contactos tienen email')
   ```

   Solución 2, usando comprensión de listas:

   ```
   contador = len([c for c in contactos if 'email' in c])
   print(len(contactos), 'contactos en total')
   print(contador, 'contactos tienen email')
   ```

2. Una vez introducidos los datos, ¿qué código de una sola línea serviría para asignar al primer contacto los mismos valores asociados al último?
   Solución:

   ```
   contactos[1].update(contactos[-1])
   ```

3. Escribe el código para mostrar los datos del usuario cuyo correo electrónico haya sido introducido por teclado. Si no existe contacto alguno con ese correo electrónico, se mostrará el mensaje «No encontrado».

Solución:

```
email = input('Introduce el correo electrónico del contacto a buscar:')
encontrado = False
for contacto in contactos:
    if email == contacto.get('email'):
        encontrado = True
        print('Encontrado:')
        for k, v in contacto.items():
            print(k + ': ' + v)
        break
if not encontrado:
    print('No encontrado')
```

4. Escribe un programa que calcule la frecuencia de aparición de cada letra en una cadena. Por ejemplo, para la cadena "abracadabra" debería mostrar: `{'a': 5, 'b': 2, 'r': 2, 'c': 1, 'd': 1}`

   Solución:

```
texto = 'abracadabra'

frecuencias = {}
for l in texto:
    frecuencias[l] = frecuencias.get(l, 0) + 1
print(frecuencias)
```

Capítulo 14. Archivos

1. Ejecuta las siguientes líneas de código en la terminal de IPython para crear el archivo de texto `"archivo_ejercicio.txt"` con el contenido `"Ya sé cómo trabajar con archivos en Python."`.

```
In [1]: f = open("archivo_ejercicio.txt", "w")

In [2]: f.write("Ya sé cómo trabajar con archivos en Python.")
Out[2]: 43

In [3]: f.read()
Traceback (most recent call last):

File "<ipython-input-3-571e9fb02258>", line 1, in <module>
f.read()

UnsupportedOperation: not readable

In [4]: f.close()
```

   Responde a las siguientes preguntas:

   a. ¿Qué significa el valor que ha devuelto el método write()?

      Solución: El método write() devuelve el número de caracteres que ha escrito.

   b. ¿Por qué se produce un error al ejecutar la entrada 3 (`In [3]`)?

      Solución: Se produce un error porque se está intentando escribir en un archivo que ha sido abierto en modo escritura.

   c. Rescribe el código anterior para que no se produzca ningún error.

Solución: Para poder escribir y leer en el archivo se debería haber abierto en el modo **r+**. Además, al haber escrito en el archivo, el puntero se ha situado al final del mismo, por lo que para poder leer su contenido es necesario desplazar el puntero al principio del archivo haciendo uso del método **seek()**.

```
In [1]: f = open("archivo_ejercicio.txt", "r+")

In [2]: f.write("Ya sé cómo trabajar con archivos en Python.")
Out[2]: 43

In [3]: f.seek(0)
Out[3]: 0

In [4]: f.read()
Out[4]: 'Ya sé cómo trabajar con archivos en Python.'

In [5]: f.close()
```

2. Supón que quieres seguir añadiendo contenido al archivo de texto `"archivo_ejercicio.txt"`, creado en el ejercicio anterior. Indica cuáles de los siguientes modos de apertura son adecuados para tal fin y justifícalo.
   a. `f = open("archivo_ejercicio.txt")`
   b. `f = open("archivo_ejercicio.txt", "r+")`
   c. `f = open("archivo_ejercicio.txt", "w")`
   d. `f = open("archivo_ejercicio.txt", "a")`

   Solución: El único modo de apertura que es adecuado para seguir añadiendo contenido al archivo es el del apartado d. El modo del apartado a solo permite leer el contenido del archivo, ya que, si no se especifica nada, el archivo se abre por defecto en modo lectura. El modo del apartado b permite leer y escribir contenido, pero el puntero se sitúa al principio del archivo, por lo que el contenido existente se sobrescribirá. Por último, el modo del apartado c permite escribir contenido en el archivo, pero, al igual que en el caso anterior, el puntero se sitúa al principio del archivo, por lo que el contenido existente también se sobrescribirá.

3. Escribe dos programas, uno teniendo en cuenta las especificaciones del apartado a y otro teniendo en cuenta las del apartado b. Ambos deberán guardar en un archivo la siguiente lista de tuplas:

```
lista_capitulos = [("Capítulo 1", "Los niños y la programación de
ordenadores"), ("Capítulo 2", "Introducción a la programación"), ("Capítulo
3", "El lenguaje Python y por qué debemos aprenderlo")]
```

   a. El programa A deberá escribir el contenido de la lista en un archivo de texto, cerrarlo, y posteriormente deberá abrirlo para leer su contenido y generar una lista con la misma estructura.
   Solución:

```
lista_capitulos = [("Capítulo 1", "Los niños y la programación de
    ordenadores"), ("Capítulo 2", "Introducción a la programación"),
    ("Capítulo 3", "El lenguaje Python y por qué debemos aprenderlo")]

```

```
# Abrimos el archivo de texto en modo escritura
with open("archivo_apartado_a.txt", "w") as f:
    # Escribimos cada capítulo junto con su título en una
    # línea, separando ambos por un guión
    for cap, titulo in lista_capitulos:
        f.write(cap + "-" + titulo + "\n")

# Creamos la lista que tenemos que generar a partir del
# archivo
lista_generada = []
# Abrimos el archivo de texto en modo lectura
with open("archivo_apartado_a.txt", "r") as f:
    # Recorremos todas las líneas del archivo
    for linea in f.readlines():
        # Eliminamos de cada línea el \n final y después
        # separamos su contenido en capítulo y título
        # utilizando el carácter guión
        cap, titulo = linea.strip().split("-")
        # Añadimos la tupla (cap, titulo) a la lista
        lista_generada.append((cap, titulo))
# Mostramos la lista generada para comprobar que su
# contenido es el mismo que el de la lista lista_capitulos
print(lista_generada)
```

b. El programa B deberá escribir el contenido de la lista en un archivo binario, cerrarlo, y posteriormente deberá abrirlo para leer su contenido y generar una lista con la misma estructura. Para ello, utiliza el módulo pickle.

Solución:

```
import pickle

lista_capitulos = [("Capítulo 1", "Los niños y la programación de
  ordenadores"), ("Capítulo 2", "Introducción a la programación"),
  ("Capítulo 3", "El lenguaje Python y por qué debemos aprenderlo")]

# Abrimos el archivo binario en modo escritura
with open("archivo_apartado_b.p", "wb") as f:
    # Escribimos en él el objeto lista_capitulo
    # haciendo uso del método dump del módulo pickle
    pickle.dump(lista_capitulos, f)

# Abrimos el archivo binario en modo lectura
with open("archivo_apartado_b.p", "rb") as f:
    # Cargamos el objeto que contiene la lista
    # que tenemos que generar
    lista_generada = pickle.load(f)
# Mostramos la lista generada para comprobar que su
# contenido es el mismo que el de la lista lista_capitulos
print(lista_generada)
```

Capítulo 15. Funciones

1. El siguiente código tiene una función cifrar() que toma una cadena, letra a letra, obtiene su código ASCII y le suma un valor, para convertirla de nuevo en un carácter y generar una cadena cifrada. Esto se conoce como «método

de encriptación César». Implementa la función descifrar para que el código principal funcione correctamente:

```
def cifrar(mensaje):
    desp = 4
    cif = "".join([chr(ord(c)+desp) for c in mensaje])
    return cif

### implementa aquí la función descifrar

mensaje = "tomate"
print('Original:', mensaje)
cifrado = cifrar(mensaje)
print('Cifrado:', cifrado)
descifrado = descifrar(cifrado)
print('Descifrado:', descifrado)
```

Solución:

```
def descifrar(mensaje):
    desp = 4
    desc = "".join([chr(ord(c)-desp) for c in mensaje])
    return desc
```

2. El siguiente código implementa parcialmente el «algoritmo de la burbuja» para ordenar los elementos en una lista. Añade una función anidada en ordenar(), denominada intercambia(), que acepte como parámetros tres argumentos: una lista y dos valores de posición. La función debe modificar la lista intercambiando los valores de esas posiciones.

```
def ordenar(l):
    ### Implementa aquí la función intercambia()

    for i in range(len(l)-1,1,-1):
        for j in range(i):
            if l[j] > l[j+1]:
                intercambia(l, j, j+1)


l = [7, 3, 9, 5, 4, 2, 8, 10]
ordenar(l)
print(l)
```

Solución:

```
def ordenar(l):
    def intercambia(l, a, b):
        x = l[a]
        l[a] = l[b]
        l[b] = x

    for i in range(len(l)-1,1,-1):
        for j in range(i):
            if l[j] > l[j+1]:
                intercambia(l, j, j+1)
```

3. Dada esta cabecera de la función `def nuevo_pedido(producto, precio, descuento=0)`, determina cuáles son llamadas válidas entre las propuestas.

   a. `nuevo_pedido('probeta', 5, 0.25)`

b. `nuevo_pedido()`
c. `nuevo_pedido('libro')`
d. `nuevo_pedido('lupa', 12)`
e. `nuevo_pedido(producto='pinzas', 10)`
f. `nuevo_pedido(producto='láser', precio=25)`
g. `nuevo_pedido(producto='telescopio', descuento=0.2, precio=25)`
h. `pedido = ('laptop', 1200, 0.6)`
i. `nuevo_pedido(pedido)`
j. `pedido = {'producto': 'calculadora', 'valor': 19.99, 'descuento': 0}`
   `nuevo_pedido(**pedido)`

Solución:

a. Correcto.
b. Incorrecto. Los dos primeros parámetros son obligatorios (no tienen valor por defecto asociado).
c. Incorrecto. Solo se indica el primero de los dos parámetros obligatorios.
d. Correcto.
e. Incorrecto. Después de un argumento por clave no puede ir uno sin clave.
f. Correcto.
g. Correcto. Al pasarse por clave pueden cambiar su orden.
h. Incorrecto. Falta un asterisco delante del argumento.
i. Incorrecto. La clave 'valor' en el diccionario no se corresponde con ningún parámetro.

4. Calcula la suma de los elementos de una lista de manera recursiva. Considera que la suma de los elementos de una lista es igual al valor del primer elemento más la suma de los elementos restantes.

   Solución:

```
def suma(l):
    if len(l) == 0:
        return 0
    return l[0] + suma(l[1:])
```

5. Escribe, usando una función lambda y la función map(), una línea de código que cambie a mayúscula la primera letra de cada elemento en la lista siguiente: `['stark', 'lannister', 'bolton', 'greyjoy', 'targaryen']`

   Solución:

```
l = ['stark', 'lannister', 'bolton', 'greyjoy', 'targaryen']
list(map(lambda x: x[0].upper() + x[1:], l))
```

Capítulo 16. Módulos

1. Crea un programa que imprima por pantalla todos los componentes del módulo re que terminen en `ch`.

   Solución:

```
import re

# Listamos los componentes del módulo re
componentes = dir(re)
# Creamos una expresión regular para buscar al final de una cadena la subcadena ch
regex_ch = re.compile(r'ch$')
# Lista de componentes terminados en ch
componentes_ch = []

for componente in componentes:
    # Si el componente termina en ch
    if(re.search(regex_ch, componente)):
        # Lo añadimos a la lista
        componentes_ch.append(componente)

# Mostramos la lista resultante
print("La lista de componentes del módulo re terminados en ch es la siguiente:", componentes_ch)
```

2. Indica cuáles de las siguientes formas de importación y uso no son las correctas. Justifícalo.

   a. `from math import sqrt`
      `math.sqrt(3)`

   b. `from cuentaletras import contar_vocales`

   c. `from math import sqrt, pow as raiz, potencia`

   Solución:

   a. La forma de importar la función sqrt es correcta, pero el acceso a la misma es incorrecto ya que se está intentando acceder a ella a través del módulo math, el cual no ha sido importado. Con la instrucción `from math import sqrt` solo se importa la función sqrt.

   b. Esta forma de importación es correcta.

   c. La importación realizada es incorrecta ya que se está intentando renombrar más de un componente del módulo math al mismo tiempo. La forma de importación correcta sería la siguiente, en dos líneas independientes:

```
from math import sqrt as raiz
from math import pow as potencia
```

3. Crea el módulo cadenas con una función concatenar(cadena1, cadena2) que realice la concatenación de dos cadenas y con una función dividir(cadena, separador) que separe una cadena en subcadenas a partir del carácter separador indicado. Crea un script ejercicio3.py que importe el módulo anterior y que

utilizando sus funciones concatene las cadenas `'coche,'` ,`'moto,'` y `'bicicleta'` y, una vez concatenadas las tres palabras, el script deberá dividir la cadena utilizando el carácter coma «,» antes de mostrar las palabras.

Solución:

Archivo **cadenas.py**

```
#!/usr/bin/python3
#-*- coding: utf-8 -*-

"""Módulo que permite concatenar cadenas y dividir una cadena en subcadenas"""

__author__ = "Arturo y Salud"
__copyright__ = "Curso de programación Python"
__credits__ = "Arturo y Salud"
__license__ = "GPL"
__version__ = "1.0"
__email__ = "libropython@gmail.com"
__status__ = "Development"

def concatenar(cadena1, cadena2):
    """Concatena dos cadenas"""
    return cadena1 + cadena2

def dividir(cadena, separador):
    """Divide una cadena en subcadenas utilizando el separador indicado"""
    return cadena.split(separador)
```

Archivo **ejercicio3.py**

```
import cadenas

if __name__ == "__main__":
    cadena1 = "coche,"
    cadena2 = "moto,"
    cadena3 = "bicicleta"

    cadena_concatenada = cadenas.concatenar(cadena1, cadena2)
    cadena_concatenada = cadenas.concatenar(cadena_concatenada, cadena3)

    cadenas_resultantes = cadenas.dividir(cadena_concatenada, ",")

   print("Las cadenas resultantes son:\n" + '\n'.join(cadenas_resultantes))
```

Capítulo 17. Clases y objetos

1. Añade una propiedad **modelo** a la clase **Televisor**. Modifica el constructor para que su valor se establezca al crear el objeto pasando una cadena de caracteres. Sobrecarga los operadores == y != a través de los métodos especiales __eq__() y __ne__() para que dos objetos de tipo **Televisor** se consideren iguales si son el mismo modelo o distintos en caso contrario. El comportamiento esperado debería ser como sigue:

```
In [1]: tv1 = Televisor("Samsung")

In [2]: tv2 = Televisor("Philips")

In [3]: tv3 = Televisor("Samsung")

In [4]: tv1 == tv2
Out[4]: False

In [5]: tv1 == tv3
Out[5]: True
```

Solución:

```
class Televisor():

    def __init__(self, modelo):
        self.__canal = 0
        self.__num_canales = 55
        self.__modelo = modelo

    # el resto de métodos permanece igual
    # [...]

    def __ne__(self, obj):
        """ Sobrecarga del operador != """
        return self.__modelo != obj.__modelo

    def __eq__(self, obj):
        """ Sobrecarga del operador == """
        return self.__modelo == obj.__modelo
```

2. Añade un método de clase a Dispositivo que encienda todos los dispositivos de una lista dada. El prototipo del método sería enciende_dispositivos (lista_dispositivos).

   Solución:

```
def enciende_dispositivos(lista_dispositivos):
    for d in lista_dispositivos:
        d.encender()
```

3. El código siguiente implementa cuatro clases diferentes. Las clases Habas y Tomatera heredan de la clase Planta, que deja sin implementar los métodos regar() y crecer() para que cada subclase detalle el suyo. La clase Huerto contiene una lista donde se van agregando las plantas hasta un máximo de 10. Una planta recibe una unidad de agua cada vez que se riega, y el crecimiento dependerá de la cantidad de agua y crecimiento específico de cada planta. La tomatera crece 3 cm y las habas crecen 5 cm por cada unidad de agua que acumulen. Tras crecer, agotan el agua. El número de frutos que producen depende de la altura alcanzada y se implementa en los métodos recolectar(). La tomatera, a partir de 20 cm de altura, produce un fruto por cada 10 cm de altura. Las habas, a partir de 10 cm de altura, un fruto por cada 5 cm de altura. El código principal crea cinco plantas y las planta en el huerto. En cada iteración

del bucle simulamos un periodo en el que regamos, dejamos crecer y recolectamos. Fíjate que el huerto no sabe qué tipo de planta concreta riega o crece. El polimorfismo se encarga de ejecutar el método correcto según el tipo de objeto.

```python
class Planta:
    """ Clase Planta, con atributos básicos """

    def __init__(self, nombre):
        self.nombre = nombre
        self.altura = 0
        self.agua = 0

    def regar(self):
        self.agua += 1

    def crecer(self):
        """ Crecimiento en una semana """
        pass

    def recolectar(self):
        """ Lista de frutos que produce """
        pass

    def __str__(self):
        return f"{self.nombre} ({self.altura} cm.)"

class Tomatera(Planta):

    def __init__(self):
        super().__init__('Tomatera')

    def crecer(self):
        self.altura += self.agua*3
        self.agua = 0

    def recolectar(self):
        if self.altura > 20:
            return ['tomate'] * int(self.altura/10)
        return []

class Habas(Planta):

    def __init__(self):
        super().__init__('Habas')

    def crecer(self):
        self.altura += self.agua*5
        self.agua = 0

    def recolectar(self):
        if self.altura > 10:
            return ['habas'] * int(self.altura/5)
        return []

class Huerto:
    """ Clase Huerto, contiene plantas """

    __max_plantas = 10

    def __init__(self):
        self.__plantas = []

    def plantar(self, planta):
        if len(self.__plantas) >= self.__max_plantas:
            print("No queda suelo disponible")
        else:
```

```
            self.__plantas.append(planta)

    def regar(self):
        for m in self.__plantas:
            m.regar()

    def crecer(self):
        for m in self.__plantas:
            m.crecer()

    def recolectar(self):
        cosecha = []
        for m in self.__plantas:
            cosecha += m.recolectar()
        return cosecha

    def __str__(self):
        msj = f"Hay {len(self.__plantas)} en el huerto:\n"
        for p in self.__plantas:
            msj += str(p) + "\n"
        return msj

if __name__ == "__main__":
    tomatera1 = Tomatera()
    tomatera2 = Tomatera()
    tomatera3 = Tomatera()
    habas1 = Habas()
    habas2 = Habas()

    huerto = Huerto()
    huerto.plantar(tomatera1)
    huerto.plantar(tomatera2)
    huerto.plantar(tomatera3)
    huerto.plantar(habas1)
    huerto.plantar(habas2)

    for i in range(15):     # cada iteración es una semana
        huerto.regar()
        huerto.crecer()
        print(huerto.recolectar())
```

Estudia el código anterior y responde a las siguientes preguntas. Recuerda que puedes usar print(huerto) para conocer el tamaño de las plantas.

a. ¿Qué ocurre si invocamos tomatera1.regar() dentro del bucle? ¿Los objetos dentro del objeto huerto pueden, por tanto, modificarse independientemente?

   Solución: El objeto tomatera1 recibe más agua, por lo que crecerá más que el resto de tomateras. Por lo tanto, sí, podemos modificar cada planta porque tenemos una variable (referencia) asociada a cada una de ellas. La lista que mantiene un objeto de la clase Huerto solo guarda referencias a las plantas añadidas, no copias de las mismas.

b. ¿Qué ocurre si añadimos líneas adicionales de huerto.regar()?

   Solución: Las plantas tendrán más agua, por lo que crecerán más y darán más frutos y antes.

c. ¿Podemos acceder a la primera planta del huerto con huerto.__plantas[0]?

   Solución: No. El atributo __plantas es un atributo privado de la clase Huerto, por lo que no puede accederse a él directamente desde un objeto.

d. ¿Podemos acceder a tomatera1.altura?

Solución: Sí. El atributo altura es un atributo público, por lo que podemos obtener su valor y modificarlo usando la referencia del objeto. Por ejemplo: `habas1.altura = 125`

e. Implementa un método de clase en Huerto llamado resumen(cosecha) que muestre cuántos frutos de cada tipo se han recolectado tomando como argumento el resultado de huerto.recolectar().

Solución:

```
def resumen(cosecha):
    d = {}  # mantenemos un diccionario
    # recorremos la lista de frutos cosechados
    for x in cosecha:
        d[x] = d.get(x, 0) + 1 # incrementamos contador
    # mostramos, para cada fruto, su contador
    for k in d:
         print(d[k], "de", k)
```

Capítulo 18. Errores, pruebas y validación de datos

1. Escribe un programa que reciba como entrada una lista con varios elementos de tipo entero, y el último elemento de tipo cadena de caracteres. Recorre todos los elementos de esa lista y calcula el número factorial de cada elemento (con el método math.factorial()), mostrando el resultado por consola si no se produce ninguna excepción. Captura las excepciones convenientes y muestra un mensaje final, indicando el valor que se ha procesado.

Solución:

```
# Importamos la clase math para el cálculo del factorial
import math

lista = [5,7,-9,'cadena']

for valor in lista:
    try:
        factorial = math.factorial(valor)
    except TypeError:
        print("Excepción TypeError: no se puede calcular el factorial para el tipo de dato", type(valor))
    except ValueError:
        print("Excepción ValueError: Factorial solo acepta valores enteros positivos", valor, "no es un valor entero positivo")
    else:
        print("El factorial de" ,valor, "es", factorial)
    finally:
        print("Valor", valor, "procesado")
```

2. Crea una excepción propia para gestionar la detección de una cadena inferior a dos caracteres en una lista de nombres. Escribe un programa que haga uso de esa excepción para evitar mostrarla por pantalla. Por ejemplo, dada la lista:

```
nombres = ['Turing', 'Feynman', '', 'Tintin', 'G']
```

La salida debería ser:

```
Turing
Feynman
Tintin
```

Solución:

```
class InvalidNameException(Exception):
    def __init__(self, valor):
        self.valor = valor

    def __str__(self):
        return "Error: " + str(self.valor)

nombres = ['Turing', 'Feynman', '', 'Tintin', 'G']
for n in nombres:
    try:
        if len(n) < 2:
            raise InvalidNameException(n)
        print(n)
    except InvalidNameException:
        pass
```

3. Realiza pruebas unitarias utilizando **assert** para comprobar si la siguiente función calcula correctamente el factorial de un número. En caso de que haya algún error, indica cuál sería la solución correcta.

```
def factorial(num):
    if num == 0 or num==2:
        return 1
    return num * factorial(num-1)
```

Solución: Realizando las siguientes pruebas unitarias encontramos un error en el cálculo del factorial del número 2.

```
def factorial(num):
    if num == 0 or num==2:
        return 1
    return num * factorial(num-1)


resultado = factorial(0)
assert resultado == 1

resultado = factorial(1)
assert resultado == 1

resultado = factorial(2)
assert resultado == 2

resultado = factorial(3)
assert resultado == 6
```

La función correcta para el cálculo del factorial de un número es la siguiente:

```
def factorial(num):
    if num == 0:
        return 1
    return num * factorial(num-1)
```

4. La función siguiente formatea_nombre() pasa a mayúsculas la primera letra de cada componente de un nombre completo. Por ejemplo, la cadena `"antonio flores"` pasaría a ser `"Antonio Flores "`.

```
def formatea_nombre(nombre):
    return " ".join([x[0].upper() + x[1:] for x in nombre.split()])
```

Añade comprobaciones para los casos siguientes:

`'theon greyjoy'` debería convertirse en `'Theon Greyjoy'`

`'antonio muñoz molina'` debería convertirse en `'Antonio Muñoz Molina'`

`'ursula k. le guin'` debería convertirse en `'Ursula K. Le Guin'`

`'calderón de la barca'` debería convertirse en `'Calderón de la Barca'`

`'alberto vázquez-figueroa'` debería convertirse en `'Alberto Vázquez-Figueroa'`

¿Puedes detectar, usando la biblioteca unittest, en qué casos la función formatea_nombre() no funciona correctamente?

Solución:

El código que implementa los tests de unidad es el siguiente:

```
1  import unittest
2
3  def formatea_nombre(nombre):
4      return " ".join([x[0].upper() + x[1:] for x in nombre.split()])
5
6  class Test(unittest.TestCase):
7
8      def test_nombre_apellido(self):
9          self.assertEqual(formatea_nombre('theon greyjoy'), 'Theon Greyjoy')
10     def test_nombre_2apellido(self):
11         self.assertEqual(formatea_nombre('antonio muñoz molina'),
   'Antonio Muñoz Molina')
12     def test_puntos(self):
13         self.assertEqual(formatea_nombre('ursula k. le guin'), 'Ursula K.
   Le Guin')
14     def test_nombre_castizo(self):
15         self.assertEqual(formatea_nombre('calderón de la barca'),
   'Calderón de la Barca')
16     def test_nombre_guion(self):
17         self.assertEqual(formatea_nombre('alberto vázquez-figueroa'),
   'Alberto Vázquez-Figueroa')
18
19 if __name__ == '__main__':
20     unittest.main()
```

El informe resultante es el siguiente:

```
..FF.
======================================================================
FAIL: test_nombre_castizo (__main__.Test)
----------------------------------------------------------------------
Traceback (most recent call last):
  File "C:/Users/Arturo/src/ejer18_04.py", line 15, in test_nombre_castizo
```

```
    self.assertEqual(formatea_nombre('calderón de la barca'), 'Calderón de
la Barca')
AssertionError: 'Calderón De La Barca' != 'Calderón de la Barca'
- Calderón De La Barca
?          ^  ^
+ Calderón de la Barca
?          ^  ^


======================================================================
FAIL: test_nombre_guion (__main__.Test)
----------------------------------------------------------------------
Traceback (most recent call last):
  File "C:/Users/Arturo/src/ejer18_04.py", line 17, in test_nombre_guion
    self.assertEqual(formatea_nombre('alberto vázquez-figueroa'), 'Alberto
Vázquez-Figueroa')
AssertionError: 'Alberto Vázquez-figueroa' != 'Alberto Vázquez-Figueroa'
- Alberto Vázquez-figueroa
?                 ^
+ Alberto Vázquez-Figueroa
?                 ^


----------------------------------------------------------------------
Ran 5 tests in 0.031s

FAILED (failures=2)
```

Podemos ver que el uso de test de unidad es muy útil para comprobar la validez de nuestras implementaciones en una sola pasada, evitando la tediosa rutina de corregir, comprobar, corregir, comprobar… y así indefinidamente hasta validarlo todo.

Capítulo 19. Interfaces gráficas de usuario

1. Añade una barra de desplazamiento al componente que muestra el contenido de la página, para que podamos usar el ratón para mover texto dentro de dicho componente. Necesitarás considerar una columna adicional en showframe. El componente de Tk necesario es ttk.scrollbar y acepta un parámetro command que debe ser textcomp.yview para que, al mover la barra, Tk sepa qué objeto debe ser desplazado (en este caso, a lo largo del eje Y del componente de texto textcomp). Y viceversa, cuando se desplace el texto con el cursor, la barra debe situarse en el lugar adecuado. Para ello asignaremos a la clave 'yscrollcommand' de textcomp el método set() de la barra de desplazamiento, así este será invocado cuando el contenido cambie de posición.

   Solución:

   Tenemos que insertar una columna más en showframe. Para ello moveremos la etiqueta «Tabla de frecuencias» a la columna 3 y el objeto tree a la columna 3, ya que en la columna 2, fila 2, será donde ubiquemos la barra de desplazamiento. Además de estos cambios, insertaremos el siguiente código en la línea 57 para crear el componente:

```
57 # Barra de desplazamiento para el área de texto
58 scrollbar = ttk.Scrollbar(showframe, command=textcomp.yview)
```

```
scrollbar.grid(column=2, row=2, sticky="wns")
textcomp['yscrollcommand'] = scrollbar.set
```

2. Añade un botón junto a «Descargar» que se llame «Contar», asociando al mismo el proceso de generar las entradas en la tabla de frecuencias. Así, al hacer clic en «Descargar» solo mostraremos el contenido de la página en el componente **textcomp**, mientras que al hacer clic en «Contar», actualizaremos la tabla de frecuencias en base al contenido de **textcomp**. El programa debe permitir que peguemos un texto directamente en **textcomp** y calcular sobre el mismo la tabla de frecuencias, ampliando así las funcionalidades de nuestra aplicación.

   Solución:

   Debemos definir una nueva función **contar()** a la que moveremos el código relativo al conteo recogido en **descargar()**. Dicha función debe tomar del componente **textcomp** el texto a analizar. La función quedaría así:

```
def contar(*args):
    frec_items = contar_palabras(textcomp.get(1.0, END))
    for entry in tree.get_children():
        tree.delete(entry)
    for k,v in frec_items[:max_frec]:
        tree.insert("", "end", values=(k, v))
```

   Además, debemos crear un nuevo botón, cuya acción será la de invocar a **contar()**. Bastará con añadir estas líneas después de la creación del botón «Descargar»:

```
# Botón de cuenta
button = ttk.Button(urlframe, text="Contar", command=contar)
button.grid(column=4, row=1, sticky=W, padx="5 0")
```

   El aspecto final de nuestra aplicación aparece en la figura E.1.

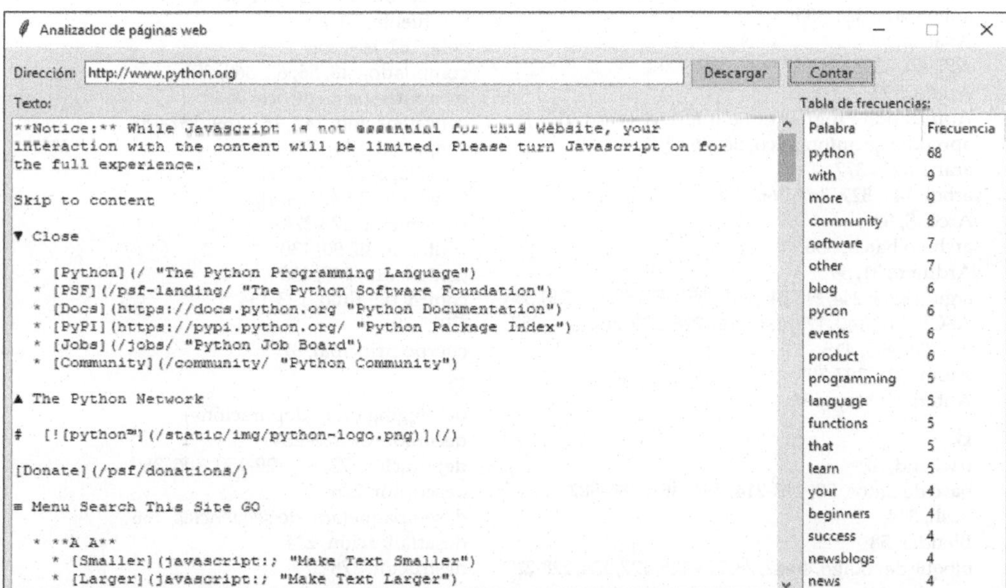

Figura E.1. Nuestra aplicación mejorada.

Índice alfabético